भारत

डॉ. भीम राव अम्बडकर

जीवन-मर्म

डॉ.राजेन्द्र मोहन भटनागर

डायमंड बुक्स

www.diamondbooks.in

प्रकाशक: डायमंड पॉकेट बुक्स (प्रा.) लि.
X-30 ओखला इंडस्ट्रियल एरिया, फेस -II
नई दिल्ली-110020
फोन: 011-40712200
ई-मेल: wecare@diamondbooks.in
वेबसाइट: www.diamondbooks.in
संस्करण: 2025

BHARAT RATNA DR. BHIM RAO AMBEDKAR: JEEVAN-MARMA
by *Dr. Rajendra Mohan Bhatnagar*

वह धर्म अधर्म है जिसमें
समानता, करुणा, सहानुभूति,
स्नेह, प्यार, ममता, दुलार,
सत्य, अहिंसा का अभाव है।
समता, सदासित्व, परसेवा,
न्याय, त्याग, मुदिता,
भ्रातृत्व भाव, स्वतंत्रता ही
सद्धर्म का सार है।

सामाजिक उत्पीड़न की तुलना में
राजनीतिक उत्पीड़न कुछ भी नहीं;
जो सुधारक समाज को ललकारते हैं
वे सरकार का विरोध करने वाले
राजनीतिज्ञ से कहीं अधिक निर्भीक हैं।

हाशिये का मज़मून

लेखक के जीवन में प्रकाशक की भी महत्त्वपूर्ण भूमिका है। मुझे इस संदर्भ में आज श्री जगतराम जी का स्मरण हो रहा है जो न केवल उम्दा प्रकाशक ही थे अपितु भारतीय संस्कृति, सभ्यता और चेतना के प्रेरक भी थे। वे देश की आवश्यकता को भली भाँति समझते थे। सचमुच वे आर्यपुत्र थे। ऐसे आर्य जो किसी को अनार्य नहीं मानते थे। इंसान के भक्त थे। इंसानियत को ही धर्म मानते थे। डॉ.अम्बेडकर पर लिखने का 'ऑफर' ही उनसे मुझे मिला था। प्रसन्नता और आश्चर्य-दोनों का एक साथ अनुभव हुआ था। एक बार सन् 1957 में कॉलेज में डॉ.अम्बेडकर पर बोलना पड़ा था। उसके बाद लंबा अंतराल आया और गत वर्ष डॉ.अम्बेडकर पर एक संगोष्ठी में बोलना पड़ा-'देहातिका' की ओर से आयोजित संगोष्ठी में।

मैं घर से संगोष्ठी में बोलने के इरादे से नहीं चला था। केवल सुनने के इरादे से वहाँ पहुँचा था और विलंब से पहुँचने के कारण अंत ही में लुककर बैठ गया था ताकि कोई खलल नहीं पड़े।

संगोष्ठी की कार्यवाही रेडियो द्वारा 'बीकानेर दर्पण' हेतु टेप की जा रही थी।

संगोष्ठी जोरों पर थी। प्रोफेसर डॉ.देवीप्रसाद गुप्त का विद्वत्तापूर्ण भाषण चल रहा था। उनके भाषण के समाप्त होने पर मेरा नाम माइक पर था।

मैं हैरत से 'देहातिका' के अध्यक्ष, जो उस समय संगोष्ठी का संचालन भी कर रहे थे, कवि श्री बाबू खांडा की ओर देख रहा था।

बाबू साहेब ने यह क्या कहर ढा दिया! अब क्या करना होगा? बाबू साहेब मेरे बहुत नज़दीकी थे। बाद में वे मंत्री भी हुए। राजपत्रित अधिकारी-पद छोड़कर चुनाव लड़ा था। उनकी करिश्माई शख्सियत से कोई अप्रभावित हो ही नहीं सकता था। वे मन से अनाविल थे।

डॉ.अम्बेडकर के प्रति उनमें विशेष श्रद्धा थी और भेदभाव के वे कट्टर विरोधी थे। उन्होंने 'देहातिका' की नींव रखी थी 1975 में। मुझे बिना बताए उसमें संयुक्त सचिव बनाया था। गाँवोदय था इस संस्था का लक्ष्य। बैलगाड़ी का पहिया था इस संस्था का प्रतीक या

मोनोग्राम। उनमें समता, समानता और उन्नत समाज का जुनून था। उन्हीं का आग्रह था- विशेष आग्रह कि मैं कुछ कहूँ।

बैठे रह जाना तो संगोष्ठी की मर्यादा के खिलाफ ही होता। मैं अपने स्थान पर खड़े होकर ही कहना चाहता था। आपातकाल था और सामने रेडियो वाले थे। मेरी आवाज़ टेप की जाए तो फँसने के पूरे चांस हैं। जाने क्या कह बैठूं? कौन-सी बात किसके ख़िलाफ़ चली जाए और कोई शासक व नेता अथवा उसके अनुयायी बुरा न मान बैठें!

कदाचित् उस स्थिति का आप अंदाज़ लगा सकें! किसी साधारण व्यक्ति के साथ कभी चोट करनी हो तो भरी सभा में उसे महापंडित घोषित करवा दीजिए। फिर यारों का निशाना ठिकाने पर ही लगा समझिए। वही बात मेरे साथ हुई। श्री बाबू खांडा कवि ठहरे! जाने क्या कुछ कह गए मेरे संबंध में। अक्लमंद आदमी को उसके बाद सभापति के पास यह लिखकर कागज़ पहुँचा देना चाहिए था-'आज मेरा मौन है।' तो दोनों की इज़्ज़त रह सकती थी।

ख़ैर, बोला। लोगों ने गंभीरता से सुना। रेडियो वालों को वह बेहद पसंद आया। लिहाज़ा 'बीकानेर दर्पण' में मेरी आवाज़ की गूंज रही। मैं अपनी आवाज़ पर मुग्ध हो गया। आकाशवाणी वालों ने सर्वाधिक 'कवरेज' मुझे किया था, मानो मैं ही उस गोष्ठी का प्रमुख वक्ता होऊँ।

हुआ यह सब अचानक, इत्तिफ़ाक़न। और जो अब हो रहा है वह भी प्रकाशक बंधु श्री जगतराम जी के प्रभाव का कमाल है। अचानक पत्र। शीघ्र पुस्तक तैयारी का आग्रह। उन्हें शीघ्र पुस्तक चाहिए थी। पत्र पर पत्र।

कुछ सोचा। फिर और सोचा। श्री बाबू खांडा से एतत्संबंध में बात उठाई। वे खुश थे। लिखने की बात पक्की। सब इत्तफाक से और आनन-फानन में। मैं हैरान था। मेरे सामने थी भवितव्यता। न मानने का सवाल ही कहाँ? मैंने डॉ.अम्बेडकर की गहरी खोज-ख़बर लेनी शुरू की। खूब पढ़ा। यह जानकर आश्चर्य हुआ कि उनके बारे में तब हिंदी भाषा में कुछ ख़ास नहीं था। राजनीतिक, सामाजिक और धार्मिक क्रांति का सर्वाधिक महत्त्वपूर्ण मनीषी हिंदी के माध्यम से क्यों प्रकट नहीं हुआ? यह सोचकर मैंने इस विषय पर तब लिखना शुरू किया था। यह मानकर कि वे आज की ख़ास ज़रूरत हैं।

भावात्मक एकता की दृष्टि से गांधीजी के बाद सबसे ज़बर्दस्त व्यक्ति का नाम है-डॉ.अम्बेडकर। एक स्कॉलर: एक प्रेक्टीकल इंसान। उसकी जिंदगी दुर्द्धर्ष संघर्षों की आत्मकथा है। कुल मिलाकर वह नए समाज का न केवल पुरोधा थे अपितु सच्चे अर्थों में महान इंसान थे। महान, सिर्फ इंसान। न देवता और न पशु। न शोषक और न शोषित। न

शासक और न शासित। एकदम मुक्त। एकदम निडर। एकदम जीवट। संपूर्ण सौम्य, शिष्ट, शीलवान, अनासक्त और दिव्यात्मा!

इस विशाल देश का अनेकानेक वर्ग, जाति, सभ्यता, संस्कृति आदि में बाहर से जुदा-जुदा नज़र आने वाले देश को, हाँ-हाँ "वही" डॉ.अम्बेडकर ही तो हैं, जिन्होंने सैकड़ों रियासतों में विभाजित देश को एक सूत्र में बाँधने वाले प्रातःस्मरणीय सरदार पटेल के बाद सबसे ज़बर्दस्त काम किया था। उन्होंने जाति, देश को विविधता में एकता देने हेतु शानदार संविधान सौंपा था। वे हमारे श्रद्धेय हैं। देश का गौरव हैं।

वे बौद्ध हुए। सच्चे अर्थों में बौद्ध। जो एक उच्च स्थिति में पहुँचकर हर एक को होना पड़ता है।

डॉ.अम्बेडकर पर मैं तीसेक वर्ष से काम कर रहा हूँ। वास्तव में समतामूलक समाज के अद्वय पुरोधा थे। मानवतावादी दृष्टिकोण के पुनर्संस्थापक थे। वे शोषित, दलित, उपेक्षित, उत्पीड़क वर्ग के लिए संपूर्ण जीवन लड़ाई करते रहे, जूझते रहे और समूचे संसार को इस तरफ सोचने व करने के लिए विवश करते रहे। मनुष्य को मनुष्य के शोषण का अधिकार नहीं है, वे इस सत्य की न केवल पैरवी करते थे, अपितु स्वस्थ मानव समाज की संकल्पना के लिए अविराम प्रयत्न भी करते थे।

मुझे डॉ.अम्बेडकर से संबंधित सभाओं और सेमिनारों में प्रमुख वक्ता, मुख्यातिथि आदि के रूप में शिरकत करनी पड़ी। वहाँ मैंने चिंतन-व्यवहार की सक्रियता के स्थान पर आत्मपीड़ा का उद्वेलन अधिक अनुभव किया। उनकी आवाज़ में दर्द था। वे अपने राजनीतिक इस्तेमाल के ख़िलाफ़ नज़र आए और उत्तेजना में अव्यक्त को व्यक्त करने में नहीं चूके। उनमें इस बात को लेकर गहरी चिंता थी कि आज़ादी का इतना समय बीत जाने के बाद भी उनके वर्ग की पीड़ा कम नहीं हो पाई। मेरी यहाँ यही चेष्टा रही है कि डॉ.अम्बेडकर के जीवन-मर्म को आज की परिस्थितियों में स्पष्ट कर सकूँ और एक बेहतर समाज की संकल्पना में आपको उनके साथ लेकर चल सकूँ। वह भी इस शर्त के साथ कि वे सदैव वर्तमान रहेंगे, कभी अतीत बनकर नहीं रह जाएँगे। समय सदा वर्तमान में ही बहता है। उसका वर्तमान ही भविष्य होता है और वही अल्पविराम होता है, वही अर्द्धविराम।

अतः मैं आशा करता हूँ कि मेरे विद्वान् पाठक, अध्येता और चिंतक इस क्रम को जारी रखेंगे और अपने पत्रों के माध्यम से मुझे सहयोग प्रदान करेंगे। तथास्तु।

– डॉ.राजेन्द्रमोहन भटनागर

105 सेक्टर 5 ए

हिरन मगरी, उदयपुर–313002

प्रकाशकीय

राजेंद्र मोहन भटनागर द्वारा लिखित पुस्तक "भारत रत्न भीमराव अंबेडकर" एक महत्वपूर्ण कृति है जो आधुनिक भारत के निर्माताओं में से एक, डॉ. भीमराव अंबेडकर के जीवन और उनके अतुलनीय योगदान पर प्रकाश डालती है। यह पुस्तक पाठकों को अंबेडकर के बचपन से लेकर उनके शिक्षा ग्रहण करने, समाज सुधार के प्रति उनके समर्पण और भारतीय संविधान के निर्माण में उनकी केंद्रीय भूमिका तक की यात्रा पर ले जाती है। भटनागर सरल और सुबोध भाषा में अंबेडकर के विचारों और संघर्षों को प्रस्तुत करते हैं। यह पुस्तक विशेष रूप से उन चुनौतियों पर केंद्रित है जिनका सामना अंबेडकर ने एक ऐसे समाज में किया जहाँ जातिगत भेदभाव अपनी चरम सीमा पर था, और कैसे उन्होंने इन बाधाओं को पार करते हुए दलितों और वंचितों के अधिकारों के लिए आवाज़ उठाई। "भारत रत्न भीमराव अंबेडकर" केवल एक जीवनी नहीं है, बल्कि यह अंबेडकर के दर्शन, उनकी समाज सुधार की पहल और समानता तथा न्याय पर आधारित एक बेहतर भारत के उनके सपने को भी दर्शाती है। यह उन सभी के लिए एक प्रेरणादायक पाठ है जो सामाजिक न्याय और मानवाधिकारों के महत्व को समझना चाहते हैं।

- नरेन्द्र कुमार वर्मा

nk@dpb.in

अनुक्रम

मूकनायक (अंबेडकर) के प्रति

राजेंद्र मोहन भटनागर

'हम सब मानव
धार्मिक हैं,
परस्परार्पित-
और हमने ही ईश्वरीय इयत्ताओं का पता किया है'
ये कहना हमारा दंभ है,
ढोंग है और भ्रम है;
जब तक धरा पर
मानव मानव से घृणा करेगा,
द्वेष, ईर्ष्या, उपेक्षा करेगा,
औ' भेदभाव व ऊँच-नीच का संबंध बनाए रखेगा-
तब तक धरा अभिशप्त रहेगी
औ' पापानुताप-आवृत्त,
क्षुब्ध तथा गर्हित रहेगी।
धरा में जो बोओगे, वही पाओगे,
प्रचार कुछ भी करो,
प्रसार में कुछ भी कहो,
परंतु धरांतराल सदैव ही
मानव की अनुगूँज बना
उसके कर्म-फल की कहानी दोहराता रहेगा।
धरा बाँटने से बँटेगी, जोड़ने से जुड़ेगी,
उसके लिए हर युग में प्रयत्न उठते रहे हैं,
करुणा व मैत्री के बीज अंकुरित होते रहे हैं,
औ' विष बीज फूटते रहे हैं।

हमारा तमाम इतिहास इसी प्यार व उपेक्षा की कहानी है।
उपेक्षित, पदाक्रांत, पददलित तथा अकिंचन आत्माओं के अनेक मसीहा आए
औ' चुपचाप चले गए।
हाँ, आज भी धरा पर उनके नाम की फेहरिस्त टँगी है,
चाहो तो तुम भी अपना नाम देख सकते हो,
लेकिन उनमें कुछ ऐसे भी हुए हैं
जो न मसीहा बनने के लिए धरा पर आए थे औ' न पैग़म्बर या अवतार;
वह तो सामान्य थे
सामान्य ही रहे सर्वथा-
वह बात दूसरी थी कि उनमें
समर्पित होने की गंगा-सी बलवती ललक थी
औ' निरभिमानी चरित्र की बिजली सी छुति थी।
दरअसल वे आदमी से ऊपर नहीं उठना चाहते थे,
कदाचित् आदमी से ऊपर कुछ है भी नहीं,
ईश्वर, देवता आदि कुछ भी नहीं;
आदमी तो स्वयं में मिसाल है,
वह न तो किसी का प्रतिरूप है,
औ' न उसमें आदमी से ऊपर
किसी ऊँचाई को पाने की ख़्वाहिश है।
उनके लिए मसीहा कहो
अथवा देवदूत या पैग़म्बर, कुछ भी;
परंतु उनके लिए ये सब आदमी के पर्याय से ज़्यादा नहीं।

क्रंदनमय प्राणों के तार-तार में जो
स्व-प्राणों के कर-स्पर्श से
रुदन को संगीत बना दे,
काँटों को जो स्वीकारे,
औ' गुलाबों से सृष्टि महका दे,
वह इंसान ही होता है, मेरे दोस्त,
जो बातों ही बातों में इंसानों के दर्द में
एक जादुई राग जगा दे।

हाँ-हाँ, मैं उसकी बात कह रहा हूँ,
वह धरती का पुत्र था,
मसीहा से ऊपर,
पैग़म्बर से भी ऊपर,
केवल आदमी था औ' आदमियों से उसे बेहद प्यार था,
उसी की उँगलियों के प्यार का संगीत
औ' जीवन के राग
उत्सर्गमयी प्राणों के उत्स से फूटकर,
हज़ारों-हज़ार में गंगा-यमुना-सा बहा था।
वह धरती के उपेक्षित और दुखियों का
दर्द बन सारी उम्र प्यार से लड़ा था,
औ' अहिंसा धर्म व्रत लेकर
उसने ही सबके दर्द को राग तक जाने के लिए
प्राणांतक दुर्द्धर्ष संघर्ष किया था।

❐

डॉ.अम्बेडकर : जीवन-विमर्श

डॉ.अम्बेडकर समग्र मानव जाति के अस्तित्व के लिए संघर्ष-समर्पित राजनेता थे। वे उत्कृष्ट समाज-सेवी और जीवन-मूल्यों के प्रवक्ता थे। वे उन संतों में से थे जिन्होंने सच्चाई के लिए अपने जीवन की परवाह नहीं की थी। वास्तव में वे उपेक्षित, शोषित और कमज़ोर वर्ग के मसीहा थे। वे सम्मान, न्याय, आज़ादी और हक के लिए अंत तक दुर्द्धर्ष संघर्ष करते रहे। वे कष्ट से कष्टतर तकलीफों को प्रसन्नता से झेलते रहे परंतु झुके नहीं और न घबराकर उन्होंने समझौता ही किया।

वे आधुनिक कबीर थे। उनमें अमर संतों की वाणी गूँज उठी थी। उस समय देश अपनी आज़ादी के लिए प्राणपण से संघर्ष कर रहा था। वे उस संघर्ष में अहम भूमिका निभा रहे थे। जो जाति अंग्रेज़ों की गुलामी के जुए को उतारने के लिए सशक्त संघर्ष कर रही थी, वही जाति अपने ही भाइयों के साथ गुलामों से बदतर सलूक कर रही थी, उन्हें अछूत और अधार्मिक मान रही थी। यह सोचकर उनकी मन-आत्मा उद्विग्न और उद्वेलित हो उठी थी। उन्हें स्वयं उस जाति के जुल्म और शोषण का शिकार होना पड़ा था। वे विदेश पढ़ने के लिए गए तो उन्हें अनुभव हुआ कि जाति व्यक्ति के अपमान, शोषण और दमन का कारण नहीं है। वहाँ सब बिना किसी भेदभाव के समता, सम्मान व अधिकार के पात्र हैं। धर्म के द्वार वहाँ सभी के लिए खुले हैं। मंदिरों पर किसी एक वर्ग-जाति का एकाधिकार नहीं है। उन्होंने महसूस किया कि राजनीतिक आज़ादी से पहले सामाजिक, धार्मिक और आर्थिक आज़ादी पा लेना बहुत ज़रूरी है।

उन लोगों के लिए राजनीतिक आज़ादी का कोई अर्थ नहीं है जो गुलामों की गुलामी में जीने की सज़ा सदियों से पा रहे हैं। जो हिंदू होते हुए अपने मंदिरों में नहीं जा सकते, जो उनके साथ तालाब और कुओं से पानी नहीं भर सकते और जो उनके साथ उठ बैठ भी नहीं सकते।

डॉ.अम्बेडकर के व्रण हरे हो उठे। उन्हें याद आने लगा कि उन्हें स्कूल में अपने साथियों से अलग क्यों बैठना पड़ा? क्यों बैलगाड़ी वाले ने रास्ते में ही उन्हें गाड़ी से उतार दिया? कैसे महार बच्चों के गाड़ी में बैठने से गाड़ी अपवित्र हो गई? उन्हें बहुत ज़ोर की

प्यास लगी थी। उन्होंने कुएँ से पानी निकालकर पी लिया था। पास काम कर रहे लोगों को जैसे ही पता चला कि वह बालक महार है, वैसे ही वे लोग दौड़े हुए वहाँ आए और उन्होंने बेतरह से उन्हें पीटा। एक बार वह बरसात में भीगने से बचने के लिए एक मकान की दीवार से सटकर खड़े हुए ही थे कि मकान मालकिन, जो यह जानती थी कि वह बालक महार जाति का है, तेज़ी से वहाँ आई और उस बालक को ऐसा धक्का मारा कि वह कीचड़ में जा पड़ा। उसकी किताबें भी कीचड़ में जा पड़ीं। वे महार थे इसलिए उन्हें संस्कृत पढ़ने से महरूम रहना पड़ा। वे महार थे इसलिए उन्हें छात्रावास में चाय तक नहीं दी गई। वे महाराजा बड़ौदा के सैनिक-सचिव हुए। महाराजा ने उनकी अगवानी का आदेश किया, परंतु कोई अधिकारी उनकी अगवानी के लिए स्टेशन नहीं पहुँचा। कार्यालय में उनकी मेज़ पर चपरासी फाइलें रखता नहीं, फेंकता था।

वे अपमान और अन्याय से काँप उठे। वे भी हिंदू हैं। फिर सवर्ण जाति के हिंदू उनसे घृणा क्यों करते हैं? वे सवर्ण हिंदू कैसे हैं? इस कारण उन्होंने हिंदुओं के धर्मग्रंथों का गहन अध्ययन किया। मनुस्मृति को समझा। उन्होंने हिंदू धर्म की खोखली-दोगली व्यवस्था पर तीव्रतर प्रहार किए और निर्णय लिया कि मस्तिष्क, हृदय और हाथ से काम किए बिना अछूतों का उद्धार संभव नहीं है।

अमेरिका के संविधान के 14वें संशोधन ने नीग्रोज़ को आज़ादी दी थी। डॉ.अम्बेडकर अछूतों की आज़ादी चाहते थे। हालाँकि सवर्णों में भी ऐसे महापुरुष थे जो अछूतोद्धार के लिए आगे आ रहे थे। बड़ौदा के महाराजा सयाजीराव गायकवाड ने प्रथम अखिल भारतीय पददलित सभा की अध्यक्षता की थी। इसमें तिलक ने यहाँ तक कहा था कि वे भगवान् को भी स्वीकार नहीं करेंगे यदि छुआछूत नहीं हटी। गांधीजी ने अछूतों को हरिजन की संज्ञा दी। परंतु डॉ.अम्बेडकर के मन में बराबर यह शंका बनी रही कि बहुसंख्यक सवर्ण हिंदू का नज़रिया यथावत् ही रहेगा। उनका यह दृढ़ विश्वास था कि अछूत अपने मानव अधिकारों को पहचानें और उनके प्रति जागरूक रहें। अछूत अपने में शक्ति पैदा करें और सम्मान से जिएँ। इसके लिए उन्होंने सन् 1917 में 'बहिष्कृत भारत' पाक्षिक का शुभारंभ किया था। अछूतों को माँगने, जूठन लेने आदि से रोका था। अमेरिका में कास्मोपोलीटन क्लब के अनुभवों से उन्हें जोड़ा और बताया कि वहाँ भारतीय छात्र बिना भेदभाव के सम्मान से हिलमिलकर रहते हैं।

अछूतों की एक बहुत बड़ी सभा की अध्यक्षता करते हुए आपने एक बार कहा था- " मुसलमान तथा ईसाई तो सवर्ण हिंदुओं के तालाब व कुओं से पानी ले सकते हैं, परंतु उन जैसे हिंदू नहीं। अचरज कि इन तालाबों पर अछूतों के जानवर पानी पी सकते हैं, परंतु

वे नहीं। इसलिए ज़रूरी है कि स्वयं अछूत आगे आएँ और ज्ञान प्राप्त कर सम्मान से जीने की शपथ लें।"

महाड़ में हो रही इस सभा के संबंध में किसी ने यह अफवाह उड़ा दी कि अछूतों का जुलूस वीरेश्वर मंदिर में घुसने जा रहा है। फिर क्या था? सवर्ण हिंदू इस सभा पर टूट पड़े और उन सबको मारा।

महाड़ में 25 दिसंबर सन् 1927 में पुनः उन्होंने एक ऐतिहासिक सभा आयोजित की। इस सभा के लिए वहाँ किसी हिंदू ने जगह नहीं दी। एक मुसलमान से सभा के लिए ज़मीन ली गई। इस दिन हिंदू समाज में व्याप्त अन्याय की जड़ 'मनुस्मृति' को डॉ.अम्बेडकर की अध्यक्षता में जलाया गया। यह वह वक्त था जब पेशवा राज्य में अछूत कुछ निश्चित सड़कों पर ही घूम सकते थे। अंततोगत्वा महड़ तालाब पर अछूत गए और उन्होंने डॉ.अम्बेडकर के साथ तालाब का पानी पिया। इसी प्रकार डॉ.अम्बेडकर ने नासिक के कालाराम मंदिर में प्रवेश के लिए संघर्ष शुरू किया। बराबर सत्याग्रह चलता रहा। शंकराचार्य की अध्यक्षता में एक बैठक हुई। इसमें मंदिर को बंद रखने का निर्णय लिया गया। पंद्रह हज़ार सत्याग्रही नासिक में एकत्र हो चुके थे। उधर रथयात्रा निकालने का समय नज़दीक आ चुका था। श्रीराम की रथयात्रा निकालना ज़रूरी था। अतः सवर्ण हिंदुओं ने अम्बेडकर से यह समझौता किया कि कुछ चुने हुए अछूत व्यक्ति रथ को खींच सकेंगे। दरअसल यह समझौता हिंदुओं की एक चाल थी। जैसे ही डॉ.अम्बेडकर तथा उनके कुछ साथी रथ खींचने के लिए आगे बढ़े वैसे ही सवर्ण हिंदुओं द्वारा तैनात गुंडों ने उन पर हमला बोल दिया। डॉ.अम्बेडकर और उनके आदमियों को चोटें आईं। इस झगड़े का लाभ उठाकर सवर्ण हिंदू रथ को खींचकर ले गए। यह ऐसी दुर्घटना थी जिसने हिंदू समाज की छुआछूत-नीति की पोल खोल दी। यह सत्याग्रह लगातार पाँच बरस तक चलता रहा।

अंत में गोलमेज़ सभा में इस लड़ाई का उद्देश्य बतलाते हुए डॉ.अम्बेडकर ने कहा- " तुम वह नहीं हो, जो अपनी समस्याओं को सत्याग्रह से सुलझा सकते हो। सवर्ण हिंदुओं से यह निवेदन मात्र है।" "यह सत्याग्रह हिंदुओं का हृदय परिवर्तन करने के लिए है।"

डॉ.अम्बेडकर ने यह बात उठाई कि जब वे भी हिंदू हैं तब हिंदू समाज में उनका अपमान क्यों? जो धर्म अपने करोड़ों-करोड़ मानने वालों को अछूत समझता है, वह धर्म नहीं। धर्म और दासता का कोई मेल नहीं है। अछूतों को आज काल-कोठरी की यातना सहनी पड़ रही है। वे धार्मिक, राजनीतिक और आर्थिक दृष्टि से परतंत्र हैं। फिर मानव-जाति के विकास का क्या अर्थ है?

मजबूरन डॉ.अम्बेडकर को यह कहना पड़ा कि ब्रिटिश भारत की कुल जनसंख्या का पाँचवाँ भाग न हिंदू है और न मुसलमान हिंदू उसे केवल अपनी संख्या बढ़ाने के लिए

हिंदू मानते हैं, वैसे उनका उनसे अत्यंत क्रूर व्यवहार है। वास्तविकता यह है कि उन्होंने उन्हें अछूत बनाकर समस्त मानवीय अधिकारों से वंचित कर दिया है। महात्मा गांधी उनके इन बयानों से बेहद नाराज़ हो उठे। डॉ.अम्बेडकर ने अछूतों के लिए राजनीतिक विभक्तिकरण पर जोर दिया तो गांधीजी ने आमरण अनशन की घोषणा कर दी। ब्रिटिश संसद के प्रधानमंत्री ने भारत की चुनाव संबंधी माँगों पर फैसला देते हुए यह तय किया था कि राज्य विधानसभाओं में उनके लिए पृथक् सीटों की व्यवस्था की जाती है। गांधीजी हिंदुओं का विभाजन नहीं चाहते थे। वे डॉ.अम्बेडकर को परम राष्ट्रभक्त, निष्ठावान तथा योग्यतम व्यक्तित्व का धनी मानते थे। डॉ.अम्बेडकर पर कांग्रेस के चोटी के नेताओं ने बहुत दबाव डाला और अंत में डॉ.अम्बेडकर ने गांधीजी के प्राणों की रक्षार्थ उनकी बात भारी मन से मान ली।

यथार्थतः डॉ.अम्बेडकर कर्मनिष्ठ, सत्यवादी महापुरुष थे। डॉ.अम्बेडकर ने दलित वर्ग, शोषित वर्ग, उपेक्षित कृषक और मज़दूरों के हित के लिए सन् 1936 में स्वतंत्र लेबर पार्टी बनाई थी। बाद में सन् 1942 में इसे भारतीय शैड्यूल्ड कास्ट फेडरेशन में बदल दिया गया। यही पार्टी सन् 1957 में भारतीय रिपब्लिकन पार्टी में बदली। उन्होंने एक पेशे में एक से अधिक यूनियन बना सकने, सवेतन अवकाश, मज़दूरों को एक होकर संघर्ष करने, देवदासी प्रथा का अंत करने, खोती एवोल्यूशन बिल, हिंदू कोड बिल आदि की हिमायत की और सभी शोषितों को एक हो जाने की आवाज़ उठाई। बहुत कम लोग यह बात जानते हैं कि उन्होंने संविधान को कामचलाऊ बताया था और हिंदीभाषी लोगों को हिंदी का शत्रु कहा था। सन् 1949 में वे कानून मंत्री बने। शीघ्र उन्होंने नेहरूजी की तानाशाही से परेशान होकर मंत्री पद छोड़ दिया। वे कांग्रेसी भी नहीं थे तब भी वे मंत्री थे। वे तो सच्चे मानवतावादी व दुर्द्धर्ष संघर्षी थे। सबका दर्द उनका अपना दर्द था। इस अर्थ में वे मसीहा थे। वे बौद्ध धर्म के पुरोधाओं से संपर्क बनाए रहे। वे सोच रहे थे कि बौद्ध धर्म अपनाने पर उनके वर्ग को सामाजिक, धार्मिक तथा राजनीतिक प्रतिष्ठा मिल सकेगी। हालाँकि वे बौद्ध धर्म की कमज़ोरियों से भी अच्छी तरह से परिचित थे और उस ओर उन्होंने बौद्ध भिक्षुओं का ध्यान भी आकृष्ट किया था। उन्होंने 'भगवान बुद्ध और उनका धर्म' पुस्तक भी लिखी थी। उसमें उन्होंने सविस्तार बौद्ध धर्म पर चर्चा की थी। इस खुली चर्चा से परंपरावादी बौद्ध भिक्षु उनसे नाराज़ हो गए, क्योंकि उसमें उनकी कमियों को भी उजागर किया गया था।

बौद्ध धर्म और डॉ.अम्बेडकर

डॉ.अम्बेडकर ने बौद्ध धर्म को एक सामाजिक व्यवस्था के रूप में समझा था और वह वर्णवाद आश्रित सामाजिक व्यवस्था जड़मूल से उखाड़कर समतावादी समाज की नींव रखना चाहते थे। इस उद्देश्य की पूर्ति के लिए ही उन्होंने अपने लोगों को बौद्ध धर्म

अपनाने की सलाह दी और 14 अक्टूबर, 1956 को वयोवृद्ध महास्थिवर चंद्रमणि ने डॉ.अम्बेडकर सहित उनके दस लाख व्यक्तियों को दीक्षा दिलाई। वे सब बौद्ध हो गए। इस धर्म-परिवर्तन ने हिंदू धर्म को चौंका दिया। इसके साथ ही, बौद्ध धर्म के पुरातनवादी भिक्षु भी चौंके, क्योंकि वे भी डॉ.अम्बेडकर के क्रांतिकारी, निष्कपट और स्वाभिमानी रूप से भयभीत थे। निष्कर्षतः यह कहा जा सकता है कि डॉ.अम्बेडकर को अंत में जो मार्ग चुनना पड़ा, उसका कारण हिंदू धर्म की कट्टरता और अपने को न बदलने की ज़िद ही थी। यदि डॉ.अम्बेडकर ने स्वतंत्रता से पूर्व धर्म-परिवर्तन का आह्वान किया होता तो अछूत वर्ग की नब्बे प्रतिशत आबादी बौद्ध हो चुकी होती। इतनी बड़ी संख्या में अछूत बौद्ध हुए होते तो उनके नवीन अस्तित्व की अलग पहचान बनती और वे नवीन सामाजिक, आर्थिक तथा राजनीतिक जीवन की इकाई बनते। बहुसंख्यक लोगों का एक सम्माननीय धर्म होता और उस धर्म में उनका बराबरी का हाथ होता। मुझे लगता है कि धर्म-परिवर्तन का निर्णय लेने में डॉ.अम्बेडकर ने बहुत विलंब कर दिया और इस कारण धर्म-परिवर्तन लाखों की संख्या में सिमटकर रह गया। अछूतों को संविधान में मुहैया की गई सुविधाओं से वंचित होने का भय था और यह भय था कि वे प्राप्त सुविधाओं को खोकर अपनी रही-सही पहचान भी खो देंगे। जो अछूत बौद्ध हो जाएँगे, उन्हें संविधान में प्रदत्त सुविधाएँ प्राप्त नहीं होंगी।

मूल्यांकन

स्वतंत्रता से पूर्व ऐसा कोई भय नहीं था। उस समय का वातावरण बहुत अनुकूल था। डॉ.अम्बेडकर जिस सामाजिक, राजनीतिक, आर्थिक और धार्मिक सदाचार और समानता के लिए आजन्म जी-तोड़ अथक प्रयास करते रहे, उसकी प्रतिष्ठा नहीं हो सकी। वे हिंदू धर्म से जाति की अजगरी श्रृंखलाओं को नहीं काट सके, बल्कि उन्हें ही विवश होकर अत्यंत भारी मन से अपने व्रत को पूरा करने के लिए धर्म-परिवर्तन की राह पकड़नी पड़ी। यथार्थतः वे हिंदू धर्म के विरोधी नहीं थे। वे विरोधी थे हिंदू धर्म में पनपी अमानवीय व्यवस्था और रीति-नीति के! वे विरोधी थे हिंदू धर्म में व्याप्त असमानता और पुरोहितों की धींगामस्ती के! उन्होंने हिंदू धर्म के शास्त्रों का गहन अध्ययन किया था और यह मालूम किया था कि उनमें जाति-व्यवस्था जन्म से नहीं, कर्म से जन्मी है, जिसे कालांतर में जन्म से जोड़कर सवर्ण हिंदू अपने में से एक वर्ण का शोषण करते रहना चाहते हैं और उसे जानवर से भी बदतर स्थिति में कायम रखना चाहते हैं। उन्होंने न केवल उनको सामाजिक, धार्मिक, आर्थिक तथा राजनीतिक हकों से महरूम किया है, अपितु उनकी मानसिकता के समस्त रस सोखकर उन्हें खोखला कर दिया है। ऐसी स्थिति में डॉ.अम्बेडकर सोचते थे कि वे न तो उन व्रणों को भर सकते हैं और न विद्रोह की लपटों से उस पाप-कपटी व्यवस्था को भस्म कर उसे खरा बनाने में सफल ही हो सकते हैं। उनका जीवन निरर्थक है। डॉ.अम्बेडकर

सवर्ण वर्ग का हृदय परिवर्तन नहीं कर सके। सवर्ण वर्ग ने मौके का लाभ उठाकर अछूत वर्ग में दरारें डाल दीं, उनकी सोच को बेतरह से कील दिया। वे चंद लाभों की दलदल में ऐसे फँसे कि आज तक उससे मुक्त नहीं हो सके।

आज डॉ.अम्बेडकर हमारे बीच में नहीं हैं, परंतु उनका जीवनोन्मुखी चिंतन और मानवमात्र के लिए की गई उनकी सेवाएँ बरबस हमारा ध्यान अपनी ओर खींच लेती हैं। यह महसूस कराती हैं कि वे केवल अछूतों के नहीं, वे केवल बौद्धों के नहीं और वे केवल उपेक्षितों के नहीं, अपितु वे उन सबके थे जिन्हें मानवता की खुशबू से वंचित कर दिया गया था। उनके लिए धर्म बिना गति नहीं थी, जीवन नहीं था। जीवन और समाज की सक्रियता वे धर्म से मानते थे। धर्म उनकी जीवनास्था से जुड़ा था। धर्म उनके लिए मार्क्स की तरह अफीम नहीं था और वे धर्म के प्रति अंधभक्त नहीं थे। हिंदू धर्म की निष्क्रियता के कारण उनको विवश होकर धर्म-परिवर्तन का निर्णय लेना पड़ा था। धर्म-परिवर्तन उनके लिए सहज प्रक्रिया नहीं थी। इससे पूर्व वे जिस धर्म में पैदा हुए थे, उसमें उन्होंने जी-जान से यह प्रयत्न किया था कि उन्हें और अवर्णीय समाज को जीने का सम्मानपूर्वक अधिकार मिल जाए। उन्होंने इसके लिए उस समस्त प्रक्रिया से गुज़र जाना उपयुक्त समझा जिसके द्वारा धर्म में पुनर्जागरण की संभावना पैदा हो सके और जीवन-क्रांति की नई दिशा उद्घाटित हो सके। पर उन सबसे कोई लाभ नहीं हुआ और अंत में वे मन मसोसकर धर्म-परिवर्तन की दिशा में चल पड़े। कदाचित् तत्कालीन समय की भी यही नियति थी, यही माँग थी और उत्कट आकांक्षा थी। उन्होंने एक अतीव जीवट शिखर पुरुष की भाँति उस नए पथ का अनुगमन किया जो उनके लिए अंतः स्वतंत्रता का मार्ग प्रशस्त करता था।

❐

यात्रा-पथ

संघर्ष जीवन का प्राणतत्त्व है। जीने का अर्थ ही संघर्षोद्वेलन है। जब संघर्ष सबके जीने को बेहतर बनाने के लिए किया जाता है तब उसका अर्थ बहुत व्यापक और प्रभावशाली होता है। महान् व्यक्ति वे ही हैं जिन्होंने अपना समूचा जीवन दूसरों की सेवा में लगा दिया। वे सब सत्यान्वेषी थे और कर्म के प्रति निष्ठावान। डॉ.अम्बेडकर की संघर्ष-साधना का स्तर इसी कोटि का था। वे सर्वात्मा थे और सबके प्रति समर्पित थे।

"किसी कार्य में सफलता जितनी साधनों पर अवलंबित है उतनी न्यायोचित साध्य पर। यदि साध्य शुभ है तो उसकी सफलता के लिए अधिक चिंतित होना आवश्यक नहीं है। कारण, अंततः सत्य की जीत होती है। सत्यान्वेषियों में असीम व अदम्य साहस व आत्मास्था होनी चाहिए। ऐसे गुण स्वतः ही साध्य की पवित्रता तथा श्रेष्ठता से व्यक्ति में उत्पन्न हो जाते हैं। सत्य की विजय हेतु सच्चा एवं अविराम संघर्ष अपरिहार्य है। कोई-सा भी साध्य, जो श्रेष्ठ तथा सच्चे साध्य के लिए किया जाता है, वह समीचीन है। वह व्यक्ति जो आपको मारने आता है, वह व्यक्ति जो किसी स्त्री की इज़्ज़त से खेलने के लिए आता है और वह व्यक्ति जो किसी के घर चोरी करके भागते वक़्त अथवा आग लगाते वक्त मारा जाता है, अपने कुकर्मों का फल पाता है। जैसा किसी भी बुरे व अनैतिक कार्य करने वाले व्यक्तियों के साथ होता है, उसके साथ भी होता है। नियम अहिंसा का होना चाहिए, परंतु हिंसा जहाँ अनिवार्य हो, वहाँ होनी चाहिए।"

उपर्युक्त विचार डॉ.अम्बेडकर के हैं। वे साधन और साध्य की सच्चाई में अटूट आस्था रखते थे। हिंसा और अहिंसा को वे विवेकाधृत मानते थे। उनमें न हिंसा से घृणा थी और न अहिंसा के प्रति अंध-आग्रह था। यहाँ वे गांधीजी की चिंतनधारा से अलग होते हुए दृष्टिगोचर होते हैं। हिंसा का भी उनकी दृष्टि में जीवनीय मूल्य उसी तरह से था जिस प्रकार से अहिंसा का। अकेली अहिंसा से मानवीय समस्याओं का समाधान नहीं हो सकता है, जबकि महात्मा गांधी अकेली अहिंसा के माध्यम से जीवनीय समस्याओं का हल ढूँढ़ना जीवन का उद्दिष्ट मानते थे। भारतीय आज़ादी के संघर्ष के इतिहास का विहंगावलोकन करें तो इस तथ्य को नकारा नहीं जा सकता है कि भारत की आज़ादी में हिंसाधृत क्रांति की भी अहम भूमिका थी।

21 सितंबर को गांधीजी ने मदुरै के तीर्थस्थान में न केवल अपना सिर मुँडवा दिया था अपितु सामान्य वस्त्रों का परित्याग कर लँगोटी अपना ली थी। चर्चिल ने गांधीजी के इसी रूप को देखकर उन्हें 'अर्द्धनग्न फ़क़ीर'[1] की संज्ञा दी थी। जहाँ गांधीजी एक तरफ़ अपने जीवन में बेहद सादगी ला रहे थे, वहाँ उनके विचार उन लोगों के प्रति, जिनके विचार उनसे मेल नहीं खा रहे थे, सख़्त भी होते जा रहे थे। जिन्ना, सुभाष और डॉ.अम्बेडकर की विचारधारा गांधीजी की विचारधारा से भिन्न थी। 1937 में जिन्ना ने यह स्पष्ट कह दिया था कि कांग्रेस उनकी शत्रु है, क्योंकि उनकी दृष्टि में कांग्रेस का तत्कालीन चरित्र 'हिंदुओं के हिंदुस्तान' के आदर्श के लिए जी-तोड़ संघर्ष करना ही एकमात्र था। सामूहिक उत्तरदायित्व के मूलोद्दिष्ट के पीछे कांग्रेस का चक्रव्यूह लीग का अंत करना था। जिन्ना की दृष्टि में कांग्रेस फ़ासिस्ट संस्था थी और उसकी कार्यकारिणी फ़ासिस्ट महासमिति थी। हिंदू-मुसलमान विवाद को ख़त्म करने की दृष्टि से रैम्ज़े मैक्डॉनल्ड ने यह फ़ैसला दिया था कि मुसलमानों का पृथक् चुनाव क्षेत्र एवं अन्य सुरक्षाओं के साथ दलित वर्ग को भी एक पृथक् इकाई माना जाएगा। रैम्ज़े मैक्डॉनल्ड के इस फ़ैसले के पीछे यद्यपि निपट साम्राज्यवादी स्वार्थ कार्य कर रहा था, क्योंकि इससे वे हिंदू जाति के विभाजन की नींव रख रहे थे। इस फ़ैसले ने हिंदुओं को यह सोचने के लिए भी मजबूर कर दिया था कि उनका अछूतों के प्रति जो भेदभावपूर्ण रवैया है, उससे किसी समय भी उनकी एकता को ख़तरा हो सकता है। गांधीजी ने हिंदू जाति के इस विभाजन को रोकने के लिए यरवदा जेल में आमरण अनशन शुरू कर दिया था। उनकी दृष्टि से इस तरह से राष्ट्रीय एकता छिन्न-भिन्न हो जाएगी। ध्यातव्य है कि दिसंबर, 1938 के लीग-अधिवेशन में जिन्ना ने नेहरू के इस आरोप का कि लीग 'एक महत्त्वपूर्ण सांप्रदायिक संस्था' है और वह 'भारतीय मुसलमानों की एकमात्र संस्था है' का कटु शब्दों में जवाब देते हुए इस बात पर ज़ोर दिया था कि नेहरू उन वास्तविकताओं से बहुत दूर हैं, जिनका उन्हें भारत में सामना करना पड़ रहा है।[2] वास्तविकता यह थी कि कांग्रेस के रवैये से मुसलमान तबके के लिए नए सिरे से सोचा जाने लगा था। सन् 1943 में लीग की स्थिति सुदृढ़ हो चली थी और वह सत्ताभिमुखी दाँव-पेच तेज़ कर चुकी थी। इस समय तक अछूत वर्ग में भी राजनीतिक चेतना तेज़ी से काम करने लगी थी। अंग्रेज़ों की नीति भी थी कि मुसलमानों की तरह से वे भी अलग राज्य की माँग करें। देखा जाए तो उस वक़्त ब्रिटिश सरकार की राजनीति हिंदुस्तान को कई भागों में बाँटने की चल रही थी।

---

1. **चर्चिल ने कहा था-"यह देखकर मतली आती है कि सविनय अवज्ञा के विद्रोही आंदोलन को संगठित करते और चलाते हुए गांधीजी अर्द्धनग्न अवस्था में सम्राट के प्रतिनिधि से समान स्तर पर बात करने वायसराय-भवन में जाते हैं।"**
2. **जिन्ना ने तब कहा था–"विश्वास रखो, राजगोपालाचार्य अपनी अत्यंत प्रखर बुद्धि द्वारा पाकिस्तान की परिभाषा करके मेरा मक़सद पूरा कर देंगे।"**

डॉ.अम्बेडकर चाहते तो उनके लिए यह मुश्किल काम नहीं था कि वे अपने वर्ग के लिए अलग धरती की माँग करते, परंतु उन्होंने ऐसा नहीं किया।

दरअसल डॉ.अम्बेडकर हिंदू जाति में चली आ रही भेदभाव की नीति को ख़त्म करना चाहते थे। अछूतों के कष्टों का उनको गहरा अनुभव था। उन्हें आश्चर्य तो इस बात पर था कि सवर्ण अछूतों को न अपने से अलग होने देना चाहते थे और न उन्हें अपने जैसा (सवर्ण-सा) सम्मान देना चाहते थे। अनेक स्तर तथा ढंग से उन्होंने चाहा कि सवर्ण हिंदू जाति अछूत हिंदू जाति के साथ सम्मानपूर्ण व्यवहार करने की शुरुआत करे। उन्होंने इस पर आश्चर्य प्रकट किया कि वे हिंदू होकर भी हिंदुओं के मंदिरों में नहीं जा सकते। आखिर उनका प्रवेश वर्जित क्यों है? दूसरी ओर, जब वे लोग अलग अस्तित्व कायम करने की सोचते हैं तब सवर्ण हिंदुओं पर वज्रपात क्यों होने लगता है? वे इस विरोधाभास को दूर करने के लिए अंत तक संघर्ष करते रहे, परंतु आखिर उन्हें हिंदू धर्म के जघन्य वैषम्य से अपने को मुक्त करने के लिए बौद्ध धर्म स्वीकार करना ही पड़ा, क्योंकि अन्य कोई रास्ता उनके सामने नहीं बचा था।

उनके अंतःसंघर्ष की आत्म-व्यथा भारतीय समाज की दोमुँही प्रकृति का पर्दाफ़ाश कर देती है। 'हिंदू कौन है?' से उन्होंने जो प्रश्न उछाले हैं, उन प्रश्नों का उत्तर, जो अपने आपको हिंदू होने का जन्मजात, आभिजात्य अधिकारी मानते हैं, समुचित नहीं दे पाए। यदि कोई उत्तर था भी तो वह हिंदू समाज की असंगतियों तथा शोषण-प्रवृत्ति को ही उजागर करता था।

ब्राह्मणवाद की दोषपूर्ण जाति-व्यवस्था को वे हिंदू समाज के पतन का मुख्य कारण मानते थे। शोषण कैसा भी हो, उसका विरोध करना मनुष्य का नैतिक दायित्व है। ब्राह्मणवाद तथा जाति-व्यवस्था के शोषण को वे ख़त्म करना चाहते थे। समाज में मानवीय मूल्यों और मान्यताओं के वे प्रबल पक्षधर थे।

वे कहते थे कि "शूद्र (अछूत) सबसे नीच वर्ण है और उस पर ऐसे प्रतिबंध लगे हैं कि वह कभी पनप नहीं सकता। लोगों ने अभी तक शूद्रों के प्रश्न का महत्त्व नहीं समझा है और वे भूल जाते हैं कि हिंदू समाज में शूद्रों की संख्या अछूतों को छोड़कर पचहत्तर या अस्सी प्रतिशत है। इतनी बड़ी जनसंख्या को समाज से अलग कर उन्नति कैसे संभव हो सकती है? भारत का भविष्य व हिंदू समाज का संगठन वर्ण-व्यवस्था पर निर्भर है।" वर्ण-व्यवस्था का आधार जन्म नहीं, कर्म होना चाहिए। परंतु कर्म के स्थान पर जन्म ने उसका स्थान ले लिया है। यही तो रूढ़ांधता है और उसके पतन का कारण, जो उसके नैतिक मूल्यों के खोखलेपन को सबके सामने लाता है।

यह कैसे संभव हो सकता है कि कुछेक तो जन्म से ही समाज के शोषण का अधिकार

पा लें और शेष जन्म से शोषित होने के लिए पैदा हों। और इस पर मज़े की बात तो यह है कि वे ही शोषण चक्र के विरुद्ध जेहाद उठाते हैं। घर के शोषण की दुरभिसंधि को हम नहीं बेंध पाए। जब तक हिंदू समाज की आंतरिक व्यवस्था स्वस्थ नहीं होगी तब तक उसका राष्ट्रीय चरित्र उभरकर सामने नहीं आ सकता है।

डॉ.अम्बेडकर को ब्राह्मणवाद और जातीय व्यवस्था से डटकर मुक़ाबला करना पड़ा था। उन्होंने प्रतिज्ञा की थी कि "मैं उन शोषितों की सेवा में अपने जीवन का उत्सर्ग कर दूँगा, जिनमें मैं पैदा हुआ था, जिन लोगों के बीच में रहकर मैं बड़ा हुआ और जिनमें मैं रहा हूँ। मैं अपने उत्तरदायित्व से एक इंच भी पीछे न हटूंगा, न मैं अपने प्रतिद्वंद्वियों की आलोचना की ही चिंता करूँगा।"डॉ.अम्बेडकर के साथ भेदभाव का एक कारण यह भी था कि वे निम्न जाति से हैं और सवर्ण जाति वालों के सामने ताल ठोंकते हैं। इस कारण उनका डटकर विरोध हुआ उन्हें अराष्ट्रीय होने तक की संज्ञा भी दे दी गई।

डॉ.अम्बेडकर ने 'शूद्रों की खोज' पुस्तक की भूमिका में शूद्रों की स्थिति पर प्रकाश डालते हुए शूद्रों को आर्यों की जाति से सूर्यवंशी ठहराया है। हिंदू समाज के इतिहास का अधिकांश भाग शूद्रों पर अत्याचार की कहानी है, जिसे उसमें स्थान नहीं दिया गया है। उन्होंने महाभारत के शांति पर्व के चालीसवें अध्याय के रचयिता का आभार प्रकट करते हुए इस तत्त्व की ओर सबका ध्यानाकृष्ट कराना चाहा है कि उसने 'पैजवन' को शूद्र बतलाकर शूद्रों की उत्पत्ति का मार्ग खोल दिया है। शूद्र नीच नहीं थे, उन्हें नीच बनाने के लिए हिंदू समाज ने नई जटिल व जड़ परिस्थितियाँ पैदा की थीं।

डॉ.अम्बेडकर अछूतों के लिए किए गए संघर्ष की ऐसी ज़बर्दस्त कहानी हैं जिससे यह निष्कर्ष निकलता है कि जब उन जैसा मनीषी हिंदू समाज से टकरा-टकराकर अपने जीने का रास्ता नहीं बना सका और मजबूर होकर उन्हें बौद्ध धर्म का मार्ग अपनाना पड़ा, तब सामान्य अछूत कैसे अपने लिए उस समाज में स्थान बना सकता है? वह संघर्ष आज भी जारी है। आज़ादी के प्रौढ़ होने पर भी अछूतों की स्थिति आज भी शोचनीय है। और तमाशा यह है कि चारों ओर से इस समस्या से जूझने के दावे किए जा रहे हैं! आज की राजनीति कहीं अछूत को अछूत बनाए रखकर उससे अपने राजनीतिक स्वार्थ की पूर्ति में तो नहीं लगी है, यह भी सोचना पड़ जाता है।

इस प्रश्न की गहराई में जाने के लिए ज़रूरी है कि डॉ.अम्बेडकर के जीवन से एक बार गुज़र जाएँ, क्योंकि उनका जीवन हिंदू समाज की विषमताओं, विसंगतियों और प्रपंचनाओं की बखिया उधेड़े हुए है और उस दिशा में होने वाले प्रयत्नों के प्रति निष्ठावान है। इसके अतिरिक्त भी अनेक कारण हैं, जिनकी वजह से उनका चरित्र अध्ययन का विषय बनता है।

गांधीजी के आमरण अनशन के पीछे जो तथ्य थे, वे ऐसे थे जिनसे हिंदू जाति को

नुकसान उठाना पड़ता था। प्रथम गोलमेज़ कांफ्रेंस में डॉ.अम्बेडकर और रावबहादुर आर. श्रीनिवासन ने प्रस्ताव रखा था कि दलित वर्गों को यह अधिकार प्रदत्त किया जाए कि वे दस वर्ष तक पृथक् निर्वाचन और वयस्क मताधिकार के आधार पर विधानमंडलों में अपने प्रतिनिधि भेज सकें। दस वर्ष के पश्चात् उनके लिए स्थान निश्चित कर दिए जाएँ। द्वितीय गोलमेज़ कांफ्रेंस में पुनः इस प्रस्ताव पर ज़ोर दिया गया। गांधीजी ने इसका कड़ा विरोध करते हुए कहा कि उनकी समझ में अल्पसंख्यकों के दावे तो समीचीन हैं, परंतु अछूतों का दावा एकदम बेबुनियाद है, क्योंकि इसको स्वीकार कर लेने का अर्थ होगा कि छूत-अछूत का भयानक रोग अपना अस्तित्व बनाए रखेगा। गांधीजी का कहना था कि मुसलमान और सिख तो हमेशा ही मुसलमान और सिख बने रहेंगे, परंतु अछूत हमेशा ही अछूत बने रहेंगे, यह मान लेना दुर्भाग्यपूर्ण है। वे 'अस्पृश्यता जिंदा रखने से तो हिंदुत्व का मरना ज़्यादा पसंद करते थे। उन्होंने स्पष्ट चेतावनी दी थी कि "मैं अपना पूरा बल देकर कहना चाहता हूँ कि चाहे मैं अकेला ही विरोध करने के लिए रह जाऊँ, मैं अपनी जान देकर भी इसका विरोध करूँगा।"

यह ध्यान देने योग्य तथ्य है कि इससे पूर्व ब्रिटिश सरकार अपने षड्यंत्र को तेज़ करने में संलग्न थी। रैम्ज़े मैक्डॉनल्ड ने यह घोषणा की थी कि आग़ा ख़ाँ ने उन्हें औपचारिक रूप से अल्पसंख्यकों की माँग को ध्यान में रखकर तथाकथित सर्वसम्मति से जो फ़ॉर्मूला पेश किया है, उस पर भारतीय प्रतिनिधि एक निश्चित तारीख़ तक यदि सहमत नहीं हुए तो वे स्वयं सांप्रदायिक मसले पर अपना निर्णय सुनाने के लिए विवश होंगे।[3] गांधीजी ने रैम्ज़े मैक्डॉनल्ड की इस घोषणा को दुर्भाग्यपूर्ण बताते हुए यह घोषणा की थी कि यह कहना सरासर शरारतपूर्ण है कि अल्पसंख्यकों के नेताओं द्वारा तैयार हुआ मसविदा जनाकांक्षा का प्रतिनिधित्व करता है। रैम्ज़े मैक्डॉनल्ड का सम्मेलन के समापन के अवसर पर दिया गया यह फ़ैसला कि सरकार अल्पसंख्यकों को 'बहुसंख्यकों की शक्ति के द्वारा जनतांत्रिक शासन के अबाध तथा निरंकुश प्रयोग' से सुरक्षित करने के लिए कटिबद्ध है, अत्यंत ही निराशाजनक और भ्रांत तथ्यों पर आधृत था।

तीसरी गोलमेज़ कांफ्रेंस मात्र एक दिखावा थी, क्योंकि उसमें लेबर पार्टी, कांग्रेस और देशी राजा अथवा उनके प्रतिनिधि सम्मिलित नहीं हुए थे। रैम्ज़े मैक्डॉनल्ड ने उस मसले पर अपना फ़ैसला सुना दिया था, जिसके अनुसार दलित वर्गों को प्रांतीय विधानसभाओं में 71 विशेष स्थान दिए गए। 71 स्थानों की पूर्ति विशेष निर्वाचन-क्षेत्रों में केवल दलितवर्गीय मतदाताओं के वोटों से चुने प्रतिनिधियों द्वारा की जाएगी। यह व्यवस्था बीस वर्ष के लिए की गई थी। साथ में यह भी व्यवस्था रखी कि आपसी समझौता हो जाने पर यह योजना इससे पूर्व भी समाप्त की जा सकती है।

---

3. **इंडिया--फ्रॉम कर्ज़न टु नेहरू एंड आफ्टर : दुर्गादास**

इससे कांग्रेस के खेमे में बेहद निराशा छा गई। इसके विरोध में स्त्रियाँ मैदान में उतर आई थीं और तत्कालीन वातावरण अत्यंत तनावपूर्ण हो गया था। सरकार झुकने वाली नहीं थी। अछूत वर्ग इस सुविधा से लाभ उठाने के पक्ष में था।

निस्संदेह यह मसविदा, जो क़ानून की शक्ल ले चुका था, हिंदू समाज में ज़बर्दस्त दरार पैदा करने वाला था। सत्याग्रह से काम निकल सकेगा या उसे और तेज़ किया जाए, इस पर विचार चल रहा था। गांधीजी यरवदा जेल में थे। उन्होंने अगस्त, 1932 को तत्कालीन ब्रिटिश प्रधानमंत्री को एक पत्र लिखा, जिसमें उन्होंने इस सांप्रदायिक निर्णय के प्रति घोरतम विरोध प्रकट करते हुए चेतावनी दी थी कि वे प्राण देकर भी इसका विरोध करेंगे। उनके सामने एकमात्र रास्ता यह बचा था कि वे खाना छोड़कर केवल नमक-सोडे या उसके बिना पानी पर ही रहें। उनका यह उपवास तब तक खत्म होने वाला नहीं था जब तक ब्रिटिश सरकार स्वेच्छा से जनमत के प्रभाव में अपना निर्णय वापस नहीं ले लेती है। ब्रिटिश प्रधानमंत्री ने अपने 8 सितंबर, 1932 के पत्र में गांधीजी को लिखा कि निर्णय वापस नहीं लिया जा सकता है। उन्होंने यह भी स्पष्ट किया कि उन्होंने अछूत वर्गों के उत्पीड़न को दूर करने के लिए जो उपयुक्त समझा, वह किया है। उनके हितों की रक्षा करना उनका कर्तव्य है। स्थिति बेहद उलझ चुकी थी और गांधीजी ने 20 सितंबर, 1932 से (पूर्व-निश्चित तारीख़ से घोषित) आमरण अनशन शुरू कर दिया था। उन्होंने अछूत वर्गों के सामाजिक पिछड़ेपन के लिए हिंदू समाज की भर्त्सना करते हुए कहा था कि "यदि सार्वजनीन सामूहिक हिंदू भावना अस्पृश्यता का मूलोच्छेदन करने को तैयार नहीं है तो उसे बिना किसी झिझक के मेरी कुर्बानी दे देनी चाहिए।"

इस संदर्भ में यह विचारणीय प्रश्न है कि ब्रिटिश सरकार ने जो सांप्रदायिक निर्णय लिया था, उसके पीछे डॉ.अम्बेडकर की भरपूर शक्ति काम कर रही थी। यह न मान लेने का कोई कारण नहीं है कि इस निर्णय से हिंदू समाज में विघटन होगा और उनकी शक्ति बिखर जाएगी, राष्ट्र भी कमज़ोर होगा। लेकिन डॉ.अम्बेडकर के सामने इसके अलावा और कोई रास्ता ही नहीं था, जिससे वे सवर्ण हिंदुओं के जघन्य व्यवहार को बदलने के लिए उन्हें मजबूर कर सकें।

हुआ यह कि अब सवाल अछूत (दलित) वर्ग का न रहकर गांधीजी के प्राणों की रक्षा हो गया। उनके प्राणों की रक्षार्थ हिंदुओं ने 26 सितंबर, 1932 को अछूतों के लिए कई मंदिर खोल दिए। परंतु उन मंदिरों में अछूतों का प्रवेश करना मुश्किल था। यह स्थिति तो आज भी है कि अछूत वर्ग के लोग हिंदुओं के मंदिर में प्रवेश करते हुए डरते हैं, क्योंकि उसका उनको क्या परिणाम भोगना पड़ेगा, इसे वे अच्छी तरह जानते हैं। आज बिहार में अछूतों के साथ जो कुछ हो रहा है, वह अछूत वर्ग को पूरा सरकारी संरक्षण देने के बावजूद

हो रहा है। उस समय की अछूत वर्गों की सामाजिक स्थिति का अनुमान लगाना कठिन है। तब उनकी स्थिति पशुओं से भी बदतर थी।

इस स्थिति में डॉ.अम्बेडकर का अछूत वर्गों के प्रति इस ढंग से सोचना क़तई गलत नहीं था। यदि उन्होंने गोलमेज़ कांफ्रेंस में लगातार इस तथ्य की ओर ध्यानाकृष्ट नहीं कराया होता तो वह रूप सामने नहीं आता, जो बाद में सामने आया और जिसके लिए गांधीजी को अपने प्राणों की बाज़ी लगाने के अलावा कोई अन्य रास्ता नज़र नहीं आया। वह एक विस्फ़ोटक स्थिति थी और सवर्ण हिंदू समाज को खुली चुनौती थी। प्रश्न अस्तित्व का था। इस निर्णय की घोषणा होने से पूर्व भी हिंदू समाज अछूत वर्गों के प्रति सहानुभूतिपूर्वक सोच सकता था और उन्हें शोषण-विमुक्त करने के लिए अपनी ग़लती स्वीकारता हुआ नवीन प्रस्ताव रख सकता था। सोचना यह है कि समय रहते हुए न कांग्रेस चेती और न सवर्ण हिंदू समाज में ही चेतना की लहर दौड़ी। कदाचित् वे सोचते थे कि ब्रिटिश सरकार इस प्रकार का निर्णय नहीं ले पाएगी। जो लोग इस ऐतिहासिक घटना को लेकर डॉ.अम्बेडकर को दोषी करार करना चाहते हैं, उनके इरादे आज भी अछूत वर्गों के प्रति नेक नहीं हैं। मेरी मान्यता है कि इसका श्रेय डॉ.अम्बेडकर को जाना चाहिए कि उन्होंने हिंदू समाज को जगा दिया और इसके साथ ही यह परिबोध भी करा दिया कि शोषण के दुष्चक्र से मुक्ति के लिए संघर्षरत नेतृत्व पहले अपने समाज का मुआयना कर देखे कि कहीं वे स्वयं शोषण-अनुरत तो नहीं हैं। निस्संदेह इसके लिए सवर्ण हिंदुओं को डॉ.अम्बेडकर का एहसानमंद होना चाहिए कि उन्होंने हिंदू समाज में परिव्याप्त शोषणधर्मा प्रवृत्ति का मूलोच्छेदन करने हेतु ज़बर्दस्त आवाज़ उठाई। लेकिन हुआ इसके बिलकुल विपरीत। डॉ.अम्बेडकर पर। चारों ओर से दबाव डाला जाने लगा कि वे जैसे भी हो, अपनी माँग को वापस लें। अब जैसा पहले स्पष्ट किया जा चुका है, सवाल गांधीजी के प्राणों की रक्षा करने का था, नीति का नहीं था और विवाद का भी नहीं था, इस समय डॉ.अम्बेडकर की मानसिकता का सहज अंदाज़ लगाया जा सकता है। जिस प्रस्ताव को क़ानून के चौखटे में लाने के लिए जी-तोड़ प्रयत्न किया था, अब उसे वे वापस ले लें! उधर, ब्रिटिश सरकार तो दमनकारी रूप अख़्तियार कर चुकी थी। उससे कुछ उम्मीद करना बेबुनियादी बात थी। अंततः गांधीजी के प्राण बचाने का अकेला तरीक़ा यह रह गया था कि डॉ.अम्बेडकर अपने प्रस्ताव को वापस ले लें।

यदि ऐसी विकट स्थिति सामने नहीं आती तो क्या हिंदू समाज अपने नज़रिए और व्यवहार पर सोच-विचार कर सकता था? इससे पूर्व दलित वर्ग के लिए जो कुछ हो रहा था, उसकी कछुआ चाल को देखते हुए क्या कभी यह आशा की जा सकती थी कि सवर्ण हिंदू के विशेषाधिकारों से दलित (अछूत) वर्ग को मुक्ति मिल सकेगी?

अब डॉ.अम्बेडकर अकेले पड़ गए थे। उनके सामने एक ही प्रस्ताव था कि वे पीछे हट

जाएँ। परंतु डॉ.अम्बेडकर ईमानदारी से यह सोच रहे थे कि उनका पीछे हटना अब तक की उनकी कोशिशों पर वज्रपात जैसा होगा। वे जिनके लिए संघर्ष कर रहे थे, उनके ख़िलाफ़ कार्य करेंगे। वे जानते थे कि सवर्ण हिंदू समाज ने यद्यपि कुछ मंदिरों में उनका प्रवेश उपयुक्त मानकर उन मंदिरों के द्वार खोलने की घोषणा भी कर दी है तो भी अछूत वर्गों में इतना दम व साहस कहाँ है कि वे सदियों से भुगतते आ रहे भय और आतंक के जाल को एकदम उठाकर फेंक दें और मंदिर में प्रवेश कर सकें। आखिर वे क्या करें और क्या नहीं? गांधीजी के प्रति अम्बेडकर में श्रद्धा थी, परंतु श्रद्धा पर वे सिद्धांतों की बलि नहीं चढ़ा सकते थे। श्रद्धा और सिद्धांत दोनों अपनी-अपनी जगह अलग हैं।

सवर्ण हिंदू समाज तैश में था। ब्रिटिश सरकार दमन पर थी। गांधीजी प्राणों की पोटली समेटकर जीवन-संध्या ढलने की प्रतीक्षा में थे। अम्बेडकर के दिलोदिमाग में ज़बर्दस्त बेचैनी थी। वे सिद्धांतवादी व्यक्ति थे। तर्क करने के लिए तैयार थे। परंतु इसका समय कहाँ था? यह कैसी ज़बर्दस्ती थी कि उनको पीछे हटाने के लिए तमाम सिद्धांत ताक में रख दिए गए थे? वे हिंदू समाज की शक्ति से परिचित थे। फिर भी, वे निर्भीक थे, परम साहसी थे। रास्ता ढूँढ़ रहे थे जिससे गांधीजी के प्राणों की रक्षा भी हो सके और उनके नज़रिए को भी सही संदर्भों में समझा जा सके। इससे पहले कि वह किसी अन्य निष्कर्ष पर पहुँच पाते अथवा अन्य कोई रास्ता तय कर पाते कि सारा खेल ही बदल गया और उनके मन में सवर्ण हिंदुओं के प्रति एक गाँठ-सी बन गई। इस प्रकार वे निरंतर संघर्षों की ओर उन्मुख होते रहे और जीवन के अंत तक जीवन को एक प्रयोगशाला मानते रहे। उन्होंने कभी भी अहं के कारण विध्वंस की बात नहीं सोची। वे कट्टर नहीं थे। उनमें सद्भाव था। वे मानवता के पक्ष में प्रश्न उठाते थे। रह-रहकर उनके मनोजगत् को यह प्रश्न बेचैन किए जा रहा था कि उन्हें क्यों हिंदू धर्म में बना रहना चाहिए। सवर्ण हिंदू क्यों चाहते हैं कि वे ठुड्डे खाकर भी हिंदू धर्म के पंक में धँसे रहें। जो धर्म अपने करोड़-करोड़ अनुयायियों को कुत्ते और बिल्लियों से भी बुरा समझता है, उन पर अनगिनत अन्याय और अत्याचार करता है तथा उन्हें अछूत समझता है, उनके बीच में वे और उनका समाज कैसे बना रहे? ऐसे शैतानी ढाँचे को धर्म नहीं कहा जा सकता, क्योंकि धर्म और दासता दोनों साथ-साथ नहीं रह सकते। उनकी आस्था जीने के लिए निरंतर संघर्षरत बने रहने के प्रति थी। उनकी आस्था का आधार तर्क था, अंधश्रद्धा नहीं। इस कारण वे जीवट थे। दुर्द्धर्ष संघर्षी थे। फिर भी, उन्होंने सहज यात्रा-पथ की पगडंडी की ओर देखते हुए मानवीय पक्ष पर ध्यान दिया। या कहना चाहिए कि उन्हें उस ओर ध्यान देना पड़ा। यथार्थतः वह अत्यंत जटिल संस्थिति थी-एक महान् व्यक्ति के जीवन-मरण का प्रश्न था।

❑

धुन के धनी

डॉक्टर भीमराव अम्बेडकर विश्व की उन महान विभूतियों में से एक थे, जिन्होंने अपने में अप्रतिम, मौलिक, दुर्द्धर्ष, संघर्षपूर्ण और सामर्थ्यवान् जीवन जिया। निस्संदेह वे गांधी-युग की तपोनिष्ठ व बहुचर्चित आत्माओं में से एक थे। परंतु उनकी व गांधीजी की विचारधारा सदैव समानांतर रही। उनको सबसे अधिक विरोध का सामना करना पड़ा। फिर भी वे झुके नहीं, टूटे नहीं; प्रत्युत स्वनिर्मित पथ के अनुगामी बने रहे और मानवता का अनवरत नव-संदेश तथा अभिनव दृष्टि प्रदान करते रहे।

व्यक्ति महान् कर्म से बनता है, धर्म या जाति से नहीं। जो जितना अपने को दूसरे के प्रति समर्पित कर सकता है, वह उतना ही महान् है। महान् व्यक्ति अपने चरित्र से दूसरों पर छाप छोड़ते हैं। डॉ.अम्बेडकर के जीवन का अध्ययन व मंथन किया जाए तो यह तथ्य सामने आएगा कि वे अनासक्त, कर्मठ, निश्छल और परम त्यागी महात्मा थे। उनकी जीवन-यात्रा निरंतर प्रकाश की ओर उन्मुख होती गई है। वे अथक सत्याहिंसा में आस्था बनाए हुए समता प्रकाश की ओर बढ़ते रहे।

गांधीजी के विरोध में सर्वाधिक प्रचलित नाम सुभाषचंद्र बोस का उभरा है। लेकिन वास्तविकता यह है कि डॉ.अम्बेडकर और गांधीजी परस्पर जितने उलझे व संघर्षरत रहे थे, उतना सुभाष को छोड़कर ऊपर कोई नहीं रहा था। गांधीजी मूलतः सामाजिक जीवन व क्षेत्र में क्रांतिद्रष्टा के रूप में आजीवन काम करते रहे थे। अछूतोद्धार के लिए गांधीजी सदैव कर्मयोगी की तरह कार्य करते रहे थे। डॉ.अम्बेडकर का भी यही क्षेत्र था। वे स्वयं उस वर्ग से थे। इस क्षेत्र में गांधीजी और अम्बेडकर ने अपने-अपने ढंग से काम किया था। दोनों ही अछूतोद्धार के लिए निरंतर प्रयत्नशील रहे थे, परंतु दोनों के सोचने व काम करने का ढंग अलग-अलग था।

यह प्रश्न सहज जिज्ञासा का है कि उन दोनों में किन कारणों से ज़मीन-आसमान का अंतर था? एक उस वर्ग से था जो शोषित हो रहा था और दूसरा (गांधी) उस वर्ग के लिए था, जिस पर शोषण करने का दोष अभिमंडित किया गया था। गांधीजी का उनके बारे में सोचना था कि डॉ.अम्बेडकर हिंदू धर्म के लिए एक चुनौती हैं। उन्होंने कहा था-"डॉ.

अम्बेडकर के प्रति और अछूतों का उद्धार करने की उनकी इच्छा के प्रति मेरा सद्भाव और उनकी होशियारी के प्रति आदर होने के बावजूद मुझे कहना चाहिए कि वे इस मामले में बड़ी भयंकर भूल कर रहे हैं। उन्हें कड़वे अनुभवों से गुज़रना पड़ा है, शायद इस कारण अभी उनकी विवेक-बुद्धि इस चीज़ को नहीं समझ पा रही है। ऐसा शब्द कहते हुए मुझे दुःख होता है। मगर यह न कहूँ तो प्राणों से प्यारे इन अछूतों के हितों के प्रति मैं वफ़ादार नहीं रह सकता। सारी दुनिया के राज्य के लिए भी मैं उनके हक़ों की कुर्बानी नहीं करूँगा। डॉ.अम्बेडकर तमाम हिंदुस्तान के 'अछूतों' की तरफ़ से बोलने का दावा करते हैं, मगर उनका यह दावा सही नहीं है, यह बात मैं पूरी ज़िम्मेदारी के साथ कहता हूँ। उनके कहने के अनुसार तो हिंदू समाज में फूट पड़ जाएगी। इसे शांति से देखते रहना मेरे लिए संभव नहीं है।"[4] सन् 1942 में अम्बेडकर के बारे में गांधीजी की यह धारणा बन चुकी थी कि "वह देश हमेशा विरोधी रहा है। वह मुझे मार भी डाले तो मुझे अफसोस न होगा।"[5] आखिर वे डॉ.अम्बेडकर के बारे में ऐसा क्यों सोचते थे? यह प्रश्न कम महत्त्वपूर्ण नहीं है। कहीं उनका सोच-विचार पूर्वग्रह तथा अहमाधृत तो नहीं था? यह कालजयी प्रश्न आज भी समाधान चाहता है।

सन् 1932 में भारत में अल्पसंख्यकों की समस्या के समाधान हेतु सामुदायिक पुरस्कार (कम्युनल अवार्ड) की घोषणा ब्रिटिश प्रधानमंत्री ने की थी। उस पर गांधीजी ने कहा था कि दलित वर्गों का स्वीकृत पृथक् निर्वाचन समाप्त नहीं किया गया तो वह आमरण अनशन कर देंगे। साथ ही उन्होंने सिक्खों, मुसलमानों और ईसाइयों की स्वीकृत पृथक् निर्वाचन पद्धति के विरोध में एक भी शब्द नहीं कहा था। उलटे उन्होंने अछूतों को सलाह दी थी कि यदि वे इस्लाम अथवा ईसाई धर्म स्वीकार कर लें तो उनको कोई आपत्ति नहीं होगी। डॉ.अम्बेडकर के विरोध का यही वह कारण था, जिससे वह परेशान थे और गांधीजी की विचारधारा का विरोध करते थे। 20 सितंबर, 1932 को सामुदायिक पुरस्करांतर्गत अछूतों के लिए स्वीकृत पृथक् निर्वाचन पद्धति के विरोध में गांधीजी ने आमरण अनशन शुरू किया था। डॉ.अम्बेडकर की अछूतों के लिए 'पृथक् निर्वाचन' की माँग के पीछे अछूत समाज में राजनीतिक चेतना जगाने की थी ताकि वे भी सत्ता की धर्म नीति के हर पहलू से परिचित हो सकें। उनको प्राणों की धमकी भरे पत्र व तार भी मिलने लगे थे। आखिर वे कौन लोग थे, जिन्होंने डॉ.अम्बेडकर को धमकी भरे पत्र व तार दिए? और क्यों वे गांधीजी के प्राण बचाने के लिए अम्बेडकर के प्राण लेना चाहते थे?

उनके प्राण लेकर क्या गांधीजी के प्राणों की रक्षा हो सकती थी? फिर अहिंसा में अटूट आस्था रखने वालों को हिंसा की शरण में जाने की क्यों याद आई? कांग्रेस की ओर से

---

4. **13 नवंबर '13 को लंदन में अल्पमत समिति की आखिरी बैठक में दिए गए भाषण से।**
5. **मेरे समकालीन : गांधी, पृ. 22**

तत्कालीन हत्या की राजनीति का क्यों नहीं विरोध किया गया? क्या वह एकपक्षीय चिंतन में अनुरत रही?

तत्कालीन स्थिति अत्यंत तनावपूर्ण हो चुकी थी। इस स्थिति से निपटने के लिए पं. मदनमोहन मालवीय की अध्यक्षता में एक कांफ्रेंस हुई, जिसमें डॉ.राजेंद्रप्रसाद, ठक्कर बापा, डॉ.सी.डी. देशमुख, वीर सावरकर, पी. बालू, कमला नेहरू, सी. गिडवानी, तेजबहादुर सपरू, एम.सी. राजा, सी.एच. सीतलवाड आदि प्रमुख हिंदू नेताओं ने भाग लिया था। साथ में डॉ.अम्बेडकर, डॉ.मून्जे व डॉ.सोलंकी ने भी भाग लिया था। कांफ्रेंस गांधीजी के प्राण बचाने हेतु हुई थी।

डॉ.अम्बेडकर ने कहा था-"लेकिन मैं आपको बतलाता हूँ कि मैं अपने पवित्र कर्तव्य से विचलित नहीं होऊँगा और अपने लोगों के सच्चे एवं न्यायोचित हितों पर कुठाराघात नहीं करूँगा, चाहे आप मुझे सड़क के नज़दीक लैंप-पोस्ट पर लटका दें। अच्छा हो, आप गांधीजी से निवेदन करें कि वह अपना अनशन एक सप्ताह के लिए स्थगित कर दें और समस्या का समाधान ढूँढ़ें।"[6]

लेकिन गांधीजी तो अनशन पर बैठे थे। सवाल उनके प्राणों का था। वे अछूतों को सुरक्षित सीट देने के लिए तो तैयार थे, परंतु प्रतिनिधित्व देने की बात उन्हें स्वीकार न थी। डॉ.अम्बेडकर ने यह घोषणा कर दी थी कि वे चाहे इसके लिए खलनायक ही समझे जाएँ, परंतु अछूतों के हितों के लिए जो उपयुक्त समझते हैं उससे टस से मस नहीं हो सकते हैं। उधर अम्बेडकर के सामने 'घृणा करो' का वातावरण बन चुका था। उन्हें देशद्रोही व किराए के टट्टू की संज्ञा दी जाने लगी थी। तत्कालीन अख़बारों की भूमिका देखें तो यह स्पष्ट हो जाएगा कि अख़बारों का दृष्टिकोण गांधीजी की भूमिका के पक्ष में था। अख़बार तटस्थ भूमिका नहीं निभा रहे थे। वे अम्बेडकर को बदनाम करने में लगे हुए थे। अम्बेडकर अपनी कटु व ग़लत आलोचना की परवाह किए बिना अपने कार्य में अनुरत थे-मौन तपस्वी की भाँति, निर्भीक और धैर्यवान रहकर।

इसी बीच में गांधीजी की हालत शोचनीय हो गई। फलतः सारे देश में हाहाकार मच गया। डॉ.अम्बेडकर चाहते थे कि गांधीजी गोलमेज सम्मेलनों में इस समस्या का हल खोजने पर यदि ज़ोर देते तो न्यायोचित होता, परंतु गांधीजी ने ऐसा नहीं किया था। वह इस समस्या का हल अपने प्रयत्नों में देख रहे थे, जिनके प्रति अम्बेडकर में आस्था नहीं थी। वे नहीं मानते थे कि उन प्रयत्नों से हिंदुओं का हृदय परिवर्तन गांधीजी करा सकेंगे। अम्बेडकर चाहते थे कि गांधीजी हिंदू समाज के अछूत वर्ग के प्रति आवाज़ उठाएँ।

स्वतंत्रता-प्राप्ति के लिए भी उन्होंने इसी प्रकार का मार्ग अपनाया था। उधर इस

---

6. **डॉ.अम्बेडकर : लाइफ एंड मिशन : धनंजय कीर, पृ. 209**

प्राणघातक संकट से बचने के लिए सर तेजबहादुर सपरू ने एक रास्ता ईजाद कर डाला। वह रास्ता था-'सुरक्षित सीटों की चुनाव की प्रमुख एवं गौण व्यवस्था' का विकसित किया जाना। परिणामतः प्रत्येक सुरक्षित सीट के लिए समस्त परिगणित जातियाँ तीन सूची तैयार करेंगी। उनमें से किसी एक को स्वीकार कर चुनाव संयुक्त निर्वाचन पद्धति से होगा, जिसमें दलित वर्ग व सवर्ण हिंदू मिलकर भाग लेंगे। इस बात को डॉ.अम्बेडकर ने स्वीकार कर लिया था और डॉ.राजेंद्र-प्रसाद, सी. राजगोपालाचार्य आदि ने भी इस पर अपनी सहमति प्रकट कर दी थी। परंतु गांधीजी ने इस प्रस्ताव को अस्वीकार कर दिया। डॉ.अम्बेडकर ने स्पष्ट कहा था कि वे अपने प्रस्ताव को वापस ले सकते हैं, बशर्ते उन्हें यह ज्ञात हो जाए कि पृथक् निर्वाचन का विकल्प क्या है? पर विकल्प था कहाँ? गांधीजी तो गौण व प्रमुख व्यवस्था समस्त सीटों पर लागू करने के पक्ष में थे। गांधीजी ने तो यहाँ तक कह डाला कि "यदि पृथक् निर्वाचन की माँग सफल हुई तो वह हिंदू समाज और साथ ही राष्ट्रवाद का अंत होगा।"[7] गांधीजी के इस वक्तव्य तक हालत अत्यंत नाजुक हो चुकी थी। वस्तुतः इस वक्त लोग मूल समस्या को भूलकर गांधीजी के प्राणों पर बन आया संकट कैसे टाला जाए, इस समस्या के हल में लग चुके थे। सब डर रहे थे कि इसका परिणाम कहीं आगे सोचते-सोचते वे डरने लगते थे।

रास्ते की तलाश में हिंदू नेताओं ने डॉ.अम्बेडकर को जेल में गांधीजी से मिलने के लिए तैयार कर लिया। गांधीजी तब पूना जेल में थे। डॉ.अम्बेडकर पूना पहुँचे। जब गांधीजी से डॉ.अम्बेडकर जेल में मिले तब वे खटिया पर लेटे हुए थे। उनके पास उस समय सरदार पटेल व सरोजिनी नायडू मौजूद थे। डॉ.अम्बेडकर ने अत्यंत धीमी आवाज़ में कहा- "महात्माजी, आपने हमारे प्रति अत्यंत अनुचित किया है।"

"ऐसा प्रतीत होना तो हमेशा से मेरे भाग्य में रहा है। इसमें मैं कुछ भी नहीं कर सकता।"गांधीजी सदैव अम्बेडकर से तर्क करते हुए कतराते थे। इस वक़्त भी ईश्वरेच्छा का अवलंब लेकर अथवा अपने दुर्भाग्य की चर्चा कर वे अम्बेडकर के प्रश्नों के जवाब देने से साफ बच निकलते रहे थे। इससे अम्बेडकर को गहरी निराशा हो रही थी। इस बार वह गांधीजी का मौन बर्दाश्त नहीं कर सके और जिरह के मूड में आ गए।

तत्पश्चात् डॉ.अम्बेडकर ने गांधीजी के सामने उस स्थिति को प्रस्तुत करते हुए अपने विचार प्रकट किए, जिनसे गांधीजी ने अपनी सहमति प्रकट की थी और कहा था-"मेरी तुम्हारे साथ पूर्णतया सहानुभूति है। मैं तुम्हारे साथ हूँ। डॉक्टर, तुमने जो कुछ कहा है, उसमें से अधिकतर के साथ मेरी सहमति है। परंतु तुम कहते हो कि तुम मेरे जीवन की रक्षा करना चाह रहे हो!"

"जी हाँ, महात्माजी, इस आशा के साथ कि यदि आप हम लोगों के उत्थान के

---

7. **दुर्गादास : इंडिया-फ्रॉम कर्जन एंड नेहरू आफ्टर कॉलिप्स लंदन, (1963) पृ. 163**

लिए पूरी तरह अपने को समर्पित करें तो आप हमारे भी नेता बन जाएँ।"डॉ.अम्बेडकर ने विनम्रता से कहा।

"ठीक है, यदि ऐसा है तो तुम जानते हो कि तुम्हें जीवन बचाने के निमित्त क्या करना है? वह करो और मेरा जीवन बचाओ। मैं जानता हूँ कि तुम वह नहीं छोड़ना चाहते हो जो तुम्हारे लोगों को पुरस्कार (सामुदायिक पुरस्कार) के अंतर्गत प्राप्त हुआ है। मैं तुम्हारी पैनल-व्यवस्था को स्वीकारता हूँ, परंतु तुम्हें उसमें से एक दोष निकाल देना चाहिए। तुम्हें यह पैनल-व्यवस्था समस्त सीटों पर लागू करनी चाहिए। तुम जन्म से अछूत हो और 'आई एम बाई एडोप्शन' अर्थात् मैं दत्तक ग्रहण द्वारा अछूत हूँ। हम एक ओर अविभाज्य रहें। मैं हिंदू समाज के विघटन को रोकने के लिए अपना जीवन उत्सर्ग कर सकता हूँ।"[8] परिणामतः डॉ.अम्बेडकर को गांधीजी का प्रस्ताव मानना पड़ा। इसके अतिरिक्त उनके सामने कोई दूसरा रास्ता था भी नहीं।

अभी यह मसला हल नहीं हुआ था। गांधीजी तथा उनके सहयोगियों के बीच लगातार कई घंटों तक डॉ.अम्बेडकर से वाद-विवाद चलता रहा। डॉ.अम्बेडकर प्रांतीय सभा के लिए 197 सीट्स चाहते थे जबकि उनको 126 सीट्स से अधिक न देने की बात सामने आ चुकी थी। दस घंटों की लगातार बैठक के बाद कतिपय बिंदु गांधीजी के विचारार्थ अनुप्रेषित कर दिए गए। डॉ.अम्बेडकर चाहते थे कि प्रमुख चुनाव-व्यवस्था दस साल बाद समाप्त कर दी जाए और दलितों की सुरक्षित सीट्स के प्रश्न को जनमत द्वारा पंद्रह साल बाद तय किया जाए। उनकी यह बात मानने के लिए गांधीजी तैयार नहीं थे। दरअसल वे दलित वर्ग की पीड़ा से बेतरह चिंतित थे और सवर्ण हिंदू जाति के तत्कालीन रवैये को मद्देनज़र रखते हुए उन्हें उनसे अथवा उनके नेताओं से विशेष आशा भी नहीं थी। फलतः वे एक-एक क़दम फूँक-फूँककर रख रहे थे। वे नहीं चाहते थे कि दलित-वर्ग-उत्थान किसी मृग मरीचिका के चक्रव्यूह में फँसकर रह जाए और हाथ आया सुअवसर वे खो बैठें। यहाँ तक पहुँचने के लिए उन्हें न जाने क्या कुछ न करना पड़ा था।

डॉ.अम्बेडकर इसके लिए पर्याप्त बदनाम हुए। उन्हें पागल करार तक दिया गया। उनके प्राणों के लेने की धमकी भरी सूचनाएँ फैलने लगीं। उनके मस्तिष्क पर इस वक़्त गहरा दबाव था। वे अपने को अकेला पा रहे थे। उन्हें लगा था जैसे वे सवर्ण हिंदुओं से घिर गए हैं। गांधीजी सवर्ण हिंदुओं के लिए ही प्राणोत्सर्ग का व्रत लिए हुए हों। वे अछूतों के लिए कैसे संघर्षरत रहें? अब यह प्रश्न उनके सामने था। गांधीजी के पुत्र देवदास गांधी महात्मा गांधी की बिगड़ती स्थिति का वर्णन करते हुए रो पड़े थे। यह याद कर डॉ.अम्बेडकर बेतरह से घबरा उठते थे। कैसी विचित्र स्थिति है! वे जिसे स्वीकार करना नहीं चाहते, उसके

---

8. डॉ.अम्बेडकर : लाइफ़ एंड मिशन : धनंजय कीर, पृ. 211-12

लिए उन्हें विवश किया जा रहा है। एक बार पुनः वे गांधीजी से मिले। गांधीजी ने उनकी भूरि-भूरि प्रशंसा की परंतु उनकी बात को सतर्क मानते हुए भी स्वीकार नहीं किया। वे बराबर अम्बेडकर से माँग करते रहे कि हिंदू धर्म को एक अंतिम अवसर प्रदान किया जाए ताकि वह अपने पापमय भूतकाल का ऐच्छिक पश्चात्ताप कर सके। जनमत भी पाँच साल से अधिक समय के बाद नहीं होना चाहिए। इस लंबी वार्ता का अंत गांधीजी के इस वाक्य पर आकर ठहर गया-"फ़ाइव ईयर्स और माई लाइफ़।"समग्र परिवेश सकता-भरा सन्नाटा तोड़ने की दृष्टि से एक-दूसरे की ओर मूक देखता रहा।

अब डॉ.अम्बेडकर के सामने गांधीजी के जीवन को बचाने के लिए अन्य कोई रास्ता नहीं था। फलतः फ़िलहाल सुरक्षित सीटों के लिए जनमत की बात को उठा लिया गया। सवर्ण हिंदुओं की ओर से एक मसविदे पर पंडित मदनमोहन मालवीय ने हस्ताक्षर किए और दलित वर्ग की ओर से डॉ.अम्बेडकर ने। इस सहमति को 'पूना पैक्ट' की संज्ञा दी गई। परंतु डॉ.अम्बेडकर अपने द्वंद्व को इन शब्दों में स्पष्ट किए बिना नहीं रह सके-"जहाँ तक मेरा संबंध है, ऐसा कहने में कोई अतिशयोक्ति नहीं है कि कोई भी व्यक्ति ऐसे विकट एवं गंभीर संकट में उस समय नहीं पड़ा जितना कि मैं। वह एक रहस्य-संकुल स्थिति थी। मुझे दो विकल्पों में से एक का चयन करना था। मानवता के प्रति ऋणी होने के नाते एक ओर मुझे गांधीजी को मृत्यु से बचाना था और दूसरी तरफ़ उन राजनीतिक अधिकारों को बचाने की समस्या मेरे सामने थी, जिन्हें ब्रिटिश प्रधानमंत्री ने अछूतों के लिए स्वीकार किया था। मैंने मानवता की लाज के प्रति अपना कर्तव्य पूरा किया और गांधीजी के जीवन को बचाया।"[9]

माना कि डॉ.अम्बेडकर अछूतों को हिंदू धर्म का परित्याग करने के लिए कहते थे। धर्म-परिवर्तन की छूट गांधीजी ने भी दलित वर्ग को दी थी। परंतु गांधीजी वृहत् हिंदू समाज को एक ही संगठन में बने रहने के भी प्रबल हिमायती थे। साथ ही बाबू जगजीवनराम भी चाहते थे कि अछूत 'हरिजनों' के रूप में बने रहें। इस प्रकार डॉ.अम्बेडकर तत्कालीन परिवेश में अपने चारों ओर चक्रव्यूह अनुभव करते थे। इस छोटे-से प्रसंग से यह निष्कर्ष सहज निकाला जा सकता है कि डॉ.अम्बेडकर अपने समय में सर्वाधिक विवादास्पद, निर्भीक और प्रभावशाली व्यक्तित्व के धनी थे। गांधीजी और डॉ.अम्बेडकर के चिंतन में मूल अंतर का कारण था कि गांधीजी ने अछूतों को अपनाया था और डॉ.अम्बेडकर ने वह जीवन जिया था। उनमें अछूतों की कसमसाहट ने पाँव पसारे थे और आघातों को सहा था। वह यह अच्छी तरह जान चुके थे कि सवर्ण जाति के नेता उनको जैसे-तैसे भुलावा देकर अपने दमन चक्र में फँसाए रखना चाहते हैं।

ऐसे महान् तथा उदार नेता का जीवन-विकास-क्रम निस्संदेह हमें उसे समझने और मूल समस्याओं के समाधान में मदद करेगा, जिनसे हिंदू समाज आज भी ग्रस्त है। वे संघर्षों

---

9. **हाट कांग्रेस एंड गांधी हैव वन टु द अनटचेबिल्स : बी.आर. अम्बेडकर, पृ. 88**

व आँधी की जीती-जागती कहानी थे। उनमें आसक्ति नहीं थी। वे निर्भोगी थे। नए समाज की संरचना के संदर्भ में उनका दृष्टिकोण क्रांतिकारी था। वे स्पष्टवादी थे। विद्वान् तथा कर्मयोगी थे। अकेले ही आजन्म संघर्षरत रहे और मानवता के लिए नए सामाजिक, राजनीतिक तथा धार्मिक मूल्यों को संस्थापित कर तिरस्कृत तथा परिगणित वर्ग के लिए नूतन परंतु स्फूर्त प्रकाश स्तंभ की तरह उभरे। यही उनकी अलौकिक मौलिकता थी, जिससे उन्होंने अपने विरोधियों को सदैव प्रभावित किया था और अपने से सहमत कराने में भी सफलता प्राप्त की थी। उनमें अपने प्रति अटूट निष्ठा भी थी। वे सत्यानुगामी थे। दुराग्रह उनमें नहीं था। फलतः वे गांधीजी के अनशन के प्रति आकृष्ट नहीं हुए थे। अनशन में उन्हें हठवादिता की प्रतीति होती थी। उनका मानना था कि अनशन सत्यान्वेषी का सच्चा मार्ग नहीं है। उन्होंने तर्क (लॉजिक) को विशेष महत्त्व दिया था। उनकी मान्यता थी कि समस्याओं का हल पारस्परिक ढंग से सौहार्दपूर्ण वातावरण में निकाल लिया जाए। पारस्परिक मतभेदों के लिए अनशन की राजनीति को बीच में नहीं लाया जाए। जिन मुद्दों पर बातचीत से निष्कर्ष लिए जा सकते हैं, उन पर आत्माग्रह के नाम से दबाव नहीं डाला जाए। वह अपनी स्पष्टवादिता तथा वैज्ञानिक चिंतन-प्रक्रिया के कारण अनेक बार अकारण कोप के शिकार हुए थे।

❒

स्कूली जीवन

यह उक्ति तथ्यपूर्ण है कि कुछ लोग ऐसे हैं जो अपने लिए पैदा होते हैं और कुछ दूसरों के लिए। कुछ को प्रारंभ में ही सुविधाएँ मुहैया हो जाती हैं और कुछ को शुरू से ही विकट कठिनाइयों में से गुज़रना पड़ता है। बचपन ही मनुष्य का पिता है अथवा निर्माता है। अम्बेडकर उन्हीं में से एक थे, जिनको प्रारंभ से ही विरोध, उपेक्षा और कठिनाइयों का सामना करना पड़ा था, परंतु वे उनसे घबराए नहीं, अपितु उन विषम परिस्थितियों का उन्होंने डटकर मुक़ाबला किया।

तनिक आप उस युग की कल्पना कीजिए, जिसमें अछूतों के सड़क पर से निकल जाने के तुरंत बाद पानी छिड़का जाता था और अछूतों को चीनी का सीरा बनाने की भी स्वतंत्रता नहीं थी। वे सवर्ण हिंदू समाज में उपेक्षित, दलित और अस्पृश्य समझे जाते थे। वे मानव होकर भी मानव नहीं थे। उनकी अपेक्षा मनुष्य का प्रेम जानवरों पर अधिक था। ईसाई धर्म के प्रचारकों ने धर्म की दृष्टि से इस वर्ग के मन में क्रांति उठाई थी। उस क्रांति का असर सवर्ण हिंदुओं के लिए अस्तित्व का प्रश्न बन गया था। भारत में उनके आने से धार्मिक संकट उभर आया था और जिस परिगणित वर्ग के प्रति हिंदू समाज व धर्म नकारात्मक दृष्टिकोण अपनाए हुए एक लंबे समय से आँख फेरे था, वह वर्ग उनकी मूल समस्या बन गया था। उस समय यह सवाल राजनीति से अधिक बिखरते हिंदू धर्म का था। उस हिंदू धर्म का था जो सदियों से उनका मानसिक व आर्थिक शोषण करता रहा था और जिसने उनसे जीने के हक-हकूक छीनकर अपनी मुट्ठी में कर लिए थे। जब हम एक ही धर्म में एक वर्ग-विशेष के शोषण के मूल्यांकन की बात करते हैं तब यह कहने में तनिक भी हिचकिचाहट नहीं होती है कि उस वर्ग का शोषण विजातीयों के शासन में हुए अत्याचार, शोषण तथा अन्याय से किसी प्रकार भी कम नहीं था। यों तो आज़ादी के इतने वर्ष बाद भी उनकी स्थिति में कोई ख़ास सुधार नहीं हुआ। आज भी गाँवों में उनकी स्थिति अत्यंत दयनीय है। उनको सवर्ण समाज हीन दृष्टि से देखता है। उनको सवर्ण जाति मताधिकार का भी प्रयोग नहीं करने देती है, ऐसी भी कहीं-कहीं हालत है। और वह भी इतने बड़े वर्ग पर जिसमें प्रत्येक पाँचवाँ हिंदू आदमी, औरत और बच्चा अछूत है। तब उनके बच्चों का

सवर्ण जाति के बच्चों वाले स्कूल में प्रवेश वर्जित था। फिर भी, वे सवर्ण जाति या धर्म के देवी-देवताओं की पूजा करते थे, उनके पर्व-त्योहार मनाते थे और उनके मंदिरों को श्रद्धा की दृष्टि से देखते थे-उन मंदिरों को जिनके द्वार उनके लिए सदा से बंद थे।

साहित्य और शिक्षा पर ब्राह्मणों का एकाधिकार था। महाराष्ट्र में इस वर्ग पर और भी अत्याचार था। नाई और धोबी तक उनसे परहेज रखते थे। 1821 में तत्कालीन सरकार ने इन लोगों की शिक्षा के लिए संस्कृत स्कूल खोला था। उसका ब्राह्मण वर्ग ने डटकर विरोध किया था और उस संस्कृत स्कूल से उन्होंने इस्तीफ़ा दे दिया था। वह तो ब्रिटिश सरकार की उदारता का परिणाम था कि वह स्कूल बावजूद संघर्षों के भी चल निकला और उस वर्ग में ज्ञान का प्रदीप जगमगा सका। बाद में, इस वर्ग के लोगों को सरकारी नौकरियाँ भी दी गईं, जो अपने आपमें पहली व आश्चर्यजनक घटना थी।

यद्यपि इस समय राजनीतिक गतिविधियों तथा सामाजिक सुधारों के लिए तेज़ी से प्रयत्न चल पड़े थे, परंतु अछूत वर्ग फिर भी उपेक्षित ही था। इसी समय 14 अप्रैल, 1891 को महू कैंट (मध्य प्रदेश) में भीमराव अम्बेडकर का जन्म हुआ था। उनका जन्म का नाम भीम सकपाल था। वे महार जाति से थे। महार जाति महाराष्ट्र में अछूत मानी जाती थी।

महार जाति वीरता के लिए सुविख्यात थी। इस जाति के लोग बहादुर, निर्भीक, प्रतिभाशाली, साहसी और सक्षम व्यक्तित्व के धनी थे। अम्बेडकर के दादा मौलाजी सकपाल महार जाति के एक अच्छे परिवार से थे।

अम्बेडकर के पिता रामजी सकपाल ब्रिटिश फौज में दूसरी ग्रेनेडियर रेजीमेंट में सूबेदार मेजर थे। वे प्रतिभाशाली और योद्धा थे। उनको यह 'रैंक' मिलिटरी स्कूल में हैडमास्टर होने की वजह से मिला था। वे मराठी, अंग्रेज़ी और गणित पर ख़ासा अधिकार रखते थे। साथ ही साथ वे स्वयं में एक कर्मठ सैनिक भी थे। उपयुक्त शब्द चयन के क्षेत्र में उनकी मास्टरी थी। उनका रुझान आध्यात्मिक विषयों की ओर था। उनको मोरोपंत मुक्तेश्वर व तुकाराम के अनेक भजन कंठस्थ थे, जिन्हें वे बड़े प्रेम से गाते थे। उन्होंने बाक़ायदा नॉर्मल स्कूल में अध्यापन की शिक्षा भी पाई थी। वे अपनी संतान की शिक्षा के प्रति विशेष जागरूक थे। वे अपनी जवानी में क्रिकेट व फुटबॉल के अच्छे खिलाड़ी भी रहे थे। वे परिश्रमी थे। वे सामाजिक समस्याओं और अपने वर्ग की समस्याओं के प्रति भी जागरूक थे। सन् 1892 में भारत सरकार ने महार वर्ग पर मिलिटरी में भर्ती न हो सकने के लिए एक आदेश जारी किया था, जिसका उन्होंने खुलकर विरोध किया था। यद्यपि आर्मी के कर्मचारियों के बच्चों के लिए सरकार की ओर से अनिवार्य शिक्षा की व्यवस्था थी तथापि महार जाति को सैनिक सेवा के लिए अयोग्य करार देने से उनके बच्चों की शिक्षा-व्यवस्था में व्यवधान पैदा हो गया था। उनके विरोध का परिणाम यह निकला कि अस्थायी तौर पर यह सुविधा बरकरार रही।

यों भी महार जाति वीरता के लिए प्रसिद्ध थी। दोनों विश्वयुद्धों का इतिहास इसका साक्षी है कि यह जाति अद्वितीय रण-कौशल, अदम्य साहस और शूरवीरता के लिए सारे विश्व में अपना स्थान बना चुकी थी। इसी कारण इस सैनिक टुकड़ी का एक अलग रेजीमेंट बना दिया गया था। भारत के राष्ट्रपति ने इस रेजीमेंट को शौर्य और वीरता का परिचय देने के कारण 'यशसिद्धि' की ध्वजा प्रदान की थी। कतिपय इतिहासकार मानते हैं कि महार ही महाराष्ट्र के मूल निवासी थे। उनकी दृष्टि में इसी से महाराष्ट्र (महाराष्ट्र) बना है। अम्बेडकर के दादा व पिता, दोनों ही सैनिक सेवा में रहे थे। दोनों में अनुशासन के प्रति अटूट श्रद्धा थी। दोनों में ही कबीर के प्रति निष्ठा थी। उनके परदादा, दादा व पिता-तीनों में कबीर की इन पंक्तियों पर अटूट विश्वास था-

'जाति पाँति पूछे नहिं कोई,
हरि को भजै सो हरि को होई।'

मौलाजी सकपाल के दो संतानें जीवित रही थीं-एक रामजी सकपाल और दूसरी पुत्री मीरा। रामजी सकपाल के चौदह संतानें थीं। चौदहवीं संतान भीमराव थे। भीम की माँ का नाम भीमाबाई था। वह कर्तव्यपरायणा, विनम्र, धार्मिक तथा स्वाभिमानी स्त्री थीं। वह मालदार घराने से थीं। वह बंबई राज्य के थाना ज़िला स्थित मुरबाद गाँव की निवासी थीं। उनका रंग गोरा, माथा चौड़ा, आँखें गोल व चमकदार और नाक छोटी थी। वह स्वयं कबीरपंथी थीं। कबीर को समझती थीं। उनके दर्शन पर चर्चा करती थीं। उनके पिता व छह चाचा फ़ौज में सूबेदार मेजर थे। उन पर भी कबीर का गहरा प्रभाव था। इस प्रकार कबीर दोनों परिवारों में समान रूप से चर्चित थे। वस्तुतः भीम पर परिवार के उदार एवं धार्मिक परिवेश का जो प्रभाव पड़ा, उसी का यह प्रतिफल हुआ कि उनमें आगे चलकर कबीर की-सी अक्खड़ता, तुलसी की-सी विनम्रता एवं सहनशक्ति, मीरा की-सी आत्मैक्यता तथा सूर की-सी वत्सलात्मक मधुरता मूर्तमान हो उठी और वे कभी अन्याय तथा अत्याचार के आगे नहीं झुके।

भीमराव के जन्म के पीछे एक कहानी और है। रामजी सकपाल के चाचा संत थे। उन्होंने भविष्यवाणी की थी कि "तुम्हारे एक पुत्र का जन्म होगा। वह विश्वविख्यात होगा।"[10] उसके बाद भीमराव का जन्म हुआ था।

भीमराव के जन्म के दो वर्ष के भीतर ही उनके पिता सेवामुक्त (Retired) होकर अंबावडे के नज़दीक दपोली (Dapoli) चले आए। भीमराव को पाँच बरस की अवस्था में वहीं एक प्राइमरी स्कूल में भर्ती कर दिया गया था। अभी कुछ ही समय बीता होगा कि रामजी सकपाल को पब्लिक वर्क्स विभाग, सतारा में स्टोर-कीपर की नौकरी मिल गई और वे वहाँ चले आए।

10. D.S. Sesharaghavarcher: Dr. B.R. Ambedkar, p. 11

भीम अभी छह वर्ष के भी नहीं हुए थे कि उनकी माँ गोलोकवासी हो गई। वे अपने पीछे तीन पुत्र व दो पुत्रियाँ छोड़ गई थीं। शेष संतानें ज़िंदा नहीं रही थीं। उनमें बलराम सबसे बड़ा पुत्र था, आनंदराव दूसरा पुत्र और मंजुला व तुलसी दो बहनें थीं। भीम उन सबमें छोटे थे। उनकी बहनों की शादी हो गई थी। वे अपने भाइयों को बारी-बारी से देखती रहती थीं। साथ ही, रामजी सकपाल की बहन मीराबाई परिवार की देखभाल किया करती थीं। वह प्रतिभासंपन्न, स्फूर्त और प्रभावशाली स्त्री थीं। उनसे भीम को माँ जैसा स्नेह व दुलार मिला था। उन्हें संसार के व्यावहारिक ज्ञान का अत्यंत गहन अनुभव था। भीम सबसे छोटे होने के कारण परिवार में सबसे अधिक प्यारे थे।

परिवार का वातावरण भक्तिपूर्ण था। सुबह व संध्या को उनके पिता ईश्वर की अर्चना करते थे, जिसमें परिवार का प्रत्येक सदस्य भाग लेता था। भीम पर उस सबका गहरा प्रभाव पड़ा था। उन्होंने अपने पिता से रामायण और महाभारत सुनी व समझी थी। सतारा में अपनी प्राथमिक शिक्षा पूरी करते-करते भीम ने अन्य विषयों के बारे में भी खासा ज्ञान प्राप्त कर लिया था। वह पढ़ने में होशियार थे। फलतः उनको हाईस्कूल में प्रवेश दिला दिया गया। वह अपने बड़े भाई के साथ स्कूल जाते और लौटते थे।

डॉ.अम्बेडकर को न्यायाधीश महादेव गोविंद रानाडे के एक सौ एकवें जन्मदिवस पर 'द दक्खन सभा' ने आमंत्रित किया था। इससे पहले वे रानाडे के संपर्क में कभी आए नहीं थे और न उनसे उनका व्यक्तिगत परिचय कभी रहा था। ऐसी स्थिति में उनके संबंध में कुछ कहना उनको समीचीन नहीं अनुभव हो रहा था। इस तथ्य को उन्होंने सभा पर अभिव्यक्त कर दिया था और तद्विषयक भाषण में भी इस तथ्य का उल्लेख करते हुए रानाडे से संबंधित दो घटनाओं को प्रस्तुत किया। उन्होंने रानाडे को कभी देखा भी नहीं था। प्रथम घटना तब की है जब वे फ़र्स्ट स्टैंडर्ड में सतारा हाईस्कूल में पढ़ते थे। 16 जनवरी, 1901 को स्कूल की छुट्टी हुई थी। उन्होंने भी दूसरे छात्रों के साथ उस छुट्टी का भरपूर आनंद लिया था। छात्रों का रानाडे से क्या लेना-देना! उनका उद्देश्य तो छुट्टी से लाभ उठाना रहता है। उस समय उनके पास संक्षिप्त-सा उत्तर यही था कि रानाडे की मृत्यु के कारण आज स्कूल की छुट्टी कर दी गई। कौन रानाडे? वे नहीं जानते थे। तब उनकी अवस्था नौ वर्ष की थी। रानाडे ने क्या किया? क्यों उनके लिए स्कूल छुट्टी कर दी गई? उन्हें कुछ नहीं मालूम था और न कुछ मालूम करने की उनमें उत्सुकता थी। उन्होंने लिखा है कि 'लाइक अदर ब्वाइज़ आई वाज़ हैप्पी ओवर द होलीडे एंड आई डिड नॉट केअर टु नो हू डाइड।'

दूसरी घटना तब की है जबकि वे पुराने काग़ज़ों का अध्ययन कर रहे थे, जो कि उनके पिताजी से संबंधित थे। उनमें उन्होंने उस पिटीशन को पाया था, जिसका संबंध तत्कालीन सरकार द्वारा महार जाति को सैनिक सेवा से वंचित करने के विरुद्ध की गई अपील से

था-सन् 1892 में। उनको मालूम पड़ा कि उस पिटीशन का मजमून (ड्राफ़्ट) रानाडे द्वारा तैयार करवाया गया था। उनके जीवन पर इस घटना का गहरा प्रभाव पड़ा था। उन्होंने अपने भाषण में इतिहास पर विभिन्न दृष्टियों का उल्लेख करते हुए (ओगस्टीयन थ्योरी, ब्रुकल तथा कार्ल मार्क्स के दृष्टिकोण के अभाव का ज़िक्र किया था।) कहा था कि इन तीनों में से किसी ने भी इस बात को स्वीकार नहीं किया कि " दैट हिस्ट्री इज़ द बाईग्राफ़ी ऑफ़ ग्रेट मैन।" उन्होंने तीनों इतिहासकारों के दृष्टिकोण को अर्द्धसत्य बताया और कहा कि यह कहना अनुपयुक्त है कि "इम्पर्सनल फोर्सेज़ आर एवरीथिंग एंड द मैन इज़ नो फ़ेक्टर इन द मेकिंग ऑफ़ हिस्ट्री।" इन घटनाओं से यह भी स्पष्ट होता है कि उनकी प्रारंभिक ज़िंदगी पूर्वग्रह से विमुक्त थी। उन्होंने सत्य का किसी स्तर पर विरोध नहीं किया और सदा चिंतन के प्रति मानवतावादी दृष्टिकोण से संकुल रहे।

हाईस्कूल में प्रवेश के साथ ही उनके साथ नए-नए अनुभवों का सिलसिला जुड़ने लगा। उनके अंतर्मन को अछूत शब्द की पीड़ा कचोटने लगी थी।

उसी समय एक घटना घटी।

गर्मियों के दिन थे। एक दिन वह अपने बड़े भाई व छोटे-से भतीजे के साथ पिता से मिलने के इरादे से गोरेगाँव के लिए चल पड़े। उनके पिता वहाँ खजांची थे। वे पडोली रेलवे स्टेशन से मंसारे पहुँचे। वहाँ उतरने पर उन्होंने देखा कि उनके पिता उन्हें लेने नहीं आए हैं। काफ़ी देर तक वे इंतज़ार करते रहे। अंत में वे परेशान हो उठे। उन्होंने अपनी परेशानी स्टेशन मास्टर पर ज़ाहिर की। स्टेशन मास्टर ने उनके लिए बैलगाड़ी का प्रबंध करा दिया। गाड़ीवान सवर्ण हिंदू था। ईश्वर से डरता था। उसने उन अछूत बच्चों को, जो अच्छे कपड़े पहने हुए थे और देखने में अच्छे लगते थे, यह पता चलने पर कि वे अछूत हैं, गाड़ी से नीचे उतार दिया। उन्होंने गाड़ीवान को दुगुना किराया तक देना चाहा। गाड़ीवान ने नाराज़गी से उनके प्रस्ताव को रद्द कर दिया। भूखे-प्यासे अर्द्धरात्रि तक पैदल चलकर उनको अपने पिता तक पहुँचना पड़ा। रास्ते में प्यास लगी तो किसी ने उन्हें पानी तक नहीं पिलाया। उलटे दुत्कार दिया। तब उनकी समझ में आया कि वे जिस परिवार से संबंध रखते हैं, वह अछूत है और घृणित समझा जाता है। तभी एक घटना और घटी। नाई ने उनके बाल काटने से इनकार कर दिया। उनकी बहन ने उनके बाल काटे।

एक बार भीम को ज़ोर की प्यास लगी और उन्होंने कुएँ से पानी पी लिया। कुछ व्यक्तियों को पता चला तो उन्होंने भीम की बड़ी निर्दयता से पिटाई की। वह देर तक रोते रहे। रोने के अलावा वह बालक कर भी क्या सकता था!

एक दूसरे दिन की बात है। भीम स्कूल जा रहे थे। उस दिन उनके साथ बड़ा भाई नहीं था। आसमान में बदलियों का जाल बिछने लगा था। लेकिन तुरंत वर्षा होने का कोई

आसार नज़र नहीं आ रहा था। इसलिए उनको स्कूल जाने दिया गया। अभी वह घर और स्कूल के बीच में ही पहुँचे थे कि बादल गरजकर बरसने लगे। वर्षा को तेज़ होते देख बालक भीम ने पास के एक मकान की दीवार के साथ खड़े होकर वर्षा से बचना चाहा। उस मकान की महिला इस कार्य को देख रही थी। वह जानती थी कि वह लड़का अछूत है। अब क्या था, वह औरत बेतरह से उस लड़के पर नाराज़ हुई और उसे बरसते हुए पानी में ढकेल दिया। वह गीली मिट्टी में जा पड़ा। उसकी किताबें और कॉपियाँ भी पानी व मिट्टी से सन गई।

उसे स्कूल के वातावरण में भी महसूस हुआ था कि वह हिकारत की दृष्टि से देखा जाता है। न तो वह दूसरे छात्रों के साथ कक्षा में बैठ सकता है और न उनके साथ घुल-मिल सकता है। आखिर क्या वजह है जो उसके साथी उससे परहेज़ करते हैं? है तो वह भी उन जैसा। बहुतों से तो वह पढ़ाई में तेज़ भी है। साफ़-सुथरा रहता है। फिर क्या बात है और क्यों लड़के उससे कन्नी काटते हैं? उसे मालूम पड़ा कि केवल जाति के कारण उससे परहेज़ किया जाता है! वह सोचने लगा कि जाति क्या इंसान से बड़ी है? निरंतर उपेक्षा का वह शिकार क्यों? इंसान का सम्मान जाति से क्यों? जाति इंसान के लिए है अथवा इंसान जाति के लिए? जाति की बलिवेदी पर इंसान को क्रूस पर लटकाया जाता है। इस जलालत भरी जिंदगी की साज़िश किसकी वजह से है? मात्र जाति की वजह से वह उपेक्षित है।

उसमें समंदर की उत्थाल तरंगों से निर्बाध विचार उठते ही रहते। मन को शमन नहीं मिलता। कोई रास्ता नहीं सूझता। जन्मते ही इंसान के गले में यह कैसा फंदा डाल दिया गया है कि वह चाहे जितनी कोशिश करे, परंतु उस फंदे से बचकर नहीं भाग सकता! किसने डाला और क्यों डाला?

धर्म पर आकर वह रुक जाता। धर्म क्या है? इंसान इंसान के बीच में नफ़रत फैलाना? भेदभाव की दीवार खड़ी करना? आख़िर उससे कौन-सा अपराध बन पड़ा है, जिससे उसे अपने साथियों की तीखी उपेक्षा का पात्र बनना पड़ रहा है? वे उसकी परछाईं से भी दूर भागते हैं!

उसकी कुछ समझ में नहीं आता। वह किसी से इस संबंध में पूछ भी नहीं पाता। क्या पूछे? किससे पूछे? कौन जवाब देगा? वह जो अनुभव कर रहा है उसके लिए जवाबदेही वह किससे करे? समाज अर्थात् मनुष्य की बेतरतीब भीड़-सी उसको चारों ओर से घेरे है। उससे वह बच नहीं सकता। उसे लगता कि वह चारों ओर से बेतरह घिर चुका है और अपने को उच्च जाति का समझने वाले अहमक चील-कौओं के समान उसकी देह और उसके मन पर टूट पड़े हैं। वह ख़ामोश अपने को, अपनी पीड़ा को और बेबसी को अपने में जज़्ब किए उनके सामने समर्पित होकर खड़ा है। ओह, विवशता की मौत कितनी भयावह और जघन्य तापदायक है!

पुण्यात्माओं के धर्म से बँधा वह निरोह बालक सशंकित दृष्टि से कभी अपने को और कभी अपने साथियों को घूरता रह जाता। उसे लगता कि सहस्रों विद्रूपमयी ख़ौफ़नाक आँखें उस पर गिद्धदृष्टि गड़ाए हुए हैं-मानो वह कैदी हो। हिंदू धर्म में जन्म लेना ही उसका ख़तरनाक अपराध हो।

अपने साथियों से दूर अपने बालकपन को लिए चुपचाप एकांत पीता रहता। मानो उसके सारे चापल्य और सहजता पर धर्मरूपी सर्प कुंडली मारे बैठा हो। कभी-कभी उसे अपने से गहरी नफ़रत होने लगती और वह उदास ढलते सूरज को भीष्म पितामह की नाईं शर-शैया पर पड़ा अपलक देखता ही रह जाता। फुनगियों पर वृद्ध सूरज हारे-थके पाँव पटकता हुआ गुमसुम लौटने लगता। उसे उसमें अपनी परछाईं विलुप्त होती हुई दृष्टिगोचर होती और वह घबराकर कक्षा की ओर मुड़ जाता।

बालक भीम की अंतश्चेतना पर इन घटनाओं का गहरा प्रभाव पड़ा था। बेइज़्ज़ती के दर्द और अछूत वर्ग की दयनीय स्थिति को समझते हुए वह यह निश्चय कर सका कि वह उसके दूषित प्रभाव को दूर करेगा और भेदभावरहित मानव समाज बनाएगा।

महार जाति के खून में ही वीरता थी। वे दृढ़संकल्पी होते थे। बालक भीम ने संकल्प लिया था। दूसरी बार वह घनघोर वर्षा में भी स्कूल गया था। उसके मित्र ने उससे प्रश्न किया था कि वह इस भारी वर्षा में कैसे स्कूल जा सकेगा? क्योंकि उसके पास छाता नहीं था। लेकिन उसने इसकी परवाह नहीं की। उसके नन्हे-से दिमाग़ में पूर्व वर्षा वाली घटना अभी ताज़ा थी। वह उसी वर्षा में स्कूल गया।

भीम सामने के संकटों से कभी घबराया नहीं। वह अच्छी तरह से संकटों का मुक़ाबला करना जानता था। उसे तो इन विपरीत घटनाओं के दुष्प्रभाव से नैतिक बल मिला और अनागत के लिए निश्चय करने में सहायता मिली। वह निराश नहीं हुआ। उसने उसे चुनौती के रूप में लिया।

अपने साथी की चुनौती स्वीकार करते हुए वह तेज़ वर्षा में स्कूल पहुँचा था। उसके कपड़े बेतरह से भीग चुके थे। उस पर उसके कक्षाध्यापक पेंडसे, जो जाति से ब्राह्मण थे, की दृष्टि पड़ी और वह उसे अपने निवास पर ले आए। घर जाकर उन्होंने उसके भीगे कपड़े उतरवा दिए। पहनने के लिए एक कपड़े का टुकड़ा दिया। वह उसी से खुश हो लिया। उसके लिए इतना ही पर्याप्त था। परंतु पुनः जब वह उस कपड़े को लपेटे हुए कक्षा में आया तो उसकी सारी खुशी काफ़ूर हो गई। वह अर्द्धनग्न स्थिति में अपने साथियों के उपहास का पात्र बना हुआ था। वह विवश था। परंतु उसे अपनी यह विवशता बुरी तरह से चुभ रही थी।

एक दूसरे ब्राह्मण शिक्षक थे। उनका उपनाम अम्बेडकर था। वह अत्यंत उदार, मानवता-प्रेमी और सहृदय थे। वह भीम को बहुत चाहते थे और बिना नागा उसे 'रिसेस' में चावल, रोटी और सब्ज़ी दिया करते थे

महाराष्ट्र में पुरखाओं के गाँव का नाम प्रायः लोग उपनाम के रूप में 'कर' लगाकर प्रयोग करते हैं। भीम का उपनाम उनके जन्म गाँव (Native Village) अम्बावडे (Ambavade) से जुड़कर 'अम्बावडेकर' हुआ था। भीम के पिता का उपनाम सकपाल था। उस शिक्षक को अम्बावडेकर कुछ जँचा नहीं, क्योंकि उसके उच्चारण में असुविधा थी। इस कारण उस ब्राह्मण शिक्षक ने भीम का उपनाम अम्बावडेकर से अम्बेडकर करवा दिया और स्कूल-रिकॉर्ड में भी ठीक करवा दिया। इसका भीम के जीवन पर गहरा प्रभाव पड़ा।

इन्हीं दिनों भीम के पिता के मन में गहरा अंतर्द्वंद्व चल रहा था। यद्यपि अपनी पत्नी के देहावसान के बाद उन्होंने दूसरी शादी न करने का निश्चय किया था तथापि वे अपने निश्चय पर अटल नहीं रह सके और उन्होंने दूसरी शादी कर ली।

बालक भीम के मन पर इस हादसे का गहरा प्रभाव पड़ा था। वह अपनी माँ के स्थान पर किसी दूसरी औरत को स्वीकार करने की स्थिति में अपने को नहीं ला पाए। वह अपनी सौतेली माँ को गहने पहनते देखकर क्रोध से भर जाते थे। निस्संदेह उनके मन में अपनी दूसरी माँ के प्रति घृणा थी, जिसे वह चाहकर भी दूर नहीं कर सके।

भीम के मन में इस अप्रिय तथा अचरज भरी घटना को लेकर जो अंतर्द्वंद्व चल रहा था, उसी का यह परिणाम हुआ कि उनको यह निश्चय करना पड़ा कि भविष्य में वे स्वतंत्रजीवी होकर जीवनयापन करेंगे। अर्थात् वह स्वावलंबी जीवन के प्रति कृतसंकल्प हो चुके थे। वे अब से अपने पिता पर निर्भर नहीं रहेंगे। तभी उन्होंने अपनी बहन से सुना था कि एक पास के लड़के ने सतारा में एक मिल में नौकरी पा ली है। अब उनके मन में भी बंबई जाने की योजना तेज़ी से ज़ोर पकड़ने लगी। उनके मनोमस्तिष्क पर मिल का आकर्षण और स्वतंत्रजीवी जीवन का उन्माद छाने लगा।

अब उनके सामने सवाल यह था कि बंबई जाएँ तो कैसे? पैसा कहाँ से आए? उन्होंने पैसों के लिए अपनी प्रिय 'आंटी' के पर्स को चुराने की योजना बनाई, परंतु उसमें उन्हें सफलता नहीं मिली और तीन रातें बेकार चली गईं। चौथी रात उनको पर्स चुराने में सफलता मिल गई। पर उससे क्या हुआ? पर्स में मात्र आधा आना (तीन पैसे) मिला, जिससे वे बंबई नहीं जा सकते थे। उनको अपनी इस करतूत पर बहुत ही शर्मिंदगी महसूस हुई और उन्होंने इस प्रकार से धन एकत्र करने के नापाक इरादे को दिमाग से निकाल दिया। उनमें प्रारंभ से ही आत्म-निरीक्षण तथा आत्म-विश्लेषण की शक्ति अधिक थी। वे निरंतर सत्याभिमुख होते गए। घटनाएँ उनमें तत्त्वों का अवगुंठन उठाती गईं।

यह भीम के जीवन के लिए एक सशक्त मोड़ सिद्ध हुआ। उन्होंने भागने की प्रवृत्ति को तिलांजलि देकर यह संकल्प किया कि वह आगे से पढ़ाई पर ध्यान देंगे। इसके साथ ही उन्होंने उन तमाम आदतों व कार्यों को पूरी तरह से छोड़ दिया, जिनसे वह अपनी पढ़ाई

के प्रति पूरा-पूरा न्याय नहीं कर सकते थे। उनके वे अध्यापक, जो शुरू में उनसे लगभग असंतुष्ट थे, उनमें आश्चर्यजनक परिवर्तन देखकर उनके पिता से कहने लगे कि उसे अच्छी से अच्छी तालीम दिलाएँ, क्योंकि उनका लड़का होनहार सिद्ध होगा।

भीम में पुस्तकों की प्यास तेज़ी से शुरू हुई। वे नई से नई पुस्तक पढ़ने के लिए सदैव उत्सुक रहने लगे। उन्होंने अनेक महान विभूतियों के जीवन से जाना कि वे पाठ्य-पुस्तकों के अलावा अनेक पुस्तकें पढ़ा करते थे। उनके पिताजी भी चाहते थे कि भीम स्कॉलर सिद्ध हो। वह उनकी पुस्तकों के शौक को पूरा करने के लिए उधार रुपया लेने से भी नहीं हिचकिचाए। यहाँ तक कि गहने बेचने व रेहन रखने के लिए भी वे सदैव तैयार रहे।

भीम की अध्ययन के प्रति गहरी रुचि देखते हुए उनके पिता ने उन्हें बंबई के प्रसिद्ध स्कूल एल्फिस्टन हाईस्कूल में प्रवेश दिला दिया। भीम कड़ी मेहनत करने लगे। लेकिन उन्हें जहाँ मकान मिला था, वह जगह गरीबों की बस्ती थी। उनको एक कमरे का मकान मिला था। वही रसोईघर, शयन कक्ष और अध्ययन कक्ष था। उसमें दो व्यक्तियों के लिए भी ढंग से सोने की जगह नहीं थी। उस कमरे में चारों ओर गृहस्थी का सामान भरा हुआ था। पूरा परिवार उसमें कैसे रह सकता है, यह सोचा भी नहीं जा सकता था। उस वातावरण में पढ़ना निस्संदेह पढ़ाई का उपहास करने जैसा लगता था।

भीम के पिताजी ने उसके लिए भी रास्ता निकाल लिया। उन्होंने अपने तथा पुत्र के बीच एक समझौता किया कि उनका पुत्र जल्दी सो जाया करे। वे उसे दो बजे जगा दिया करेंगे। फिर उनकी छुट्टी और भीम दिन उगने तक अध्ययन करता रहेगा। भीम रात के दो बजे पढ़ने के लिए बैठने लगे। वह बिना चिमनी वाले केरोसिन ऑयल-लैंप की मद्धिम रोशनी में पढ़ते थे, क्योंकि उनके पास प्रकाश का अकेला यही साधन था। उस पीलिया से प्रकाश में उनका अध्ययनरत रहना उनके संकल्प की दृढ़ता का द्योतक है।

न केवल भीम के मन पर अध्ययन के लिए स्थान व समय निकालने का तनाव ही था, अपितु उनके मन पर स्कूल के वातावरण से भी गहरा तनाव था। यद्यपि वह स्कूल सरकारी था तथापि वहाँ भी जातीय विरोधाभास स्पष्ट लक्षित हो रहा था। भीम को अपने साथियों के उपहास तथा उपेक्षापूर्ण शब्दों को सुनना पड़ता था। उनमें अपूर्व सहनशक्ति थी। इसे विवशता भी कह सकते हैं क्योंकि इसके अतिरिक्त उनके सामने कोई चारा नहीं था। वह अपने साथियों की बात का बुरा नहीं मानते थे। वहाँ एक दिन उनके साथ एक अजीब घटना घटी। अध्यापक ने उनको ब्लैक बोर्ड पर एक 'एग्जांपिल' हल करने के लिए पुकार लिया। इससे सवर्ण जाति के छात्रों में हलचल मच गई, क्योंकि वे 'टिफिन बॉक्सेज़' ब्लैक बोर्ड के पीछे रखते थे। भीम के ब्लैक बोर्ड छूने से उन लोगों के 'टिफिन बॉक्सेज़' अपवित्र हो जाते, अतः उन्होंने भीम के ब्लैक बोर्ड तक पहुँचने से पूर्व ही अपने टिफ़िन वहाँ से हटा

लिए। भीम को इस घटना ने पुनः झकझोर दिया। ऐसा क्यों हुआ? विद्यालय समाज के निर्माण की भावी संस्था है।

भीम जैसे अध्ययनशील तथा प्रतिभासंपन्न बालक के लिए स्कूलीय जीवन अनेक दुविधाओं व समस्याओं से संकुल रहा। परंतु उससे उनकी विकास-यात्रा पर कोई कु-प्रभाव नहीं पड़ा। उनका मकान 'लेबर कॉलोनी' में था अतः वे नज़दीक मज़दूर-जीवन का अध्ययन कर सके और उनकी समस्याओं पर सोच सके।

स्कूलीय जीवन से भीम और उनके बड़े भाई को संस्कृत द्वितीय भाषा के रूप में लेने की स्वीकृति नहीं दी गई। अछूत बालक संस्कृत अर्थात् आदिग्रंथों का अध्ययन करे, यह सवर्ण जाति को क़तई बर्दाश्त नहीं था। जबकि दूसरे देश के नागरिक संस्कृत का अध्ययन करने के अधिकारी थे। ब्राह्मण शिक्षक उन्हें संस्कृत पढ़ाने के लिए तैयार नहीं था। जबकि तिलक जैसे उच्चकोटि के नेता 'वेदों' को सनातन (हिंदू) धर्म की जननी मानते थे और प्रत्येक हिंदू को न केवल उन्हें पढ़ने की सलाह देते थे अपितु उनमें अटूट विश्वास व श्रद्धा की बात भी दोहराते थे। इसी कारण भीम में संस्कृत के प्रति दिलचस्पी जगी थी, परंतु उनके स्कूलीय जीवन में वह पूरी नहीं हो सकी। यह बात दूसरी है कि आगे चलकर उन्होंने संस्कृत पढ़ी और वैदिक साहित्य का गहन अध्ययन मनन कर आश्चर्यजनक निष्कर्ष प्रस्तुत किए और समाज का ध्यान अपनी मौलिक स्थापनाओं की ओर मोड़ा।

सन् 1907 में उन्होंने वहाँ से मैट्रिकुलेशन एग्जामिनेशन 750 में से 282 अंक प्राप्त कर पास किया। उन्हें संस्कृत के स्थान पर दूसरी भाषा के रूप में 'परसियन भाषा' लेनी पड़ी थी। तब उनकी अवस्था केवल सत्रह वर्ष की थी। परंतु संस्कृत से महरूम होने की बात बराबर सालती रही थी। वे दुखी भी रहे।

अब तक इनका बड़ा भाई आनंदराव स्कूल छोड़कर काम की तलाश में लग चुका था। भीम के पिता व उसके भाई ने मिलकर भीम को उच्च शिक्षा दिलाने का निश्चय किया। वे दोनों ही चाहते थे कि भीम आगे चलकर होनहार सिद्ध हो। भीम ने मैट्रिक पास करके अपने वर्ग में असाधारण उपलब्धि प्राप्त की थी। मिस्टर एस. के. भोले की अध्यक्षता में उनकी जाति का एक समारोह संपन्न हुआ, जिसमें उन्होंने भीम का स्वागत किया। इस समारोह में मराठी के प्रसिद्ध लेखक कृष्णजी अर्जुन भी उपस्थित थे। भीम को इस समारोह में 'लाइफ़ ऑफ़ गौतम बुद्ध' पुस्तक भी भेंट की गई। मराठी लेखक कृष्णजी अर्जुन भीम की प्रशंसा में बोले भी। उन्होंने समारोह समाप्त हो जाने पर भीम को उच्च तालीम देने की सलाह भी दी।

भीम के जीवन का यह अविस्मरणीय दिन था। उन्होंने विगत धुंधलके को कुछ समय के लिए भुलाकर जीवन के भावी पक्ष पर भी सोचा था। बालक भीम किशोर हो रहे थे,

उनमें जीवन के नए रहस्य उद्घाटित हो रहे थे। संघर्ष की इस आँधी की संध्या के बीत जाने पर उनको अनुभव हुआ था कि उनको निरंतर आगे बढ़ते जाना है। यद्यपि वह नहीं जानते थे कि यह कैसे संभव होगा, तथापि उनमें आगे पढ़ने की उत्कट अभिलाषा थी और पढ़कर उनको वर्तमान की त्रासद स्थिति से बाहर निकलने की चेष्टा भी नज़र आने लगी थी।

उनके सामने जिंदगी का स्पष्ट आशय था। वह उसे साकार करना चाहते थे। ज्ञान की पिपासा जो उनमें एक बार पैदा हो चुकी थी, उसे वह किसी क़ीमत पर छोड़ नहीं सकते थे। यह बात उनके पिता भी जानते थे। उन्हें अपने होनहार पुत्र पर गर्व था। यही हाल उनकी जाति व वर्ग का था। कुल मिलाकर उनमें नया धरातल संस्थापित हो चुका था। जिससे वह देश, जाति और जीवन के प्रति मौलिक, अप्रतिम तथा स्फूर्तमान् सोच से जुड़ते जा रहे थे।

ध्यातव्य है, महापुरुषों के जीवन का प्रारंभ ही कुछ इस तरह से होता है कि वह अपने साथियों से अलग-थलग दृष्टिगोचर होने लगता है। प्रारंभ में ही डॉ.अम्बेडकर को मज़दूरों के जीवन की झाँकी मिल चुकी थी। उनकी अंतश्चेतना पर इसका गहरा प्रभाव पड़ा था। दूसरे, अछूत समस्या के वे स्वयं पात्र बने थे। बाद में जाकर उनमें अछूत समस्या को लेकर जो लावा फूटा था, वह उनके स्कूलीय जीवन के पक्षपातपूर्ण रवैये पर आधृत था। अछूत शब्द, वह चाहे 'हरिजन' नाम में तब्दील होकर व्यवहृत हो अथवा किसी अन्य नाम से, उनकी वेदनादधि को उद्वेलित किए था। वे समाज में जाति-प्रथा के विरुद्ध भी इसीलिए हो उठे थे। आज के संदर्भ में उनकी बात पर विचार करें तो पूर्णतः स्पष्ट हो जाएगा कि उनका चिंतन अधिक व्यावहारिक और सटीक था। यद्यपि आज यही चेष्टा की जाती रही है कि अछूतोद्धार हो। कुछ हुआ भी, परंतु अभी भी उनकी दयनीय हालत यथावत् बनी हुई है। कारण, सवर्ण वर्ग दुरभिसंधियों में उनको फँसाए हुए है और वे खुद भी अपने प्रति जागरूक व कर्तव्यनिष्ठ कम ही नज़र आते हैं।

❐

विश्वविद्यालयीय जीवन

मैट्रिक पास करने के बाद भीम का विवाह रामी से हो गया, जो बाद में रमाबाई के नाम से जानी गई। वह सुशील, सभ्य और अच्छी लड़की थी, वह अच्छे परंतु गरीब परिवार की लड़की थी।

उधर सामाजिक परिवर्तनों का सिलसिला भी शुरू हो चुका था। सन् 1906 में 'दलित वर्ग मिशन ऑफ़ इंडिया' का उदय हुआ। यह दलित वर्ग के लिए प्रथम प्रयास था, जिसके माध्यम से इस वर्ग को उठाए जाने की योजना पर विस्तार से चर्चा हुई थी और इस मिशन की देश के विभिन्न शहरों में शाखाएँ खोली गई थीं। 'द सरवेंट्स ऑफ़ इंडिया सोसाइटी ऑफ़ गोखले' भी उसके प्रति झुकाव रखने लगी थी। यों सामाजिक धरातल पर नया जागरण आँख खोल रहा था।

भीम ने एल्फिस्टन कॉलेज में प्रवेश ले लिया था। वह परिश्रम से अध्ययन की ओर झुके थे, परंतु अस्वस्थ रहने के कारण उनका एक साल मारा गया था।

भीम ने इंटरमीडिएट परीक्षा पास करने के बाद बी.ए. की पढ़ाई शुरू कर दी थी। उधर महाराज बड़ौदा ने टाउन हॉल, बंबई में कुछ दिन पूर्व ही एक मीटिंग में प्रतिभावान अछूत छात्रों की सहायता करने की घोषणा की थी। भीम को भी तदंतर्गत पच्चीस रुपए मासिक स्कॉलरशिप मिला था। इससे उन्हें और प्रोत्साहन मिला था और वह पूरे जोश-खरोश के साथ अध्ययन में जुट गए थे। वह बात दूसरी है कि यहाँ भी अस्पृश्यता के कारण उनको अपमानित होना पड़ा और 'होटलकीपर' ने उनको चाय व पानी देने से इनकार कर दिया। इससे पूर्व वे समझते थे कि शहरी परिवेश उनको कदाचित् रास आ जाएगा और वहाँ उनको अपमानित नहीं होना पड़ेगा। खैर, कुछ भी हो, उस वक़्त उनके दिमाग़ पर एक ही भूत सवार था कि वह जितना संभव हो सके, ज्ञान प्राप्त करें ताकि अपने को उसके बलबूते पर स्थापित कर सकें।

अब तक उनका परिवार मज़दूर कॉलोनी से परेल स्थित इंप्रूवमेंट ट्रस्ट में रहने लगा था। वहाँ उनको दूसरी मंज़िल में 50-51 नंबर के दो कमरे मिल गए थे। ये कमरे एक-दूसरे

के सामने थे। उनमें से 50 नंबर कमरा स्टडी आदि के लिए रख छोड़ा था और 51 नंबर कमरा घर-गृहस्थी के लिए था।

सन् 1912 में उन्होंने बी.ए. पास कर लिया था। अब देश में सामाजिक चेतना के साथ राजनीतिक संचेतना का दौर तेज़ हो चुका था। सन् 1911 में क्रांतिकारी ढंग की 18 घटनाएँ हुई थीं। स्कूलों में अंग्रेज़ों के प्रति घृणा भड़क उठी थी। सन् 1912 में एक मजिस्ट्रेट के पुत्र गिरींद्रमोहन दास को शस्त्रों की बरामदगी के समय गिरफ़्तार किया था। अनेक नौजवान स्वतंत्रता की लड़ाई में सामने आते जा रहे थे। भीम की दृष्टि उधर से बंद नहीं थी।

भीम बहुत ध्यान से अपनी नज़र समसामयिक गतिविधियों पर टिकाए हुए थे। साथ ही वैज्ञानिक वैधता या अवैधता पर भी विचार कर रहे थे। वह ब्रिटिश साम्राज्यवादी नीति को गहराई से समझ रहे थे। उनकी बलवती इच्छा थी कि वह आगे पढ़ें, परंतु वह फ़िलहाल संभव न हो सका अतः उन्होंने बड़ौदा महाराज के राज्य में नौकरी कर ली। उनको 'बड़ौदा स्टेट फ़ोर्सेज़' में लेफ्टीनेंट का पद दिया गया। अभी उन्हें नौकरी पर आए पंद्रह दिन ही हुए थे कि उनको घर से तार मिला कि उनके पिता की हालत चिंताजनक है। अतः वह तुरंत ही वहाँ से लौट पड़े। यह सन् 1913 की बात है।

बड़ौदा से बंबई लौटते हुए वह अपने पिता के लिए मिठाई लेने के लिए सतारा स्टेशन पर उतर गए। परिणामतः उनसे ट्रेन निकल गई और उन्हें एक दिन अनचाहे वहीं रुकना पड़ा। अगले दिन वह बंबई पहुँचे। मृत्यु शैया पर पड़े हुए उनके पिता की आँखें अपने विचार, अपनी आशा और अस्तित्व को तलाश रही थीं। 2 फरवरी, सन् 1913 को उनके पिता ने आँखें बंद कीं, शरीर ताना और चुपचाप एक ओर लुढ़क गए। चतुर्दिक सन्नाटा छा गया। वह मौत उनके पिता की नहीं, उनके (भीम के) सपनों, इच्छाओं और इरादों की थी। मानो पिता ही उनकी शक्ति व साहस थे।

अब भीम अकेले थे। उनके चारों ओर चीखता हुआ अँधेरा था। लेकिन उस सबसे वे तनिक भी विचलित नहीं हुए। उन्होंने सहज रूप से उस वज्र प्रहार को झेला और भविष्य का कार्यक्रम तय किया। वे जानने लगे थे कि नेक व सुदृढ़ इरादों के लिए परिस्थितियों की अनुकूलता का इंतज़ार नहीं करना चाहिए। जो सोचा है, वही करो, उससे पीछे मत हटो। जीवन परछाइयों को पकड़ने में समय गँवाने का कदापि नहीं है।

वस्तुतः उनके इस अकेलेपन का प्रमुख कारण यह भी था कि उनका कोई ऐसा सहयोगी नहीं था जो इनमें पनप रहे इरादों तथा विचारों में हिस्सा ले सके। वह अपनी ही उधेड़बुन में रत थे। अपने से ही वे लड़ रहे थे और रास्ता तलाशने में लगे हुए थे।

❐

विदेश के लिए रवाना

'ईश्वर जो कुछ करता है, अच्छा ही करता है', यह बात आगे चलकर नास्तिक प्रवृत्ति के भीमराव की उस वक़्त समझ में आई थी जब बड़ौदा महाराज कुछ प्रतिभासंपन्न छात्रों को अमेरिका भेजना चाहते थे। इस संबंध में उन्होंने एक विज्ञापन दिया था। भीमराव ने महाराज के सामने अपनी सारी कहानी दोहरा दी थी। महाराज ने उन्हें यह आश्वासन दिया था कि वह उसके लिए प्रार्थना-पत्र दे दें। उन्होंने वैसा ही किया और उसके परिणाम की प्रतीक्षा करने लगे।

बड़ौदा महाराज ने भीमराव के अलावा तीन अन्य छात्रों को अमेरिका भेजने का निर्णय लिया था। 1 जून, सन् 1913 को उन्होंने भीमराव को बड़ौदा बुलाया और उनसे शिक्षा उपमंत्री ने एक अनुबंध-पत्र पर हस्ताक्षर लिए। उसके अनुसार उनको निर्धारित विषयों में शिक्षा प्राप्त कर दस वर्ष तक बड़ौदा राज्य की सेवा करनी होगी। जुलाई के तृतीय सप्ताह में (सन् 1913 में) वह अमेरिका के लिए रवाना हो गए।

वह अमेरिका पहुँच गए। न्यूयॉर्क में हार्टले हॉल में एक सप्ताह तक रुककर वहाँ से वह क्लब में रहने चले गए, जो 554 वेस्ट, 114 स्ट्रीट में स्थित था। वहाँ भारतीय छात्र रह रहे थे। वहाँ से वे लिविंग्सस्टोन हॉल चले गए, जहाँ उनकी एक पारसी छात्र से गहरी दोस्ती हो गई, जो अंत तक रही। यह उनके जीवन की पहली ऐसी सफलता थी जो उन्हें अपने सम्मोहन में बाँध सकी और जीने का अर्थ स्पष्ट कर सकी।

भीमराव अम्बेडकर के सामने जिंदगी का एक दूसरा ही नज़ारा था, जिससे वह अभी तक अनभिज्ञ थे। यहाँ उनको चैन की साँस लेने का मौका मिला था। अब वह उन दोस्तों के बीच में थे, जिनको अछूतों से परहेज़ नहीं था। वह अब समानता और स्वतंत्रता को अनुभव कर रहे थे। अब वह पढ़ने के लिए स्वतंत्र थे, लिखने के लिए स्वतंत्र थे और भ्रमण के लिए स्वतंत्र थे। अब उनके और दोस्तों के बीच में कोई परदा नहीं था, कोई भेदभाव नहीं था। सचमुच वह सम-धरातल पर थे। उनके सामने एक नया उत्साही समाज था, जिसकी गति बहुत तेज़ थी, जिसका चिंतन क्रांतिकारी था और जिसके लिए स्वतंत्रता सहज उपलब्ध थी। उनके लिए यह सातवाँ आश्चर्य था। वह दूसरों के साथ, उनके पास बैठकर खाना खा

रहे थे। उससे उनके मस्तिष्क का क्षितिज विस्तृत होने लगा था। उनमें एक नई जिंदगी शुरू हो चुकी थी। उनमें एक नया दृष्टिकोण जन्म ले रहा था।

उन्होंने उस समय की अनुभूतियाँ अपने एक अज़ीज़ मित्र के पिता को पत्र में लिखी थीं। उन्होंने स्पष्ट कर दिया कि जन्म से कर्म का कोई ताल्लुक़ नहीं है। शिक्षा स्त्री-पुरुष दोनों के लिए ज़रूरी है। उन्होंने लिखा था : 'अमेरिका आकर मुझे अनुभव होने लगा है कि भारतीय हिंदू समाज न केवल पिछड़ा हुआ है अपितु रुग्ण है। उसकी गुलामी का भी यही प्रमुख कारण है।'

मनुष्य-मनुष्य के बीच नफ़रत का षड्यंत्र सारे समाज को पंगु बना जाता भारत को उठना है तो समता, भ्रातृत्व भावना और एकता की परम आवश्यकता है। हम यदि आपस में घृणा करेंगे, एक-दूसरे को पीछे खदेड़ने की दुरभिसंधियाँ रचते रहेंगे और भेदभाव की दीवारें खड़ी करते रहेंगे, तो हम एक स्वस्थ तथा उन्नत समाज से सदा दूर रहेंगे। सच्ची आज़ादी समतावादी समाज से अनुभव होती है।

मुझे यहाँ का वातावरण रास आ रहा है और प्रसन्नता की अनुभूति हो रही

कर्महीनता और विवशता के दर्शन के प्रति उनमें विद्रोह पैदा हुआ। भाग्यवादिता का दर्शन कापुरुषता का दर्शन है। इस भावना के कारण व्यक्ति का शोषण हो सकता है। उन्होंने आत्मसम्मान, स्वावलंबी जीवन और कर्म पर ज़ोर दिया। उनको लगा कि इस भावना के लिए अपने देश में बहुत श्रम करना पड़ेगा। उन्होंने अपने मित्रों को लिखे पत्र में शेक्सपीयर की इन पंक्तियों को दोहराया-

There is a tide in the affairs of men,
Which 'taken at the flood' leads on to fortune.

हर व्यक्ति के जीवन में वह अवसर अवश्य आता है जिसका प्रयोग करके वह आगे बढ़ सकता है। यही बात उस जाति पर भी लागू होती है। उन्होंने अपना सारा ध्यान अध्ययन पर केंद्रित कर लिया था। उन्होंने वहाँ अपने खर्चों पर भी पाबंदी लगा ली थी। उनका उद्देश्य न केवल एम.ए. की उपाधि प्राप्त करना था, अपितु वे विज्ञान, राजनीति, समाजशास्त्र, अर्थशास्त्र आदि विषयों में भी निष्णात होना चाहते थे। यद्यपि उन्होंने बी.ए. की डिग्री अंग्रेज़ी व परसियन से ली थी तथापि अब वह राजनीतिक विज्ञान, नैतिक दर्शन, मानव-विज्ञान, समाजशास्त्र तथा अर्थशास्त्र विषयों को अपने अध्ययन का केंद्र बनाए हुए थे।

सन् 1915 में उन्होंने एम.ए. के लिए शोध-प्रबंध प्रस्तुत किया-'एनसिएंट इंडियन कॉमर्स'। अतः उसी वर्ष उन्हें एम.ए. की डिग्री मिल गई। डॉ.गोल्डनवाइज़र की सन् 1916 में शुरू होने वाली 'एन्थ्रोपोलॉजी सेमिनार' से पूर्व उन्होंने 'कास्ट्स इन इंडिया' पर एक सशक्त निबंध पढ़ा, जिसमें उनका निष्कर्ष यह रहा था कि 'कास्ट' का एकवचन में होना

अस्वाभाविक है। कास्ट (Caste) का सदैव बहुवचन में ही अस्तित्व है।[11] उनके इन मौलिक विचारों की वहाँ चर्चा रही थी।

इसके बाद उन्होंने पी-एच. डी. के लिए काम शुरू कर दिया था। इस बार उनकी थीसिस का विषय था 'National divident of India-A Historical and Analytical study'। उनकी यह थीसिस कोलंबिया विश्वविद्यालय से पी-एच. डी. हेतु जून, सन् 1916 को स्वीकृत हुई थी। उनकी इस सफलता पर मुग्ध होकर उनके साथियों व प्रोफ़ेसरों ने मिलकर उनको शानदार डिनर दिया था। बड़ौदा के महाराज सियाजीराव गायकवाड ने भी उन्हें इस सफलता के लिए तार द्वारा बधाई संदेश दिया था। उनकी यह थीसिस भी विशेष चर्चा का विषय बनी थी।

उनकी थीसिस का 'बजट चैप्टर' अत्यंत महत्त्वपूर्ण माना गया था। उन्होंने सिद्ध किया कि ब्रिटिश सरकार की सारी नीतियाँ अंग्रेज उद्योगपतियों के हितों को ध्यान में रखकर बनाई जाती हैं। अम्बेडकर को पुस्तक में देय तथ्यों के कारण 'रॉयल कमीशन ऑफ इंडिया करेंसी' के सामने प्रमाण देने के लिए आमंत्रित किया गया। उनके लिए यह अत्यंत खुशी की बात थी क्योंकि उनको कमीशन के सदस्यों से मिलने का मौक़ा मिल रहा है।

उधर कोलंबिया विश्वविद्यालय से सम्मानित होने के बाद उनका ध्यान लंदन पर केंद्रित हो गया था। कारण, तब लंदन अंतर्राष्ट्रीय अध्ययन के केंद्र के रूप में सुविख्यात था। उन्होंने जून, सन् 1916 को अमेरिका छोड़ दिया और लंदन के लिए रवाना हो गए। वह अमेरिका से अपने साथ बेशक़ीमती पुस्तकों का संग्रह लेकर चल रहे थे जो उन्होंने सैकेंड हैंड बुक स्टाल से ख़रीदा था। उनमें से कुछ पुस्तकें वे थीं जो उन्हें उपहार में दी गई थीं। उनके पास दो हज़ार से अधिक पुस्तकें थीं।

इस वक़्त संसार प्रथम विश्वयुद्ध की चपेट में था। गदर पार्टी भारत से अंग्रेज़ों के पाँव उखाड़ने के लिए तेज़ी से काम कर रही थी। लाला लाजपतराय उस वक़्त अमेरिका में वहीं थे जहाँ अम्बेडकर अध्ययन कर रहे थे। मिस्टर एडविन लालाजी के घनिष्ठ मित्र थे। वह प्रोफेसर थे। अम्बेडकर उनको अच्छी तरह जानते थे। ब्रिटिश खुफ़िया विभाग के अफ़सरों का ख़याल था कि अम्बेडकर 'इंडियन रेवोल्यूशनरी पार्टी' के सदस्य हैं। यह सत्य था कि प्रोफ़ेसर एडविन उनको भारतीय राजनीतिक दल से जोड़ने के लिए मध्यस्थता कर चुके थे, परंतु उन्हें सफलता नहीं मिली थी। अम्बेडकर ने स्पष्ट शब्दों में कहा था कि "वे विद्यार्थी हैं और उनको महाराज बड़ौदा को दिए गए वायदे के अनुसार अपना पूरा ध्यान अध्ययन पर केंद्रित रखना है, क्योंकि उन्हें यह स्वर्ण अवसर मिला है, जिसे वे किसी क़ीमत पर छोड़ना नहीं चाहते हैं। भारत के महान् नेता कार्य कर ही रहे हैं। इस वक़्त उनका उद्देश्य सिर्फ़ गहन

---

11. The Indian Antiquity: Dr. Ambedkar, p. 81-95

तथा गंभीर अध्ययन करना है।" वे अपने प्रति उतने ही निष्ठावान, ईमानदार और संकल्पी थे जितने दूसरों के प्रति।

उनके इस कथन से आज के छात्रों को सबक़ लेना चाहिए कि उनका प्रथम कार्य स्वाध्याय करना है, राजनीतिक चक्रव्यूह में पड़कर दखलंदाज़ी करना नहीं है। पहले वे ज्ञान-संपन्न हों और कॉलेज-विश्वविद्यालय की तालीम प्राप्त करें तब वे राजनीति में उतरें। विद्यार्थी जीवन की साधना और राजनीतिक जीवन एक साथ नहीं चल सकते हैं। इससे यह भी स्पष्ट होता है कि वह चरित्र के धनी व्यक्ति थे। उनमें अपूर्व दृढ़ संकल्पशक्ति थी।

लंदन पहुँचने पर जब उनकी तलाशी में खुफ़िया विभाग के अफ़सरों को कुछ नहीं मिला तब उन्हें छोड़ दिया गया। उन्होंने 'लंदन स्कूल ऑफ़ इकॉनोमिक्स एंड पॉलिटिकल साइंस' में तुरंत प्रवेश ले लिया। महाराज ने भी डॉ.अम्बेडकर को अग्रिम (Advanced) अर्थशास्त्र के अध्ययन हेतु इजाज़त दे दी थी। उनके अर्थशास्त्र के ज्ञान से प्रभावित होकर लंदन स्कूल के प्रोफ़ेसर ने उन्हें डी-एस.सी. के लिए कार्य करने की अनुमति भी प्रदान कर दी थी। उधर बड़ौदा के दीवान का उन्हें आदेश मिला कि वे भारत लौट आएँ, क्योंकि उनकी छात्रवृत्ति की अवधि समाप्त हो रही है। हालाँकि थीसिस को अपूर्ण छोड़कर आना उन्हें क़तई रास नहीं आ रहा था, लेकिन उनके सामने विवशता थी। उन्होंने मन ही मन तय किया कि दोबारा लंदन आकर वह अपने इस कार्य को पूरा करेंगे। प्रोफ़ेसर एडविन केनन की सिफ़ारिश पर उन्हें चार वर्ष का मौक़ा दिया गया, जिसमें वह अपने शोध को पूरा कर सकेंगे। इसके बाद उन्हें और समय नहीं दिया जा सकेगा। उन्हें इसी से संतोष हो गया और वह 21 अगस्त, सन् 1917 को बंबई लौट आए भारी मन से, अपने में असंतोष को कुरेदते हुए और विश्वास को थपथपाते हुए।

विदेश में रहकर केवल विश्वविद्यालयी पढ़ाई और शोध नहीं की थी, अपितु वहाँ के समाज, उसके परिवेश, उसकी संस्कृति, रीति-रिवाज आदि सभी का गहन अनुभव किया था। विश्व किस तेज़ी से बदल रहा है और किस ऊँचाई को छूता जा रहा है, यह सब उनके सोचने के प्रश्न थे। मानव-व्यवहार में होने वाले परिवर्तनों और नव-अर्थव्यवस्थामूलक समाज की अच्छाइयों को डॉ.अम्बेडकर जर्जरित भारतीय समाज को उठाने के संदर्भ में प्रस्तुत करना चाहते थे। उपनिवेशवाद के अस्त होते हुए सूर्य को वे देख रहे थे और सोच रहे थे कि उसके ध्वस्तास्तित्व पर नव-पूँजीवाद अपने पाँव जमा रहा है।

विदेशी पर्यावरण से ही उन्हें यह जानने को मिला कि विश्व व्यक्तिवाद और समाजवाद दो गुटों में उभरकर सामने आता जा रहा है। ऐसी सूरत में यदि अर्द्धविकसित देश नहीं सँभल पाए तो वे देश को भौगोलिक रूप से आज़ाद कराकर भी पुनः नव-अर्थतंत्र की जकड़ में आ जाएँगे और उन देशों को चलाने की चाबुक किन्हीं दूसरे देशों के हाथों में होगी। जो

राष्ट्र ध्रुवीकरण के पक्ष में हैं, वे इस मुगालते में हैं कि वे ही तमाम दुनिया के भाग्यविधाता बनने का श्रेय पुनः हासिल कर लेंगे और स्थितियों को पुनः अपने पक्ष में मोड़कर शोषण चक्र को बदस्तूर क़ायम रखेंगे। लेकिन यह उनका ऐसा स्वप्न था जो उनके मनसूबों को कदापि पूरा नहीं होने देगा।

इसके अलावा उनके विचारों पर पश्चिमी समाज के प्रजातांत्रिक मूल्यों का विशेष प्रभाव पड़ा था।[12] विशेषतया शिक्षा जगत् में वे कमोबेश रूप में तदनुरूप व्यवस्था चाहते थे। यह कहना अनुपयुक्त नहीं होगा कि डॉ.अम्बेडकर विदेश में रहकर नव मानव-मूल्यों और जीवन के प्रति स्वस्थ तथा मुक्त विचारों की स्थापना हेतु अपने आपको तैयार कर चुके थे। उन्होंने हिंदू समाज को विश्व के उन्नततम समाज से संबद्ध करने का इरादा कर लिया था। यह बात दूसरी है कि उनको आशानुरूप सफलता नहीं मिली। दरअसल वे एक राष्ट्र के रूप में हिंदू समाज के बारे में सोच रहे थे। हिंदू समाज क्यों बराबर जर्जरित होता जा रहा है, यह उनकी चिंता का विषय था। जब तक हिंदू समाज भेदभावरहित नहीं हो जाता है तब तक किसी प्रकार की उन्नति संभव नहीं है। दासता की भावना से मुक्ति के प्रयत्न होने उनकी दृष्टि में अत्यंत आवश्यक थे। ध्यातव्य है, उनमें अंतर्राष्ट्रीय नज़रिया कार्य कर रहा था। वे राजतंत्र के स्थान पर स्थापित लोकतंत्र को समझ रहे थे। उनमें यह समझ विदेश जाने से पूर्व भी विकसित हो चुकी थी। परंतु विदेश में रहकर उन्होंने लोकतांत्रिक प्रशासन को नज़दीक से देखा और समझा था। उन्होंने निरंतर इस बात पर ज़ोर दिया था कि लोकतंत्र एक देश में ही हमेशा एक-सा नहीं रहता है। कोई नहीं कह सकता है कि 1688 की इंग्लिश क्रांति से पूर्व का लोकतंत्र 1688 की क्रांति के बाद के लोकतंत्र जैसा ही था। वहाँ 1832 के एक्ट के बाद लोकतंत्र में परिवर्तन हुआ और उसमें कार्य करने की स्थितियों का और अच्छा विकास हुआ। उनका मानना है कि लोकतंत्र का भी अपना हेतु होता है। प्राचीन इंग्लिश डेमोक्रेसी का भी अपना उद्देश्य था जो बाद की इंग्लिश डेमोक्रेसी से जुदा था। जहाँ प्राचीन डेमोक्रेसी राजा के हितों के लिए थी वहाँ आधुनिक लोकतंत्र प्रजा के हितों के लिए कार्यरत है। यही वह परिवर्तन है जो निरंतर लोकतांत्रिक प्रणाली में चलता रहता है। उन्होंने वाल्टर बेगहोट (Walter Baghot) की लोकतंत्र की परिभाषा को प्रस्तुत किया, जिसमें कहा गया था कि डेमोक्रेसी इज़ 'गवर्नमेंट बाई डिसकशन' (Government by Discussion)। दूसरी परिभाषा इब्राहिम लिंकन की उस 'स्पीच' से दी थी जो कि 'साउथर्न स्टेट्स' की विजय के बाद 'गेटिसबर्ग स्पीच' के नाम से प्रसिद्ध हुई। वह 'स्पीच' थी कि लोकतंत्र में सरकार जनता की होती है, जनता द्वारा होती है और जनता के लिए होती है। परंतु डॉ.अम्बेडकर ने इस

---

12. Thought on Dr. Ambedkar-Social Philosophy of Dr. Ambedkar by Dr. D.R. Jatav, p. 33

संबंध में अपने विचार इन परिभाषाओं से भिन्न प्रस्तुत किए। उन्होंने कहा कि "उस स्वरूप तथा पद्धति की सरकार, जिसके द्वारा बिना रक्त बहाए मानव जीवन के आर्थिक तथा सामाजिक क्षेत्र में क्रांतिकारी परिवर्तन होते हैं, लोकतंत्र है। आर्थिक तथा सामाजिक क्षेत्र में हो रहे क्रांतिकारी परिवर्तन को जब जनता स्वीकार करने लगती है तब समझना चाहिए कि लोकतंत्र परीक्षा में सफल हो रहा है।"लोकतंत्र की सफलता जनमानस के निरंतर हो रहे क्रांतिकारी परिवर्तनों को विवेक से स्वीकार कर उनको अपनाने में है।

इब्राहिम लिंकन ने अपनी प्रसिद्ध 'गेटिसबर्ग की स्पीच में कहा था कि 'हाउस डिवाइडेड अगेन्स्ट इटसेल्फ़ कैननॉट स्टैंड।' साथ ही उन्होंने दक्षिणीय स्टेट्स तथा उत्तरीय स्टेट्स के मतभेदों का ज़िक्र करते हुए कहा था कि "अगर आप दक्षिण की स्टेट्स और हम उत्तर की स्टेट्स में विभाजित हैं तो हम बाहरी दुश्मन के आक्रमण का मुक़ाबला करने में सक्षम नहीं हो सकते हैं।"[13] डॉ.अम्बेडकर का भी यही निष्कर्ष था कि विभाजित होकर स्वस्थ जीवन नहीं जिया जा सकता है। फलतः वे आवश्यक समझते थे कि समाज में न तो 'ऑप्रेस्ड क्लास' (Oppressed Class) हो और न 'सप्रेस्ड क्लास' (Suppressed Class)। उन्होंने ज़ोर देकर इस बात को दोहराया था कि लोकतंत्र की असफलता का मूल कारण परस्पर का बँटा होना है। साथ ही उन्होंने सशक्त विपक्ष के अतिरिक्त यह ज़रूरी बतलाया कि क़ानून तथा प्रशासन में समानता होनी चाहिए। संसार के लोकतांत्रिक देशों के उदाहरणों से यह सिद्ध होता है कि लोकतंत्र ऐसा पौधा नहीं है जिसे कहीं भी उगाया जा सकता हो।[14] उनके पास विदेशी जीवन के गहन अनुभव और प्रसंग थे, जिनसे वे मौजूदा भारतीय समाज को उदात्तोन्मुख करना चाहते थे और एक सर्वथा नवीन तथा सशक्त भारत को सामने लाना चाहते थे।

यह बात गौर करने के क़ाबिल है कि डॉ.अम्बेडकर के जीवन पर विदेशी जीवन की असंगतियों और विद्रूपताओं का क़तई प्रभाव नहीं पड़ा। जब वे विदेश उच्च शिक्षा के लिए गए थे तब भी उनके मन में एक ही टीस भरी गुत्थी काम कर रही थी कि भारतीय जीवन दुःख और कठिनाइयों से भरा हुआ है।[15] वे उसी दुःख को दूर करने के लिए बाहर जाकर योजना बनाते रहे थे। यह तथ्य आश्चर्यजनक है कि डॉ.अम्बेडकर एक राजनीतिज्ञ की भूमिका निभाने की अपेक्षा एक सामाजिक कार्यकर्ता तथा विचारक का जीवन जीना

---

13. **"If you of the Southern state and we of the Northen state are divided, we shall not be able to stand together, when a foreign enemy comes.**

-by Abrahim Lincoln.

14. **Thus Spoke Ambedkar, Vol. I: Dr Ambedkar, p. 75**
15. **Thoughts on Dr. Ambedkar-Social Philosophy of Dr. Ambedkar by Dr. D.R. Jatav, p. 31**

ही अधिक पसंद करते थे। वे असंगतियों और असमानताओं के मूल में राजनीतिक कारणों को उतना महत्त्व नहीं देते थे जितना सामाजिक कारणों को। वे समाज-सुधार के प्रबल समर्थक थे। जहाँ कांग्रेस राजनीतिक पार्टी के रूप में सामाजिक कार्यों को अपने हाथ में लिए थी, वहाँ डॉ.अम्बेडकर नवीन सामाजिक संरचना के लिए राजनीति का अवलंब लिए थे। उनका मानना था कि सामाजिक उत्थान के साथ राजनीतिक उत्थान स्वतः ही होने लगता है। आर्थिक नीति को भी इस दृष्टि से उन्होंने इसलिए अधिक महत्त्व दिया था, क्योंकि उससे विदेशी समाज को अपने पुनरुत्थान में ज़बर्दस्त मदद मिली थी। अर्थनीति भी समाज के विघटन और संगठन में अहम् तरजीह रखती है। उनके ये जीवन-मूल्य, यह कहने में आपत्ति नहीं है, विदेश भ्रमण और वहाँ के जीवन से उन्हें प्राप्त हुए थे और उन्होंने उस नज़रिए को भारत की तत्कालीन स्थिति को ध्यान में रखते हुए अपने ढंग से प्रस्तुत किया था। निस्संदेह विदेशी समाज तथा चिंतन के पीछे उनकी दृष्टि सदैव भारतीय समाज की विकट समस्याओं के समाधान की खोज में ही रही थी। इस दृष्टि से उनकी इन उपलब्धियों का उनके जीवन-विकास में असंदिग्ध रूप से सशक्त महत्त्व है। वे खुले विचारों के थे और साथ ही लोकतांत्रिक धर्मिता के पक्षधर थे।

❐

विदेश से वापसी

डॉ.अम्बेडकर ने अपनी धरती पर जब क़दम रखा था तब वहाँ का वातावरण कई करवटें ले चुका था और वहाँ की फ़िजा का मिज़ाज बिगड़ा हुआ था। सन् 1915 में विषय समिति में गांधीजी की पराजय हो चुकी थी। सन् 1916 में मुहम्मद अली जिन्ना ने लीग-अधिवेशन की अध्यक्षता की थी और अध्यक्षीय भाषण में उन्होंने कहा था कि भारत मनुष्यों का वृहत् समुदाय है, एक ही प्राकृतिक और राजनीतिक वातावरण में एकत्र होकर भी नैतिक और राजनीतिक विकास के विभिन्न स्तरों में विभाजित है। इसका अर्थ है कि उसके उद्देश्य, नज़रिए और प्रयासों में अंतर है। परंतु फिर भी वह अपने को स्वराज्य के लिए योग्य साबित करने के प्रति दृढ़ संकल्प है। मुसलमानों के राजनीतिक उद्देश्य पूर्ण रूप से वही हैं जो हिंदुओं के हैं। हिंदू-मुस्लिम समझौता भारतीय अविभाज्यता का प्रतीक है। सन् 1914 में एक युवा मराठा, जो पूना जिले का था, अमेरिका से कुछ सिख क्रांतिकारियों के साथ भारत लौटा था। उसका नाम विष्णु गणेश पिंगले था। वह पंजाब गया था। वहीं उसने क्रांतिकारी संगठन की गतिविधियों को तेज़ किया था। उसने अपने उद्देश्यों को स्पष्ट करते हुए साथियों से कहा था कि उन लोगों का काम भारतीय फ़ौज तोड़ना, हथियार एकत्र करना, बम तैयार करना, सरकारी ख़ज़ाने को लूटना और क्रांति के लिए धन इकट्ठा करने के लिए डाका डालना है। सन् 1915 तक उस दल ने ज़बर्दस्त तैयारी कर ली थी। वह दल युद्ध की घोषणा का मसविदा तैयार कर चुका था। अब केवल युद्ध का श्रीगणेश करना ही शेष था। परंतु तभी एक गुप्तचर ने उनकी योजना का पर्दाफ़ाश कर दिया और देखते ही देखते ब्रिटिश फ़ौजें तथा छह हज़ार गोरखे व नेपाली सैनिक पंजाब पर छा गए। करीब पाँच हज़ार व्यक्तियों पर राजद्रोह के मुक़दमे चलाए गए।

कुस्तुन्तुनिया में 'जहान ए इस्लाम' नाम से एक पत्र निकलता था जिसमें अरबी, तुर्की व हिंदी के लेख हुआ करते थे। उसमें अनवर पाशा का एक भाषण छपा था, जिसमें कहा गया था कि यही वह वक़्त है जबकि भारत में ग़दर की घोषणा हो जानी चाहिए।

उधर कांग्रेस में उग्रवादी कांग्रेसियों का ज़बर्दस्त बोलबाला था। बेसेंट होमरूल की संस्थापना कर चुकी थीं। इस वक्त वह कांग्रेस की अध्यक्षा भी थीं। नज़रबंदी कानून समाप्त

हो चुका था। भारत सचिव ने पार्लियामेंट में घोषणा की थी कि स्वशासकीय संस्थाओं का विकास किया जाएगा और उत्तरदायित्वपूर्ण शासन स्थापित करने में हरसंभव प्रयत्न किए जाएँगे।

डॉ.अम्बेडकर के मन में इस वक़्त अछूतों के लिए गहरी पीड़ा थी, जो उन्हें अंदर ही अंदर मथे डाल रही थी। वह उनके लिए कुछ करना चाहते थे। उनमें क्रांतिकारी विचार उथल-पुथल मचा रहे थे। वह हिंदू समाज में क्रांतिकारी परिवर्तन के पक्ष में थे। परंतु उनका भावी दस वर्ष का जीवन अनुबंध के हाथों में था अतः वह सितंबर के मध्य में बड़ौदा पहुँच गए। बड़ौदा महाराज का आदेश था कि उन्हें स्टेशन पर लेने जाया जाए। परंतु महार जाति के डॉ.अम्बेडकर को कौन लेने जाता? अतः उन्हें लेने के लिए स्टेशन कोई नहीं पहुँचा। वहाँ उन्हें किसी होस्टल तथा होटल में स्थान भी नहीं मिला, क्योंकि वे महार जाति से थे। अंत में उन्हें एक पारसी सराय में जगह मिली।

महाराज उन्हें वित्तमंत्री बनाना चाहते थे, क्योंकि इस क्षेत्र में उनके पास गहन अंतर्दृष्टि थी। फ़िलहाल महाराज ने उन्हें अपना मिलिटरी सचिव का पद दिया। लेकिन वह अछूत थे, अतः उनके मातहत कर्मचारियों ने भी उनकी उपेक्षा की थी। चतुर्थ श्रेणी के कर्मचारी उनके लिए काग़ज़ या फाइल उठाना पापमय काम समझते थे। वह दूर से उनकी मेज़ पर कागज़ या फाइल फेंकते थे। पीने के लिए चपरासी उन्हें पानी नहीं देता था। उन्होंने इस बात की महाराज से शिकायत भी की थी, परंतु उसका कोई लाभ नहीं हुआ।

वे वहाँ अजीब-सी घुटन महसूस करने लगे। वहाँ उनकी कोई सोसाइटी नहीं थी। केवल उनके पास सिर धुनता एकांत था। दीवान उनकी मदद करने में महाराज से स्पष्ट ही इनकार कर चुका था। न उन्हें वहाँ कोई जगह ठहरने के लिए दी गई थी। निराश्रय डॉ.अम्बेडकर थककर, भूख से परेशान होकर और अपमान से गलित होकर एक पेड़ के नीचे बैठकर फूट-फूटकर रो पड़े थे। उनका रुदन सुनने वाला वहाँ कोई नहीं था। उनकी पीड़ा की कल्पना भी नहीं की जा सकती थी। वह लाखोंलाख से योग्य, सक्षम और प्रतिभासंपन्न व्यक्ति होकर भी उपेक्षित थे। उनका कोई दोष था तो यही कि वह अछूत थे। वह हिंदू होते हुए भी अछूत थे। पर क्यों? जब उनके आँसू थमे और हृदय कुछ हलका हुआ तब वहाँ से बंबई लौट जाने का उन्होंने निश्चय किया।

देश राजनीति में उलझ रहा था और वे नए सामाजिक युग के स्वप्न में डूबे हुए उपेक्षा व घृणा का जीवन भोग रहे थे। 17 नवंबर, सन् 1917 को वह बंबई लौट आए। परंतु महाराज गायकवाड का पुनः आदेश हुआ कि बड़ौदा लौट आएँ। एक मित्र के प्रयत्नों से उन्हें बड़ौदा के एक प्रोफ़ेसर के घर 'पेइंग गेस्ट' (Paying Guest) बतौर ठहरने की सुविधा मुहैया कर दी गई। परंतु वह भी कामयाब नहीं रही, क्योंकि उस प्रोफेसर की पत्नी ने अछूत

को घर में रखने से साफ़ इनकार कर दिया। डॉ.अम्बेडकर जब दुबारा बड़ौदा पहुँचे तब उनको उस प्रोफ़ेसर की विनम्रतापूर्वक सूचना मिली कि वह उनके घर न आएँ, क्योंकि उनकी पत्नी नहीं चाहती। आख़िर वह फिर बड़ौदा से बंबई लौट आए, बिना किसी से कुछ कहे।

बंबई आने पर उन्हें मालूम पड़ा कि उनकी सौतेली माँ की हालत बहुत ख़राब है। वह सीधे उन्हें देखने गए। कुछ दिनों बाद उनकी मृत्यु हो गई।

इस वक़्त भारतीय कांग्रेस में दलित वर्ग के लिए चिंतन तेज़ था। लीग अपना अलग अस्तित्व बनाए रखने की बात कर चुकी थी, परंतु अछूतों के लिए इस प्रकार का कोई प्रावधान नहीं था। उनकी समस्या पर विचार करने के लिए सन् 1917 में दो बार कांग्रेस लीग विचार कर चुकी थी। कांग्रेस ने एक प्रस्ताव पारित कर तत्कालीन सरकार का ध्यान अछूतों के हितों की ओर आकृष्ट कराया था। अछूतों के लिए विधानसभा में उनका अपना नेता हो, अतः उन्हें अपने प्रतिनिधि भेजने के लिए उसने अधिकारों का प्रश्न उठाया। इसके साथ ही कांग्रेस ने एक दूसरा प्रस्ताव पारित करके उन लोगों के लिए मानव अधिकार व न्याय की माँग भी की और उसमें हर प्रकार के धर्म या जाति के आधार पर होने वाले भेदभाव को दूर करने की अपेक्षा की। अब तक डॉ.अम्बेडकर इस मामले में मात्र मूक दर्शक थे। परंतु उनके सामने कुछ कर पाने के लिए नया रास्ता अवश्य तैयार हो रहा था।

कांग्रेस अपने वार्षिक अधिवेशन में, जो कलकत्ता में हुआ था, अछूतों के लिए एक प्रस्ताव पारित कर चुकी थी। डॉ.अम्बेडकर के लिए यह दिलचस्प घटना रही थी। वह इस प्रस्ताव को अधूरा तथा अपरिपक्व मानते थे। उन लोगों के द्वारा अपना प्रतिनिधि चुनकर विधानसभाओं में भेजने से कोई ठोस काम होगा, ऐसा वह नहीं मानते थे।

23 व 24 मार्च, सन् 1918 में मद्रास में 'द डिप्रेस्ड क्लासेज़ मिशन सोसाइटी' ने अखिल भारतीय दलित जाति कांफ्रेंस का दो दिवसीय कार्यक्रम रखा, जिसकी अध्यक्षता बड़ौदा के महाराज ने की थी। इसमें विपिनचंद्र पाल, विट्ठलभाई पटेल, एम.आर. जयकर जैसे लोकप्रतिष्ठित व्यक्ति सम्मिलित हुए थे। श्री नारायण गनेश चंदावरकर स्वागत समिति के अध्यक्ष थे और दलित वर्ग के लिए बहुत पहले काम कर रहे थे। उन्होंने कहा था कि अछूत जाति का धब्बा भारत पर से हट जाना चाहिए। अगले दिन तिलक ने तो यहाँ तक कह डाला था कि यदि ईश्वर अछूत को सहन कर लेता है तो वह निस्संदेह ईश्वर के रूप में ही पहचाना जाना चाहिए। सारतया इस कांफ्रेंस में छुआछूत को एक रोग माना गया। उसे तुरंत हटाने के लिए प्रस्ताव पारित किया गया।

डॉ.अम्बेडकर अपने को इस कांफ्रेंस से नहीं जोड़ सके। उनका इससे सैद्धांतिक विरोध था। परंतु वह उचित अवसर की प्रतीक्षा कर रहे थे, जबकि वह इस क्षेत्र में कुछ कर सकेंगे।

इस समय उनके मस्तिष्क में लंदन में ग्रेज़ इन (Grays inn) में छोड़ा अधूरा काम चक्कर काट रहा था।

उन्होंने बनार्ड रसेल कृत 'रिकंस्ट्रक्शन ऑफ़ सोसाइटी' का सशक्त रिव्यू लिखा था। 'कास्ट इन इंडिया' को रिप्रिंट (पुनर्मुद्रित) कराया था, जिसकी तब ख़ासी चर्चा हुई थी। तभी उन्होंने बंबई के एक कॉलेज में टेंपरेरी बेसेज़ पर प्रोफ़ेसरी कर ली। परंतु सवर्ण हिंदू जाति के छात्र एक अछूत से पढ़ें, यह उस समय की स्थितियों के अनुकूल नहीं था, अतः उनको अपने परिश्रम का प्रत्युत्तर प्रारंभ में संतोषजनक नहीं मिला। लेकिन उन्होंने हार नहीं मानी। धीरे-धीरे छात्र उनके गहन विचार, प्रस्तुतीकरण के ढंग और मौलिक उद्भावनाओं से प्रभावित होने लगे। उनके कुछ साथी प्रोफ़ेसर्स को इस बात का एतराज़ था कि सवर्ण जाति के लिए (अर्थात् प्रोफ़ेसरीयल स्टाफ़ के लिए) रखे हुए पानी का प्रयोग अछूत जाति का प्रोफ़ेसर नहीं कर सकता है। उन्होंने इसका विरोध भी किया। अम्बेडकर को अनुभव हुआ कि सवर्ण हिंदू जाति के ख़ासे शिक्षित लोग भी अछूतों से वैसी ही नफरत और छुआछूत करते हैं जैसी आम सवर्ण हिंदू जाति के व्यक्ति। शिक्षा बेबुनियादी और अवैज्ञानिक संस्कार को हटा पाने में, कम से कम भारत में तो सफल नहीं हो पा रही थी। भारत में रहते हुए जब वह अमेरिका तथा इंग्लैंड के दिनों की याद करने लगते थे तब उनकी आँखें भर आती थीं। वहाँ उन्होंने जिस समता, भ्रातृत्व-भावना और स्वतंत्रता का अनुभव किया था, वह भारत के वातावरण में तनिक भी उन्हें अनुभव नहीं हो रही थी।

महाराज कोल्हापुर के संपर्क में डॉ.अम्बेडकर सन् 1914 में आए थे। महाराज शाहू उदार हृदय के व्यक्ति थे। उनके मन में गरीब तथा दलित वर्ग के लिए दर्द था। डॉ.अम्बेडकर ने उनके सामने पाक्षिक पत्र निकालने की बात रखी तो वह तुरंत तैयार हो गए और उसके लिए उन्होंने आर्थिक सहायता भी प्रदान की। 31 जनवरी, सन् 1920 को 'मूक नायक' नाम से उन्होंने पहला 'इश्यू' (Issue) निकाला। यद्यपि अम्बेडकर उसके ऑफिशियल एडीटर नहीं थे तथापि वही इस पत्र के पीछे एकमात्र शक्ति थे। यह भी आश्चर्य की बात रही कि 'केसरी' ने उनके पत्र का विज्ञापन स्वीकार नहीं किया। तब तिलक मौजूद थे और 'केसरी' उनका ही पत्र था।

डॉ.अम्बेडकर ने 'मूक नायक' के प्रथमांक में भारत को अछूतों व असमानता का घर बतलाया था। उन्होंने उसके एक लेख में लिखा था कि भारत को स्वतंत्र होने से पूर्व आर्थिक, राजनीतिक, सामाजिक, धार्मिक आदि क्षेत्रों में समानता स्थापित करने का प्रयास करना चाहिए। बिना उसके राजनीतिक आज़ादी का अर्थ होगा सत्ता का स्थानांतरण। अर्थात् उस ब्राह्मण वर्ग के हाथ में सत्ता का आ जाना होगा, जिसके कारण अछूत वर्ग हिंदू होते हुए भी अपमानित, उपेक्षित और घृणित जीवन जी रहा है। वही वर्ग जब सत्ता में आ जाएगा तो निश्चित ही अछूतों के जीवन में स्थायी अभिशाप कुंडली मारकर बैठ जाएगा।

जब तक अछूतों के लिए मौलिक अधिकारों की गारंटी नहीं होगी तब तक स्वराज्य से कोई लाभ नहीं हो सकेगा।

डॉ.अम्बेडकर के लेखों में ब्राह्मण समाज और सवर्णों पर सीधे चोट थी। उनका चिंतन तार्किक ढंग पर विकसित हो रहा था, जिसकी उपेक्षा करना आसान काम नहीं था। वे हर समस्या का मूल से, वैज्ञानिक ढंग पर विश्लेषण करते थे और तदनुरूप उसका हल प्रस्तुत करते थे।

21 मार्च, सन् 1920 को उन्होंने कोल्हापुर राज्य में स्थित मनगाँव में अछूतों की कांफ्रेंस की अध्यक्षता की थी। कोल्हापुर के महाराज शाहू ने उस कांफ्रेंस में डॉ.अम्बेडकर की न केवल प्रशंसा की थी, अपितु उन्होंने उनसे बहुत कुछ करने की अपेक्षा भी की थी। कदाचित् यह उनके जीवन के लिए प्रथम आशीर्वाद था, जो उन्हें भारत के खुले मंच से प्राप्त हुआ था। कांफ्रेंस के बाद अंतर्जातीय भोज हुआ, जिसमें महाराज के अलावा राज्य के अधिकारियों, जागीरदारों आदि ने भी भाग लिया था। मई के अंतिम सप्ताह में नागपुर में डॉ.अम्बेडकर ने अपने विचार खुले मंच से प्रस्तुत किए थे। उनके भाषणों में अछूतों की पीड़ा थी और ब्राह्मण समाज पर तीखा व्यंग्य था। यही नहीं, उन्होंने महार जाति की अठारह उपजातियों की भी इस मौक़े पर चर्चा करते हुए कहा था कि उनको भी अपने में सुधार करना होगा। इस तरह से उनका नाम चर्चित होने लगा था और भारतीय तथा अंग्रेज़ प्रशासक दोनों की दृष्टि में वह स्थान बनाने लगे थे। निस्संदेह महाराज कोल्हापुर के माध्यम से उन्हें अपनी पीड़ा सहलाने का ख़ासा मौक़ा मिला था। जैसा कि पहले कहा जा चुका है, अवसर को हाथ से जाने देने में उनका क़तई विश्वास नहीं था। फलतः उन्होंने प्राप्त अवसरों का भरसक लाभ उठाया और अछूत वर्ग के लिए नई रोशनी बन सके। अछूत शब्द के पीछे जो घृणा की भावना हिंदू समाज में कार्य कर रही थी, उसको वे बेपर्दा करना चाहते थे। उनकी ज़बर्दस्त ख़्वाहिश यही थी कि समाज में से जाति-पाँति का भेदभाव दूर हो और सबको एक स्वस्थ, नया तथा समानता का धरातल मिले। मनोमालिन्य का जो वातावरण है, वह स्वस्थ बने और सम्मान मनुष्य जी सके।

वे एक बेहतर समाज की संकल्पना को लिए आगे बढ़ रहे थे। उनका ध्यान सशक्त समाज की सक्रियता की ओर था और वे मानव-मानव के बीच की असमानता, छुआछूत और ऊँच-नीच को मिटाना चाहते थे। वे बर्ट्रेंड रसेल के इस पक्ष के पक्षधर थे कि गतिशीलता विकास को जन्म देती है और मौनवाद मृत्यु की ओर ढकेलता है। वे सामाजिक जीवन के मानसिक आधार पर भी जोर देते थे। डॉ.अम्बेडकर भी स्वीकारने लगे थे कि नए समाज की नवनिर्मिति उस समाज के पारस्परिक संबंधों की विश्वसनीयता, सौहार्दता, सौजन्यता, मुदिता और सम्यक् व्यवहार पर अवलंबित है।

❐

पुनः यूरोप-प्रवास

डॉ.अम्बेडकर मन से डी-एस.सी. का अधूरा कार्य पूरा करने के यत्न में जुटे थे। नौकरी करते हुए उन्होंने कुछ पैसा जोड़ा था। कुछ उनको महाराज कोल्हापुर ने सहायता के रूप में दे दिया था। पाँच हज़ार रुपए उन्होंने अपने मित्र से उधार लिए थे। इस प्रकार जुलाई, सन् 1920 में वह लंदन के लिए रवाना हो सके थे। सितंबर, 1920 में वह लंदन स्कूल ऑफ़ इकोनोमिक्स एंड पॉलिटिकल साइंस में अपना अधूरा कार्य करने में जुट गए। वह लंदन म्यूज़ियम का प्रयोग प्रातः 6 बजे से संध्या 5 बजे तक करते थे। समय उनके लिए सबसे क़ीमती तथ्य था। उससे पैसा बचता था। समय और पैसे की बचत को मद्देनज़र रखते हुए उन्होंने लंच लेना बंद कर दिया था। वह सेमी-बोर्डिंग हाउस में रहने लगे थे, जिसे एक महिला चलाती थी। वह वहाँ पेइंग गेस्ट थे।

डॉ.अम्बेडकर अपने शोध कार्य में अत्यंत व्यस्त हो चुके थे। वह इंडिया ऑफ़िस लाइब्रेरी, लंदन विश्वविद्यालय पुस्तकालय और शहर के दूसरे पुस्तकालयों में अपना सारा समय व्यतीत करते थे। वह दिन-भर काम करते थे। शाम को आध घंटे के लिए खुली हवा में घूमते थे और उसके बाद वह डिनर लेते थे। तदुपरांत उनके अध्ययन की दूसरी बैठक शुरू हो जाती थी। वह रात तक पढ़ते थे और सुबह जल्दी उठ जाते थे।

वहाँ रहते हुए वह कपड़ों पर कदाचित् ही कुछ ख़र्च कर पाते थे। प्रायः पैदल घूमते थे। उनके पास रेस्तराँ, सिनेमा, दावत आदि के लिए न समय था और न पैसा था। वह अनवरत अध्ययन करते थे और अपने कार्य को शानदार ढंग से पूरा करना चाहते थे।

अपने लंदन-प्रवास में उन्हें विट्ठलभाई पटेल से भेंट करने का मौक़ा मिला था, जिसमें उन्होंने अछूतों के दर्द को दोहराया था। यद्यपि वह अपने देश से दूर लंदन में थे तथापि अपने देश में चल रही अछूतों की गतिविधियों से पूर्णतया परिचित थे और उनसे संपर्क भी बनाए हुए थे। 'मूक नायक' पत्र के प्रति उनमें वहाँ भी गहरी रुचि थी। अपने मित्रों को वह वहाँ से मार्गदर्शन भी देते रहते थे। वह चाहते थे कि 'मूक नायक' निरंतर अछूतों की सेवा करता रहे। इसी समय उन्होंने अनेक मराठी नाटक भी पढ़े थे और उन पर अपनी राय भी अभिव्यक्त की थी। उन्हें अपने पुत्र तथा भतीजे की पढ़ाई की भी चिंता थी।

लंदन-प्रवास में उन्हें कई लाभ हुए, जिनमें से उनका अच्छा स्वास्थ्य भी एक था। अक्टूबर, सन् 1922 में ज़रूर उनका स्वास्थ्य गिर गया था। वह बीमार पड़ गए थे। लेकिन उन्हें हर समय अपने कार्य की चिंता थी। कदाचित् वह जान गए थे कि सवर्ण जाति के बीच वह अपनी योग्यता और क्षमता की स्थापना करके ही अपनी जाति के लिए कुछ बेजोड़ काम कर सकते हैं।

तिलक स्वराज्य फंड में अछूतों के उद्धार के लिए कांग्रेस पैसा इकट्ठा कर रही थी। तिलक का स्वर्गवास हो चुका था। अम्बेडकर के लिए यह दुःख भरा समाचार था। गांधीजी का प्रभाव भारत में बढ़ रहा था। उनके द्वारा अछूतों के लिए कई क़दम भी उठाए गए थे जिनसे यह पता चलता है कि वे अछूतोद्धार के लिए बेहद चिंतित थे।

'द एक्ट ऑफ़ 1919' के द्वारा प्रथम बार दलित वर्ग के अस्तित्व को पहचाना गया था। चौदह नॉन ऑफिशियल मेंबरों में, जिनको गवर्नर जनरल ने केंद्रीय लेजिस्लेटिव असेंबली के लिए मनोनीत किया था, उनमें एक दलित वर्ग का नुमाइंदा भी था। प्रांतों से भी दलित जाति के प्रतिनिधि लिए गए थे। पहली बार अछूत वर्ग को सत्ता में पहुँचने का अवसर मिला था। डॉ.अम्बेडकर ने इस पर अपनी कोई ख़ास प्रतिक्रिया व्यक्त नहीं की थी, क्योंकि वह अभी भी स्थिति का अध्ययन कर रहे थे और उन्हें इस समस्या के ठोस हल की तलाश थी। दरअसल वह जल्दबाज़ी में कोई क़दम नहीं उठाना चाहते थे। यह उनका स्वभाव बन चुका था कि जब तक वह स्वयं अपने आपमें आश्वस्त न हो जाएँ तब तक कोई क़दम नहीं उठा सकते थे।

'द प्रोवेंसियल डिसेंटरलाइजेशन ऑफ़ इंपीरियल फ़ाइनेंस इन ब्रिटिश इंडिया' (ब्रिटिश भारत में साम्राज्य पूँजी का प्रादेशिक विकेंद्रीकरण) पर अम्बेडकर को 'मास्टर ऑफ़ साइंस' की उपाधि जून, सन् 1921 में मिल गई थी। अक्टूबर, सन् 1922 में 'द प्रॉब्लम ऑफ़ द रुपी' आपने लंदन विश्वविद्यालय में प्रस्तुत की थी। लगभग उनका कार्य पूरा हो चुका था अतः उन्होंने यूरोप के जगद्विख्यात केंद्र की ओर ध्यान दौड़ाया। मई, 1922 के मध्य में बोन यूनिवर्सिटी में प्रवेश का प्रबंध कर वह वापस लंदन लौट आए।

लंदन में अब उनके पास कोई काम नहीं था। अतः वह बोन विश्वविद्यालय, जर्मनी में अध्ययन हेतु चले गए। अभी उनको लगभग नौ माह ही हुए होंगे कि उनको प्रोफ़ेसर एडविन केनन का लंदन के लिए बुलावा आ गया। लंदन पहुँचने पर पता चला कि ब्रिटिश इंपीरियलिस्टिक एग्जामिनरों ने उन्हें बिना निष्कर्षों को बदले हुए पुनः थीसिस लिखने का परामर्श दिया है। कुछ दिनों पूर्व ही उन्होंने छात्रसंघ के सामने अपना 'रेस्पोंसिबिल्टीज़ ऑफ़ गवर्नमेंट इन इंडिया' लेख पढ़ा था। प्रोफेसर हेरल्ड जे. लास्की जैसे लंदन स्कूल ऑफ़ साइंस के पंडित ने भी इस लेख को क्रांतिकारी प्रवृत्ति का बतलाया था।

परंतु थीसिस को पुनः लिखने के लिए न तो अब उनके पास समय था और न धन। जो कुछ शेष रह गया था, उससे ही उन्हें गुज़ारा करना था। घर पर पहले से ही आर्थिक संकट था। अतः वह बंबई लौट आए।

वह अप्रैल, सन् 1923 में बंबई लौट आए थे, परंतु उनका मन थीसिस में उलझा हुआ था। कुछ दिनों बाद ही उन्होंने थीसिस पुनः लिखकर यूनिवर्सिटी को भेज दी थी। परीक्षकों ने उनकी पुनः लिखी हुई थीसिस को न केवल स्वीकार कर लिया था अपितु उनके इस कार्य की प्रशंसा भी की थी। उनकी यह थीसिस मेसर्स पी.एस. किंग एंड संस (लिमिटेड), लंदन से प्रकाशित होकर चर्चा का विषय बनी थी। उन्होंने यह थीसिस अपने माता-पिता को भेंट करते हुए लिखा था-'मैं यह कृति अपने माता-पिता को, उनकी तरफ़ से मेरे लिए उत्सर्ग तथा मेरे अध्ययन में उनकी ओर से दिखाए गए प्रकाश के लिए, कृतज्ञतास्वरूप भेंट करता हूँ।'

इस प्रकार डॉ.अम्बेडकर पी-एच.डी., डी.एस.सी., बार एट लॉ आदि की उपाधियों से अलंकृत हो गए। अब उनके सामने विश्वविद्यालय -ज्ञान की पिपासा नहीं थी। अब उनके सामने उपेक्षित व ग़रीबी से लड़ रहे इंसानों की समस्या थी। वह उनकी सेवा करने में सक्षम थे। उन्हें अपने पर पूर्ण विश्वास था कि उनकी अथक व अनवरत की गई तपस्या ज़रूर रंग लाएगी।

❐

अस्तित्व के लिए संघर्ष

इंग्लैंड से लौटने पर डॉ.अम्बेडकर ने निश्चय किया था कि वह अब अपना जीवन 'प्रैक्टिस' से शुरू करेंगे। उससे जो समय बचेगा, उसे वह अछूतोद्धार में लगाएँगे। इस वक्त उनके पास सनद प्राप्त करने तक के लिए पैसा नहीं था और बिना 'सनद' हासिल किए वह प्रैक्टिस नहीं कर सकते थे। अंत में उन्होंने एक मित्र से ऋण लेकर सनद मँगवाई और जून, सन् 1923 में वकालत का व्यवसाय शुरू कर दिया।

यहाँ भी उनका अछूत होना उनकी सफलता में बाधक हुआ। लोगों का ख़याल यह भी था कि अंग्रेज़ जजों को यूरोपियन बैरिस्टर अपेक्षाकृत दूसरे से कहीं अधिक प्रभावित कर सकेंगे। परंतु वह बिना किसी बात की चिंता किए अपने कार्य में लगे रहे।

उनकी दृष्टि में अछूत, मज़दूर और आम आदमी की जिंदगी कैसे उठे, यह प्रश्न अहम था। प्रथम विश्वयुद्ध की समाप्ति के साथ समूचे विश्व में समाज-सुधार का दौर तेज़ हो गया था।

उस समय बंबई विधानसभा में अछूतों से संबंधित कई प्रस्ताव पारित व पास हुए थे-यथा अछूत जाति के लिए प्राइमरी स्कूलों का खोला जाना, महार के गाँवों में पर्याप्त मात्रा में पीने का पानी मुहैया करने का इंतज़ाम करना, अनुसूचित जाति की लड़कियों के लिए अलग से छात्रावास की व्यवस्था करना आदि। इनमें सबसे ज़बर्दस्त प्रस्ताव जो स्वीकार हुआ था, वह था-जनता प्याऊ (Public watering places)। जनता कुएँ और धर्मशालाओं का प्रयोग अछूत जाति वाले उसी तरह कर सकेंगे जैसे सवर्ण जाति वाले करते आ रहे हैं। यह निर्णय अपने आपमें बहुत अहमियत रखता था।

अब वह साल आया जो घटनाओं से भरा हुआ था-सन् 1924। सावरकर और गांधीजी दोनों ही जेल से बाहर आए थे। 'बहिष्कृत हितकारिणी सभा' 20 जुलाई, सन् 1924 में ही स्थापित हुई थी। उसे बंबई प्रेसीडेंसी ने मंजूरी भी प्रदान कर दी थी। दामोदर हॉल, बंबई में उसका मुख्य कार्यालय स्थापित किया गया था। इस सभा के मुख्य उद्देश्य थे-

1. दलित वर्ग के लिए पढ़ाई की सुविधा मुहैया कराना।
2. दलितों के लिए छात्रावास खोलना।
3. औद्योगिक तथा कृषि से संबंधित स्कूल खोलकर अछूतों की आर्थिक स्थिति को सुदृढ़ करना।

4. दलित वर्ग की कठिनाइयों को दूर करने हेतु समुचित क़दम उठाना।

5. दलित वर्ग में सांस्कृतिक संचेतना लाने हेतु पुस्तकालय, 'सोशल सेंटर्स' और स्टडी सर्किल खोलना।

इस सभा के प्रेसीडेंट हुए सर चिम्मनलाल हीरालाल, एल.एल.डी.; वाइस प्रेसीडेंट हुए रुस्तम जीनवाला, सोलिसीटर, जी. के. नारीमन, डॉ.वी.पी. चौहान आदि और इसकी प्रबंध समिति के चेयरमैन हुए डॉ.अम्बेडकर। दरअसल इस सभा के पीछे डॉ.अम्बेडकर के काफ़ी ठोस प्रयत्न थे। 9 मार्च, सन् 1923 को होने वाली मीटिंग में वह उपस्थित हुए थे और केंद्रीय सभा की स्थापना पर गहराई से बातचीत की थी। अछूतों की समस्याओं के हल हेतु एक केंद्रीय सभा होनी चाहिए-इस विचार को मद्देनज़र रखते हुए उपर्युक्त सभा की स्थापना की गई थी।

इसमें कोई संदेह नहीं कि इस वर्ष अछूतों के उत्थान के लिए कई तरफ़ से आवाज़ उठाई गई थी। लेकिन उन आवाज़ों में से कितनी आवाज़ें अछूतों की मार्मिक पीड़ाओं से युक्त थीं, यह बात अलग थी। यदि ऐसा नहीं होता तो डॉ.अम्बेडकर को अछूतोद्धार के लिए नए रास्ते की कदापि तलाश न होती। यद्यपि विभिन्न संस्थाएँ अछूतों के लिए कार्यरत थीं, परंतु डॉ.अम्बेडकर सामाजिक सुधार के उस दौर में एक दूसरी ही बात सोच रहे थे। कारण, सामाजिक सुधारों के प्रयत्नों में हिंदू समाज का पुनरुत्थान करना था। उसमें विधवा-विवाह, स्त्रियों का जायदाद पर हक़, नारी-शिक्षा, बाल-विवाह आदि समस्याएँ भी सम्मिलित थीं। जबकि डॉ.अम्बेडकर चाहते थे कि अछूतों की समस्याओं पर अलग से विचार किया जाए और उन समस्याओं का हल क्रांतिकारी ढंग पर होना चाहिए, क्योंकि अछूत समाज तो सवर्ण हिंदू समाज से बहुत पीछे है। उन दोनों की समस्याओं में बहुत अंतर है और उन दोनों का 'ट्रीटमेंट' अलग-अलग है।

डॉ.अम्बेडकर को अछूतों की पीड़ा, अन्याय और 'ह्यूमिलेशन' का व्यक्तिगत अनुभव था। वह अछूतों को दूसरों की दया पर जीवित देखना नहीं चाहते थे। उनकी समझ में नहीं आता था कि दूसरे किस प्रकार से उनकी सहायता व उत्थान में मदद कर सकते हैं, क्योंकि न्याय कभी भी दूसरों द्वारा स्वीकृत नहीं होता। वे जो अन्याय, भेदभाव और इसी प्रकार के दूसरे कारणों से दुखी व विपन्न हैं, उनको स्वयमेव न्याय पाने योग्य बनना होगा। वे नहीं मानते थे कि अछूत वर्ग नारों और भाषणों के सहारे ऊपर उठ सकेगा। उनका यह दृढ़ विश्वास था कि हिंदू समाज में परिव्याप्त अंधविश्वास के विरुद्ध बिना कमर कसे कुछ होने वाला नहीं है। उनका कहना था कि जो कुछ किया जाए, वह व्यावहारिक, यथार्थोन्मुखी और सहज हो।

बंबई लेजिस्लेटिव असेंबली एक बिल पहले ही पास कर चुकी थी, जिसको सरकार ने अनुमोदित भी कर दिया था कि तालाब व कुएँ सार्वजनिक प्रयोग के लिए हैं। उन पर किसी जाति-विशेष का अधिकार नहीं है और उनका प्रयोग हर एक व्यक्ति कर सकता है। इस प्रसंग में यह निर्णय लिया गया कि महानगरपालिका, जो कोलाबा ज़िले में स्थित है, उसके टैंक का पानी अछूतों द्वारा प्रयोग में लाना चाहिए। परंतु प्रस्ताव पारित करना, पास करके उसे क़ानून की

शक्ल दे देना एक दूसरी बात है, उस पर अमल किया जाना अलग बात है। सवर्ण हिंदुओं का उस वक़्त जो दबदबा था, उसे देखते हुए यह सोचना भी मुश्किल था। आख़िर उस टैंक का पानी कौन-सा अछूत छुए? किसमें इतनी शक्ति है? क़ानून बना देने मात्र से समस्या का हल नहीं हो जाता है। क़ानून सदैव कमज़ोरों के लिए होते हैं, ताक़तवर कानून से नहीं, अपने बल पर जीते हैं।

डॉ.अम्बेडकर ने पाया कि क़ानून का बनना अथवा न बनना एक जैसा ही रहा। उनमें से कोई भी ऐसा नहीं था जो सामने आता और क़ानून का लाभ उठाता। अंततः डॉ.अम्बेडकर को ही इस विद्रोह का झंडा उठाना पड़ा। उसके लिए एक दिन तय किया गया। समय भी निश्चित हुआ।

वातावरण में सन्नाटा था। एक अजूबा होने जा रहा था। लोग-बाग साँस रोके हुए उस समय की प्रतीक्षा कर रहे थे। यद्यपि सरकार ने उनकी सुरक्षा का ख़ासा प्रबंध किया था, तथापि सवर्ण हिंदू समाज इसे ख़ामोश देखता रह जाएगा, ऐसा किसी को विश्वास नहीं था। पर ऐसा हुआ था। डॉ.अम्बेडकर ने टैंक का स्पर्श करके अछूतों के लिए उसे खोल दिया था। उनके बाद अनेक अछूतों ने उस टैंक का पानी पिया। उसके बाद से अछूत उस टैंक तक जाने लगे। उन्होंने यह सिद्ध कर दिया कि पानी ईश्वरप्रदत्त है और उसका इस्तेमाल हर एक व्यक्ति कर सकता है।

सवर्ण हिंदू जाति वाले भला हाथ पर हाथ धरे कैसे रह जाते? यह ठीक था कि उस समय कोई हादसा नहीं घटा, परंतु उसके कुछेक घंटे बाद वहाँ हंगामा खड़ा हो गया। लड़ाई के लिए बहाना चाहिए था। किसी ने यह अफ़वाह उड़ा दी कि अम्बेडकर और उसके आदमी वीरेश्वर मंदिर में प्रवेश करने वाले हैं। फिर क्या था! सवर्ण हिंदू इकट्ठे हुए और उन्होंने मिलकर अम्बेडकर तथा उनके साथियों पर आक्रमण कर दिया। उनको घेरकर खूब मारा। अम्बेडकर घायल हो गए। दूसरे आदमियों के भी चोटें आईं।

इस घटना ने भारतीय सामाजिक जीवन के एक नए पक्ष का उद्घाटन किया। समझदार हिंदुओं ने इस घटना पर अफ़सोस भी प्रकट किया और यह भी कहा कि अछूत कुओं और तालाबों से पानी लेने के उसी प्रकार अधिकारी हैं जिस प्रकार सवर्ण हिंदू अपने को मानते हैं। सोचने वाला पक्ष यह भी था कि जो दलित वर्ग में से क्रिश्चियन धर्म अपना चुके थे, वे सवर्ण हिंदुओं के लिए परहेज़ का विषय उतने नहीं थे, जितने अछूत थे। जबकि अछूत तो हिंदू समाज के अंग थे। आख़िर ये भेदभाव क्यों? वह लाख कोशिश करने के बाद यह निर्णय नहीं कर पाते थे कि ऐसा समाज अछूतों के उठाने में कैसे मददगार हो सकता है? उनको प्रत्यक्ष अनुभव हो रहे थे कि उच्च जाति वाले उनकी जाति या वर्ग के प्रति अंदर से बेतरह से बेइंसाफी का रुख अपनाए हुए हैं। वे पहले की तरह उन्हें उपेक्षित तथा घृणा का पात्र बनाए रखना चाहते हैं।

यह घटना 19-20 मार्च, सन् 1927 की कोलाबा 'डिस्ट्रिक डिप्रेस्ड क्लासेज़' द्वारा महाड़ में आयोजित एक कांफ्रेंस के ठीक अगले दिन की है। इस कांफ्रेंस का निजी महत्त्व इस दृष्टि से है कि इसमें सम्मिलित होने के लिए पंद्रह वर्षीय किशोर से लेकर सत्तर वर्षीय वृद्ध तक सामने

आए और वह भी सौ-सौ मील की दूरी तय करके। लगभग दस हज़ार डेलीगेट्स, कार्यकर्ता तथा दलित वर्ग के नेताओं ने इसमें भाग लिया था। डॉ.अम्बेडकर ने इस कांफ्रेंस में अपना अध्यक्षीय भाषण देते हुए कहा था कि यही वह समय है जबकि इस वर्ग को शिक्षित होकर अपने अस्तित्व के लिए काम करना है। यह बात स्वयं सिद्ध हो चुकी है कि यह वर्ग साहस, योग्यता और क्षमता में कीर्तिमान स्थापित कर चुका है और मिलिटरी सेवाओं में अग्रणी है।

वे चाहते थे कि उनके वर्ग के लोगों में ऐसी भावना होनी चाहिए जिससे वे आत्मप्रेरित होकर काम करें और आगे आएँ। उनमें स्वतंत्रता, संरक्षणता और समता का भावोदय हो। उनको सहायता और स्वयंसेवा का भेद समझ में आना चाहिए। स्वयंसेवा ही उत्तम सेवा है। वे स्वयं अपने पैरों पर खड़े हों और समस्याओं का पूरी मुस्तैदी से मुक़ाबला करें। उन्होंने इस वर्ग को अधिकारों की प्राप्ति के लिए तैयार करते हुए इस बात पर समुचित ज़ोर दिया था कि वे मस्तिष्क, हृदय और हाथ (Head, Heart and Hands) द्वारा मानवाधिकारों को प्राप्त करें। गिड़गिड़ाने से उन्हें सख़्त नफ़रत थी। सम्मान खोकर वह कुछ भी प्राप्त नहीं करना चाहते थे।

मनुष्य स्वयं अपना निर्माता है। उनकी क़ौम को स्वयं अपना भाग्य बनाना होगा। डॉ.अम्बेडकर की बात अछूत वर्ग के गले में उतरने लगी थी। उन्होंने अपने वर्ग की मृतात्मा को जाग्रत करने की कोशिश की थी। वे यह सिद्ध कर चुके थे कि अछूतों को अपना स्वयं ही उद्धार करना होगा और उसकी पहल भी उन्हें ही करनी होगी।

इसी दरम्यान उन्हें एक संतान पुत्र के रूप में प्राप्त हुई। उसका नाम रखा-राजरतन। उनको अपने इस पुत्र से बहुत प्यार था। हालाँकि उनके पास पारिवारिक जीवन के लिए समय बहुत कम था तथापि वे जब-तब अवसर पाते तो परिवार के बीच में जा बैठते। दरअसल वे एक संत तथा तटस्थ वृत्ति के महापुरुष हो गए थे।

डॉ.अम्बेडकर की सादा जीवन में निष्ठा थी। वह अपने छोटे-से कार्यालय में बिना किसी हिचकिचाहट के छोटे-बड़े हर आदमी से मिलते थे। वह जिस हाल में होते, उठकर मिलने वालों का स्वागत करने चले आते। वे क्या कपड़े पहने हुए हैं, क्या नहीं, इसकी उन्हें कभी चिंता नहीं होती थी और न यह ख़याल ही उन्हें रहता था कि मिलने आया व्यक्ति अत्यंत प्रतिष्ठाप्राप्त है। अपने निवास पर महाराज कोल्हापुर का स्वागत वह बिना किसी औपचारिकता के करते थे। उनके जीवन में कहीं छिपाव, दुराव व रहस्य जैसा कुछ नहीं था। वह अत्यंत साधारण इंसान की तरह रहते थे। न उनमें किसी क़िस्म का भेदभाव या बदले का भाव था। वह अत्यंत सहज व मधुर थे। अब तक वह निर्णय कर चुके थे कि वह नौकरी नहीं करेंगे। अपनी जिंदगी मानव की सेवा में लगा देंगे। यही उनकी पूजा-अर्चना होगी और उनके जीने का उद्दिष्ट होगा।

❐

मानवाधिकारों के लिए संघर्ष

डॉ.अम्बेडकर ने पहला काम तो यह किया कि दलित वर्ग को नागरिक अधिकारों के प्रति मोड़ दिया। वे अपने को पहचानने की कोशिश करें और स्वयं में शक्ति अर्जित कर अपने अस्तित्व को कायम रखें। एक बार उनमें अधिकारों का प्रबोध हुआ नहीं कि उनको अपना करणीय स्वयं सूझ जाएगा। आत्मसम्मान, गौरव और अधिकार-बोध ने उस वर्ग के लोगों में नवीन चेतना पैदा की। उनमें बहुत-सों ने माँगना छोड़ दिया, जूठन लेना बंद कर दिया और अपने 'स्टेटस' के प्रति ध्यान देना शुरू किया। 'टैंक' (तालाब) से पानी लेने वाली घटना ने दलित वर्ग में जागरण ला दिया। उनमें धार्मिक अंधविश्वासों, रूढ़वादिता आदि के प्रति शंका पैदा कर दी थी, परंतु अंधविश्वासों से ग्रस्त सवर्ण हिंदू वर्ग ने इस कार्य को अच्छी निगाह से नहीं देखा। फलतः उन लोगों ने एक साथ अम्बेडकर का विरोध करना शुरू कर दिया।

डॉ.अम्बेडकर गलत बातों का जवाब दे सकें, अपने विचार प्रकट कर सकें और वस्तुस्थिति को स्पष्ट कर सकें इसके लिए उन्हें एक समाचार-पत्र की ज़रूरत महसूस हुई। एक नेता बिना अख़बार के वैसा ही है जैसे एक चिड़िया बिना पंख के। फलतः उन्होंने मराठी में 'बहिष्कृत भारत' नाम से एक पाक्षिक पत्र 3 अप्रैल, सन् 1927 से निकालना शुरू किया। इस पत्र का कार्यालय बंबई में रखा। इस पत्र के माध्यम से उन्होंने अपने पत्र के उद्देश्य को स्पष्ट करते हुए मानव अधिकारों के लिए संघर्ष पर ज़ोर दिया और कहा कि तिलक 'स्वराज्य मेरा जन्मसिद्ध अधिकार है' का नारा लगाने की अपेक्षा यह कहते कि 'छुआछूत की समाप्ति मेरा जन्मसिद्ध अधिकार है' तो सामाजिक जीवन में एक क्रांति उठती अनुभव होती।[16]

डॉ.अम्बेडकर ने कहा कि मंदिर, तालाब, कुएँ आदि अछूत वर्ग के लिए भी सुलभ होने चाहिए। वे भी आख़िर हिंदू हैं। फिर एक हिंदू के लिए नियम दूसरे और अन्य के लिए संपृक्त नियम क्यों? एक सम्मान का पात्र और दूसरा अपमान व उपेक्षा का पात्र क्यों? क्या अछूत हिंदू नहीं हैं? हैं तो फिर यह भेदभाव क्यों? उन्होंने अपने निर्भीक तथा खुले मस्तिष्क

16. बहिष्कृत भारत, संपादकीय, 29-7-1927

का परिचय देते हुए ऐसे ज़ोरदार संपादकीय लिखे कि उन पर प्रहार करने वालों की बोलती बंद हो गई। उन्होंने लिखा कि दलित वर्ग को अभी तक उस मात्रा में प्रतिनिधित्व प्राप्त नहीं है, जितना उनकी संख्या को देखते हुए होना चाहिए। उन्होंने तत्कालीन सरकार पर भी दबाव डाला कि वह, अछूतों की सुविधा के लिए बनाए गए नियमों का पालन हो रहा है अथवा नहीं, इस पर ध्यान दे और जो अछूतों के अधिकारों पर हमला करें, उनको सज़ा दे।

तत्कालीन वातावरण में 'स्वराज्य हमारा जन्मसिद्ध अधिकार है' का नारा गूँज रहा था। डॉ.अम्बेडकर तिलक से प्रभावित थे। उनको वे वज्र शक्ति, सुदृढ़ संकल्प, उत्कट आकांक्षा और अदम्य आत्मसम्मान का प्रतीक मानते थे। वह अछूतों को कागज़ी क्रांति के लिए नहीं, प्रत्युत जीवन के नव मूल्यों को संस्थापित होने वाली ठोस क्रांति के लिए आह्वान दे रहे थे। परंतु वह तिलक के इस मत से सहमत नहीं थे कि देश की आज़ादी के लिए राजनीतिक सुधार पर ध्यान केंद्रित किया जाए, जबकि रानाडे समाज-सुधार को राजनीति का पूर्ववर्ती होना ज़रूरी मानते थे। तिलक ने तत्कालीन समस्त सामाजिक सुधारों का विरोध किया था, जिसे सरकार व मलबारी ने प्रस्तुत किया था, यथा बारह वर्ष से कम उम्र की युवती के साथ उसका पति सहवास नहीं कर सकता है, जिनका बाल-विवाह हुआ है वे प्रौढ़ होने पर उस विवाह को नामंजूर कर सकती हैं आदि। डॉ.अम्बेडकर का स्पष्ट मत था कि यह विचारना उपयुक्त नहीं है कि मानवीय आचरण के सामाजिक व राजनीतिक पहलू दो अलग-अलग पक्ष हैं और जिनमें कोई अंतः क्रिया नहीं है। वह समाज-सुधार को राजनीतिक सुधार की अपेक्षा अधिक मौलिक मानते थे। उन्होंने यह मौलिक प्रश्न उठाया था-

"क्या दुनिया में ऐसा भी कोई समाज है जिसमें अछूत हों, जिनकी परछाईं और दृष्टिमात्र से दूसरे लोग गंदे हो जाएँ? क्या कोई ऐसा भी समाज है जिसमें अपराधशील जन-जातियाँ हों? क्या कोई ऐसा भी समाज है जिसमें आज पुराने लोग जंगलों में रहते हों और जो वस्त्र पहनना तक भी नहीं जानते हों? ऐसे लोगों की कितनी संख्या है? मैं समझता हूँ कि ऐसे लोगों की संख्या बहुत है। दुर्भाग्य है कि ये लोग करोड़ों की संख्या में हैं। करोड़ों अछूत, करोड़ों अपराधशील जन-जातियाँ और करोड़ों प्राचीन कबीले हैं। कोई यह विचार कर सकता है कि हिंदू सभ्यता, क्या वास्तव में सभ्यता है अथवा कोई अपकीर्ति है? "

डॉ.अम्बेडकर की दृष्टि में अछूतों व दलितों को सामाजिक समानता व मानवीयता के धरातल तक ले जाना संस्कृति का काम है, जिसे दुर्भाग्य से वह हिंदू समाज, जिसके अछूत भी एक अंग हैं, स्वीकार नहीं करता है।

डॉ.अम्बेडकर ने स्पष्ट रूप से ब्राह्मणवाद पर सीधी और तेज़ चोटें की थीं, जिससे हिंदू समाज तिलमिला उठा था। उन्होंने कठोर नियमों पर आधारित धर्म की तीव्र आलोचना की और सच्चा धर्म उन्होंने उसे बतलाया जिस पर सभी सच्ची सरकारें और अधिकार बनते

हैं। इस संबंध में उन्होंने अधोलिखित सुझाव प्रस्तुत किए-

1. सभी हिंदुओं द्वारा स्वीकृत हिंदू धर्म का एक प्रामाणिक ग्रंथ हो; जैसा ईसाइयों, मुसलमानों, सिक्खों आदि में है। वेद, स्मृति, पुराण आदि ग्रंथों का निषेध किया जाना चाहिए।

2. हिंदुओं का पुरोहितवाद ख़त्म हो। यदि इसे बरकरार रखना अनिवार्य हो तो उसके लिए पैतृक आधार नहीं हो। सभी पुरोहिताई के लिए समान रूप से अधिकारी हों।

3. लोगों की आवश्यकतानुसार पुरोहितों की संख्या निर्धारित होनी चाहिए।

4. प्रत्येक पुरोहित के पास राज्य द्वारा मान्य धार्मिक कार्यक्रमों तथा उत्सवों को संपन्न करने के लिए एक सनद होनी चाहिए। सनद के अभाव में पुरोहिताई करना दंडनीय हो।

5. पुरोहित एक प्रकार से सरकारी कर्मचारी होना चाहिए। उसकी नीतियों तथा आस्थाओं का प्रशासन द्वारा मूल्यांकन होना चाहिए। वह किसी भी प्रकार से अशिक्षितों का शोषण न कर सके।

इसके साथ ही उन्होंने अंतर्जातीय विवाह, खान-पान आदि के भी सुझाव दिए थे और कहा कि यदि आप संस्थापित व्यवस्था में कोई मौलिक परिवर्तन लाना चाहते हों तो आपको वेदों और शास्त्रों के प्रति, जो बुद्धि तथा नैतिकता को भी कोई स्थान प्रदान नहीं करते, प्रध्वंसक का प्रयोग करना पड़ेगा। इससे हिंदू समाज में खलबली पैदा हो गई थी।

डॉ.अम्बेडकर भाषण में नहीं, कार्यों में विश्वासी थे। 25 दिसंबर, सन् 1927 का दिन सदैव अविस्मरणीय रहेगा। इस दिन असमानता, दमन तथा अन्याय पर आधृत मनुस्मृति को उनके नेतृत्व में जलाया गया था। इस कार्य पर धनंजय कीर ने कहा है कि "यह कार्य मार्टिन लूथर के बाद धरती पर स्वार्थी धर्म-स्थितियों, परंपरा-उन्मादियों तथा परिवर्तन-विरोधियों के प्रति महान् देवद्रोही (अपवित्र) धमाकों में से एक था। फलतः 25 दिसंबर, सन् 1927 के परिपत्रों में एक लाल-पत्र दिवस है, क्योंकि उसी दिन अम्बेडकर ने पुरानी मनुस्मृतियों का अग्निदाह किया था और हिंदू-संहिता के पुनः निर्माण हेतु नए विधान की माँग की थी, जिससे लोगों के जीवन को अनुशासित किया जा सके। इस प्रकार महाड़ भारत का विटिन वर्ग बन गया।" इस कृत्य से डॉ.अम्बेडकर के प्रति सवर्ण हिंदू समाज में घृणा की ज्वालाएँ भड़क उठीं। उन्हें मूर्तिपूजक हिंदुओं का दुश्मन, हिंदू धर्म का विनाशक आदि कहा गया। उनके प्रति घृणा फैलाई जा रही थी ताकि वे बदनाम हो जाएँ।

सन् 1927 में महाड़ सत्याग्रह के दौरान अछूतों को अपने अधिकारों का परिचय कराने की दृष्टि से उन्होंने चोबदार ताल का प्रयोग अपने नेतृत्व में कराया था। सन् 1930 में उसी विद्रोही बाने को अपनाए हुए उन्होंने मंदिरों पर सवर्णों के एकाधिकार को चुनौती दे डाली। उन्होंने नासिक मंदिर के लिए अभियान छेड़ा और प्रसिद्ध 'कालाराम मंदिर' में प्रवेश

व पूजा करने का व्रत ले लिया। नासिक में मंदिर प्रवेश के लिए ज़बर्दस्त सत्याग्रह शुरू हो गया। वह बंबई से अपने सहायकों तथा पात्रों के द्वारा सत्याग्रह का मार्गदर्शन कर रहे थे। इसके लिए एक सत्याग्रह समिति बनाई गई और इसके सेक्रेटरी गायकवाड के माध्यम से कालाराम मंदिर के ट्रस्टियों को अपने इरादे से परिचित करा दिया गया कि अमुक तारीख़ को वे (अछूत लोग) उस मंदिर में प्रवेश करेंगे।

श्रीराम की पूजा करने का अछूतों को वैसा ही अधिकार है जैसा सवर्ण हिंदुओं को है। फिर कालाराम मंदिर में अछूत अपने देवता की पूजा क्यों नहीं कर सकते हैं? सत्याग्रह समिति के आह्वान पर लगभग पंद्रह हज़ार कार्यकर्ता तथा प्रतिनिधि वहाँ एकत्र हो चुके थे। वहाँ एक बड़ा पंडाल लगाया था। वहाँ पर देवराज नायक, राजभोज, प्रधान बी.जी. खरे आदि ख्यातिप्राप्त व्यक्ति उपस्थित थे।

2 मार्च, सन् 1930 का दिन भी आया। रविवार था। इसी दिन कालाराम मंदिर में अछूत वर्ग प्रवेश करने वाला था। सुबह के दस बजे डॉ.अम्बेडकर की अध्यक्षता में कांफ्रेंस प्रारंभ हुई, जिसमें वस्तुस्थिति पर विचार करते हुए आगे की योजना सुनिश्चित की गई। यह कांफ्रेंस 12 बजे तक चलती रही और पुनः डेढ़ बजे मिलने का निर्णय लेकर उठ गई। इसके बाद भी दोनों के मन में संदेह बना हुआ था। इतनी आसानी से सवर्ण हिंदू हथियार नहीं डाल सकते थे।

सभा फिर जुड़ी। वातावरण में गर्माहट थी। तीन बजे के करीब एक मील लंबा जुलूस निकला। नासिक के इतिहास में यह सबसे बड़ा जुलूस था। जुलूस के आगे मिलिटरी टाइप्ड बैंड बज रहा था। उसके पीछे स्काउट दल था। उसके पीछे 500 औरतें थीं। जुलूस अनुशासनबद्ध था और धीमी गति से मंदिर के पूर्वी द्वार की ओर बढ़ता जा रहा था।

सवर्ण हिंदुओं में हलचल थी। सबकी निगाह जुलूस पर थी। एक अजूबा उन सबके सामने हो रहा था। धड़कन बंद नासिक-हृदय मंदिर-प्रवेश पर होने वाली दुर्घटना का अंदाज़ा नहीं लगा पा रहा था। मंदिर के ट्रस्टियों के सामने जीवन-मरण का प्रश्न था।

जैसे ही जुलूस मंदिर के पूर्वी द्वार पर पहुँचा वैसे ही ज़िलाधीश, पुलिस अधीक्षक और सिटी मजिस्ट्रेट उस द्वार की ओर बढ़ गए। उस समय मंदिर के सभी द्वार बंद थे। फलतः वह जुलूस गोदावरी घाट की ओर बढ़ गया, जहाँ पहुँचकर उस जुलूस ने सभा का रूप ले लिया।

रात के ग्यारह बजे पुनः सभी नेता मिले और तत्कालीन स्थिति पर विचार किया। तय हुआ कि अहिंसक तरीक़े से मंदिर के दरवाज़े पर प्रदर्शन किया जाएगा। 3 मार्च, 1930 की सुबह से वह ऐतिहासिक संघर्ष प्रारंभ हुआ। 125 पुरुष तथा 25 स्त्रियों का प्रथम दल मंदिर के चारों द्वारों पर तैनात कर दिया गया। आठ हज़ार कार्यकर्ता (सत्याग्रही) वहीं अपनी बारी की प्रतीक्षा करने लगे। परंतु द्वार पूर्व की तरह से बंद रहा। बीच में सत्याग्रही जोश में आकर

मंदिर की ओर बढ़ने लगे। तब भजन गा रहे थे और उनके चेहरों पर उल्लास विलुलित हो रहा था। तभी वहाँ तैनात पुलिस ने उन्हें सावधान कर दिया। मंदिर के चारों द्वारों पर हथियारबंद पुलिस खड़ी थी। प्रथम श्रेणी के दो मजिस्ट्रेट सुबह से वहाँ उपस्थित थे। पुलिस अधीक्षक रेनाल्ड्स ने अपना कार्यालय मंदिर के सामने टैंट में लगा लिया था।

ये घड़ियाँ अत्यंत संघर्ष की थीं। मंदिर के खुलने का प्रश्न ही नहीं उठता था। सामने हथियारबंद पुलिस थी। उसके होते हुए मंदिर में प्रवेश करना मुमकिन भी नहीं था।

मंदिर में प्रवेश की समस्या अब तक गंभीर रूप ले चुकी थी। शंकराचार्य की अध्यक्षता में एक अन्य बैठक सवर्ण हिंदुओं की हो चुकी थी, जिसमें अछूतों की माँग के प्रति कठोरता का रुख अपनाया गया था।

उधर यह सत्याग्रह और तेज़ हो चुका था। एक माह तक यह संघर्ष चलता रहा। 9 अप्रैल, सन् 1930 का दिन था। इस दिन श्रीराम की रथ यात्रा निकलती थी अतः सवर्ण हिंदुओं एवं मंदिर के ट्रस्टियों के सामने विकट समस्या थी, क्योंकि बाहर सत्याग्रही थे जो मंदिर में प्रवेश चाहते थे। यात्रा निकलना भी ज़रूरी था। सवर्ण हिंदुओं ने सत्याग्रहियों के साथ समझौता कर लिया कि सवर्ण तथा अछूत जाति के चुनिंदा व्यक्ति रथ को खींचेंगे।

हज़ारों व्यक्ति इस दृश्य को देखने के लिए दोपहर तक मंदिर के बाहर इकट्ठे हो गए थे। डॉ.अम्बेडकर स्वयं अपने चुनिंदा साथियों को लेकर मंदिर के द्वार के पास खड़े हुए थे। इससे पहले कि डॉ.अम्बेडकर तथा उनके साथी रथ तक पहुँच पाते, कुछ उपद्रवी तत्त्वों ने उनको झगड़े में फँसा लिया और सवर्ण हिंदू रथ लेकर चल दिए। पुलिस पहले से तैयार थी। डंडे बरसने लगे। जवाब में उस पर पत्थर फेंके जाने लगे। बहुत-से बुरी तरह घायल हो गए थे। डॉ.अम्बेडकर को उनके आदमियों ने बमुश्किल ही बचा पाया था। सवर्ण जाति व अछूत जाति के बीच डटकर लड़ाई हुई। दोनों तरफ़ के लोग हताहत हुए और एक-दूसरे के जानी दुश्मन बन गए।

इस संघर्ष का परिणाम यह हुआ कि अछूत बच्चे, जो स्कूल जाते थे, उन्हें स्कूल से निकाल दिया गया। अछूतों के लिए कुछ सड़कें भी बंद कर दी गईं। गाँवों में रहने वाले अछूतों के साथ दुर्व्यवहार की अनेक घटनाएँ घटित हुईं। इसके बाद कुछ लोगों ने बीच में पड़कर दोनों तरफ़ से यह प्रयत्न शुरू किया कि किसी प्रकार इनमें समझौता हो जाए।

सत्याग्रह अभी भी बरकरार था। डॉ.अम्बेडकर बंबई लौट गए। सवर्ण हिंदुओं ने उस मंदिर को एक वर्ष तक बंद रखा। यह सत्याग्रह अक्तूबर, सन् 1935 तक चलता ही रहा।

साइमन कमीशन का बहिष्कार किया जा रहा था। डॉ.अम्बेडकर का ध्यान अब देश की अन्य गतिविधियों की ओर जा रहा था। इससे पूर्व तो वह कालाराम मंदिर वाली समस्या में बेतरह से फँसे हुए थे। फँसे वे अब भी थे, परंतु अब उनके सामने उसके साथ

दूसरे भी ज्वलंत प्रश्न थे। उन्होंने विधानसभा के जुलाई-अगस्त सत्र में भाग लिया था, परंतु कॉंडासिल की कार्यवाहियों में उन्होंने भाग नहीं लिया था।

डॉ.अम्बेडकर ने युगोस्लाविया, चेकोस्लोवाकिया, हंगरी, रूस आदि के उदाहरण देकर यह समझाना चाहा कि जब वे राष्ट्र विभिन्न भाषी, विभिन्न जाति, विभिन्न संस्कृति और अन्य बहुत-से अंतरों के होते हुए भी एक हैं, उनकी अपनी सरकार है और वे मिलजुलकर काम कर रहे हैं, तब भारत में वह संभव क्यों नहीं हो सकता?

उनका कहना था कि वह देश जो दूसरे पर राज करता है, ठीक नहीं है। तब कोई वर्ग (जाति, धर्म आदि किसी भी आधार पर), जो दूसरे वर्ग पर राज्य करता हो, वह कैसे ठीक नहीं माना जाएगा? हर एक व्यक्ति को अपने विकास के लिए पूरी सुविधाएँ मिलनी चाहिए। हर एक व्यक्ति को समान अवसर होने चाहिए। सभी के विकास से देश व जाति का विकास संभव है। उन्होंने अछूतों के संरक्षण की भी माँग की। उनकी दृढ़ धारणा थी कि जब तक सामाजिक आधार पर समाज में समानता स्थापित नहीं हो जाती तब तक किसी प्रकार का विकास संभव नहीं है।

उधर सिविल नाफ़रमानी का दौर भी चल रहा था। दांडी मार्च ने उसे और तेज़ कर दिया था। डॉ.अम्बेडकर की दृष्टि में यह भी एक प्रकार की क्रांति थी। फिर चाहे वह रक्तहीन हो अथवा रक्तयुक्त, क्योंकि दोनों का उद्देश्य परिवर्तन है। डॉ.अम्बेडकर सामाजिक जीवन में क्रांति की बात पर ज़ोर दे रहे थे, क्योंकि कोरे काग़ज़ी परिवर्तन से दलित वर्ग को कोई लाभ नहीं होना था। शक्ति का स्थानांतरण तब तक कोई अर्थ नहीं रखता जब तक कि सामाजिक जीवन में सम्यक् परिवर्तन नहीं हो जाते। उन्होंने कांग्रेस पर यह दोषारोपण भी किया कि उसने अछूतों को उनके अधिकार दिलाने तथा उनकी स्थिति सुधारने में कोई क्रांतिकारी क़दम नहीं उठाया। यथार्थतः कांग्रेस सत्ता के हस्तांतरण के प्रति जागरूक है। उसमें सामाजिक सरोकार तथा समता के प्रति उत्साह तो है, परंतु कार्यान्विति के स्तर पर वह शिथिल है।

उनका यह भी कहना था कि कांग्रेस एक राष्ट्रीय आंदोलन है, न कि राजनीतिक दल। राजनीतिक शक्ति से दलित वर्ग का कल्याण संभव नहीं होगा। समाज में फैली बुरी आदतों, रूढ़ परंपराओं, अंधविश्वासों और असमानताओं को पहले दूर करना होगा। उनको अपने रहने के स्तर व तरीक़ों में परिवर्तन करना होगा। सबसे पहले समाज शिक्षित हो और उसे अपने करणीय का बोध हो, यह अपरिहार्य है। निष्कर्षतः वे राजनीतिक, सामाजिक तथा आर्थिक क्षेत्र में क्रांति के पक्षधर थे। केवल राजनीतिक आज़ादी प्राप्त कर लेने से कुछ ख़ास नहीं हो सकेगा।

उनके प्रति अनेक प्रकार की शंकाएँ फैलाई जा रही थीं। कुछ की दृष्टि में वे देशभक्त

नहीं थे। उन्होंने स्पष्ट कहा था-"मैं मानता हूँ कि उच्च कहे जाने वाले हिंदुओं के साथ मेरा कुछ बातों में मतभेद है, लेकिन मैं आपके सामने प्रतिज्ञा करता हूँ कि अपने देश की रक्षा के लिए मैं अपनी जान भी दे दूँगा।" निस्संदेह वे राष्ट्रभक्त थे और मानवता के पुजारी थे।

कदाचित् तब सवाल उनकी देशभक्ति के मूल्यांकन का नहीं था। सवाल था उनके बढ़ते हुए प्रभाव से सवर्ण हिंदू समाज में बढ़ते जा रहे ख़तरे का। वे लोग उन्हें बदनाम करने का बीड़ा उठा चुके थे। एक अछूत सारे हिंदुस्तान का नेता बन जाए, यह बात भी बहुत-सों को पसंद नहीं थी। बाद में, ब्रिटिश सरकार से देश की स्वतंत्रता की बात जब उन्होंने स्पष्ट रूप में दोहराई तो अनेक अख़बारों ने उनको सम्मान से याद किया।

डॉ.अम्बेडकर के प्रारंभ से लेकर अंत तक के जीवन से यह बात साफ़ हो जाती है कि वह विरोधियों की आँधी से सदैव जूझते रहे। उन्हें अंत तक सवर्ण हिंदुओं से संघर्ष करते रहना पड़ा था। चूँकि वह स्वतंत्र चिंतक थे और उनकी दृष्टि में अछूत वर्ग का भविष्य सामने था, जिसे वह किसी भी स्थिति में भुला नहीं सकते थे। यही कारण था कि डॉ.राजेंद्रप्रसाद, राजगोपालाचार्य आदि जैसे प्रतिष्ठित नेता भी उनके प्रति सदैव एक-से नहीं रह सके थे। उनके प्रति वे कठोर भी हुए और उनकी जहाँ उन्होंने प्रशंसा की, वहीं उनकी कटु आलोचना भी।

❐

राजनीतिक प्रयास

डॉ.अम्बेडकर जहाँ सामाजिक संक्रांति के जनक कहे जा सकते हैं वहाँ उनमें राजनीतिक संयोजना भी गहरी और स्पष्ट थी। वह जल्दीबाज़ी में उठाए जाने वाले क़दमों से क़दम नहीं मिला सकते थे। उनका दृढ़ मत था कि राजनीतिक गतिविधियाँ सामाजिक धरातल को समुचित ढंग से प्रभावित करने वाली हों। हिंदू समाज की जर्जरावस्था को देखकर उन्हें अत्यंत पीड़ा होती थी। सामाजिक असंगतियों तथा रूढ़ांधता को मिटाने हेतु उन्हें यह अपरिहार्य लगने लगा था कि उनकी ओर जन-मन का ध्यान ले जाएँ। अपने शोध से उन भ्रांतियों का पर्दाफ़ाश करें और मानव-मानव के बीच जो भेदभाव, असमानता, घृणा आदि है, उसे मिटाने की दिशा में क़दम बढ़ाएँ। एक बेहतर समाज के निर्माण में सबका सहयोग लें और सबको आगे लाएँ।

अप्रैल, सन् 1929 में साइमन कमीशन अपना कार्य पूर्ण कर चुका था। कलकत्ता-अधिवेशन में गांधीजी की अध्यक्षता में एक विदेशी वस्त्र-बहिष्कार समिति बनाई गई थी। सन् 1929 के शुरू में ही विदेशी वस्त्रों की होलियाँ जलनी शुरू हो गई थीं। इसके कारण गांधीजी पर मुक़दमा भी चला था। उन पर गड़बड़ी करने का अभियोग सिद्ध करते हुए एक रुपए का जुर्माना भी किया गया था।

एक तरफ़ देश के चोटी के नेताओं को जेल में ठूसा जा रहा था और दूसरी तरफ़ बंगाल जूट मिलों के पच्चीस हज़ार मज़दूर तथा बंबई मिलों के डेढ़ लाख मज़दूर हड़ताल पर चले गए थे। हिंदुस्तानी सेवादल हर मास के अंतिम रविवार को राष्ट्रीय झंडा दिवस मनाता था। इस दिन सुबह आठ बजे सारे देश में राष्ट्रीय झंडा फहराया जाता था। स्थिति अत्यंत नाज़ुक हो चली थी। 31 अक्तूबर को वायसराय ने एक वक्तव्य द्वारा यह मन्तव्य स्पष्ट किया कि वे औपनिवेशिक स्वराज्य भारत को दे देंगे। उसके लिए गोलमेज सम्मेलन किया जाएगा, जिसमें सविस्तार औपनिवेशिक राज्य के बारे में विचार-विमर्श होगा। 23 दिसंबर को वायसराय ने अपने इस वक्तव्य का कोई प्रभाव न होते देखकर गांधीजी को बातचीत के लिए निमंत्रण दे दिया। परंतु उसका कोई सुफल नहीं हो सका, क्योंकि गोलमेज़ सम्मेलन में पूर्ण औपनिवेशिक स्वराज्य की बात पर चर्चा होने की कोई संभावना नहीं थी। नमक आंदोलन का गहरा प्रभाव

शीघ्र ही सारे देश में दिखाई देने लगा था। ब्रिटिश सरकार के पाँव उखड़ने से लगे थे। वह अंदर ही अंदर घबरा उठी थी।

भारत की जनता की माँग को ध्यान में रखते हुए ब्रिटिश सरकार ने लंदन में राउंड टेबल कांफ्रेंस बुलाने का फैसला लिया था, जिसमें भारतीय नेताओं को आमंत्रित किया गया था ताकि वे सब मिलकर भारत के लिए संविधान बना सकें। इस कांफ्रेंस में सम्मिलित होने के लिए तत्कालीन वायसराय के द्वारा 6 सितंबर, सन् 1930 को डॉ.अम्बेडकर को भी निमंत्रण दिया गया ताकि उनके पक्ष पर भी सबका ध्यान आकृष्ट कराया जा सके।

डॉ.अम्बेडकर इस कांफ्रेंस में सम्मिलित हुए। उनको 2 अक्तूबर, सन् 1930 को अछूतों की ओर से शानदार विदाई पार्टी दी गई। उस मीटिंग के अध्यक्ष डॉ.सोलंकी ने उनकी भूरि-भूरि प्रशंसा की और उनके प्रति देश की जनता को विश्वास है, इस बात पर ज़ोर दिया। डॉ.अम्बेडकर ने स्वागत के प्रत्युत्तर में सबको आश्वस्त किया कि वे जो कुछ कर सकते हैं, वहाँ पहुँचकर अवश्य करेंगे। देश की स्वतंत्रता की बात पहली होगी। वे दूसरे देशों के प्रतिनिधियों से भी मिलेंगे और उनके सामने दलित वर्ग की समस्या रखेंगे। यदि संभव हुआ तो वे इस प्रश्न को लीग ऑफ नेशंस में भी ले जाएँगे।

उन्होंने 4 अक्तूबर, सन् 1930 को भारत छोड़ दिया और लंदन के लिए रवाना हो गए। कांग्रेस इस कांफ्रेंस का बहिष्कार कर चुकी थी अतः इसमें भाग लेने वालों के प्रति वह घृणा व्यक्त कर रही थी। वह नहीं चाहती थी कि उन नेताओं के माध्यम से ब्रिटिश सरकार भारत की समस्याओं का समाधान कर सके। डॉ.अम्बेडकर को लंदन पहुँचते-पहुँचते अपने सचिव के प्रति चिंता हो उठी थी, क्योंकि उन्हें भय था कि उत्तेजित भारतीय उसको हानि न पहुँचा दें, अतः उन्होंने एक पत्र अपने सचिव को लिखा। उन्होंने उसे तथा अन्य साथियों को सुरक्षा का इंतज़ाम करने के लिए आगाह करते हुए यह आदेश दिया कि कुछ समय के लिए कार्यालय को बंद रखा जाए।

उन पर सुभाषचंद्र बोस जैसे गरिमावान नेता ने भी आक्षेप लगाया। हिंदू नेताओं का आक्रोश सर्वाधिक डॉ.अम्बेडकर पर ही अभिव्यक्त हुआ। वे उनके महत्त्व को नकारने के लिए उन्हें तरह-तरह से बदनाम करने लगे, उन पर मिथ्या आरोप लगाने लगे और उन्हें धमकी देने लगे।

गोलमेज़ कांफ्रेंस प्रारंभ होने से पूर्व सर तेजबहादुर सपरू ने, जो इस सम्मेलन में भाग लेने के लिए डॉ.अम्बेडकर के साथ लंदन पहुँचे थे, सन् 1930 के भारतीय आंदोलन का वर्णन अत्यंत सशक्त ढंग से प्रस्तुत किया था। डॉ.अम्बेडकर ने लंदन पहुँचकर पाया कि वहाँ का राजनीतिक परिवेश दलित वर्ग के प्रति अत्यंत सहानुभूतिपूर्ण है। डॉ.अम्बेडकर ने वहाँ अनेक राजनीतिक दलों से संपर्क स्थापित किया और उनके नेताओं से दलित वर्ग के बारे में गंभीरता

से बातचीत की। वहाँ के नेताओं से चोबदार ताल (टैंक) से संबंधित मामले पर विस्तार से बात हुई और उनके सामने अपनी स्थिति स्पष्ट की।

12 नवंबर, सन् 1930 को कांफ्रेंस प्रारंभ हुई थी। इंग्लैंड के सम्राट ने कांफ्रेंस का उद्घाटन करते हुए आशा व्यक्त की थी कि यहाँ पर निस्संदेह सर्वसम्मति से भारत सरकार के भावी रूप पर विचार हो सकेगा। इसमें दो राय नहीं है कि इसमें सम्मिलित व्यक्तियों का नाम सदैव इतिहास में यादगार के रूप में रहे, अतः यह कार्य अत्यंत उत्तरदायित्वपूर्ण और गरिमायुक्त है। यहाँ से आज़ादी और उसके अस्तित्व को नई दिशा मिलेगी और देश की संपूर्ण मनीषा का मंथन हो सकेगा। तदुपरांत उस कांफ्रेंस का अध्यक्ष (चेयरमैन) मैक्डॉनल्ड को चुन लिया गया।

यह सम्मेलन संवैधानिक सभा के रूप में नहीं हो रहा था। न मतदान द्वारा लिए गए निर्णय का फ़ैसला करना था। इसका उद्देश्य उन मुद्दों पर विचार करना था, जिनसे भारत के हितों के लिए प्रयत्न किए जा सकें और संविधान बनाने की दिशा में मदद मिल सके।

बाद में कांफ्रेंस जेम्स पैलेस में हुई। 17 नवंबर से 21 नवंबर तक सपरू, जिन्ना, डॉ.अम्बेडकर, महाराज बीकानेर आदि ने अत्यंत सारगर्भित भाषण दिए। सपरू ने जनता के प्रति उत्तरदायी सरकार की बात कही। डॉ.अम्बेडकर ने अपने भाषण में कहा कि ब्रिटिश भारत का एक बटा पाँच भाग जो कि इंग्लैंड अथवा फ्रांस की जनसंख्या वाला है, दासानुदास है, उपेक्षित है, घृणित है एवं पशुवत जीवनयापन कर रहा है, वह सदियों से शोषित होता आ रहा है। सरकारें बदलीं, राज्य बदले, परंतु दलित वर्ग का भाग्य बद से बदतर ही होता गया। अत्यंत दुःख के कारण उनको कहना पड़ा कि ब्रिटिश सरकार ने भी उन उपेक्षितों के साथ कुछ नहीं किया। ब्रिटिश सरकार से पूर्व भी वे दयनीय तथा उपेक्षित थे और आज भी हैं। ब्रिटिश राज से पूर्व भी वे गाँव के कुओं से पानी नहीं खींच सकते थे और आज भी उनकी वही स्थिति है। ब्रिटिश राज से पूर्व वे मंदिरों में नहीं जा सकते थे और आज भी उनके लिए मंदिरों के द्वार बंद हैं। फिर ब्रिटिश सरकार ने उनके लिए क्या किया? उससे और क्या अपेक्षाएँ की जा सकती हैं? आज जो कुछ हो रहा है उसको प्रस्तुत करने के अलावा उनके सामने और कोई चारा नहीं है। वे अपनी बात सबके सामने रखकर आशा और अपेक्षा कर सकते हैं कि शरीर के गल रहे अंग की ओर ध्यान किया जाए अन्यथा शरीर से वह अंग अलग करना भी पड़ सकता है।

उन्होंने कहा कि मैं जिन अछूतों के प्रतिनिधि के रूप में यहाँ प्रस्तुत हुआ हूँ उनकी संख्या हिंदुओं की कुल जनसंख्या का पाँचवाँ भाग है, अर्थात् अछूतों की संख्या ब्रिटेन या फ्रांस की जनसंख्या के बराबर है, परंतु मेरे इन अछूत भाइयों की स्थिति दासों से भी बुरी है। दासों के मालिक उन्हें छू तो लेते हैं, परंतु हमें छूना भी पाप समझा जाता है! ब्रिटिश सरकार की स्थापना से पूर्व छुआछूत के कारण ही हमारी स्थिति शोचनीय थी। क्या ब्रिटिश सरकार ने अपने सैकड़ों वर्षों के शासन के मध्य हमारी स्थिति सुधारने के लिए कोई प्रयत्न किया? पहले

हम गाँव के कुओं से पानी नहीं भर सकते थे। क्या अंग्रेज़ सरकार ने हमें यह अधिकार दिला दिया? पहले हम मंदिरों में प्रवेश नहीं पा सकते थे। क्या आज हमें मंदिरों में प्रवेश करने का हक है? पहले हमें पुलिस में भर्ती नहीं किया जाता था। क्या अब ब्रिटिश सरकार हमें पुलिस में भर्ती करती है? पहले हम सेना में भर्ती नहीं हो सकते थे। क्या अब हमारे लिए सेना में भर्ती होने के दरवाज़े खुले हैं?

इन प्रश्नों में से किसी का भी उत्तर हाँ में नहीं दिया जा सकता है। डेढ़ सौ वर्ष के ब्रिटिश शासन के बाद भी हमारी दशा जैसी थी, आज भी वैसी की वैसी है। ऐसी सरकार से हमारा क्या भला होगा? आज अछूत भी वर्तमान सरकार की जगह जनता की भलाई के लिए जनता द्वारा चलाया जाने वाला जनता का राज्य चाहते हैं। मज़दूरों और किसानों का खून चूसने वाली अमीरों और ज़मींदारों की रक्षक सरकार हम नहीं चाहते हैं। अपने दुःख हम स्वयं दूर करेंगे। इसके लिए सरकार की बागडोर हमारे हाथों में होनी चाहिए। हमें आज़ादी मिलनी चाहिए ताकि हम वह सब करने की दिशा में प्रयत्न कर सकें जो उनकी सरकार नहीं कर सकी।

सम्मेलन में निस्तब्धता छा गई थी। सब एक-दूसरे का मुँह देख रहे थे। डॉ.अम्बेडकर ने प्रश्नों की नोक पर ब्रिटिश सरकार को उठा लिया था। वह आगे कह रहे थे कि यह वह सरकार थी जिसने पूँजीपतियों पर ध्यान दिया, ज़मींदारों का ख़्याल रखा, परंतु जिसने मज़दूर व दलितों की ओर मुँह नहीं मोड़ा। वे पूर्व की तरह शोषित होते रहे। वे उपेक्षित बने रहे। वे सामाजिक कुरीतियों और अंधविश्वासों के अँधेरे में ढकेले जाते रहे। ब्रिटिश सरकार क़ानून द्वारा उनकी रक्षा कर सकती थी। अँधेरे से बाहर आने में उनकी मदद कर सकती थी। लेकिन उसने ऐसा नहीं किया। उन्होंने दलित वर्ग की ओर सम्मेलन का ध्यान खींचते हुए इस बात पर ज़ोर दिया कि सामाजिक-आर्थिक स्थिति में उसी प्रकार बदलाव लाए जाएँ जिस प्रकार से राजनीतिक स्थिति में। उन्होंने औपनिवेशिक राज्य की माँग को भी दोहराया। चाहा कि उसमें उनकी भागीदारी का पूरा-पूरा ध्यान रखा जाए ताकि सत्ता का एकतरफा कुचक्र भंग हो सके।

उनकी वाणी की तेजस्विता ने सबको मुग्ध कर लिया था। उन्होंने यह बात स्वीकार करते हुए कहा था कि हम महसूस करते हैं कि हमारी तकलीफ़ों को दूसरा कोई दूर नहीं कर सकता, जब तक कि हम उसके लिए तैयार न हों और हम तब तक उस स्थिति में नहीं आ सकते, जब तक कि राजनीतिक अधिकार हमारे पास न हों। अंत में उन्होंने यह स्पष्ट कर दिया कि तत्कालीन भारत की स्थिति व वातावरण में कोई सा भी संविधान काम नहीं कर सकेगा, जब तक कि वह बहुमत को अंगीकार न हो। वह समय तो हाथ से निकल गया जब आप फ़ैसला करते थे और भारत स्वीकारता था। अब वह समय लौट भी नहीं सकता, न लौट सकेगा। अतः आज की परिस्थितियों को ध्यान में रखते हुए आगे की कार्रवाई शुरू की जाए जो सर्वहित में हो और लोकतांत्रिक दिशा को उद्घाटित कर सके।

यद्यपि उनकी आवाज़ में दृढ़ता थी, निर्भीकता थी और स्वतंत्र समीक्षा थी तथापि उनका तर्कसंकुल भाषण भी था, जिसने उस कांफ्रेंस पर आश्चर्यजनक प्रभाव छोड़ा था। ब्रिटिश राजनेताओं ने उनकी 'स्पीच' की बहुत तारीफ़ की थी। यह उनकी शानदार उपलब्धि थी। तब उनकी आँखों में प्रसन्नतायुक्त अश्रु थे। उनको इस बात की बराबर टीस बनी रही थी कि उन्हें संतों के देश में संतों के होते हुए मानवीय व्यवहार तथा सामाजिक सम्मान के लिए निरंतर संघर्ष तेज़ करना पड़ रहा है, परंतु फिर भी स्थिति में सुधार होता हुआ नज़र नहीं आ रहा है। सब ज्यों का त्यों है। किसी के कान पर जूँ नहीं रेंग रही है।

डॉ.अम्बेडकर ने इस वक्तव्य से पूर्व गोलमेज सम्मेलन की अल्पसंख्या संबंधी समिति को एक पत्र भी दिया था, जिसमें अल्पसंख्यक लोगों की भलाई के लिए नए संविधान में निम्नलिखित अधिकार उन्हें दिया जाना अत्यावश्यक बताया गया था। वे अधिकार जो लोकतंत्र को संबल प्रदान करते थे, उनको दिए जाने चाहिए। वे थे-

1. समान मूल अधिकार,

2. भेदभावपूर्ण व्यवहार के विरुद्ध संरक्षण,

3. सरकारी नौकरियों में उनका स्थान सुरक्षित,

4. विधानसभाओं में भी उनके लिए सुरक्षित स्थान,

5. उनकी उन्नति के लिए अलग विभाग,

6. सामाजिक बहिष्कार करने वालों को कड़े दंड की व्यवस्था और

7. शोषणोन्मुक्ति की ओर ध्यान।

वस्तुतः इन बिंदुओं के पीछे उनका उद्दिष्ट यही था कि समाज के वर्तमान रूप में शीघ्र परिवर्तन होना शुरू हो जाए और नए संविधान में इस प्रकार की व्यवस्था हो जाने से कट्टरपंथी हिंदू सँभल जाएँ और वे अपने व्यवहार में और परिवर्तन ला सकें तथा उन्हें अपनाने में आगे आने में पूर्वग्रहों का त्याग कर सकें।

सभी अख़बारों ने उनके सशक्त भाषण को विस्तार से दिया था। उनके भाषण की न केवल तब प्रशंसा हुई थी अपितु मानवतावादी विचारों के हिमायती के रूप में उनको याद किया गया था। महाराज बड़ौदा द्वारा डॉ.अम्बेडकर को विशेष रूप से डिनर पर आमंत्रित किया गया था।

अब उनके क्रांतिकारी व देशभक्त होने में कोई संदेह नहीं रहा था। ओ' डायर तथा अन्य प्रसिद्ध अंग्रेज़ अधिकारियों ने डॉ.अम्बेडकर की नागपुर में दी गई 'स्पीच' की भर्त्सना की थी। अब वे ही डॉ.अम्बेडकर से न केवल सहमत थे अपितु उनके तर्कों से प्रभावित भी हुए थे। इस कांफ्रेंस में उनका भाग लेना विशेष उपलब्धि का प्रतीक माना गया। उनको तदंतर्गत बनाई गई सभी प्रमुख उपसमितियों का सदस्य बनाया गया था। प्रांतीय उपसमिति की रिपोर्ट

पर डॉ.अम्बेडकर ने चेयरमैन के विचारों का समर्थन करते हुए कहा था कि भारत के किसी प्रांत के लिए सेकिंड चैंबर एकदम बेकार है। 'सुरक्षा समिति' की बैठक में उन्होंने कहा था कि सेना की भर्ती के लिए किसी प्रकार का प्रतिबंध नहीं होना चाहिए। उसके लिए योग्यता और सक्षमता की शर्त पर्याप्त है। सबसे बड़ी उपलब्धि यह रही कि मूल अधिकारों की बात मान ली गई। सांस्कृतिक, धार्मिक और आर्थिक अधिकारों को स्वीकारा गया और दलित वर्ग की सुरक्षा-व्यवस्था की गारंटी दी गई। उन्होंने अल्पसंख्यक उप-समिति में दलित वर्ग के हितों के लिए भावी संविधान में महत्त्वपूर्ण स्थान दिलवाया। उस स्कीम का शीर्षक दिया गया- "A Scheme of Political Safeguards for the Protection of the Depressed classes in the future constitution of a self-governing India"। तदंतर्गत दलित वर्ग को समान नागरिकता (Equal Citizenship) प्रदान की गई। उनके लिए क़ानून में विस्थापित विषमताओं को हटाकर सामान्य नागरिकों जैसे अधिकार दिए गए। उनको विधानसभा में पर्याप्त प्रतिनिधियों को भेजने के अधिकार को भी विचारार्थ रखा। वे अपना प्रतिनिधि स्वयं चुन सकें, इस बात की ओर भी उनका ध्यान गया। नौकरियों में उनके लिए स्थानों की व्यवस्था की बात भी उठाई। पब्लिक सर्विस कमीशन द्वारा नौकरियों के लिए चयन किए जाने की व्यवस्था की माँग रखी गई।

इस कांफ्रेंस में मुस्लिम नेता दलित वर्ग के हितों के पक्ष में प्रायः मौन रहे। 'डेली हैरल्ड' ने स्पष्ट अपनी प्रतिक्रिया जाहिर करते हुए लिखा कि मुस्लिम नेता भारतीय समस्याओं के समाधान में क़तई दिलचस्पी नहीं ले रहे हैं। जिन्ना को यह डर भी था कि कभी भी आगे चलकर सवर्ण हिंदू तथा दलित हिंदू एक हो सकते हैं, तब वे अकेले रह जाएँगे।

इस प्रकार इस कांफ्रेंस में डॉ.अम्बेडकर ने रात-दिन एक करके जी-तोड़ काम किया, जिससे देश व दलितों का कल्याण हो सके। वह वहाँ अत्यंत व्यस्त रहे थे। उन्होंने ब्रिटिश पार्लियामेंट के कुछ सदस्यों की बैठक को संबोधित करते हुए जहाँ उन्हें अपने पक्ष व विश्वास में लेने में सफलता प्राप्त की थी, वहाँ उन्होंने प्रेस कांफ्रेंस को संबोधित करते हुए और साक्षात्कार देते हुए अपने पक्ष को प्रभावशाली ढंग से प्रस्तुत किया था। इसका यह फल हुआ कि उस सम्मेलन में डॉ.अम्बेडकर की धाक जम गई और उन्हें गंभीरतापूर्वक सब जगह सुना व पढ़ा गया। इसका एक परिणाम यह भी सामने आया कि उनकी इस मेहनत से सारा संसार दलितों के जीवन और स्थिति से पूरी तरह पहली बार परिचय पा सका। इतना ही नहीं, बल्कि ब्रिटिश पार्लियामेंट के सदस्यों के 'डेपुटेशन' ने, जिसमें मिस ऐलन, नारमन एनजेल, मिस फ़्लेनौर आदि थे, दलितों के लिए आवाज़ उठाई। पहली बार विश्व को यह मालूम पड़ा कि अमेरिका में नीग्रो लोगों की जो स्थिति है, उससे भी कहीं बुरी स्थिति में भारत में अछूतों का जीवन है। अछूतों के हितों के लिए सरकार से आश्वासन भी मिला। यह सब डॉ.अम्बेडकर का ही कमाल था, जिन्होंने देश का सही प्रतिनिधित्व करते हुए उसके हितों के लिए पर्याप्त गुंजाइश निकाल

ली थी और नए भारत के निर्माण में सदियों से उपेक्षित, शोषित, प्रताड़ित और अधिकारशून्य जमात की सहभागिता का महत्त्व स्पष्ट कर दिया था।

उधर, भारत में इस सबको लेकर बहुत उथल-पुथल चल रही थी। डॉ.अम्बेडकर के लिए तो यह प्रसन्नता का ही समाचार था कि देवराव नाइक और कदरेकर ने मिलकर 'जनता' नाम से पाक्षिक निकालना शुरू कर दिया था। उन्होंने अपने सहायक नाइक व कदरेकर को पत्र द्वारा बधाई देते हुए इस कार्य को अत्यंत पुनीत कार्य बतलाया था और अपनी आवाज़ को तेज़ करने का उत्तम तरीक़ा माना था। सामाजिक आज़ादी और जागृति के लिए ऐसा होना लोकतांत्रिक विचारधारा की संपुष्टि के लिए नितांत आवश्यक बताया था।

डॉ.अम्बेडकर को एक ही ज़बर्दस्त शौक था-पुस्तकों का। वे अपने अत्यंत व्यस्त कार्यक्रम में से समय निकालकर सैकेंड हैंड बुक्स के स्टाल पर ज़रूर जाते थे, जहाँ से मुख्य-मुख्य पुस्तकें खरीदकर लाते थे। उन्होंने बी.एम. पवार के साथ तीन संदूक किताबों से भरकर भेज दिए थे।

डॉ.अम्बेडकर जब भारत से चले थे, तब वे यह वादा करके चले थे कि वे विभिन्न देशों के प्रतिनिधियों से वहाँ मिलेंगे। वे अनेक देशों के नुमाइंदों तथा 'स्कॉलरों' से मिल चुके थे, लेकिन अभी तक उनकी मुलाक़ात किसी रूसी नेता से नहीं हुई थी। उन्होंने अपने मित्र को लिखा कि वह कुछ रशियन नेताओं के पते भेजें, जिनसे वे मिल सकें। परंतु वह सब संभव नहीं हो सका।

19 जनवरी, सन् 1931 को गोलमेज़ कांफ्रेंस की रिपोर्ट पर हाउस ऑफ़ कॉमंस में चर्चा हुई। मिस्टर फुट ने वहाँ दलितों की समस्या पर सबका ध्यान केंद्रित कराया। उनकी सुरक्षा का प्रश्न भी उठाया। यदि डॉ.अम्बेडकर ने दलित समस्या को सही परिप्रेक्ष्य में प्रस्तुत न किया होता तो दलित समस्या को लेकर तत्कालीन भारतीय राजनीति में जो नया चक्रव्यूह चल रहा था, उसका पर्दाफ़ाश न होता और दलित 'हरिजन' के नाम की दलदल में फँसकर रह जाते। डॉ.अम्बेडकर ने न केवल हिंदुस्तान में इस ओर संघर्ष तेज़ किया था अपितु विदेशों में हिंदू धर्म में परिव्याप्त भेदनीति को प्रस्तुत कर उसका यथार्थांकन भी किया था। मानवता की दुहाई देने वाला हिंदू धर्म अपने ही धर्म के कुछ लोगों के साथ कैसा अमानवीय व्यवहार कर रहा है! उसका यह रवैया हिंदू धर्म के हर पाँचवें दलित व्यक्ति के साथ है। वास्तव में यदि दलित वर्ग को डॉ.अम्बेडकर जैसा नीतिज्ञ और मानवतावादी दृष्टिकोण का नेता नहीं मिलता तो इसमें कोई संदेह नहीं है कि महात्मा गांधी के प्रयत्नों से कुछ ख़ास नहीं होता। डॉ.अम्बेडकर ने दलित वर्ग में ही नहीं अपितु शोषित वर्ग में वह जागृति पैदा की थी जिससे वे आत्मोत्थान के साथ बराबर के सम्मान की माँग भी करने लगे थे।

❐

गोलमेज़ कांफ्रेंस से वापसी

27 फ़रवरी, सन् 1931 को डॉ.अम्बेडकर गोलमेज़ कांफ्रेंस में भाग लेने के बाद बंबई पहुँचे। बंबई पहुंचने पर अम्बेडकर-दल द्वारा उनका भव्य स्वागत हुआ था। पत्रकारों को संबोधित करते हुए उन्होंने इस सम्मेलन के प्रति विश्वास व्यक्त किया था। उन्होंने यह स्पष्ट कर दिया था कि राजनीतिक शक्ति अल्पसंख्यकों की समस्या का हल किए बिना कोई अर्थ नहीं रखती है।

गोलमेज़ कांफ्रेंस पर भारत में जिज्ञासा बहुत थी। कई दिनों तक डॉ.अम्बेडकर लोगों को कांफ्रेंस से संबंधित 'इंटरव्यू' देते रहे। उससे फुर्सत मिलने पर सन् 1930 से निलंबित मंदिर प्रवेश का प्रश्न फिर ताज़ा हो उठा था। इस संबंध में यह तय हुआ था कि एक कमेटी इस मसले पर अपनी राय देगी तब कुछ आगे किया जाएगा। एक माह गुज़र गया, पर कुछ नहीं हुआ। अंततः उन लोगों के सामने एकमात्र रास्ता यह रह गया कि वे फिर आंदोलन शुरू करें और मंदिर में प्रवेश के अपने अधिकार को प्राप्त करें। कांग्रेस ने इस संबंध में कोई ख़ास दिलचस्पी नहीं दिखलाई। गांधीजी कराची जाते हुए थोड़ी देर के लिए बंबई रुके और वहाँ लघु वक्तव्य में उन्होंने कहा कि आज़ादी मिलने के बाद वे अछूतों के मंदिर-प्रवेश को लेकर संघर्ष करेंगे।

अहमदाबाद में दलित वर्ग के लिए स्थापित नए छात्रावास का प्रबंध देखने के लिए डॉ.अम्बेडकर अहमदाबाद पहुंचे तो कांग्रेसियों ने उनको काले झंडे दिखलाए। यही नहीं, कांग्रेस बराबर उनको अपमानित करने की कोशिश करती रही। वह चाहती तो उनके कार्यक्रमों में अपना सहयोग प्रदान कर अनेक समस्याओं को हल करवा सकती थी, परंतु लगता है कि वहाँ श्रेय 'किसको जा रहा है' यह सवाल अहम था। कांग्रेस के इतिहास का गंभीरता से अध्ययन करें तो ऐसे अनेक अवसर उसमें मिल जाएँगे, जिनमें उसने देश और जाति-हित के प्रति साफ उदासीनता दिखलाई। कभी-कभी तो उसने उस काम में रोड़े तक अटकाए। परंतु डॉ.अम्बेडकर का इरादा हमेशा सद्भाव से अपनी मंज़िल तक पहुँचना रहा था। उन्होंने कभी भी यह कोशिश नहीं की थी कि उनकी समस्याओं के समाधान में दूसरे

मदद न करें और न कभी उनके सामने श्रेय का ही प्रश्न रहा था। वे सदैव कार्य के प्रति समर्पित रहे थे। मानव समाज को निरंतर आगे बढ़ते देखना चाहते थे।

यह सवाल दलित वर्ग का ही नहीं था। सवाल था मानवता का। व्यक्ति, व्यक्ति का शोषण करे, यह कहाँ तक न्यायसंगत बात है? आज़ादी और 'वसुधैव कुटुंबकम्' का ढोल पीटने वाले अपने घर में अपने भाइयों के साथ कैसा जघन्य तथा कुत्सित व्यवहार कर रहे थे! उनके लिए उनके आदर्श कहाँ कूच कर गए थे? डॉ.अम्बेडकर निरंतर दलित तथा शोषित वर्ग के प्रति जनमानस को सोचने के लिए विवश कर रहे थे। परंतु वह जितना ज़ोर लगाते थे और सोचते थे कि निश्चित रूप से तत्कालीन स्थिति में सुधार आएगा और शीघ्र अंधधर्मिता, संकीर्णता और पूर्वग्रहात्मक मिथक उनके मनोमस्तिष्क पर से हट सकेंगे, परंतु वैसा हुआ नहीं। सवर्ण जाति में प्रतिशोधात्मक प्रतिक्रिया कार्य कर उठी। गांधीजी ने धर्माधीन होकर जिस रूप को प्रस्तुत किया था, वह हिंदू धर्म के ही अधिक अनुकूल पड़ता था। उसका फल यह हुआ कि दिन पर दिन डॉ.अम्बेडकर तथा गांधीजी के बीच तनाव ऐंठता रहा, विरोधाभास बढ़ता रहा और सौहार्दता तनावग्रस्त होती रही। यथार्थतः यह प्रश्न मानव-जाति के स्वाभिमान, गौरव, उत्थान और समृद्धि से जुड़ा है। कोई समाज उन्नति के पायदान पर तब तक निरंतर क़दम नहीं बढ़ा सकता है जब तक उस समाज में ऊँच-नीच, भेदभाव, छुआछूत, एक-दूसरे के प्रति घृणा-द्वेष और षड्यंत्र समाप्त नहीं हो जाते और वह परस्पर एक-दूसरे की उन्नति में कंधे से कंधा मिलाकर आगे नहीं आने लगते।

❐

अम्बेडकर और गांधी में संघर्ष

कुछ समय बाद ही द्वितीय गोलमेज सम्मेलन की घोषणा हो गई। वह जुलाई के तृतीय सप्ताह में होना तय हुआ। सम्मेलन का स्थान पूर्ववत् लंदन ही रहा। इस बार सम्मेलन में तेजबहादुर सपरू, डॉ.अम्बेडकर, गांधीजी, मालवीय, सरोजिनी नायडू, रामास्वामी मुदालियर, मिर्ज़ा इस्माइल, जिन्ना, शास्त्री आदि नेताओं को आमंत्रित किया गया। चूँकि डॉ.अम्बेडकर निर्भीक, आत्मस्वाभिमानी, स्वतंत्र और राष्ट्रभक्त के रूप में ख्याति प्राप्त कर चुके थे अतः दूसरी बार भी गोलमेज सम्मेलन के लिए उनको आमंत्रित किया जाना देश के लिए गौरव की बात थी। पहली बार जब वे गोलमेज़ कांफ्रेंस में भाग लेने गए थे तब उनका जो रूप सामने आया, वह एक क्रांतिकारी का था। उन्होंने स्पष्ट शब्दों में ब्रिटिश राज्य पर सीधे प्रहार किए थे। परंतु उस समय वह फ़ेडरल स्ट्रैक्चर कमेटी के लिए चुने गए थे इसलिए उनकी उपस्थिति अपरिहार्य थी। यही कमेटी भारत के नए संविधान के लिए कार्य करेगी। उसका ड्राफ्ट तैयार करेगी। इसके लिए उनको भारत के हर एक हिस्से और इंग्लैंड तक से बधाई-संदेश भेजे गए थे। उनका गर्मजोशी से स्वागत-सम्मान हुआ था और यह आशा बँधी थी कि कुछ न कुछ ऐसा अवश्य होगा, जिससे प्रपीड़ित वर्ग के साथ न्याय हो सकेगा और उसके लिए उन्नति का द्वार खुल सकेगा।

लेकिन अभी तक यह तय नहीं हो सका था कि गांधीजी इस सम्मेलन में भाग लेने के लिए जाएँगे अथवा नहीं। गांधीजी ने 6 अगस्त, सन् 1931 को डॉ.अम्बेडकर को एक पत्र लिखा था कि वह उनसे मिलने आना चाहते हैं। यदि अम्बेडकर उनके पास आने में असुविधा नहीं महसूस करें तो वे भी आ सकते हैं। जब डॉ.अम्बेडकर को गांधीजी का पत्र मिला था तब वे साँगली से लौटे ही थे और उनको बुख़ार था। फिर भी, उन्होंने जवाब में लिखा कि वे 8 बजे उनके निवास पर ही पहुँच जाएँगे। परंतु शाम तक उनको 106° टैंपरेचर हो गया। अतः उन्होंने गांधीजी के पास समाचार भिजवा दिया कि वे बुख़ार उतरने के बाद ही उनके पास आ सकेंगे। वह 14 अगस्त, सन् 1931 की दोपहर के दो बजे गांधीजी के निवास पर पहुँचे। उनके साथ उनके लेफ्टिनेंट देवराव नाइक, प्रधान कदरेकर गायकवाड, शिवतारकरके आदि भी थे।

डॉ.अम्बेडकर ने दूर से ही देखा कि गांधीजी अपने दल के आदमियों से बातचीत में मशगूल हैं। गांधीजी ने डॉ.अम्बेडकर से सीधे प्रश्न किए। गांधीजी और अम्बेडकर पहली बार आमने-सामने मिल रहे थे।

"कहो, डॉक्टर, उस मामले में आपको क्या कहना है?" गांधीजी ने प्रश्न किया था।

"आपने मुझे अपने विचार सुनने के लिए आमंत्रित किया था। "आप मुझसे कुछ प्रश्न कर सकते हैं। मैं उनका उत्तर दूँगा।"अम्बेडकर का स्वर था।

गांधीजी ने अम्बेडकर की ओर ध्यान से देखते हुए कहा-"मैं समझता हूँ कि तुम्हें मुझसे और कांग्रेस से शिकायतें हैं। मैं तुमको यह बतला देना चाहता हूँ कि मैं दलित क्लास की समस्याओं पर तब से चिंतन कर रहा हूँ जब मैं स्कूल में पढ़ता था। तब तुम पैदा भी नहीं हुए थे। कांग्रेस नेता तुम्हारे कार्यक्रम का विरोध इसलिए करते हैं क्योंकि वह धार्मिक तथा सामाजिक प्रश्न है। उसको राजनीति से नहीं जोड़ा जाना चाहिए। कांग्रेस दलित वर्ग को उठाने के लिए दस लाख रुपया व्यय कर चुकी है। वास्तव में यह आश्चर्य की बात है कि तुम कांग्रेस तथा मेरा कड़ा विरोध कर रहे हो। इस संबंध में तुम्हें वह सब कुछ कहना चाहिए, जिससे तुम्हारा मत पुष्ट होता हो। उसके लिए तुम पूर्ण स्वतंत्र हो।"

डॉ.अम्बेडकर ने कहा-" यह सत्य है, महात्माजी, कि आपने मेरे जन्म से पहले ही दलित वर्ग की समस्याओं पर सोचना प्रारंभ कर दिया था। वृद्ध लोग हमेशा ही आयु की बात बीच में लाते हैं। यह भी सत्य है कि आपकी वजह से कांग्रेस पार्टी ने इस समस्या को मान्यता प्रदान की है। लेकिन आप मुझे 'फ्रेंकली' यह बता सकेंगे कि कांग्रेस पार्टी ने उन समस्याओं को औपचारिक मान्यता देने के अलावा क्या किया है? आप कह सकते हैं कि कांग्रेस पार्टी ने दलित वर्ग को उठाने के लिए पच्चीस लाख रुपया खर्च किया है। मैं कहता हूँ कि वह सब व्यर्थ रहा। मैं थोड़ी सहायता से अपने लोगों के दृष्टिकोण तथा आर्थिक स्थिति में आश्चर्यजनक परिवर्तन ला सका हूँ। मैं कहता हूँ, कांग्रेस इस क्षेत्र में ईमानदार नहीं रही है। अगर वह ईमानदार होती तो वह निश्चित रूप से वैसा ही 'स्टैप' उठाती, जैसे कांग्रेस के सदस्यों को खद्दर पहनने की शर्त लगाकर उसने उन्हें एक दिशा दी थी। वह उसके साथ यह जोड़ सकती थी कि वे छुआछूत से ऊपर रहेंगे। उसे नहीं मानेंगे तो दलित वर्ग का उत्थान होगा। कोई व्यक्ति ऐसा नहीं है जिसने अछूत स्त्री या पुरुष को अपने घर में नौकरी दी हो और किसी ने अछूत छात्र के साथ सप्ताह में एक दिन भोजन किया हो। मंदिर प्रवेश की घटना को जिला कांग्रेस का प्रेसीडेंट मौन देखता रहा। "मेरे कहने का प्रमुख बिंदु यह है कि कांग्रेस जितनी सत्ता के लिए चिंतित है, उतनी उद्देश्यों या सिद्धांतों के लिए नहीं है। आपके तथा कांग्रेस पार्टी के विरुद्ध मेरा यह आरोप है। हम स्वसेवा और आत्मसम्मान में विश्वास करते हैं। हम महान् नेता और महात्मा में विश्वास रखने के लिए तैयार नहीं हैं। मेरे आंदोलन

का कांग्रेस ने क्यों विरोध किया था? कांग्रेस हमारे आंदोलनों का विरोध क्यों करती है और मुझे गद्दार क्यों कहती है?" गांधीजी, आई हैव नो होमलैंड।"

गांधीजी ने कहा-"यू हैव गोट ए होमलैंड, एंड फ्रॉम द रिपोर्ट्स दैट हैव रीच्ड मी ऑफ़ योर वर्क एट द राउंट टेबल कांफ्रेंस" (गोलमेज़ कांफ्रेंस की रिपोर्ट्स मेरे पास आई है, उस आधार पर मैं जानता हूँ कि तुम देशभक्त हो)।

डॉ.अम्बेडकर-"यू से आई हैव गोट ए होमलैंड लेकिन मैं पुनः कहता हूँ-दैट आई एम विदाउट इट। मैं कैसे यह कह सकता हूँ कि यह भूमि मेरा अपना होमलैंड है और यह धर्म मेरा अपना धर्म है, जिसमें हमारे साथ चूहे और कुत्तों से भी बुरा व्यवहार होता है और जिसमें हम पीने के लिए पानी नहीं ले सकते हैं। यदि अपने लोगों के मानव अधिकारों को सुरक्षित नहीं किया जा सका, जिनसे वे इस देश में सदियों से वंचित थे, तो मैं इस देश का बुरा भी करता हूँ तो वह कोई पाप नहीं होगा। यदि मेरे कार्यों से इस देश को किसी प्रकार की हानि नहीं पहुँचती है तो उसका श्रेय मेरी अंतरात्मा को है। अपनी चेतन तथा अचेतन अंतरात्मा के कारण मैं इस देश को कोई क्षति पहुँचाए बिना अपने वर्ग के लिए मानवीय अधिकारों को प्राप्त करने की चेष्टा कर रहा हूँ।"

इससे वातावरण गंभीर हो गया। चेहरों पर उदासी छा गई। गांधीजी ने वार्ता को नया मोड़ देना चाहा था। अम्बेडकर आगे कह रहे थे-"हर एक जानता है कि मुसलमान और सिक्ख अपेक्षाकृत अछूत के सामाजिक, राजनीतिक तथा आर्थिक क्षेत्र में बहुत आगे हैं। प्रथम गोलमेज़ कांफ्रेंस में मुसलमानों को राजनीतिक सुरक्षा प्रदान की गई थी। कांग्रेस उनकी माँग से राज़ी हो गई थी। साथ में उनको पर्याप्त प्रतिनिधित्व भी प्रदान करने की बात हुई थी। निश्चित रूप से यह दलित वर्ग के लिए हितकारी होगा। आपका क्या मत है? "

गांधीजी ने कहा-"मैं हिंदुओं से संपृक्त अछूतों के लिए राजनीतिक विभक्तीकरण के विरुद्ध हूँ। यह पूर्णतया आत्महत्या जैसा होगा।"

डॉ.अम्बेडकर ने कहा-" आपके स्पष्ट विचारों के लिए धन्यवाद। यह अच्छा है कि मैं अब यह जानता हूँ कि मैं इस अनिवार्य समस्या को लेकर कहाँ खड़ा हूँ।"[17]

यह कहते हुए अम्बेडकर वहाँ से उठ गए। उस समय गांधीजी भारतीय राजनीति पर सावन के बादलों की तरह छा चुके थे। वे एक प्रकार से इस देश की जनता के बेताज बादशाह थे। उनका हुक्म तानाशाही आदेश जैसा प्रभावशाली था। लेकिन अम्बेडकर ने इस सबकी परवाह नहीं की और वे अपने स्वतंत्र विचारों पर अडिग रहे। इससे गांधीजी और डॉ.अम्बेडकर के बीच मतभेद बढ़ गया। यह भेंट गांधीजी और अम्बेडकर के बीच सीधे संघर्ष का कारण सिद्ध हुई।

---

17. द्रष्टव्य : नवयुग : अंबेडकर विशेषांक, 13 अप्रैल, 1947

दोनों खेमों में इस वार्ता को लेकर बातचीत शुरू हुई और आगे के लिए योजना सुनिश्चित की गई। इससे एक बात तो स्पष्ट हो गई कि अम्बेडकर-चिंतन जितना गहरा और बुनियादी है उतना ही निर्भीक और स्वाभिमानी भी है। उन्होंने अनेक दलित वर्गों की सभा में यह बात कही थी कि, "यह सच है कि इस गोलमेज़ कांफ्रेंस में एक सौ पच्चीस के बीच मात्र दो हैं, परंतु हम दोनों दलित वर्गों के हितों के लिए ज़मीन-आसमान एक कर देंगे। मैंने गांधीजी से भी बात की थी, परंतु उन्होंने तुम्हारे हितों में इज़ाफा होने वाली कोई बात नहीं कही। हमें अपने पाँव पर खड़े होकर संघर्ष करना चाहिए, जितना भी संभव हो सकता है, शक्ति और सम्मान ज़बर्दस्त संघर्ष करने से ही आपको प्राप्त होगा, गिड़गिड़ाने से कदापि नहीं।"

गोलमेज सम्मेलन के लिए भारत से प्रतिनिधि रवाना होने लगे। जब अम्बेडकर वहाँ पहुँचे तो उनका हज़ारों लोगों ने जय-जयकार के साथ स्वागत किया। सम्मेलन में भाग लेने वाले प्रतिनिधि 'स्टीमर' को पकड़ चुके थे। परंतु अभी तक गांधीजी के जाने की बात तय नहीं हो सकी थी। अतः सरोजिनी नायडू और मालवीय ने, जो उसी स्टीमर से जा रहे थे, फ़िलहाल अपनी यात्रा रद्द कर दी थी और गांधीजी की प्रतीक्षा करने लगे।

29 अगस्त को अम्बेडकर लंदन पहुँच गए, परंतु पहुँचते ही इन्फ्लुएंजा के शिकार हो गए। 7 सितंबर को जाकर कहीं उनकी स्थिति में सुधार दिखलाई दिया। वह बहुत कमज़ोर हो गए थे। उन्होंने भारत में अपने लेफ्टिनेंट को पत्र लिखते हुए यह हिदायत दी थी कि उनके स्वास्थ्य के बारे में वह उनकी पत्नी को कुछ नहीं बताएगा।

इधर गांधीजी, वल्लभभाई पटेल, जवाहरलाल नेहरू और प्रभाशंकर पाटनी, जिन्होंने भारत से लंदन के लिए अम्बेडकर के रवाना होते समय स्टीमर पर पुनः गांधीजी के विचारों की उनसे चर्चा की थी, शिमला में वायसराय से मिले। वायसराय से बातचीत करने के बाद गांधीजी तुरंत ही गोलमेज सम्मेलन में भाग लेने के लिए लंदन रवाना हो गए। उनके साथ सरोजिनी नायडू, पंडित मदनमोहन मालवीय भी थे। वे 12 सितंबर, सन् 1931 को लंदन पहुँच गए।

7 सितंबर से गोलमेज़ कांफ्रेंस शुरू हो चुकी थी। तभी ब्रिटेन प्रशासन में परिवर्तन आया। कंजरवेटिव दल के नेता चर्चिल ने भारत के सत्ता हस्तांतरण के प्रश्न का विरोध किया। महात्मा गांधी ने 15 सितंबर, सन् 1931 को अपना भाषण फ़ेडरल स्ट्रैक्चर कमेटी के सम्मुख दिया। उन्होंने दावा किया कि कांग्रेस भारत के तमाम हितों का प्रतिनिधित्व करती है। दलित वर्ग का भी वह प्रतिनिधित्व करती है। वह स्त्रियों का भी प्रतिनिधित्व करती है और मुसलमानों का भी। इस प्रकार कांग्रेस सारे भारत का प्रतिनिधित्व करती है।

उसी दिन डॉ.अम्बेडकर ने भी अपना भाषण फ़ेडरल स्ट्रैक्चर कमेटी में दिया था,

जिसमें उन्होंने स्पष्ट कर दिया था कि फ़ेडरल स्ट्रैक्चर कमेटी आँख मीचकर स्टेट्स को वह नहीं दे दे, जो कि वह चाहती है। उनका यह दृढ़ विचार था कि स्टेट्स प्रतिनिधि जो फ़ेडरल असेंबली के लिए भेजा जाए, उसका चयन चुनाव द्वारा किया जाना चाहिए, नोमीनेशन द्वारा कदापि नहीं। कारण, नोमीनेशन कार्यपालिका को अनुत्तरदायी बनाता है। नोमीनेशन का सिद्धांत ही उत्तरदायी सरकार के बिलकुल विरुद्ध है। उन्होंने ज़मींदारों के विशेष प्रतिनिधित्व का भी विरोध किया। कारण, वे रूढ़ परंपराओं के अंधभक्त हैं और उनसे स्वतंत्रता तथा प्रगति दोनों को हानि पहुँचती है।

इस सबका परिणाम यह हुआ कि डॉ.अम्बेडकर उनकी दृष्टि में क्रांतिकारी व उग्र विचारों के नेता प्रमाणित हुए। उनको छोड़कर शेष सभी नेताओं ने उनके विचारों का समर्थन अथवा असमर्थन ही किया। साथ ही स्पष्ट रूप से वह अपनी बात नहीं कह पाए जैसे डॉ.अम्बेडकर ने धड़ल्ले के साथ कही थी।

अगले दिन गांधीजी ने पुनः अपने विचार व्यक्त किए। उन्होंने अत्यंत विनम्रता के साथ दोहराया था कि यहाँ हमें यह अधिकार नहीं है कि हम स्टेट्स से कहें या अपेक्षा करें कि उन्हें क्या करना चाहिए और क्या नहीं। साथ ही उन्होंने अछूतों के हितों की बात करते हुए कहा कि कांग्रेस को अछूतों के हित भी उतने ही प्रिय हैं जितने दूसरों के, जो भारत में रहते हैं।

18 सितंबर को डॉ.अम्बेडकर ने फ़ेडरल स्ट्रैक्चर कमेटी की मीटिंग में कई प्रश्न उठाए थे और बैठक में उपस्थित सदस्यों के प्रश्नों के उत्तर भी दिए थे। उनका पूरा ज़ोर अछूत वर्ग की दयनीय स्थिति व समस्या पर रहा था। गांधीजी के पुत्र देवदास गांधी अम्बेडकर के निवास पर पहुँचे और उनसे गांधीजी से भेंट करने की बात तय की। भेंट सरोजिनी नायडू के निवास पर रात के 9 व 12 के बीच तय हुई थी। गांधीजी के पुत्र देवदास गांधी द्वारा यह भेंट संभव हुई थी। भेंट हुई थी, परंतु इस भेंट का कोई नतीजा सामने नहीं आ सका था, क्योंकि गांधीजी ने खुलकर बात नहीं की। केवल इतना ही कहा कि यदि उनके साथी राज़ी हो गए तो अवश्य वे अम्बेडकर की बात पर निर्णय ले सकेंगे।

अल्पसंख्यक कमेटी की बैठक 28 सितंबर, सन् 1931 को पहली बार शुरू हुई। परंतु इस कमेटी के पीछे मुसलमान व हिंदू नेताओं का यह प्रयत्न चल रहा था कि उन दोनों के बीच समझौता हो जाए। डॉ.अम्बेडकर समझौते की राजनीति से अलग अपनी बात स्पष्ट रूप से रख चुके थे। चेयरमैन मैक्डॉनल्ड ने तभी कहा था कि डॉ.अम्बेडकर अपनी बात पूरी तरह से स्पष्ट कर चुके हैं। उन्होंने इस संदर्भ में शानदार रास्ता अपनाया है। इस संबंध में उन्होंने कोई संदेश शेष नहीं रहने दिया है। अतः इसके समाधान हेतु ब्रिटिश सरकार को अधिकार दिया जाए ताकि इस तरह समाधान की दिशा से आगे बढ़ा जा सके।

उसके बाद कांफ्रेंस में लगातार कई मुद्दों को लेकर बहसें होती रहीं। बहुत कुछ गांधीजी अम्बेडकर की बातों पर रज़ामंद भी होते नज़र आए थे, परंतु अंत में वे साफ़ मुकर गए। इस प्रकार से कांफ्रेंस और उससे बाहर कई बार नाज़ुक मोड़ आए और बात बनते-बनते अधूरी रह गई। डॉ.अम्बेडकर ने खुले शब्दों में उन सदस्यों की भर्त्सना की जो अपनी 'कम्युनिटी' का सम्यक् प्रतिनिधित्व न करके केवल सरकार द्वारा चुने जाने के कारण गलत निर्णय ले रहे थे।

उन्होंने कांग्रेस तथा महात्मा गांधी पर भी आरोप लगाते हुए कहा था कि "कांग्रेस जितना दलित वर्ग के लिए, यह कहकर करने का दावा करती है कि वह उनका प्रतिनिधित्व कर रही है, उससे अधिक मैं अथवा मेरे साथी कर सकते हैं।" दरअसल वह सवर्ण हिंदुओं तथा कांग्रेस के बदलते रूप को देखते हुए सशंकित थे। कांग्रेस का सारा प्रयत्न या शक्ति सत्ता के हस्तांतरण पर केंद्रित था। वर्तमान परिवेश व परिस्थितियों में दलित वर्ग सत्ता के हस्तांतरण में क़तई रुचि नहीं रखता है, फिर भी यदि ब्रिटिश सरकार सत्ता का हस्तांतरण करना चाहती है तो वह ऐसी स्थितियों में और ऐसे ढंग से हो जिससे सत्ता का हस्तांतरण किसी एक दल तक सीमित न रह जाए। यह हस्तांतरण ऐसे ढंग से होना चाहिए जिससे प्रत्येक समुदाय (कम्युनिटी) को उचित मात्रा में उसमें हिस्सा मिल सके।

इस सबका परिणाम यह निकला कि डॉ.अम्बेडकर गांधीजी के सबसे बड़े शत्रु हो गए। इधर डॉ.अम्बेडकर ने 'टाइम्स ऑफ़ इंडिया' के नाम एक पत्र लिखकर अपनी स्थिति स्पष्ट करते हुए अंत में यह कहा कि न केवल गांधीजी दलित वर्ग के मित्र की भूमिका अदा नहीं कर रहे हैं अपितु वह ईमानदार दुश्मन की भूमिका भी अदा नहीं कर पा रहे हैं। साथ ही यह भी भविष्यवाणी की थी कि गोलमेज़ कांफ्रेंस से कोई लाभ नहीं हो सकेगा। उनकी दृष्टि में इस कांफ्रेंस की असफलता के लिए गांधीजी ज़िम्मेदार हैं, क्योंकि गांधीजी ने उनकी समस्याओं के समाधान में सहायता नहीं की थी। गांधीजी एक जाति (कम्युनिटी) को दूसरी जाति से लड़वाने वाली कोशिश या भूमिका निभा रहे थे। उनका चिंतन लोकतांत्रिक ढंग का नहीं रहा था। वे बराबर परस्पर विरोधी बातें करते रहे और मुस्लिम लीग से समझौते की चाल चलते रहे।

अखिल भारतीय दलित वर्ग की कांफ्रेंस में गांधीजी पर यह आरोप लगाया गया था कि उन्होंने उनका ग़लत ढंग से प्रतिनिधित्व किया है। यह कांफ्रेंस यह निर्णय लेकर उठी थी कि दलित वर्ग को वह संविधान कदापि स्वीकार नहीं होगा, जिसमें उनके लिए विशेष निर्वाचन पद्धति की व्यवस्था नहीं होगी। इस संबंध में भारत के हर कोने में अम्बेडकर के पास तार भेजे गए और गांधीजी एवं कांग्रेस के नेतृत्व को इनकारा गया। देश के अनेक स्थलों पर इस विषय को लेकर 'मीटिंग्स' भी की गईं, यथा चाँदा, तिल्लीवेली, रोवर्टसल

(तमिलनाडु), लायलपुर, करनाल, कालिकट, वाराणसी, नागपुर, कानपुर, कोल्हापुर, कामठी, नासिक, अहमदाबाद, कोलंबो, चिदंबरम्, बेलगाँव, हुगली, तूतीकोरन, धारवाड़ आदि।

अनेक स्थानों पर जुलूस भी निकाले गए। उस समय दलित वर्ग में एक जागरण की लहर दौड़ गई थी। गांधीजी को लंदन में भी अनेक प्रश्नों का उत्तर देना पड़ रहा था। कहना न होगा कि इस घटना से गांधीजी का प्रभाव अपेक्षाकृत पहले से कम ही हुआ था। गांधीजी उस समय एक प्रतिक्रियावादी सिद्ध हो रहे थे।

गांधीजी की वहाँ की भूमिका पर हिरॉल्ड लास्की, जॉन गंथर, सरदार पटेल आदि को आश्चर्य हुआ कि वे कैसे इतने अविश्वसनीय हो सके। पंडित नेहरू के प्रोफ़ेसर एडवर्ड थाम्पसन ने उनको लिखे पत्र में स्पष्ट लिखा था कि गोलमेज़ कांफ्रेंस से पहले कभी नहीं समझा था कि गांधीजी गलत हैं। गोलमेज़ कांफ्रेंस में वे न केवल असंगत सिद्ध हुए अपितु अक्खड़, अहंकारी और हठी भी नज़र आए।[18]

कालाराम मंदिर प्रवेश का प्रश्न हल करने के लिए पुनः सत्याग्रह छेड़ दिया गया था। डॉ.अम्बेडकर को कमिश्नर सेंट्रल डिवीज़न से पत्र प्राप्त हुआ था, जिसमें उनसे अपेक्षा की गई थी कि वह नासिक सत्याग्रह बंद करने के लिए अपने आदमियों को सलाह दें। परंतु डॉ.अम्बेडकर ने ऐसा नहीं किया। उन्होंने अपने आदमियों को उलटे सत्याग्रह जारी रखने की सलाह दी। फलतः नासिक सत्याग्रह पूरे जोश व उमंग के साथ तेज़ होता गया और रोज़-रोज़ जुलूस व सभाएँ भी व्यवस्थित ढंग से शुरू होती गईं। इस प्रकार यह लड़ाई हिंदुस्तान और लंदन दोनों जगह समान रूप से छिड़ चुकी थी।

अक्तूबर के अंत तक 'टोरीज़' सत्ता में आ चुके थे। डॉ.अम्बेडकर ने अपना सारा कार्यक्रम अत्यंत वैज्ञानिक ढंग से प्रस्तुत किया था, जिसे सामान्य ब्रिटिश नागरिक भी समझ सकता है। अम्बेडकर ने अपने एक पत्र में यह स्पष्ट किया था कि जो दलित वर्ग के नेता गांधीजी का समर्थन कर रहे हैं, वे नहीं जानते कि गांधीजी न केवल विशेष निर्वाचन पद्धति का ही विरोध कर रहे हैं अपितु वे दलित वर्ग के लिए विशेष प्रतिनिधित्व का भी विरोध कर रहे हैं अन्यथा तो यह समस्या बहुत पहले हल हो जाती। अम्बेडकर ने गोलमेज सम्मेलन के अंतिम दिनों में, जबकि इंग्लैंड के सम्राट ने भारतीय प्रतिनिधियों के सम्मान में एक पार्टी दी थी, सम्राट के पूछने पर दलित वर्ग की स्थिति को विशेष रूप से प्रस्तुत किया था। उस पार्टी में गांधीजी भी उपस्थित थे। उसका प्रभाव सम्राट पर गहरा पड़ा था।

इससे यह भी साफ़ हो गया था कि डॉ.अम्बेडकर दलित वर्ग के वास्तविक व जन्मजात नेता हैं। महात्मा गांधी का दलित वर्ग के लिए नेतृत्व मात्र भावात्मक है। गांधीजी

---

18. A Bunch of old letters by Nehru

और अम्बेडकर के मध्य बढ़ते हुए तनाव व विरोध का वर्णन करते हुए मि. ग्लोरने बोल्टन ने अपनी पुस्तक में लिखा था कि-'दिन पर दिन डॉ.अम्बेडकर प्रसिद्ध होते जा रहे हैं। वह कंजरवेटिव या सोशलिस्ट कैसा भी मंच हो, हर एक जगह भारत के हित को ध्यान में रखते हुए दलित वर्ग के लिए ज़ोरदार अपील कर रहे हैं।[19] महात्मा गांधी और उनके बीच में उभरते मतभेदों से यह स्पष्ट हो चुका है कि डॉ.अम्बेडकर दलित वर्ग के प्रभावशाली व सच्चे नेता हैं।'

जब ब्रिटिश प्रीमियर ने देखा कि दलित व अल्पसंख्यकों की समस्याएँ अभी तक अपनी जगह पर हैं तो उन्होंने अल्पसंख्यक समिति के सदस्यों से कहा कि वे इस प्रस्ताव पर हस्ताक्षर कर दें, जिसके द्वारा इस समस्या को हम हल कर सकेंगे। गांधीजी ने अन्य सदस्यों सहित उस प्रस्ताव पर हस्ताक्षर कर दिए थे, लेकिन डॉ.अम्बेडकर ने उस प्रस्ताव पर हस्ताक्षर करने से साफ़ इनकार कर दिया था।

अम्बेडकर ने 5 दिसंबर, सन् 1931 को लंदन छोड़ते हुए एक समाचार हिंदुस्तान अपने लेफ्टिनेंट के पास भेजा कि यहाँ से वे एक माह के लिए अमेरिका जा रहे हैं। जाते समय वे 32 संदूक जो कि किताबों से भरे हुए हैं, हिंदुस्तान भेज रहे हैं। उनको छुड़ाकर सुरक्षित रखें।

उधर गांधीजी भी हिंदुस्तान लौट आए थे। उनके आने से पूर्व 'फ्री प्रेस जनरल', बंबई ने घोषणा की थी कि भारत के प्रत्येक कोने से दलित वर्ग के लोग गांधीजी में अविश्वास व्यक्त करने के लिए बंबई पहुँच रहे हैं। दलित वर्ग इंस्टीट्यूट के सचिव ने उनके विरुद्ध प्रदर्शन करने की सूचना कांग्रेस कमेटी को दे दी थी। एस.के. पाटिल ने, जो कि बंबई प्रांत कांग्रेस कमेटी के सचिव थे, दलित वर्ग इंस्टीट्यूशन के सचिव को विनम्र निवेदन करते हुए लिखा था कि 'गांधीजी का स्वागत कुछ नहीं, केवल उनके प्यार, भक्ति और सम्मान, जैसे वे महसूस करते हैं, अभिव्यक्त करना है।'

लेकिन इससे तनाव कम नहीं हुआ। गांधीजी के हिंदुस्तान पहुँचने पर दलित वर्ग के आठ हज़ार स्त्री-पुरुषों ने उनका काले झंडों से स्वागत किया। उसका परिणाम यह हुआ कि कांग्रेस कार्यकर्ताओं और विरोध में प्रदर्शन करने वालों में डटकर लड़ाई हुई। दोनों तरफ़ से खुलकर लाठियाँ चलीं, सोडावाटर की बोतलें फेंकी गईं, ईंट और पत्थर बरसाए गए।

कांग्रेस कार्यकर्ताओं ने अहमदाबाद में अम्बेडकर को काले झंडे दिखलाए थे और गद्दार की संज्ञा से पुकारा था। यहाँ उसकी पुनरावृत्ति हुई थी। इससे यह स्पष्ट हो जाता है कि डॉ.अम्बेडकर का प्रभाव दलित वर्ग पर बहुत गहरा था और सच्चे अर्थों में वही उनके नेता थे। इस संबंध में गांधीजी के द्वारा उठाए गए क़दम दलित वर्ग में संदेह पैदा

---

19. The Tragedy of Gandhi, p. 266-67

करने वाले थे। उधर डॉ.अम्बेडकर ने मृतप्राय-सी जाति में नूतन प्राणों का संचार कर दिया था। उसे नवचेतना से जोड़ दिया था और नई दिशा प्रदान की थी। वस्तुतः यह नवोन्मेष डॉ.अम्बेडकर की शक्ति का प्रतीक था।

सन् 1932 का गांधीजी और डॉ.अम्बेडकर का विवादास्पद अध्याय इस पुस्तक के प्रारंभ में ही सविस्तार दिया गया है, जिसे दोहराने की यहाँ क़तई ज़रूरत नहीं है। कांफ्रेंस में भी संविधान संबंधी प्रश्नों पर गांधीजी अपना कोई प्रभाव स्थापित नहीं कर सके थे। वहाँ डॉ.अम्बेडकर का प्रभाव द्रष्टव्य था।

25 सितंबर, सन् 1932 को पाँच बजे शाम को पूना पैक्ट पर डॉ.अम्बेडकर ने देश के समस्त नेताओं के दबाव पर हस्ताक्षर किए थे। वहाँ उनसे राजगोपालाचार्य इतने प्रसन्न हुए थे कि उन्होंने डॉ.अम्बेडकर से अपना पैन ही बदल लिया था। यद्यपि डॉ.अम्बेडकर ने ऐसा विवश होकर ही किया था तथापि वे हमेशा किसी अभिनव आशा की किरण से प्रभावित होकर अपने मन के विपरीत करते रहे थे। कारण था, वे दूसरों के प्रति विनम्र थे और उदार।

❑

जातिवाद ख़त्म हो

छुआछूत का भेदभाव जातिवाद की एक शाखा है। जब तक जातिवाद को जीवन में से नहीं हटाया जाएगा तब तक छुआछूत के हटने का प्रश्न ही पैदा नहीं होता है-डॉ.अम्बेडकर का यह दृढ़ विश्वास था। छुआछूत को हटाने के लिए राजनीतिक शक्ति बहुत आवश्यक है। छुआछूत समस्त सामाजिक व्यवस्था को अस्त-व्यस्त करने वाली है। धर्म तो प्रत्येक व्यक्ति के लिए आवश्यक है। डॉ.अम्बेडकर इस दृष्टि से मार्क्स से भिन्न थे। परंतु उनकी दृष्टि में वे लोग बुरे हैं, जो कि धर्म के नाम पर अपने अनुयायियों से पशुवत् व्यवहार करते हैं।

धार्मिक दृष्टि से वह यह आवश्यक मानते थे कि उन तमाम अंधविश्वासों को धर्म से हटाया जाना चाहिए। धर्म को वे शक्ति के रूप में देखते थे। उनका कहना था कि धर्म के ढोंग पर मनीषियों तथा समाचार-पत्रों ने बराबर उँगली उठाई है। उसे गलत बताया है। ऐसे बहुत से अवसर उनके जीवन में भी आए थे जबकि उनको धार्मिकों ने हानि पहुँचानी चाही थी। दरअसल वे उनकी दृष्टि में धार्मिक नहीं थे। धर्म में घृणा का कोई स्थान नहीं है। वह व्यक्ति को व्यक्ति के क़रीब लाता है। उनमें प्रेम बढ़ाता है।

डॉ.अम्बेडकर और गांधीजी दोनों ही धर्म को महत्त्व देते थे, परंतु उनका विश्वास गांधीजी की तरह वर्णाश्रम प्रणाली में नहीं था, क्योंकि वे वर्णाश्रम को धर्म का अंग नहीं मानते थे। दूसरे, गांधीवादियों की यह चेष्टा थी कि वह उनके शिविर में आ मिलें। वह व्यक्ति जो 'एक अत्यधिक योग्य राजनीतिक एवं राजनीति-विज्ञान में पंडित[20] था, क्यों उनके शिविर में शरण लेता? वे व्यक्तिवादी थे। उनकी वैयक्तिक स्वतंत्रता में अटूट आस्था थी और वह एक उत्साही धार्मिक पुरुष थे।[21]

वह धर्म को मनुष्य के जीवन का अपरिहार्य अंग मानते थे। धर्म की सामाजिक शक्ति में उनका गहरा विश्वास था। वह शक्ति धर्म में विश्वासों एवं व्यवहारों की संगठित व्यवस्था के रूप में निहित है। उनकी यह दृढ़ मान्यता रही थी कि व्यक्ति जाति को महत्त्व देते हैं और जाति से कमज़ोर होते जाते हैं। उसके कारण न्याय पाना मुश्किल हो जाता है और व्यक्ति के

---

20. एम.सी. छागला : राजेज इन दिसंबर-एन आटोबायोग्राफी, पृ. 115

21. फ्रीडम एंड आर्गेनाइजेशन : एम.जी. बर्वे, पृ0 76

सोचने का दायरा संकीर्ण हो जाता है। बेहतर हो यदि व्यक्ति ऐसे धर्म को छोड़ दे, जो जातीय आधार पर खड़ा हो, वर्गभेद पनपाता हो और ऊँच-नीच पैदा करता हो।

मुस्लिम तथा क्रिश्चियन धर्माधिकारियों और इनसे जुड़े अन्य व्यक्तियों ने भरसक चेष्टा की थी कि वे उनके धर्म की ओर आकृष्ट हो जाएँ। वे उनसे अनेक बार मिले भी थे और यह विश्वास दिलाया था कि धर्म-परिवर्तन के साथ ही उनके समाज में उनका समान स्तर होगा। वहाँ उन्हें कोई भेदभाव नहीं मिलेगा। परंतु वे वैसा नहीं कर सके, क्योंकि अब भी कहीं न कहीं उनमें हिंदू धर्म के प्रति लगाव शेष था।

उनकी भरसक चेष्टा यह रही थी कि यदि वह हिंदुओं को यह अनुभूति करवा सके कि वे भारत के रोगग्रस्त लोग हैं और उनका रोग अन्य भारतीयों के स्वास्थ्य एवं खुशी के लिए ख़तरा पैदा कर रहा है तो वह अपने को संतुष्ट मानेंगे। अनुदार तथा रूढ़िवादी हिंदुओं द्वारा अपने रोग की अनुभूति निश्चित रूप से भारतीय समाज-व्यवस्था को जनतांत्रिक बनाने में सशक्त सहयोग प्रदान करेगी। किसी भी जनतांत्रिक व्यवस्था का आधार योग्यता होना चाहिए न कि जन्म, जाति, धर्म, संप्रदाय इत्यादि।

उनकी दृष्टि में वह धर्म जो अपने ही अनुयायियों में पारस्परिक भेदभाव उत्पन्न करता है, पक्षपातपूर्ण है। और वह धर्म जो अपने करोड़ों-करोड़ अनुयायियों को कुत्तों तथा अपराधियों से बदतर मानकर उन पर असहनीय अयोग्यताएँ आरोपित करता है, वह वास्तव में धर्म नहीं है। धर्म और गुलामी परस्पर विरोधी तत्त्व हैं। धर्म का सृजन प्राणियों की सेवा के लिए हुआ है, न कि उनको गुलाम बनाने के लिए। दरअसल उनकी दृष्टि में धर्म सामाजिक उत्थान का अत्यंत सशक्त साधन है। धर्म का मूल्यांकन समाज की नैतिकता पर आधृत सामाजिक मानदंडों के माध्यम से होना चाहिए। यदि मनुष्य की सुख-शांति के लिए धर्म को अनिवार्य गुण स्वीकारा जाता है तो इस मानदंड के अलावा और कोई मानदंड नहीं हो सकता।[22] वह दरअसल जीवन में आमूल-चूल परिवर्तन देखना चाहते थे और इस दृष्टि से उन्हें धर्म का माध्यम रास आया था।

वे मानते थे कि धर्म के कारण नहीं, जातीय आधार पर उनके साथ समाज में भेदभाव है, अतः सामाजिक व्यवस्था में से जातीय आधार को घटा देना चाहिए। यह भी वह एक कारण था, जिससे उनके व गांधीजी के बीच हमेशा अंतर बना रहा था।

29 जनवरी, सन् 1932 को वह अमेरिका से स्वदेश लौट आए थे। बंबई में उनका शानदार स्वागत हुआ था। 20 अगस्त, सन् 1932 को ब्रिटिश प्रधानमंत्री ने अछूतों के लिए पृथक् प्रतिनिधित्व और चुनावों में खड़े होने का अधिकार प्रदान करने की सार्वजनिक घोषणा कर दी थी। इससे अछूतों में नवीनोत्साह विलुलित हो उठा। परंतु गांधीजी और

---

22. द्रष्टव्य : बी.आर. अम्बेडकर : एनिहिलेशन ऑफ़ कास्ट, पृ. 124

कांग्रेस इससे परेशान हो उठे थे। यह कहानी तो पहले सामने आ चुकी है कि गांधीजी ने इसके लिए आमरण अनशन शुरू कर दिया था और पूना पैक्ट के रूप में डॉ.अम्बेडकर तथा गांधीजी के बीच एक समझौता हुआ था, जिससे प्राप्त विजय का वह अपने ढंग से लाभ नहीं उठा सके थे। हालाँकि इसके बाद से गांधीजी ने अछूतोद्धार के एक नए नारे के साथ सारे भारत का दौरा किया था। डॉ.अम्बेडकर नहीं चाहते थे कि 'अछूतपन' जैसा कोई चिह्न समाज में दृष्टिगोचर हो। गांधीजी ने 'हरिजन' की संज्ञा देकर अछूतोद्धार का जो रास्ता प्रस्तुत किया था, उससे वह इस कारण संतुष्ट नहीं थे कि उसके बाद भी अछूत होने का निशान या कलंक नहीं मिटता था।

डॉ.अम्बेडकर को किसी व्यक्ति से कदापि घृणा नहीं थी। वह घृणा व असमानता मिटाने के लिए रात-दिन एक किए डाल रहे थे। परंतु कांग्रेस को डॉ.अम्बेडकर इसलिए रास नहीं आए, क्योंकि उन्होंने गांधीजी की विचारधारा का खुलकर विरोध किया था। वह भी गांधीजी की तरह से स्वतंत्र थे। परंतु कांग्रेस ने उन्हें ग़द्दार अथवा देशद्रोही जैसे शब्दों से पुकारा था। यह व्यक्ति के प्रति घृणा का इज़हार था। मानसिक संतुलन बिगड़ने का प्रतीक था और एक प्रकार के षड्यंत्र का द्योतक था।

इस प्रकार डॉ.अम्बेडकर का संघर्ष धर्म और समाज को लेकर नया मोड़ ले रहा था। गांधीजी ने उन्हें 'हिंदू धर्म के लिए एक चुनौती[23] के रूप में याद किया था। उसका कारण था कि उन्होंने ब्राह्मणवाद को पूँजीवाद की तरह ही समाज के लिए घातक माना था। हिंदुओं के अन्याय व अत्याचार को उन्होंने सहा था। गांधीजी उससे बहुत ऊपर थे। उनमें डॉ.अम्बेडकर का सा दर्द नहीं था, अपितु अछूतों के प्रति दया का भाव मात्र था। डॉ.अम्बेडकर दया के पात्र नहीं बनना चाहते थे। उनमें पौरुष था। वे समानाधिकार के लिए संघर्षरत थे। ईश्वर की निगाह में सब एक समान हैं। फिर छुआछूत क्यों? निस्संदेह डॉ.अम्बेडकर का चिंतन धर्म व समाज के लिए समतामूलक समाज की संस्थापना था। गांधीजी इस दृष्टि से सही नहीं थे। कौन नहीं जानता कि 'हरिजन' अछूत नहीं हैं या निम्न जाति से नहीं हैं? डॉ.अम्बेडकर सीधी कार्यवाही द्वारा उस भेदभाव को जड़ से हटाना चाहते थे। इसीलिए उन्होंने धर्म का चिंतन नए सिरे से किया था, बिलकुल राम की शक्ति-पूजा के लिए किए गए प्रयास के समान।

❐

---

23. हरिजन : 1936

नया प्रकाश

मंदिर-प्रवेश वाली समस्या अभी तक उलझी हुई थी। गांधीजी तो इसके पक्ष में नहीं थे कि अछूत मंदिर में प्रवेश करें। वे इस पक्ष में भी नहीं थे कि अंतर्जातीय भोजन किया जाए। गांधीजी का कहना था कि "यदि पुराने मंदिर तथाकथित अछूतों का प्रवेश निषेध करते हैं तो तुम उनके लिए नए मंदिर बनवा सकते हो।"

अछूत अभी तक मंदिरों में प्रवेश नहीं पा सके थे। उनकी दृष्टि में मंदिर में प्रवेश के लिए आंदोलन चलाना अच्छा है। परंतु उससे भी ज़रूरी कई अन्य समस्याओं पर ध्यान जाना है। उन्होंने उनका ध्यान इस ओर दिलाते हुए कहा था कि "तुम लोगों को आध्यात्मिक भोजन की अपेक्षा अच्छी वस्तुओं की ओर ध्यान देना चाहिए। तुम्हारे पास खाने के लिए भोजन नहीं है, पहनने के लिए कपड़े नहीं हैं। बच्चों को तालीम और इलाज के लिए तुम्हें पैसा चाहिए। फलतः पहले तुम्हें अपनी शक्ति को संवर्द्धित करना होगा। पहले जीवन की उन प्राथमिक समस्याओं से तो विमुक्त हो जाना चाहिए, जिनके बिना जीवन का कोई अर्थ नहीं है। जब इस तरफ़ से विकास संभव हो जाएगा तब जीवन स्तर व चिंतन में स्वतः ही अंतर आएगा। उससे स्वस्थ दृष्टिकोण बनेगा। नया जीवन उद्भूत होगा। ज्ञान स्वतः रोगों का उपचार कर देता है। अँधेरों को मिटा देता है। फिर मंदिर वाली समस्या गौण रह जाएगी।"

इस नवीन चेतना ने शक्ति का एक नया रूप प्रस्तुत किया। यही उनका नवीन प्रकाश था, जिसने मंदिर-प्रवेश के लिए शक्ति को नष्ट करने की अपेक्षा दूसरे क्षेत्रों में शक्ति एकत्र करने पर ध्यान केंद्रित किया।

पूना से लौटने पर उन्होंने बंबई लेजिसलेटिव काउंसिल डिबेट्स में भाग लिया। उन्होंने 'विलेज पंचायत बिल' में संशोधन करवाना चाहा। उनका कहना था कि पंचायत के अंतर्गत एक मुस्लिम और एक अछूत को जिलाधीश नियुक्त करे। ऐसा तभी हो जबकि वहाँ विलेज बेंच नहीं हों। मताधिकार का सभी प्रयोग करें।

परंतु धीरे-धीरे मंदिर-प्रवेश पर पुनः ध्यान दिया जाने लगा था। यद्यपि डॉ.अम्बेडकर की दृष्टि में मंदिर प्रवेश उनका अंतिम उद्देश्य नहीं था तथापि सामाजिक व धार्मिक स्तर की समानता के लिए यह प्रश्न अवहेलना करने वाला भी नहीं था। प्रत्युत यह अपने आपमें बहुत महत्त्वपूर्ण है। यहाँ से अपेक्षाकृत पहले के वे परस्पर एक उदार दृष्टि पाने लगे थे।

समस्याओं के हल में उनको लगा था कि पहले की अपेक्षा अब कुछ वातावरण अनुकूल बनता जा रहा है। रत्नगिरि में डॉ.अम्बेडकर को नए मंदिर के उद्घाटन के लिए सेठ कीर ने आमंत्रित किया था। यह मंदिर सेठ कीर बनवा रहे थे। परंतु डॉ.अम्बेडकर पूर्व निर्धारित कार्यक्रम की व्यस्तता को ध्यान में रखते हुए उस आमंत्रण को स्वीकार नहीं कर सके। तब वीर सावरकर को आपने लिखा था कि आप समाज-सुधार के क्षेत्र में महत्त्वपूर्ण कार्य कर रहे हैं।

डॉ.अम्बेडकर ने गांधीजी के सामने एक प्रश्न रखा था-" अब यदि मैं मंदिर-प्रवेश को स्वीकार कर लूँ और चातुर्यवर्ण तथा जाति-व्यवस्था के उन्मूलन के लिए अभियान जारी रखूँ तो गांधीजी किस तरफ़ होंगे? यदि वह विरोधी शिविर में होंगे तो मैं उनके शिविर में अब क़तई नहीं रह सकता।"

गांधीजी ने इस संबंध में एक स्टेटमेंट देते हुए लिखा था-" मैं एक हिंदू हूँ, केवल इसलिए नहीं कि मैंने हिंदू व्यवस्था में जन्म पाया है, अपितु मैं अपने विश्वास और चुनाव के कारण हूँ। मेरी अवधारणा के हिंदू धर्म में किसी प्रकार की ऊँच-नीच की भावना नहीं है। जब डॉ.अम्बेडकर स्वयं वर्णाश्रम का विरोध करते हैं तब मैं उनके शिविर में नहीं रह सकता, क्योंकि मेरे विश्वास के अनुसार वर्णाश्रम हिंदू धर्म का अभिन्न अंग है।"

डॉ.अम्बेडकर ने कहा था-"वह महात्मा, जिससे वह अपना निर्देशन ग्रहण करते हैं, चिंतन (बुद्धि) में आस्था नहीं रखता, फलतः वह ऐसा भार्ग-निर्देशन नहीं कर सकता जिसे अनुभव के आधार पर खरा उतरा कहा जा सके। अपने प्रतिष्ठित विचारों के प्रति सम्मान सहित रूढ़िवादी के समान, वह इस बात से भयभीत है कि यदि कहीं उसने एक बार चिंतन प्रारंभ कर दिया तो बहुत-सी संस्थाएँ और आदर्श, जिनसे उसका लगाव है, धूमिल तथा धराशायी हो जाएँगे।"[24] गहराई से यदि इस बात पर विचार करें तो कह सकेंगे कि "गांधीजी और अम्बेडकर की दृष्टि में अंतर यह था कि एक ने समस्या को ऊपर से और दूसरे ने समस्या को तल से देखा था। गांधीजी हिंदू व्यवस्था की संरचना को वर्ण-विभाजनयुक्त बनाए रखने के पक्ष में थे जबकि डॉ.अम्बेडकर समस्त ढाँचे को समता के आधार पर विवर्तित करना चाहते थे। इस तरह गांधीजी ने अपनी शक्ति को हिंदुओं के हृदय परिवर्तन में लगाया और यह स्पष्टतः कहा कि उनके कार्यक्रम में उन शिक्षित अछूतों के लिए कोई स्थान नहीं है जो राजनीतिक दृष्टि से सचेत होकर अपने नागरिक अधिकारों के लिए संघर्षरत हैं।"[25] इसका कारण एक यह भी था कि गांधीजी के मन में उन अछूतों को लेकर संघर्ष चल रहा था जो अछूतों का मार्गदर्शन करने के लिए आगे आ रहे थे। वे अछूत थे, लेकिन वे विद्वान् भी थे। साथ ही तार्किक भी। गांधीजी श्रद्धा से वस्तु को पकड़ने में विश्वास

24. डॉ.अम्बेडकर : एनिहिलेशन ऑफ़ कास्ट, पृ. 126-27

25. यशोधरा डालमिया : शैड्यूल्ड कास्ट्स-अनव्यू फ्रॉम विलो टाइम्स ऑफ़ इंडिया, अंक दिसंबर 15

रखते थे और वे तर्क से। गांधीजी के सामने न केवल अछूत थे अपितु सवर्ण हिंदू भी थे जबकि दूसरों के सामने केवल अछूतों का ही पक्ष था। वह किसी एक शिविर में इसलिए जा भी नहीं सकते थे। डॉ.अम्बेडकर और गांधीजी में एक यह अंतर भी था।

इस प्रकार का प्रवाद भारतीय समाज को अपनी समग्र व्यवस्था पर पुनर्विचार के लिए अनुप्रेरित करता था। डॉ.अम्बेडकर अपने समय के सर्वाधिक विवादास्पद व्यक्ति रहे थे। उन्होंने दलित वर्ग के प्रश्न को भारतीय सवर्ण समाज व सरकार-दोनों के लिए अपरिहार्य सिद्ध कर दिया था। यहाँ तक कि भारत की आज़ादी का प्रश्न भी उससे संबद्ध हो गया था। इस आधार पर कोई उन्हें अराष्ट्रीय कहने का दंभ भरे, वह गलत है। आज़ादी सारे हिंदुस्तान के लिए चाहिए थी। लेकिन दलित वर्ग तो सदियों से गुलाम था। वह गुलामों से भी बदतर जीवन व्यतीत कर रहा था। उसके लिए भारतीय सवर्ण समाज में कोई सम्मान नहीं था। यदि देश स्वतंत्र हो गया तो आज़ादी सवर्ण समाज के हाथ लगेगी और इस प्रकार से वह केवल सत्ता का हस्तांतरण होगा। दलित फिर भी शोषित व उपेक्षित रहेगा। वह देश के स्वतंत्र होने पर भी पराधीन रहेगा। यह तो आज भी स्पष्ट देखा जा सकता है कि आज़ादी के इतने लंबे अर्से बाद भी दलित वर्ग की स्थिति दयनीय है। उन पर अत्याचार होते ही रहते हैं। कारण, केवल राजनीतिक समानता अथवा सत्ता द्वारा निर्मित कानूनों से उस वर्ग को नहीं उठाया जा सकता है। उसके लिए सामाजिक संस्कारों और परंपराओं में आमूलचूल परिवर्तन व संशोधन की आवश्यकता होती है। जब ये संशोधन और परिवर्तन समाज की मानसिकता स्वतः ही आत्मसात् कर लेती है तब उपेक्षित व शोषित वर्ग को उठने का मौक़ा मिलता है।

उस समय नासिक में दलित वर्ग की स्थिति पर सर्वेक्षण चल रहा था। रिपोर्ट मिली थी कि दलित वर्ग लोकल बोर्ड के कुओं से पानी अभी तक नहीं भर सका है। उन कुओं पर सवर्ण हिंदुओं का अभी तक क़ब्ज़ा है। यद्यपि सन् 1922 में तत्कालीन सरकार ने कानून पास करके उन कुओं पर सार्वजनिक अधिकार घोषित किया था। कानून द्वारा स्पष्ट किया गया था कि उन कुओं से दलित वर्ग पानी भर सकता है। उसको कुओं से पानी भरने के लिए रोकना अपराध होगा। सवर्ण हिंदू मानने के लिए तैयार नहीं थे कि दलित वर्ग में भी वही रक्त बहता है जो सवर्ण हिंदुओं में। वे डॉ.अम्बेडकर जैसे प्रतिभावान व्यक्ति से बात करने के लिए भी तैयार नहीं थे। इस प्रश्न को लेकर दलित वर्ग के अनेक नेता गिरफ़्तार किए जा चुके थे। मंदिर प्रवेश का भी प्रश्न तेज़ हो गया था। वहाँ की तनावपूर्ण स्थिति की सूचना डॉ.अम्बेडकर के सचिव ने उनको देते हुए कहा था कि एक वक़्त में दो काम संभव नहीं हो सकते। या तो वे राजनीतिक अधिकारों के लिए संघर्ष करें अथवा सामाजिक हक़ों के लिए प्रयत्नरत हों। डॉ.अम्बेडकर भी इस समय राजनीतिक अधिकारों के प्रश्नों को अधिक महत्त्व दे रहे थे, क्योंकि वे आज़ादी के लिए चल रहे संघर्ष में अपनी स्थिति को सुदृढ़ बनाना चाहते थे। दूसरे, चुनाव में उनको प्राप्त अधिकार राजनीतिक स्थिति में

उचित प्रतिनिधित्व करने का अवसर प्रदान कर सकेंगे। फिर भी मंदिर-प्रवेश विषय एक दूसरे प्रकार का था। इसके लिए डॉ.अम्बेडकर ने ब्रिटिश प्रधानमंत्री तथा आगा खाँ को पत्र लिखे थे और सवर्ण हिंदुओं के नेताओं से भी बातचीत की थी। परंतु उन्हें उनसे बातचीत करने के बाद बहुत दुःख हुआ, क्योंकि वे लोग अपने स्वार्थों तथा चिंतनरहित विचारों से ग्रस्त थे। बंगाल नामसूड एसोसिएशन ने कलकत्ता में अपने चौदहवें वार्षिक अधिवेशन में यह निर्णय लिया था कि कांग्रेस दलितों के प्रति अव्यावहारिक तथा असहानुभूतिपूर्ण रवैया अपनाए हुए है।

4 मई, सन् 1932 में अखिल भारतीय दलित वर्ग कांफ्रेंस, जो नागपुर में, कामटी में संपन्न हुई थी, में भारत के कोने-कोने से दलित वर्ग के नेता एकत्र हुए थे। 7 मई, सन् 1932 को इस कांफ्रेंस में विभिन्न विषयों पर कार्य शुरू हुआ। इसमें बारह प्रस्ताव पास हुए और उनमें डॉ.अम्बेडकर के शानदार कार्यों की प्रशंसा भी की गई थी। इस कांफ्रेंस के समाप्त हो जाने के बाद डॉ.अम्बेडकर पूना, शोलापुर आदि स्थानों पर भी गए और वहाँ दलित वर्ग की मीटिंग को संबोधित करते हुए कहा कि उन्हें एकजुट होकर अपने हितों के लिए कमर कस लेनी चाहिए। वहाँ के उत्प्रेरित वातावरण में अनेक निर्णय लिए गए, जिनमें राजनीतिक तथा सामाजिक हितों के लिए संघर्षरत बने रहना अपरिहार्य माना गया। द आर्ट्स कॉलेज, कोल्हापुर में बोलते हुए डॉ.अम्बेडकर ने कहा था-डॉ.अम्बेडकर ने कहा था-" हिंदू भारत में इस वक्त मैं सबसे अधिक घृणा का पात्र हूँ। मुझे ग़द्दार कहा जाता है। मुझे हिंदुओं का शत्रु बताया जाता है। मुझे देश का शत्रु भी कहा जाता है। मैं हिंदूइज्म को ख़त्म करने वाला क़रार दिया जाता हूँ।"लेकिन उन्हें विश्वास है कि जब यह धूलि थम जाएगी तब उनके द्वारा लिए गए निर्णयों और उनके प्रति निस्संदेह भावी इतिहास और पीढ़ी कृतार्थता का अनुभव करेगी।[26]

डॉ.अम्बेडकर 'कम्युनल इश्यू' की घोषणा होने से पूर्व इंग्लैंड गए थे। वहाँ उन्होंने प्रधानमंत्री तथा केबिनेट स्तर के मंत्रियों से बातचीत की थी और बाईस पृष्ठ की टाइप्ड प्रति भी प्रस्तुत की थी, जिसमें अछूत वर्ग की स्थिति को स्पष्ट किया गया था और उनके अधिकारों को दोहराया गया था। वहाँ उन्हें अपने उद्देश्य में सफलता मिली थी।

इधर उन्होंने अपनी जाति का ध्यान मंदिर-प्रवेश से हटाकर लक्ष्य प्राप्ति की ओर लगा दिया था। उन्होंने कहा था कि "रोटी, ईश्वर की भक्ति करने से अच्छी है।"उन्होंने एक मीटिंग

26. मुझे कांग्रेसी लोगों द्वारा एक देशद्रोही कहा जाता है, क्योंकि मैंने गांधीजी का विरोध किया। मैं इस दोषारोपण से कृतई विचलित नहीं हूँ। यह अभियोग निराधार, गलत तथा दुर्भाग्यपूर्ण है। लेकिन दुनिया में, यह बड़े दुःख की बात थी कि स्वयं गांधी ने तुम्हारी बेड़ियों को तोड़ने के मार्ग में उग्र विरोध प्रारंभ किया। मुझे पूर्ण विश्वास है कि हिंदुओं की भावी पीढ़ियाँ, जब वे गोलमेज सम्मेलनों का अध्ययन करेंगी, तब वे मेरी सेवाओं की प्रशंसा करेंगी।"-दस स्पोक अम्बेडकर, खंड 1, पृ. 77

में चतुर्थ वर्ग की आलोचना करते हुए कहा था कि "मैं हिंदू धर्म में एकता और समता चाहता हूँ। वह सिद्धांत जिससे उच्च जाति के लोग विशेषाधिकारों का प्रयोग कर सकें और निम्न जाति के लोग ग़रीबी का अभिशाप ढोते रहें, यह मुझे नापसंद है।"

वह बराबर आत्मसम्मान की बात को सर्वोपरि मानते रहे।[27] उस वक्त उन्होंने बंबई के पास एक सभा को संबोधित करते हुए कहा था कि "मैं उन परिस्थितियों से घिरा हुआ हूँ, जिनमें एक बार तिलक फँसे थे।"मार्च, सन् 1933 में ब्रिटिश सरकार ने भारतीय संविधान में संशोधन व सुधार हेतु 'व्हाइट पेपर' की घोषणा की थी। यह 'सफेद पत्र' ब्रिटिश पार्लियामेंट के दोनों हाउसों में विचाराधीन था। इस संबंध में मि. जिन्ना ने कहा था कि 'सफेद पत्र' 'व्हाइट हाल रूल' जैसा है। किसी ने 'ब्लैक पेपर' की भी संज्ञा दी थी, लेकिन वह सम्मान के विरुद्ध था।

वस्तुतः डॉ.अम्बेडकर प्रोफेसर बनकर हमेशा विद्यार्थी बने रहना चाहते थे। परंतु उन्हें परिस्थितिवश अपने सुख को तिलांजलि देनी पड़ी और वह राजनीति के जंगल में फँस गए।

नए संविधान में वे पुनः 'पैनल तथा प्राइमरी इलेक्शंस' के संदर्भ में पैदा हुई शंकाओं पर बातचीत करना चाहते थे। उधर वे इंग्लैंड जाने की तैयारी में व्यस्त थे। वे यरवदा जेल में गांधीजी से मिले थे। आम के दरख़्त के नीचे गांधीजी व अम्बेडकर में बातचीत हुई थी। अम्बेडकर की दृष्टि में 'पैनल व्यवस्था' महँगी थी। उन्होंने गांधीजी से कहा था कि जो दलित वर्ग का उम्मीदवार जनरल इलेक्शन लड़ेगा उसे दलित वर्ग के कम से कम पच्चीस प्रतिशत मत मिलने चाहिए। यह बात लंदन-विवाद के बाद तक के लिए गांधीजी ने टाल दी। उनकी धारणा थी कि अम्बेडकर स्वयं अपने से संतुष्ट हैं, तदुपरांत यह गांधी-अम्बेडकर वार्ता भंग हो गई।

24 अप्रैल, सन् 1933 को उन्होंने लंदन के लिए यात्रा शुरू कर दी थी। उन्हें वहाँ 'संयुक्त समिति' की बैठक में सम्मिलित होना था। इधर उनके सचिव शिवतरकर की पदोन्नति हो गई थी। बंबई नगरपालिका स्कूल समिति, बंबई के वे सचिव बना दिए गए थे। वे तात्कालिक परिस्थितियों को ध्यान में रखकर अछूत वर्ग के जीवन-अस्तित्व को गरिमापूर्ण स्थिति में लाना चाहते थे। उनमें यह बात घर कर गई थी कि यदि भारत की आज़ादी में उनके वर्ग के लिए सहभागिता और सुरक्षा की व्यवस्था नहीं की गई तो उनका वर्ग उपेक्षा, अनादर और शोषण के अंधकार में डूबने लगेगा। उन्होंने अपने वर्ग में यही नया प्रकाश भरना चाहा कि वे उठें, जागें और संघर्ष-पथ पर डटे रहें, उससे पीछे नहीं हटें।

❐

---

27. Leam to live in this world with self respect.-Dr. Ambedkar, Life and Mission: Dhananjay Keer, p. 233

बौद्ध धर्म की ओर आकर्षण

इस वक़्त उनका झुकाव बौद्ध मत की ओर हो गया था। बिना जातीय भेदभाव दूर किए वे नहीं मानते थे कि दलित वर्ग को कोई ख़ास लाभ पहुँच सकता है। बौद्ध धर्म के अपनाने से उनके माथे पर लगा अछूत या दलित नामी कलंक स्वतः धुल जाएगा। कारण, मनुष्य तथा ईश्वर के बीच संस्थागत मध्यस्थता के विचार और पुरोहितवाद की आध्यात्मिक व कर्मकांडी धर्मांधता से मुक्त तथा जाति-व्यवस्था का निषेध करके, भगवान् बुद्ध अपने समय के सबसे महान् सुधारक बन गए। उनकी शिक्षा समस्त मानव जाति के शिव की थी, न कि किसी जाति या समूह विशेष के हितों की। उन्होंने पशुओं के रक्तिम बलिदान का विरोध किया, जो ब्राह्मण धर्म की प्रमुख विशेषता थी। डी.सी. विजयवर्धन ने अपने 'द रिवोल्ट इन टू टेंपिल' में कहा है कि समस्त मानव जाति का कल्याण ही मनुष्य के प्रयत्न होने चाहिए। बौद्ध धर्म के सिद्धांत आने वाली पीढ़ियों ने अपनाए थे। कहा था कि यह बौद्ध धर्म का ही उदारतावाद एवं मानवतावाद था, जिसका प्रभाव धर्म एवं दर्शन के क्षेत्रों से आगे बढ़कर दूर-दूर तक फैल गया और जिसने वैदिक, धार्मिक और सामाजिक व्यवस्था के विघटन में योगदान किया तथा एक वर्गविहीन समाज की ओर लोगों को आकर्षित किया।[28] वस्तुतः डॉ.अम्बेडकर धर्म के विस्तृत तथा गहरे उस मानवीय पक्ष की तलाश कर रहे थे, जो मानव की उन्नति में हर दृष्टि से सक्रिय रहे और जिसमें समता भूमि की अनुभूति बराबर होती रहे।

उनकी दृष्टि में बौद्ध धर्म नैतिकता पर अवलंबित होने के कारण सर्वग्राह्य है। उसमें बुद्ध की भूमिका गाइड की है, न कि ईश्वर की। वह कृष्ण की तरह देवताओं का देवता नहीं है, न वह ईसा की तरह ईश्वर-पुत्र है और न वह मुहम्मद ही जो ईश्वर का अंतिम पैगंबर है। वहाँ ईश्वर के स्थान पर नैतिकता का स्थान है। वह सर्वोपरि है। वह समताधृत धर्म है।

डॉ.अम्बेडकर की आत्मा, कर्मफल, आवागमन, नरक-स्वर्ग, ईश्वर, पुरोहित, बलिदान आदि में कोई आस्था नहीं थी। वह केवल प्रकृति और मनुष्यों में आस्था रखते थे। उनका विश्वास नैतिक शक्ति में था। उन्होंने पूँजीवाद, समाजवाद तथा मार्क्सवाद पर विचार

---

28. आर.के. मुखर्जी : द कल्चर एंड आर्ट ऑफ इंडिया, पृ. 90

करते हुए भी नैतिक शक्ति को केंद्रीय स्थल माना था। वामपंथियों को ढोंगी मानते हुए उनको समाज के पतन का कारण ठहराते थे। उनकी अवसरवादी प्रवृत्तियाँ, उनके व्यवहार में जातिवाद का प्रदर्शन, नेतृत्व को कायम रखने के लिए दलित वर्ग को मूर्ख बनाना, राजनीतिक सौदेबाज़ी करना, रूढ़िवादी स्वभाव, जाति, धर्म आदि बुराइयों पर प्रहार नहीं करना आदि ऐसे कारण थे, जिनको अम्बेडकर वामपंथियों की शक्ति और समाज के पतन का कारण मानते थे। उन्होंने बौद्ध धर्म को न केवल दलितों के उद्धार का रास्ता माना था अपितु मार्क्सवाद के विकल्प के रूप में भी उसको चुना था। बुद्धत्व प्राप्ति के बाद महात्मा बुद्ध ने चालीस वर्ष तक अँधेरे में भटकती हुई जनता को जाग्रत किया था। उसे मनुजता की अनुभूति करवाई थी और जाति तथा कर्मकांडग्रस्त दूषित पद्धति के विरुद्ध क्रांति उठाई थी। उनकी मान्यता थी कि "तथागत बुद्ध और उनके 'धम्म' के बिना मानवता के लिए शांति तथा सद्गुणी ढंग से जीना संभव नहीं है।"

उस समय साम्यवादी दृष्टिकोण भी राजनीति में तेज़ी से चमक रहा था। अँधेरे में भटकती हुई उपेक्षित जनता को मार्क्सवाद एक आकर्षण था। वे मार्क्स के समान कल्पनात्मक चिंतन में विश्वास नहीं करते थे। उनकी तात्त्विक चिंतन में भी आस्था नहीं थी। न अपने आंदोलन के लिए पूर्वग्राही दार्शनिक पृष्ठभूमि की उन्होंने कभी ज़रूरत समझी थी। वह बौद्ध धर्म के प्रति इसलिए आकर्षित हुए कि उसके द्वारा व्यक्ति ज्ञान, सम्यक् मार्ग और करुणा से अनुशासित होकर अपने उत्तम लक्ष्य को सहज प्राप्त कर सकता है। उन्होंने उन लोगों को साफ़ उत्तर दिया था जो उनका झुकाव बुद्ध की ओर पाकर उनके अस्तित्व की धज्जियाँ उड़ा रहे थे। कहा था कि "बुद्ध और मार्क्स का लक्ष्य समान था। मार्क्स ने कहा कि व्यक्तिगत संपत्ति का हक़ दुःख का मूल है। इसका फल है शोषण, दुःख और गुलामी। बुद्ध भी दुःख को मिटाना चाहते थे और दुःख शब्द का प्रयोग भी बौद्ध साहित्य में संपत्ति के अर्थ में आया है। तथागत के मतानुसार प्रत्येक वस्तु अनित्य है और इसलिए संपत्ति हेतु कोई संघर्ष उपयुक्त नहीं है। बुद्ध ने अपने धर्म की नींव ईश्वर या आत्मा पर नहीं रखी थी। यदि व्यक्तिगत संपत्ति के विरोध का सिद्धांत संपूर्ण समाज पर लागू किया जाता है तो बुद्ध निजी संपत्ति के उन्मूलन के मार्ग में कोई बाधा नहीं बनेंगे।"[29] वह नहीं चाहते थे कि उस मार्क्सवादी पद्धति का अनुकरण किया जाए जो कि हिंसा पर आधारित है, सर्वसत्तावाद, अधिनायकवाद तथा उग्रताउन्मुखी है। वे सामाजिक क्रांति के पुजारी थे। संसदीय जनतंत्र के अंतर्गत समाजवादी विचारधारा के वह सकारात्मक पक्ष के प्रबल समर्थक थे। वह आध्यात्मिक तथा भौतिक मूल्यों के समन्वय में समाज व व्यक्ति का हित मानते थे।

उन्होंने कहा था-"मेरी दृढ़ प्रतिज्ञा है कि मैं पददलितों की सेवा एवं हित में मरूँ, जिनके

---

29. धनंजय कीर : डॉ.अम्बेडकर-लाइफ़ एंड मिशन, पृ. 505

बीच में मेरा जन्म हुआ, पालन-पोषण हुआ और रह रहा हूँ। मैं अपने इस कार्य में एक इंच भी इधर-उधर नहीं हटूंगा अथवा निंदकों द्वारा उग्र निरुत्साही आलोचना की तनिक भी परवाह नहीं करूँगा।"[30] वह सामाजिक, आर्थिक तथा राजनीतिक समस्याओं का हल नैतिक शक्ति से करना चाहते थे। धर्म को वे इसीलिए आवश्यक मानते थे। उनकी दृष्टि में "कोई धर्म साम्यवाद को प्रत्युत्तर नहीं दे पाता, वह जीवित नहीं रह पाएगा। एकमात्र जो धर्म साम्यवाद का प्रतिकारक हो सकता है, वह धर्म बौद्ध धर्म है।" वह अमानवीय व्यवहार तथा अन्याय के प्रति विद्रोही थे। प्रत्येक व्यक्ति जो मानवाधिकारों में आस्था तथा भक्ति रखता है, शोषण, दमन, असमानता, अत्याचार, अन्याय आदि जीवन-विध्वंसक तत्त्वों का डटकर मुकाबला करेगा। बौद्ध धर्म स्वतंत्रता, समानता और भ्रातृत्व पर खड़ा हुआ है और उसका जन्म उपेक्षित, निराश, शोषित, पीड़ित व दलित वर्ग को उनके अधिकार दिलाने व दुःखों को दूर करने के लिए ही हुआ था। तब भी आज वैसी ही परिस्थितियाँ थीं। असमानता तथा अन्याय फैला हुआ था। वह नए समाज की संरचना करने के लिए तत्पर थे, जहाँ भेदभाव नहीं हो और न शोषित-शोषक को स्थान हो। तत्कालीन हिंदू धर्म भेदभाव पर खड़ा था। वह शोषक वर्ग को समर्थन दे रहा था। बौद्ध धर्म में कोई विशेष तात्त्विक मान्यता नहीं थी। वह न कट्टरपंथी था और न पूर्वग्राही मान्यताओं का पोषक। वह तो स्वतंत्र चिंतन का ऐसा मंच था, जिससे हर समय मानवतावादी तथा मानवाधिकारों के लिए आवाज़ उठाई जा सकती है और समाज में परिव्याप्त घृणा तथा अहिंसा से मानव-जाति को बचाया जा सकता है।

डॉ.अम्बेडकर ने कहा था-"उन्होंने अपने समाज दर्शन को बौद्ध धर्म में खोजा अर्थात् किसी भी समाज एवं आर्थिक व्यवस्था को मानव हित की रक्षा करनी चाहिए। मानव-शक्तियों के विकास हेतु, मानव-हालातों में सुधार करना ही किसी धर्म का उद्देश्य होना चाहिए। मनुष्य ही समस्त वस्तुओं का मापदंड है। धर्म मनुष्य के लिए है, न कि मनुष्य धर्म के लिए।"[31] डॉ.अम्बेडकर के लिए बौद्ध धर्म जितना महत्त्वपूर्ण है उतना परंपरागत बौद्ध धर्म नहीं है। धर्म और समाज डॉ.अम्बेडकर की दृष्टि में परस्पर अन्योन्याश्रित हैं। किसी धर्म को जीवित रखना है तो उसकी ऐसी सामाजिक व्यवस्था होनी चाहिए जिसमें असमानता, भेदभाव आदि की गुंजाइश न हो। धर्म की रीढ़ परस्पर का सम्मान, परस्पर का विश्वास और परस्पर प्रेम है। इसलिए आगे चलकर उनका बौद्ध धर्म के बारे में यह विचार बना था कि "यह धर्म न केवल इस देश की बल्कि समस्त संसार की सेवा कर सकता है। वर्तमान अंतराष्ट्रीय मामलों के संदर्भ में बौद्ध धर्म विश्वशांति के लिए परमावश्यक है। तुम्हें आज यह प्रतिज्ञा करनी चाहिए कि तुम भगवान् बुद्ध के अनुयायी न केवल अपनी ही मुक्ति

30. धनंजय कीर डॉ.अम्बेडकर-लाइफ़ एंड मिशन, पृ. 202

31. डॉ.अम्बेडकर मेमोरियल ट्रस्ट्स पुस्तिका, लंदन, पृ. 29-30

के लिए कार्य करोगे, बल्कि अपने देश और सामान्यतः संसार की मुक्ति के लिए कार्य करोगे।"उनकी दृढ़ मान्यता थी कि महात्माओं के दिन अब समाप्त हो गए हैं और संसार में अब कोई नया धर्म संभव नहीं है। उन्हें उन्हीं धर्मों में से किसी को चुनना होगा जो इस वक़्त विद्यमान हैं।

उनकी दृष्टि में बौद्धिक आंदोलन न केवल आध्यात्मिक उत्थान के लिए है अपितु उससे राजनीतिक उद्देश्यों की संपूर्ति भी पूर्णतया संभव है। उन्होंने कहा था-"मैं तो शांति में विश्वास रखता हूँ, लेकिन उस शांति में जो न्याय पर आधारित हो, न कि कब्रिस्तान की शांति में। जब तक संसार में न्याय के प्रति सम्मान नहीं होता तब तक किसी प्रकार की शांति नहीं हो सकती। बौद्ध धर्म, केवल बौद्ध धर्म ही संसार को बचा सकता है।" वे नहीं चाहते थे कि उनका वर्ग हिंदू समाज का गुलाम बना रहे। उसमें रहते हुए उसका कभी भी कल्याण नहीं हो सकता। मौलिक उपलब्धियों की अपेक्षा सम्मान की सुरक्षा उनकी दृष्टि में महत्त्वपूर्ण थी। सन् 1935 में उन्होंने यह निर्णय किया था कि वे हिंदू धर्म को छोड़ देंगे। कहा था-" यद्यपि मैं हिंदू धर्म में पैदा हुआ हूँ क्योंकि उसमें कुछ कर नहीं सकता था, लेकिन मैं एक हिंदू के रूप में नहीं मरूँगा।"वर्णवाद तथा ब्राह्मणवाद से मुक्ति प्राप्त करना उनके जीवन का पवित्र लक्ष्य बन गया था। उनका संघर्ष त्रिकोणात्मक था। वह मात्र आर्थिक प्रगति में विश्वास नहीं करते थे। न उनका विश्वास सम्मानरहित व्यवस्था में था। दरअसल उन्हें जितना अपमान, तिरस्कार तथा उपेक्षा हिंदू धर्म व कांग्रेस-राजनीतिज्ञों से मिली, उसी का यह फल था कि वे बेहद तीखी घुटन महसूस करने लगे थे। आत्मसम्मान की असुरक्षा उनकी अंतश्चेतना में गहरे पैठ गई थी। उनकी अंतश्चेतना की यात्रा उत्तरोत्तर सवर्ण जाति के आक्रमणों से फूत्कार उठी थी। इसमें कोई शक नहीं था कि वे निश्छल इंसान थे। वे पद के प्यासे नहीं थे। उनमें स्वार्थपूर्ण राजनीतिक छल भी नहीं था। वस्तुतः उनकी राजनीति सत्ता की नहीं थी, धर्म की थी और समता तथा भ्रातृत्व की थी।

उन्होंने अनेक बार एक ही बात को दोहराया था-"मनुष्य का यह जन्मसिद्ध अधिकार है कि वह सम्मानपूर्वक जीवनयापन करे। इस लक्ष्य की प्राप्ति के लिए अधिकाधिक कार्य करना चाहिए। हम इस उद्देश्य की प्राप्ति के लिए बड़े से बड़ा बलिदान करने के लिए कटिबद्ध हैं। हम उस मानव-सम्मान के लिए संघर्ष कर रहे हैं, जिसका हिंदुओं ने हमारे लिए अभी तक निषेध कर रखा था। हम अपने जीवन को उतना पूर्ण तथा सुंदर बनाना चाहते हैं, जितना संभव हो सके।"[32]

किसी ने यह समझने की कोशिश की कि उनकी यह पीड़ा क्यों थी? उनका झुकाव बौद्ध धर्म की ओर क्यों हो गया? उनमें राजनीतिक ढोंग नहीं था और राजनीतिक तथा

---

32. दस स्पोक : अम्बेडकर, खंड 2, पृ. 145

सामाजिक प्रभुतासंपन्न नेताओं के वे अंधभक्त बनने को तैयार नहीं थे। क्या यह एक सच्चे स्वाभिमानी, ईमानदार, देशभक्त और कर्तव्यनिष्ठ इंसान का संघर्ष नहीं था? उनके बारे में जॉर्ज जान का मूल्यांकन इस संदर्भ में यहाँ प्रस्तुत करना असंगत न होगा। उन्होंने लिखा था-'उनका प्रयत्न अछूतों को, राजनीतिक कार्यक्रम तथा आधुनिक जनतंत्र में प्राप्य पद्धतियों के द्वारा एक समाज में इकट्ठा करना था। इसका कारण था, उनमें आध्यात्मिकता का अनवरत बहता हुआ दबाव। सन् 1956 में, जब उन्होंने लाखों अछूतों को बौद्ध धर्म में दीक्षित किया था तब यह कहा था कि उनका संदेश धार्मिक है, इसी से उनकी धार्मिक आस्था बनी है। धर्म-परिवर्तन को राजनीतिक घटना के रूप में देखना बिलकुल भ्रमात्मक होगा। यदि अम्बेडकर धर्म-परिवर्तन को एक राजनीतिक अस्त्र के रूप में प्रयोग करते तो बौद्ध धर्म उनके लिए उपयुक्त धर्म नहीं था। उदाहरण के लिए इस्लाम की ओर मुड़ना अत्यधिक प्रभावशाली अस्त्र होता।[33] न इसका कारण उनका पलायनवादी ही होना था। हमें यह नहीं भूल जाना चाहिए कि एक अछूत विद्वान् तथा मेधा शक्ति को सवर्ण हिंदू समाज कैसे मान्यता देता? गांधी के पक्षधर उसे कैसे स्वीकार करते? कहना न होगा कि गांधी युग का सम्मोहन स्वयं गांधीजी को भी अंदर ही अंदर त्रस्त किए हुए था। गांधी -भंगिमा को तोड़कर कोई आगे आए, यह सवर्ण हिंदू समाज के लिए आत्महत्या जैसा होता। यही कारण है कि गांधीजी सदैव विवादास्पद रहे और उनकी मान्यताएँ तथा कार्य-पद्धति संदेह को उपजाती रहीं। काश, अम्बेडकर सवर्ण हिंदू समाज में पैदा हुए होते तो गीली लकड़ी के जलाने से पैदा होने वाला कड़ुवा धुआँ उसके लिए संघर्ष का कारण नहीं होता और उसकी क्षमताओं व योग्यताओं को अंगीकृत कर लिया जाता। दरअसल जिस रूप में भी हिंदू समाज व कांग्रेस ने उन्हें स्वीकार किया, उसके पीछे उनके राजनीतिक स्वार्थ थे। स्वतंत्रता का हल था। उन्होंने सन् 1935 से, जब से उनके मन में हिंदू धर्म को छोड़ने का प्रश्न उठा था, सन् 1955 तक उससे संघर्ष किया था, उसमें गुंजाइश निकालने की कोशिश की थी। उनका यह बीस वर्षीय संघर्ष कोई साधारण संघर्ष नहीं था और न चौंकाने वाला ही था। वह राम के चौदह वर्ष के वनवास से भी अधिक उत्कर्ष संघर्ष था। उनके जीवन मूल्यों की नव-स्थापना में सदैव मानववाद रहा। वह सच्चे अर्थों में धर्म व राजनीति के समन्वयकारी अन्वेषक तथा प्रवर्तक थे।" यथार्थ में वे मानव-जीवन के प्रणेता थे। उनका मन-जन के सम्मान में अति विश्वास था। उनकी दृष्टि में सभी मनुष्य समान हैं अतः उनके साथ समानता का व्यवहार होना चाहिए। चूँकि धर्म व्यक्ति की आंतरिक ज़रूरत है, अतः वह उदार, स्पष्ट और पक्षपातरहित होना चाहिए, क्योंकि व्यवहार में मनुष्य उसी की परिणति है।

❐

---

33. जॉर्ज जान : पॉलिटीशियन एज सेंट एज पॉलिटीशियन, पब्लिश्ड-हिंदुस्तान टाइम्स, 21 अक्टूबर, 1974

धार्मिक अंतर्द्वंद्व

धर्म डॉ.अम्बेडकर के चिंतन-मनन का प्रमुख विषय रहा था। हिंदू धर्म के अभिशापों को झेलते हुए भी वे धर्म की आवश्यकता के महत्त्व को नकार नहीं सके थे। कारण, वे धर्म के द्वारा मानव-जाति के उद्धार तथा स्वस्थ समाज की परिकल्पना करते थे। धर्म कौन-सा अपनाया जाए, अब यह उनके अनुचिंतन का विषय था; क्योंकि हिंदू धर्म जिन रूढ़ावस्थाओं तथा रूढ़ परंपराओं से ग्रस्त है, उसको देखते हुए उस धर्म से दलित वर्ग की स्थिति में कोई भी सुधार होना असंभव है।

डॉ.अम्बेडकर ने 'बुद्धा एंड द फ़्यूचर ऑफ़ हिज़ रिलीजन' नाम से लेख लिखकर उनके विचारों को संक्षेप में प्रस्तुत किया था। 25 मई, सन् 1950 को वह अपनी पत्नी तथा पार्टी सचिव के साथ लंका गए थे, बुद्धिस्ट कांफ्रेंस में भाग लेने के लिए। वहाँ उन्होंने बौद्ध धर्म के उत्थान-पतन पर ज़ोरदार भाषण दिया था। कोलंबो में, टाउन हॉल में आयोजित मीटिंग में उन्होंने अछूतों के लिए बौद्ध धर्म एक रास्ता बतलाया था। उन्होंने कहा था कि उसके लिए अलग संगठन की कोई ज़रूरत नहीं है। सिलोन संस्थापित बौद्ध संगठन ही उनके हितों की देखभाल कर सकता है। यह तथ्य इस बात की ओर संकेत देता है कि उनमें पद के प्रति कोई सम्मोहन नहीं था।

कोलंबो कांफ्रेंस से लौटते वक्त उन्होंने लेजिसलेटिव चेंबर, ट्रावनड्रम को संबोधित करते हुए इस बात पर ज़ोर दिया कि संविधान की अपेक्षा संवैधानिक नैतिकता अधिक महत्त्वपूर्ण है।

ट्रावनड्रम में भ्रमण करते हुए उन्होंने हिंदू कोड बिल के संबंध में अनेक विद्वानों से चर्चा की थी और वहाँ के अनेक मंदिर देखकर उन्होंने कहा था कि-"ओह! यह कैसा धन और 'फूड' का विनाश है!"

बंबई में उन्होंने 'रॉयल एशियाटिक सोसाइटी' की शाखा को संबोधित करते हुए उन विरोधियों के प्रश्नों का जवाब दिया था, जो उन्हें अवसरवादी व पलायनवादी कहने लगे थे। उनका कहना था कि बौद्ध धर्म के प्रति उनका बचपन से झुकाव था। वह इस धर्म में जीवनीय नियमों की मुक्त स्थिति का आभास पाते थे और उपयुक्त सम्माननीय परिवेश का अनुभव करते थे।

वस्तुतः डॉ.अम्बेडकर अप्रतिम स्कॉलर थे। अध्ययन और जीवन के प्रति वह एकदम स्पष्ट इंसान थे। महात्मा बुद्ध के प्रति उनका आकर्षण उतना महत्त्वपूर्ण नहीं है जितना कि बौद्ध धर्म का मार्क्स और हिंदू धर्म के संदर्भ में वैज्ञानिक अध्ययन है। उन्होंने घर की नहीं, सदैव पुस्तकालय की कल्पना की थी और उसे ही मूर्त रूप दिया था। हिंदू कॉलोनी दादर (बंबई) में उन्होंने पुस्तकों के रखरखाव के लिए पुस्तकालय बनाया था। उस पुस्तकालय में दूर-दूर से छात्र अपनी शोध-जिज्ञासा को शांत करने की दृष्टि से आते थे। उन्होंने उस मकान का नाम रखा था-राजगृह।

अब तक गांधीजी के 'नोन वाइलेंट रिवोल्यूशन' में लोगों की भक्ति मंद पड़ चुकी थी। अखिल भारतीय कांग्रेस कमेटी ने भी अपनी नीति में परिवर्तन कर लिया था। 41वाँ कांग्रेस अधिवेशन लखनऊ में हुआ था। उसमें पहली बार संविधान की माँग करते हुए पं. जवाहरलाल नेहरू ने कहा था-"मैं समझता हूँ, नए प्रांतीय विधानमंडलों के चुनाव हमें लड़ने ही पड़ेंगे। हमें ठोस राजनीतिक और आर्थिक कार्यक्रम के आधार पर चुनाव लड़ना चाहिए, जिसमें संविधान परिषद् की माँग सबसे प्रमुख रहे। विधान निर्मात्री परिषद् ही हमारा विधान ठीक और जनतांत्रिक ढंग पर बनाने का उपाय है और परिषद् के प्रतिनिधि ही ब्रिटिश सरकार से संधि की बात चलाएँ।"साथ ही उस अधिवेशन में पास होने वाले प्रस्तावों में से एक प्रस्ताव यह भी था कि राष्ट्रीय, मज़दूर व किसान आंदोलनों को कुचलने के लिए ब्रिटिश सरकार ने भारत में व्यापक और तीव्र रूप से नागरिक और बहुधा व्यक्तिगत स्वतंत्रता का दमन किया है, उसकी ओर कांग्रेस का ध्यान आकृष्ट करती है-विशेषकर सैकड़ों कांग्रेस, राष्ट्रीय, मज़दूर व किसान और राजनीतिक संगठनों को गैरक़ानूनी कर देने की ओर सरकार ने बहुत-से आश्रमों और शिक्षा संस्थाओं को अपने क़ब्ज़े में ले लिया है और उन्हें छोड़ नहीं रही, ऑर्डिनेंस राज जारी है" हालाँकि विधानसभा ने दो बार ऑर्डिनेंस व ऐसे ही दूसरे क़ानूनों को अस्वीकार कर दिया है, किताबें और पत्रिकाएँ ज़ब्त हो रही हैं, इधर कुछ वर्षों से कड़े प्रेस कानूनों व सेंसर के कारण 340 अख़बार बंद कर दिए गए हैं और अख़बारों से माँगी गई बड़ी-बड़ी ज़मानतें ज़ब्त कर ली गई हैं, अभियोग व मुकदमा चलाए बिना ही बड़ी संख्या में लोग पकड़कर नज़रबंद कर दिए गए हैं-राजनीतिक कार्यकर्ताओं पर 'जरायमपेशा' या 'विदेशी' क़ानून लागू कर दिए जाते है, मकानों की व्यापक रूप से तलाशियाँ ली जाती हैं, सन् 1857 के महान् विद्रोह के बाद कभी इस प्रकार भारतीय जनता का दमन नहीं हुआ और कभी भी नागरिक एवं व्यक्तिगत आज़ादी ऐसे नहीं छीनी गई जैसे कि आजकल ब्रिटिश राज में छीनी जा रही है।"इसी समय लंबे निर्वासन के बाद सुभाषचंद्र बोस लौट रहे थे। उन्हें पकड़ लिया गया था।

1 जून, सन् 1935 को लॉ कॉलेज का आपको सरकार ने प्रिंसिपल बनाया था। उन्होंने कॉलेज की उन्नति के लिए रात-दिन लगकर काम किया। सरकार को महत्त्वपूर्ण सुझाव भी भेजे। उधर वह राजनीतिक उथल-पुथल के दृश्यों का भी गंभीरता से अध्ययन कर रहे थे। ब्रिटिश पार्लियामेंट में इंडिया बिल पर बहस चल रही थी। मि. ए.डब्ल्यू. गुडमैन, कंजरवेटिव पार्टी के नेता ने दलित वर्ग के प्रतिनिधित्व की सशक्त वकालत की थी। वह प्रांतीय तथा केंद्रीय असेंबली में दलित वर्ग के पर्याप्त प्रतिनिधित्व की माँग कर रहे थे। कांग्रेस तटस्थता की नीति दोहरा रही थी। वह 'कम्युनल अवार्ड' नीति का न तो विरोध कर रही थी और न पक्ष ले रही थी।

डॉ.अम्बेडकर प्रधानाचार्य पद का कार्यभार सँभालते हुए उस सब नीति-रचना को देख रहे थे। इस समय इनकी पत्नी बीमार चल रही थी। पिछले वर्ष के दौरान उन्हें अपने परिवार को देखने का मौक़ा ही नहीं मिला था। हवा बदल के लिए वह पत्नी को धारवाड़ ले गए थे, लेकिन उससे कोई लाभ नहीं हुआ, अतः लौट आए थे। पत्नी की ज़िंदगी का अधिकांश भाग अपने पति की चिंता व ग़रीबी से लड़ते रहने में ही व्यतीत हुआ था। व्रत रखना भी उसकी आदत थी। वह अत्यंत व्यवहारकुशल, मृदुभाषिणी एवं शालीन प्रकृति की स्त्री थी। वह ईश्वर भक्त थी। वह परलोक सिधार गई। अम्बेडकर बालकों की तरह फूट-फूटकर रो पड़े। अब वह बिलकुल अकेले थे।

उस वक़्त एक आम चर्चा गर्म हुई थी कि अम्बेडकर राजनीति से संन्यास ले रहे हैं। पत्नी गुज़र चुकी थी। कॉलेज में प्रिंसिपल पद सँभाल ही चुके थे। सुना जा रहा था कि उनको हाईकोर्ट का जज बनाया जा रहा है। उस समय अम्बेडकर पहली बार अपने आप में लौटे थे। उनको किसी पद की चारदीवारी में बाँध लेना कल्पनातीत था। वह तबीयत से स्कॉलर थे। राजनीति तो उनको करनी पड़ी थी।

उसी समय उनके धर्म परिवर्तन की चर्चा फैल गई थी। सबने इस समाचार को आश्चर्य से लिया था। वह दस वर्ष से हिंदू समाज में हिंदू धर्म से लड़ रहे थे, परंतु उन्हें उसमें कोई सफलता नहीं मिली थी। 'कालाराम मंदिर' की याद उनके हृदय से नहीं निकली थी। उन्हें अपने प्रयत्न बेकार लग रहे थे। उनको इस दुर्भाग्य का दुःख था कि वह हिंदू समाज में पैदा हुए थे। यह वह समय था जबकि उनके हृदय में हिंदू धर्म के प्रति आग लगी हुई थी और वह क्रिश्चियन व मुस्लिम धर्म की ओर जिज्ञासा की दृष्टि से देख रहे थे। वह बदायूँ में होने वाली मुस्लिम कांफ्रेंस में सम्मिलित हुए थे। उधर क्रिश्चियन प्रतीक्षा में थे। अम्बेडकर क्रिश्चियन हो गए तो करोड़ों क्रिश्चियन बन जाएँगे। उधर उनके बौद्ध धर्म स्वीकार करने की चर्चा भी थी। सिक्ख धर्म की ओर से भी उन्हें धर्म बदलने की दावत दी गई थी, परंतु अम्बेडकर ने कहा था कि धर्म कोई घर या घड़ी नहीं है जो इच्छा होने मात्र पर बदला जा सके।

यों उन्होंने अपने आपको पूर्णतया धर्म-परिवर्तन के लिए तैयार कर लिया था। उन्होंने निर्णय लिया था कि यदि जनता (उस वर्ग के लोग) उपयुक्त समझेगी तो उनके द्वारा अपनाए गए रास्ते को स्वीकार कर लेंगे अन्यथा उनका साथ नहीं देंगे। उन्हें इसकी परवाह नहीं कि वे उनके रास्ते को स्वीकारते हैं अथवा नहीं। उधर हिंदू धर्म के अनेक नेता भी डॉ.अम्बेडकर से मिले थे और उन्होंने कहा था कि हिंदू धर्म में से यदि धर्मांधता ख़त्म नहीं होगी तो अनागत में यह धर्म नष्ट हो जाएगा। डॉ.अम्बेडकर ने उनको जवाब दिया था कि उन्हें क्या करना चाहिए, क्या नहीं, इसके लिए हिंदू धर्म उत्तरदायी है। आखिर दलित वर्ग के करोड़ों लोगों का सवाल था और यह स्पष्ट था कि उनमें से अधिकांश अम्बेडकर का साथ देंगे। हिंदू चाहें तो वे इस त्रासदी को रोक सकते हैं।

निस्संदेह जो डॉ.अम्बेडकर चाहते थे, वह तत्काल होने वाला नहीं था। उसमें समय ज़रूर लगेगा। परिणामतः डॉ.अम्बेडकर ने उनकी बात को ध्यान में रखते हुए कहा कि वह पाँच-दस वर्ष तक इस विषय पर और सोच सकते हैं। और इससे सवर्ण हिंदू जाति के लोग प्रयत्नशील हो उठे थे। गादी के शंकराचार्य को भी इसके लिए विवश करने के प्रयत्न शुरू हुए थे।

डॉ.अम्बेडकर उन लोगों में से नहीं थे जो कि समाज के लिए धर्म को अपरिहार्य नहीं मानते हैं। वह तो व्यक्ति व समाज दोनों के लिए धर्म को अनिवार्य मानते थे। यदि हिंदू धर्म में पाँच वर्ष में बदलाव आया और दलितों के लिए कोई रास्ता निकल सका, जिससे वह समान सम्मान का अधिकारी हो सके तो वह धर्म-परिवर्तन के विचार पर पुनः सोच सकते हैं। उनकी मान्यता थी कि भारत को तानाशाही क़िस्म का आदमी चाहिए, हिटलर या कमाल पाशा जैसा, जो सामाजिक तथा धार्मिक क्षेत्र में अव्यवस्था व असमानता को मिटा सके। लोकतंत्र भारत के लिए उपयुक्त नहीं है। और उसके लिए सामाजिक क्षेत्र में गांधीजी अधिनायक की भूमिका अदा कर सकते हैं।

उधर डॉ.अम्बेडकर किसानों को ज़मींदारों के प्रति विद्रोह करने के लिए अनुप्रेरित कर रहे थे। यद्यपि कॉलेज के प्रिंसिपल के रूप में उनको यथोचित सम्मान मिल रहा था तथापि इस समय डॉ.अम्बेडकर अपेक्षाकृत पहले से अधिक उग्र हो चुके थे।

12-13 जनवरी, सन् 1936 को पूना में होने वाली कांफ्रेंस में उन्होंने पुनः अछूत या छुआछूत से अभिशप्त वर्ग को सलाह दी थी कि वे धर्म को ज़रूरी नहीं कि बदलें, परंतु वे नई स्थितियाँ पैदा कर सकते हैं जो एक प्रकार से नए धर्म का रूप हो सकता है। उन्होंने भ्रातृत्व भावना तथा समता पर बहुत ज़ोर दिया था। उन्होंने यह भी स्पष्ट कहा था कि धर्म-परिवर्तन का मतलब यह होगा कि धर्म बदलते ही वह व्यक्ति नवाब या पोप बन जाएगा। व्यक्ति कहीं भी जाए, परंतु उसे अपने सम्मानपूर्ण अस्तित्व के लिए संघर्ष अवश्य करना

होगा। सवाल 'ब्रेड एंड बटर' का नहीं है। सवाल संघर्ष का है और व्यक्ति कहीं भी हो, उसे अपने को उठाने के लिए संघर्ष करना ही पड़ेगा।

वह क़तई जल्दी में नहीं थे। धर्म-परिवर्तन का सवाल हिंदू धर्म के भाग्य से जुड़ा हुआ था। और फिर हिंदू धर्म पर कोई सवर्ण जाति का ठेका तो नहीं है। उसमें रहते हुए भी संघर्ष जारी रखा जा सकता है। हिंदुस्तान के इतिहास में यह समय कम संकट का नहीं था। इस वक्त सबकी दृष्टि डॉ.अम्बेडकर पर टिकी हुई थी। उनके निर्णय से बहुसंख्यक जनता प्रभावित होती थी। 'यूथ कांग्रेस' में भी अम्बेडकर के विचारों पर बल दिया गया था।

जनवरी, सन् 1936 में जाति-पाँति तोड़क मंडल, लाहौर में उसके वार्षिक अधिवेशन पर डॉ.अम्बेडकर ने एक भाषण तैयार किया था। कारण-जाति-विरोधी नेताओं ने अम्बेडकर से इस सम्मेलन की अध्यक्षता करने की भी प्रार्थना की थी।

15 मार्च, सन् 1936 को चितरंजन थियोरिटीकल कंपनी द्वारा बंबई थियेटर, बंबई में डॉ.अम्बेडकर का सम्मान किया गया। 13 व 14 अप्रैल को अम्बेडकर सिक्ख मिशंस कांफ्रेंस के लिए अमृतसर पहुँचे थे और दोनों दिन वहीं रहे थे। उस कांफ्रेंस में दलित वर्ग के लोग भी काफ़ी संख्या में पहुँचे थे। पंजाब, केरल, उत्तर प्रदेश आदि से काफ़ी संख्या में दलित वर्ग के लोग पहुँचे थे। अवकाशप्राप्त डिस्ट्रिक्ट जज सरदार बहादुर हुक्मसिंह ने उस कांफ्रेंस की अध्यक्षता की थी। अम्बेडकर ने यहाँ कोई घोषणा नहीं की थी।

इधर गांधी-कैंप में डॉ.अम्बेडकर को लेकर नई गतिविधियाँ चल उठी थीं, जिनसे उनका तयशुदा कार्यक्रम अस्त-व्यस्त हो रहा था। सौगाँव में अम्बेडकर गांधीजी से मिले थे, परंतु समस्या का समाधान संभव नहीं हो सका। वर्धा स्टेशन पर सेठ बालचंद हीराचंद और जमुनालाल बजाज एवं गांधीजी के हज़ारों अनुयायियों ने डॉ.अम्बेडकर से प्रश्न किया था कि वह गांधी कैंप क्यों नहीं अपना लेते? फलतः उनके पास असीमित साधन संभव हो सकते हैं और वह दलित वर्ग को ऊपर उठाने में उनकी सहायता से अच्छा कार्य कर सकते हैं। परंतु अम्बेडकर ने बिना किसी हिचकिचाहट के स्पष्ट कहा था कि ऐसा संभव नहीं हो सकता क्योंकि उनमें व गांधीजी में अनेक बिंदुओं पर मतभेद है। जब उनके सामने नेहरू की दलील पेश की गई तो उन्होंने कहा था कि वे नेहरू नहीं हो सकते हैं। सफलता के लिए वे अपनी आत्मा का बलिदान नहीं कर सकते हैं। कारण, माँ और नर्स वाला अंतर था, उनकी व्यापक और गहन दृष्टि में, जो उन्हें जुड़ने नहीं देता था।

डॉ.अम्बेडकर अपने गहन अध्ययन व मनन के बाद इस निष्कर्ष पर पहुँचे थे कि जाति हिंदुओं की रीढ़ की हड्डी है। जाति ही हिंदुओं के पतन के लिए ज़िम्मेदार है। जातिवाद के लिए ही हिंदू लगातार पराजित होते रहे हैं। जाति के कारण ही हिंदू को भारत का बीमार इंसान सिद्ध कर दिया गया है। उसे पुनः स्वस्थ होने के लिए अंतर्जातीय विवाह ज़रूरी है।

अंतर्जातीय भोज उसके लिए पर्याप्त नहीं है। विवाह से एक-दूसरे के अत्यंत नज़दीक आ सकेगा। इससे परस्पर प्रगाढ़ता की अनुभूति स्थायी व व्यापक होगी। वे शास्त्रों की आस्था पर कुठाराघात करते हुए ज़ोर देते थे कि उनसे जाति का आधार जोड़कर गलती की है और हिंदू धर्म उसकी गलती का परिणाम अभिशप्त जीवन भोग रहा है। उनकी दृष्टि में राष्ट्रीय जीवन समग्र परिवर्तन अपरिहार्य था। वह परिवर्तन जीवन-मूल्यों में, जीवन की विचारधारा में और व्यक्ति-वस्तु के प्रति व्यवहार में होना है। बिना इसको प्राप्त किए स्वराज्य का कोई अर्थ नहीं है। वह प्रयत्न तो दासता की ओर बढ़ने जैसा ही होगा। उनकी यह थीसिस[34] बहुत प्रसिद्ध हुई थी। भारत की अनेक भाषाओं में इसका अनुवाद हुआ था; जैसे मलयालम, गुजराती, तमिल, पंजाबी, मराठी आदि में। अंग्रेज़ी संस्करण तो दो माह में ही बिक गया था।

अम्बेडकर यूथ कांफ्रेंस, जो पूना में हुई थी, से संतुष्ट नहीं हुए थे। 30-31 मई, सन् 1936 में दादर (बंबई) में एक कांफ्रेंस हुई थी, जिसमें अम्बेडकर ने मराठी में भाषण दिया था। वह भाषण पचास पृष्ठ के लगभग था। उसमें उन्होंने धर्म परिवर्तन के निश्चय को दोहराते हुए कहा था कि वे ऐसा किसी भौतिक उपलब्धि के कारण नहीं कर रहे हैं। हिंदू धर्म उनकी आत्मा को स्वीकार नहीं है।

उनसे किसी ने पूछा कि धर्म-परिवर्तन से क्या लाभ होगा?

उन्होंने तत्काल उत्तर दिया था कि स्वराज्य पाने से भारत को क्या लाभ होगा?

यदि भारत के लिए स्वराज्य आवश्यक है तो दलितों के लिए धर्म-परिवर्तन भी ज़रूरी है। कारण, दोनों ही स्वतंत्रता की प्राप्ति के लिए संघर्षरत हैं।

उस समय पंडित गोविंदवल्लभ पंत ने कहा था कि हरिजन दोनों लाभ नहीं उठा सकते हैं। या तो वे हिंदू रहते हुए पूना पैक्ट के अंतर्गत लाभ उठा सकेंगे अथवा वे धर्म-परिवर्तन करके उसके सुख से लाभान्वित हो सकेंगे।

इसका मुँहतोड़ जवाब देते हुए अम्बेडकर ने कहा कि यह कांग्रेस का 'स्टंट' है। उनका तर्क था कि दलित वर्ग को जो सुविधाएँ मुहैया की गई हैं वे हिंदू होने के कारण से नहीं हैं और न उन्हें हिंदू कोटा से वे मिली हैं। वह तो सामान्य क्षेत्र (General Constituency) से मिली हैं। दूसरे, दलित वर्ग का वर्गीकरण (The Classification of the Untouchables) सामाजिक व आर्थिक आधार पर हुआ है।

उस समय डॉ.अम्बेडकर के मन में इस्लाम धर्म, ईसाई और सिक्ख धर्म को लेकर अंतर्द्वंद्व चल रहा था। उसका परिणाम निर्णयात्मक रूप में सामने नहीं आ सका। परंतु इतना निश्चित है कि हिंदू धर्म व सवर्ण समाज के सामने उन्होंने एक ज्वलंत प्रश्न उछाल दिया था, जिसका किसी के पास समुचित उत्तर नहीं था।

---

34. एनिहिलेशन ऑफ़ कास्ट-(जात-पात का बीजनाश)

वह हिंदू धर्म में दलित वर्ग के जीवन-अस्तित्व और जीवन-सम्मान की गुंजाइश का आभास नहीं पा रहे थे। उनकी दृष्टि में मनुष्य के लिए धर्म अपरिहार्य था। उससे मनुष्य को अंतर्दृष्टि और जीने का संबल मिलता है। बिना धर्म के मनुष्य की स्थिति डाँवाडोल ही बनी रहती है। उनके मन में निरंतर यह प्रश्न ज़ोर मार रहा था कि हिंदू धर्म के अलावा वे कौन-सा धर्म स्वीकार करें, जिससे दलित वर्ग की मानसिक स्थिति सवर्ण वर्ग के समानांतर हो सके।

रह-रहकर उनके मन में गुरुदेव रवींद्रनाथ टैगोर के गीत की अनुगूँज विलुलित होती रहती थी। बौद्ध मतावलंबी उनके उस गीत को गाते रहते थे, जिसमें उन्होंने महात्मा बुद्ध से प्रार्थना की थी कि वह उनके देश को जगाएँ। यह वह स्थान है जहाँ मस्तिष्क निर्भीक है, ज्ञान निर्बंध है, विश्व संकीर्णता से आवृत्त नहीं है और शब्द सत्य की गहराई से बाहर आते हैं।[35] उनका मन उनके इस गीत में रम जाता था और वे बौद्ध धर्म को स्वीकार करने की सोचने लगते थे।

डॉ.अम्बेडकर ने यह स्पष्ट किया था कि प्राकृतिक नियम एवं मानव-समाज के क़ानून में अंतर है। मनुष्य ने हिंदू समाज के लिए जो क़ानून बनाए हैं, उनसे केवल ब्राह्मण तथा क्षत्रियों को ही लाभ है, दूसरे हिंदुओं को उससे हानियाँ हैं। जबकि अम्बेडकर इसे धर्म की कमज़ोरी मानते थे। हिंदू समाज में मनुष्य के सिद्धांतों की अक्षरशः अनुपालना होती हुई देखकर वे इस निष्कर्ष पर पहुँचे थे कि वे हिंदू धर्म में बने रहकर दलित समाज का उद्धार नहीं कर सकते हैं। परन्तु धर्म बदलने मात्र से समाज की उन्नत बनाने में जो कठिनाइयां हैं, वे असामाजिक घरातल को कैसे बदल सकेगी। हालांकि सामाजिक चेतना का निरंतर विकसित करने जाना सहज काम नहीं है, क्योंकि हमारी असामाजिक अंतर्द्वंद भी धर्म केन्द्रीत होती चलती गई है। असामाजिक स्तर धर्म पर निर्भर नहीं किया जा सकेगा क्योंकि, धर्म के भी अपने अंतर्द्वंद हैं, उस घेरे को तोड़ कर नहीं बल्कि उसकी सक्रियता को जोड़कर ऐसे बढ़ाना होगा ताकि उनकी प्रेरक क्षमताएं अधिक हो सके।

❐

---

35. Where the mind is without fear and the head is held hight;
Where knowledge is free;
Where the world has not been broken up into fragment of narrow domestic walls;
Where the worlds come out from the depth of truth;
Where tireless striving stretches its arms towards perfection;
Where the clear stream of reason has not lost its way into the dreary desert sand of dead habit;
Where the mind is lead forward by the (Buddha) into ever widening thought and action;
Into that heaven of freedom, My father (Buddha) let my country wake.
-by Roabindranath Tagore

नए दल की स्थापना

शीघ्र ही चुनाव होने जा रहे थे। सभी चुनाव में व्यस्त थे। खान अब्दुल ग़फ़्फ़ार ख़ाँ छूट गए थे। जवाहरलाल पुनः अध्यक्ष चुने गए थे। पं. नेहरू ने कहा था-"ब्रिटिश साम्राज्यशाही के शासन-तंत्र से सहयोग करने के लिए हम विधानमंडल में नहीं जा रहे हैं, बल्कि उस अधिनियम का विरोध करने और उस तंत्र का अंत करने जा रहे हैं।"विधान निर्मात्री परिषद् की माँग को दोहराते हुए उन्होंने कहा था-"हमारा सबसे महत्त्वपूर्ण कार्य (भारत) क़ानून तथा संघीय ढाँचा तोड़ना होगा। पूरा कानून पूरी तरह तो रद्दी है ही, परंतु उसमें संघ से बेहतर कुछ भी नहीं है।"इस समय प्रजा पार्टी, जस्टिस पार्टी, सेल्फरिस्पेक्ट पार्टी, राष्ट्रीय खेतिहर पार्टी, डेमोक्रेटिक पार्टी, यूनियनिस्ट पार्टी, पोपुलर पार्टी आदि अनेक पार्टियाँ चुनाव के मैदान में थीं।

डॉ.अम्बेडकर ने भी अपने साथियों की राय से स्वतंत्र 'लेबर पार्टी' की संस्थापना अगस्त, सन् 1936 में की थी। दलित वर्ग, मज़दूरों और किसानों की अनेक समस्याओं को लेकर इसने अपना काम शुरू किया था। चुनाव की तैयारी हो जाने पर 11 नवंबर को जेनेवा के लिए रवाना हो गए थे। कारण, आबोहवा बदलना था।

मैसूर राज्य ने अपने इतिहास में प्रथम बार यह घोषणा की थी कि दशहरा दरबार में हरिजन भाग ले सकेंगे। हिंदू महासभा ने अपील की थी कि ग्वालियर तथा इंदौर भी ट्रावनकोर के उदाहरण को अपने यहाँ चरितार्थ करें।

डॉ.अम्बेडकर तब बियाना व बर्लिन में घूम रहे थे। वह लंदन तो एक सप्ताह के लिए रुके थे। जब वह लंदन में थे तो एक लीडिंग मराठी वीकली ने यह समाचार प्रकाशित कर दिया था कि अम्बेडकर ने एक अंग्रेज़ युवती से विवाह कर लिया है और वे 14 जनवरी, सन् 1937 को भारत लौट रहे हैं। परंतु जब वह भारत लौट आए तब उनसे शादी के बारे में पत्रकारों ने प्रश्न किए। उन्होंने कहा कि कोई शादी-वादी नहीं की है। यह मात्र अफवाह है जो उनको बदनाम करने की दृष्टि से उड़ाई गई थी। न ही उन्होंने ऐसा कोई इंटरव्यू ही लंदन में दिया था।

अब चुनाव सिर पर थे। डॉ.अम्बेडकर से पूछा गया कि उन्होंने नई पार्टी क्यों बनाई है?

उन्होंने उत्तर दिया कि इसलिए बनाई है कि प्रांतीय लेजिसलेटिव असेंबली में 175 सीट्स में से केवल 17 सीट्स सुरक्षित सीट्स हैं। 15 सदस्यों की संख्या विरोध करने के लिए अपर्याप्त है।

17 फ़रवरी, 1937 को चुनाव संपन्न हुए। अम्बेडकर कांग्रेस पार्टी के सशक्त विरोध के बाद जीत गए। अम्बेडकर की पार्टी के सत्रह में से पंद्रह को सफलता मिली थी। 17 मार्च, सन् 1937 को महाड़ ताल केस का निर्णय हाईकोर्ट से दलित वर्ग के पक्ष में हुआ था। इन दो घटनाओं से डॉ.अम्बेडकर को बहुत बल मिला था तथा हिंदू समाज के सवर्ण तथा अन्य पार्टियों को, विशेषतया कांग्रेस पार्टी को इससे धक्का पहुँचा था।

19 जुलाई, सन् 1937 को अंतरिम मंत्रिमंडल ने इस्तीफ़ा दे दिया था। उसी दिन दोपहर के बाद चुने हुए सदस्यों ने शपथ ली थी। अम्बेडकर ने गीता पर हाथ रखकर कसम नहीं ली थी। कांग्रेस का मंत्रिमंडल बना था।

31 जुलाई, सन् 1937 को अम्बेडकर धूलिया पहुँचे थे। वहाँ उनका स्वागत

यह कहकर हुआ-

अम्बेडकर कौन है?

अम्बेडकर हमारा राजा है।

संध्या को उन्होंने विजय आनंद थियेटर में एक बैठक को संबोधित किया था। वहाँ उनका ज़बर्दस्त स्वागत हुआ था और उनकी बात को हार्दिक समर्थन मिला था।

7 अगस्त, सन् 1937 को डॉ.अम्बेडकर इंडिपेंडेंट लेबर पार्टी के अध्यक्ष चुने गए थे।

अगस्त के तृतीय सप्ताह में एक बिल मंत्रियों के वेतन संबंधी सामने आया, जिसमें पाँच सौ रुपए प्रति मास वेतन के साथ हाउस और कैरिज 'एलाउंसेज़' और था। इस बिल पर डॉ.अम्बेडकर ने अनेक आपत्तियाँ उठाई थीं।

इसके साथ अम्बेडकर ने यह भी प्रमाणित कर दिया था कि गांधीजी मज़दूरों के हितों का चिंतन नहीं करते हैं। उन्होंने कम्युनिस्टों को भी मज़दूरों का हितैषी नहीं माना था। उनकी मान्यता थी कि वे मज़दूरों के नाम पर अपने राजनीतिक हितों को पूरा करते हैं।

डॉ.अम्बेडकर ने कहा था कि तत्कालीन परिस्थितियों में लोकतांत्रिक सरकार भारत के लिए अनुपयुक्त व्यवस्था है। कारण, उसके लिए यहाँ तदनुरूप परिस्थितियाँ नहीं हैं।

उन्होंने शोलापुर में एक ज़बर्दस्त भाषण देते हुए कहा था कि वह ऐसा धर्म चाहते हैं जो मनुष्यों को परस्पर रहना, व्यवहार करना और सहायता करना सिखला सके और ईश्वर की दृष्टि में समानता, भ्रातृत्व और स्वतंत्रता सभी को बराबर हो। उन्होंने धर्म को सामाजिक उत्थान का प्रभावशाली साधन माना था। नैतिकता के रूप में, धर्म को प्रत्येक समाज का प्रशासनिक (नियामक) सिद्धांत होना ज़रूरी बतलाया था। बुद्धि-विज्ञान का दूसरा नाम ही धर्म है। धर्म के माध्यम से निर्धनता का पवित्रीकरण नहीं होना चाहिए।

शोलापुर से बंबई लौटने पर अम्बेडकर ने किसानों का एक ज़ोरदार जुलूस निकाला, जो काउंसिल हॉल में तीन तरफ़ से पहुँचा था। उसमें भाग लेने के लिए किसान थाना, कोलाबा, रत्नगिरि, नासिक, सतारा आदि अनेक स्थानों से बंबई में एकत्र हुए थे। उनका नारा था-

खोती पद्धति ख़त्म करो।

अम्बेडकर-बिल की सहायता करो या समर्थन दो।

20 सदस्य तत्कालीन मुख्यमंत्री से मिल सके थे। उन्होंने ज़मींदारी प्रथा को ख़त्म करने की माँग की थी। साथ ही इनामदार पद्धति को ख़त्म करने तथा छोटे किसानों से 'इरीगेशन रेट्स' आधे लेने की माँग की थी।

अम्बेडकर के दिमाग़ में आया कि वह 'रेलवे वर्कर्स' की तरह से किसानों का एक संगठन बनाएँगे। उनका आरोप था कि लेबर लीडर्स मज़दूरों की समस्या हल करने की कोशिश नहीं करते हैं। सामाजिक अन्याय बदस्तूर है। इसका परिणाम यह हुआ कि उन्हें राजनीतिक प्रतिनिधित्व करने की उनसे स्वीकृति मिल गई थी। आर्थिक विषमताओं को ख़त्म करने पर ज़ोर दिया गया था। उन्होंने किसानों को शोषण से मुक्त करने के लिए आवाज़ उठाई थी। बड़े ज़मींदार किसानों का ख़ून चूस रहे थे। लेकिन उनकी दृष्टि में साम्यवादी तबका जो उनसे संबद्ध बने रहने के लिए उनके प्रति होंठों की सहानुभूति रखता है, उनको शोषित होने से नहीं बचा सकता है। उन्होंने स्पष्ट घोषणा की थी कि मज़दूर वर्ग के दो दुश्मन हैं-एक पूँजीवाद और दूसरा ब्राह्मणवाद। यहाँ उनके ब्राह्मणवाद का आशय उस व्यापक जाति से था जो स्वतंत्रता, समानता और भ्रातृत्व-भावना में आस्था नहीं रखती है। उन्होंने पूँजीवाद की शोषित वर्ग बनाए रखने की साज़िश का भी पर्दाफ़ाश किया।

इस संदर्भ में उनका अध्ययन था कि "उसका शीर्षक कुछ भी हो, लेकिन यह बात संदेहहीन है कि कांग्रेस मध्यमवर्गीय हिंदुओं का एक संगठन है, उन हिंदू पूँजीपतियों द्वारा समर्थित है जिनका लक्ष्य भारत को आज़ाद कराना नहीं है, ब्रिटिश नियंत्रण से स्वतंत्र होना है ताकि वे शक्ति द्वारा उन साधनों को हथिया लें जो ब्रिटिश शासकों के हाथों में हैं।"[36] डॉ.अम्बेडकर को इसलिए स्वतंत्रता-विरोधी व्यक्ति कहा गया क्योंकि स्वतंत्रता के पीछे छिपे पूँजीवादी स्वार्थों को उन्होंने उजागर कर दिया था। यहाँ उनका वह वक्तव्य जो उन्होंने सन् 1930 की गोलमेज़ कांफ्रेंस में दिया था, याद आता है-

"यह वह सरकार है जो यह जानती है कि पूँजीपतियों ने मज़दूरों को अच्छी तनख़्वाह तथा काम की अच्छी स्थितियों का निषेध कर रखा है और वह यह भी अनुभव करती है कि ज़मींदार जनता का खून चूस रहे हैं, और फिर भी उसने उन सामाजिक बुराइयों का अंत नहीं

---

36. डॉ.अम्बेडकर : मि. गांधी एंड द इमेंसीयेशन ऑफ़ द अनटचेबिल्स, पृ. 12

किया, जिन्होंने पददलितों के जीवन को वर्षों से धूमिल कर रखा है। यद्यपि सरकार के पास उन बुराइयों को समाप्त करने की क़ानूनी शक्तियाँ हैं, तथापि उसने सामाजिक तथा आर्थिक जीवन की वर्तमान संहिता को नहीं बदला, क्योंकि उसे भय था कि वैसा करने से उसके प्रति विरोध पैदा होगा।[37] उनका संघर्ष आत्मसम्मान पाने के लिए था। समाज के प्रत्येक व्यक्ति की आज़ादी का था। डॉ.अम्बेडकर 'एक्ज़ीक्यूटिव काउंसिल' के बड़े ही विद्वान् सदस्य थे और प्रभावशाली वक्ता भी थे। लेकिन हरिजन नेता की भूमिका के रूप में, अपने पक्ष को बनाने में बड़े कटु थे। वह पूर्णतया एक राष्ट्रवादी थे।[38] दरअसल वे पीड़ित वर्ग के सचेतक व नेता थे। वह राजनीतिक षड्यंत्रों को समझते थे और इसलिए उनका समय पर विश्लेषण करते हुए न केवल जनता को सावधान कर देते थे अपितु उसके लिए अपरिहार्य क़दम भी उठाने की तैयारी कर लेते थे।

सन् 1936 में जो उन्होंने पार्टी बनाई थी, उसके पीछे भूमिहीन मज़दूरों, ग़रीब किसानों और श्रमिक वर्ग की समस्याएँ थीं। उनकी पार्टी का उद्देश्य था-पुराने उद्योगों की पुनर्स्थापना, राजकीय प्रबंध का सिद्धांत स्वीकार करना, आवश्यकता पड़ने पर उद्योगों पर राज्य का स्वामित्व, मिल व कारख़ानों में काम करने वाले मज़दूरों की भर्ती, उनको हटाना और उनको पदोन्नति देना, उपयुक्त वेतन देना, समय निर्धारित करना, वेतन सहित अवकाश का प्रावधान आदि के लिए कानून बनाना और साथ में उनको सस्ते किराए पर मकान मुहैया कराना, समस्त प्रकार की रूढ़िवादिता व प्रतिक्रियावादिता को दंडनीय घोषित कराना आदि ऐसे विषय थे, जिनका संबंध पीड़ित जाति या वर्ग से सीधा था। साम्यवादी हिंसात्मक तरीक़ा अपनाकर जो कुछ वे करना चाहते थे, उसे राज कुचल सकता था, सुरक्षा व शांति-भंग की आड़ में राज्य कोई भी कदम उठाने के लिए स्वतंत्र था। वह संवैधानिक ढंग तथा शांतिपूर्वक विरोध में आस्था रखते थे। सितंबर, सन् 1938 में बंबई लेजिस्लेचर असेंबली में विचारार्थ 'इंडस्ट्रियल डिसप्यूट्स' बिल आया था, जिसमें सत्याग्रह को प्रभावहीन बनाने की मंशा थी। कतिपय परिस्थितियों में सत्याग्रह गैरकानूनी घोषित किए जाने की बात थी। डॉ.अम्बेडकर ने उसका विरोध करते हुए कहा था कि सत्याग्रह अपनी मनपसंद की शर्तों पर स्वतंत्रता प्रदान करने के अधिकार के सिवाय और कुछ नहीं है। यदि स्वतंत्रता का अधिकार दैवी अधिकार है, तो फिर सत्याग्रह करने का भी अधिकार दैवी अधिकार है।

डॉ.अम्बेडकर ने न केवल असेंबली में इसका विरोध किया अपितु इसके ख़िलाफ़ ज़बर्दस्त जनमत तैयार किया। बंबई की एक सभा में, जिसमें डाँगे, जमनादास, मिराजकर, निंबेकर जैसे मज़दूर नेता विद्यमान थे, डॉ.अम्बेडकर ने सर्वसम्मति से प्रदर्शन कार्यक्रम को

---

37. डॉ.अम्बेडकर : दस स्पोक, खंड 1, पृ. 22

38. दुर्गादास : फ्रॉम कर्ज़न टु नेहरू एंड आफ्टर, पृ. 236

स्वीकृत कराया। प्रदर्शन के साथ-साथ समस्त मिलों तथा कारखानों के सामने धरना देने के प्रस्ताव को भी स्वीकृत कराया। यद्यपि उस प्रदर्शन का पुलिस ने दमन किया था तथापि वह प्रदर्शन ज़बर्दस्त रूप से सफल भी हुआ था। परंतु उन्होंने अपने संगठन व लोगों को सदैव साम्यवादियों के संगठन से अलग रखा था, क्योंकि उनका मार्क्सवादियों पर कोई विश्वास नहीं था। वे मानते थे कि वे अवसरवादी हैं। सर्वहारा वर्ग के हितों की अपेक्षा उनकी दृष्टि में वे राजनीतिक अवसरवाद की तलाश में रहते हैं।

उन्होंने कहा था-

1. साम्यवाद तथा हड़ताल दो अपृथक् बातें हैं।... श्रमिक आंदोलन नई दिशा में विकसित हो रहा है। उनका प्रयोग राजनीतिक क्रांति के लिए किया जा रहा न कि मज़दूरों के कल्याण के लिए।
2. साम्यवाद राजनीतिक उद्देश्यों की प्राप्ति को प्रमुख और मज़दूरों की स्थिति के सुधार को गौण महत्त्व देता है।

   उनकी दृष्टि में हड़ताल का प्रयोग मज़दूरों की स्थिति सुधारने के अलावा दूसरा नहीं होना चाहिए। उनका प्रसिद्ध नारा था कि "दुनिया के मज़दूरो, शिक्षित बनो, संगठित बनो और संघर्ष करो।"

उनकी स्पष्ट अवधारणा थी कि संसृति में केवल दो वर्ग हैं-अमीर और ग़रीब, शोषक और शोषित। तीसरा वर्ग मध्यम वर्ग है, वह बहुत छोटा है। ग़रीब या शोषित संगठित होकर तथा समस्त भेदभावों को त्यागकर जब अपने मताधिकार का सही प्रयोग करेंगे और उचित प्रतिनिधि चुनने में सफल हो सकेंगे तब ही उनके लिए सत्ता में आवाज़ उठाई जा सकेगी और उनके उत्थान की गति तेज़ हो सकेगी।

उन्होंने इंडिपेंडेंट लेबर पार्टी, शैड्यूल्ड कास्ट फेडरेशन, डिप्रेस्ड क्लासिज़ लीग आदि अनेक संगठन बनाए थे, परंतु वे केवल एक वर्ग तक सीमित न होकर तमाम उपेक्षितों को एक मंच व एक स्वर प्रदान करते थे। उनकी स्पष्ट घोषणा थी कि खोए हुए अधिकार भिक्षा तथा अपहरणकर्ता के अंतःकरण के प्रति निवेदनों से कदापि वापस नहीं मिलते हैं, वे तो मिलते हैं अबाध गति से निरंतर संघर्ष करते रहने से। इस तरह से वे सदैव आत्मसम्मान तथा अधिकारों के लिए दुर्द्धर्ष संघर्ष करने के लिए अनुप्रेरित करते रहे। उनकी नए दल व नए संगठन के पीछे हमेशा एक ही भावना रही थी कि संघर्ष की गति तेज़ तो की जाए, परंतु संघर्ष अहिंसाधृत हो। दरअसल वे संघर्ष के नेता थे, जीवन के नायक थे, पद या शक्ति के प्रति एकदम अनासक्त थे।

❑

द्वितीय विश्वयुद्ध

सन् 1939 : एक नवस्फूर्ति तथा क्रांतिकारी सन्।

कांग्रेस प्रस्तावित फेडरल असेंबली के लिए संघर्षरत थी। सुभाषचंद्र बोस, जो उस वक्त कांग्रेस के अध्यक्ष थे, फ़ेडरेशन के विरुद्ध थे। डॉ.अम्बेडकर भी इसके विरुद्ध थे। वायसराय लंदन जाकर इस संबंध में सलाह-मशविरा कर आए थे। वह फ़ेडरेशन का उद्घाटन कराना चाहते थे। 'गोखले एजूकेशन सोसाइटी"[39], पूना ने डॉ.अम्बेडकर को भाषण देने हेतु आमंत्रित किया था। उन्होंने 29 जनवरी, सन् 1939 को अपनी दो घंटे की 'स्पीच' में समझाया था कि किस प्रकार से 'फ़ेडरेशन स्कीम' देश की स्वतंत्रता को स्थायी रूप से कुचल देगी। यह ब्रिटिश भारत में लोकतंत्र की स्थायी समाप्ति का चक्रव्यूह है। उन्होंने यह भी सिद्ध किया कि रानाडे-युग अपेक्षाकृत गांधी युग

गांधी युग के कहीं जागरूक तथा निष्ठावान था। उस समय नेता भारत के आधुनिकीकरण के लिए संघर्षरत थे। जबकि गांधी युग के नेताओं को इस बात का कोरा अभिमान था कि वे भारत का निर्माण कर रहे हैं। निष्कर्षतः गांधी युग उनकी दृष्टि में अंधकार युग था।

सन् 1939 में द्वितीय विश्वयुद्ध की नींव रखी गई।

सन् 1940 में लाहौर में पाकिस्तान की माँग वाला पत्र तैयार हुआ।

अब्दुल कलाम आज़ाद ने कहा कि "यदि भारत को स्वतंत्रता का अपना अधिकार नहीं मिलता, तो इसका अर्थ यही होगा कि ब्रिटिश साम्राज्यवाद अपनी तमाम परंपराओं और विषमताओं के साथ पनप रहा है।" और ऐसी हालत में भारत इसकी विजय में मदद नहीं कर सकता।

वातावरण अत्यंत तनावपूर्ण था। जिन्ना अपने अलग अस्तित्व की माँग रखने लगे थे। डॉ.अम्बेडकर ने भी स्पष्ट कह दिया था कि जब तक गांधीजी तथा कांग्रेसी उनके प्रति, जो कांग्रेसी नहीं हैं, अपनी अहं आधृत नीति का परित्याग नहीं करेंगे तब तक अल्पसंख्यकों की समस्या का कदापि हल नहीं निकल सकता है। देशभक्ति पर केवल कांग्रेस का ही एकमात्र अधिकार नहीं है। तब पहली बार नेहरू डॉ.अम्बेडकर से मिले थे। उन दोनों में

39. Gokhale Education Society, School of Political and Economics.

वार्ता गांधीजी के सचिव महादेव देसाई की उपस्थिति में हुई थी, जिनको वर्धा से विशेष रूप में इसीलिए बुलाया गया था।

ब्रिटिश सरकार बिना भारतीय जनता की इच्छा जाने ही विश्वयुद्ध में उसे सम्मिलित कर चुकी थी। यह बात बर्दाश्त के क़ाबिल नहीं थी।

नेहरू-अम्बेडकर वार्ता में यदि अम्बेडकर ने अपनी बात को स्पष्ट रूप से रखा था और कटु से कटु सत्य का भी उल्था कर दिया था तथापि अंत में उनका व्यक्तिगत मतभेद और रुचि का तब कोई अर्थ नहीं रह गया था जबकि देश का सवाल सामने था। निःसंदेह वह जिस जाति में पैदा हुए थे, उसके प्रति वह वफ़ादार थे। परंतु उनका जातीय हित देशहित से किसी भी सूरत में कम नहीं था। वे बराबर समग्र आज़ादी के प्रति चिंतित थे। राजनीतिक आज़ादी उनकी दृष्टि में सामाजिक आज़ादी के बिना अधूरी और तकलीफदेह है।

नवंबर, सन् 1939 में कांग्रेस मंत्रियों ने इस्तीफ़ा दे दिया था। राजनीतिक वातावरण अत्यंत तनावपूर्ण हो चला था। मुस्लिम लीग का रवैया कांग्रेस से एकदम अलग था।

गांधीजी ने युद्ध-विरोधी सत्याग्रह शुरू कर दिया था। उस समय डॉ.अम्बेडकर ने कांग्रेस के उस संघर्ष के लिए कहा था कि वह (कांग्रेस) सत्ता के हस्तांतरण के लिए आंदोलन चलाए हुए है न कि समता व भेदभावरहित समाज की स्थापना के लिए।

मार्च, सन् 1942 में ब्रिटिश मंत्री युद्ध-मंडल के सदस्य स्टेफर्ड क्रिप्स भारत आए। वे भारतीय राजनीतिक वातावरण में पैदा हुए तनाव को दूर करने की दृष्टि से एक सुझाव लेकर आए थे। उन्होंने प्रस्ताव रखा कि युद्ध समाप्ति पर प्रांतीय विधानमंडलों में नए चुनाव होंगे। चुनाव के नतीजे आते ही प्रांतीय विधानसभाएँ आनुपातिक प्रतिनिधित्व पद्धति से विधान निर्मात्री परिषद् के सदस्यों को चुनेंगी। सारतया इस सुझाव की भूमिका में कहा गया था कि " ध्येय यह है कि नए भारतीय यूनियन का ऐसा उपनिवेश स्थापित किया जाए जो ब्रिटिश ताज के प्रति निष्ठा द्वारा ब्रिटेन व दूसरे राष्ट्रमंडलीय राष्ट्रों से संबद्ध रहे, लेकिन हर अर्थ में उनके समान और बराबर हो-आंतरिक या परराष्ट्री संबंधी किसी मामले में किसी के अधीन न हो।" क़रीब-क़रीब कांग्रेस ने क्रिप्स के प्रस्ताव पर अपनी सहमति का इज़हार कर दिया था, परंतु गांधीजी ने अपनी सहमति नहीं दी। फलतः क्रिप्स को खाली हाथ लौटना पड़ा।

जून, सन् 1942 को वायसराय ने कार्यकारिणी का विस्तार किया था, जिसमें डॉ.अम्बेडकर को भी लिया था। वह लगातार दलित वर्ग के लिए संघर्ष कर रहे थे। उनकी क्रिप्स से उसी वर्ग के बारे में वार्ता हुई थी।

सन् 1942 का साल क्रांतिकारी था। अगस्त-विद्रोह का नाम इतिहास में अमर है। 'भारत छोड़ो' आंदोलन शुरू हुआ था, जिसमें नेताओं की गिरफ़्तारी के बाद हर व्यक्ति स्वयं अपना प्रदर्शक होगा। गांधीजी ने 140 मिनट के अपने भाषण में कहा था कि "मैं तुरंत

आज़ादी चाहता हूँ और जानता हूँ कि मुस्लिम लीग तथा अंग्रेज़ इसका ज़बर्दस्त विरोध करेंगे। गुलामी की जंजीर उसी वक़्त टूट जाती है जिस वक्त गुलाम अपने को आज़ाद मान लेता है।"उन्होंने एक मंत्र दिया था कि 'हम करेंगे या मरेंगे।' उस समय डॉ.अम्बेडकर ने 'नए भारत' पर अधिक ज़ोर देते हुए 'भारत छोड़ो' आंदोलन के प्रति कोई रुचि नहीं दर्शाई थी।

10 फरवरी, सन् 1943 से गांधीजी ने आगा खाँ महल में 21 दिन का उपवास शुरू कर दिया। उपवास सुबह 9 बजे शुरू हुआ था।

उस समय चर्चिल इंग्लैंड के प्रधानमंत्री थे और वह चाहे जो कुछ भी परिणाम सामने आएँ, परंतु गांधीजी को छोड़ने के लिए तैयार नहीं थे। 2 मार्च को नारंगी का रस पीकर उन्होंने उपवास तोड़ दिया था और 6 मई, सन् 1944 को उन्हें मय उनके साथियों के साथ छोड़ दिया गया था। डॉ.अम्बेडकर इस समय मज़दूरों व दलितों के हितों के लिए कार्य कर रहे थे। उस समय कार्यकारिणी सभा से इस्तीफा देने की बात उठी थी, जिसको अम्बेडकर ने स्वीकार नहीं किया था।

उसके बाद गांधीजी का झुकाव अम्बेडकर की ओर हुआ, क्योंकि भारतीय राजनीतिक उद्देश्य स्वतंत्रता प्राप्त करना था और वह बिना दलित तथा अछूत वर्ग को अपनाए संभव नहीं था। अगस्त, सन् 1944 में अम्बेडकर ने कलकत्ता की एक दलित वर्ग द्वारा आयोजित सभा में कहा था कि उनकी माँग को जो भी स्वीकारेगा, वह उसी ओर चले जाएँगे। हैदराबाद दक्षिण में एक सभा में भाषण देते हुए उन्होंने कहा था कि दलित वर्ग एक अलग तत्त्व है। वह भी भारत को स्वतंत्र देखना चाहते हैं, परंतु दलित वर्ग की स्वतंत्रता के साथ।

मद्रास-भ्रमण के समय डॉ.अम्बेडकर ने अनेक सभाओं तथा महानगरपालिका को संबोधित किया था। जस्टिस पार्टी के नेता ई.वी. रामास्वामी से अनेक मुद्दों पर बातचीत की थी।

क्रिप्स के भारत से ख़ाली हाथ लौट जाने के बाद डॉ.अम्बेडकर ने दलित वर्ग के लिए आर्थिक, सामाजिक तथा राजनीतिक क्षेत्र में महत्त्वपूर्ण कार्य किया था। इधर उनकी पुस्तक 'थाट्स ऑन पाकिस्तान' का दूसरा संस्करण प्रकाशित हुआ था, जिसमें एक नया शीर्षक 'पाकिस्तान और पार्टीशन ऑफ इंडिया' और जोड़ दिया था।

डॉ.अम्बेडकर मानते थे कि जिंदगी छोटी है और इसमें एक उद्देश्य के लिए व्यक्ति कार्य कर सकता है। उन्होंने दलित वर्ग को गांधी तथा गांधीवाद से सावधान किया था, क्योंकि उनकी दृष्टि में गांधीजी कुछ नहीं हैं सिवाय प्रकृति की ओर लौटने के माध्यम के। वह गाँव की जिंदगी के प्रतीक हैं, मशीन व आधुनिक दुनिया से उन्हें कुछ लेना-देना नहीं है। वह आर्थिक तथा सामाजिक दृष्टि से प्रतिक्रियावादी हैं। उन्होंने धर्म का पूरा-पूरा लाभ उठाया है और व्यक्तियों को मिथ्या विश्वास तथा मिथ्या सुरक्षा में बनाए रखा है। यही उनका

गांधीवाद है। गांधीजी के पास दलित वर्ग के लिए मात्र प्लेटफ़ॉर्म है, कार्यान्विति के लिए कार्यक्रम नहीं है।

उधर, लार्ड वेवेल लंदन में नौ माह रहकर लौटे थे। उनके पास लार्ड वेवेल प्लान थी। जून, सन् 1945 में शिमला में उनके अनुसार एक कांफ्रेंस हुई थी, परंतु वह सफल नहीं हो सकी।

जुलाई में चुनाव परिणाम लेबर पार्टी के पक्ष में गए। जापान आत्मसमर्पण कर चुका था। भारत में मज़दूरों के लिए 'इंडस्ट्रियल हाउसिंग-एम्पलायर्स रेसपोंसबिलिटी' और वेतन सहित अवकाश आदि पर दिल्ली में बातचीत चल रही थी।

इसी बीच में वेवेल पुनः लंदन गए थे और वहाँ से सितंबर में लौटने पर उन्होंने चुनाव की घोषणा की थी। पुनः पार्टियाँ चुनाव के मैदान में चुनाव की तैयारियों के साथ उतर आई थीं। विभिन्न दल अपने-अपने चुनाव प्रचार के लिए नए-नए नारे दे रहे थे। कांग्रेस 'भारत छोड़ो', मुस्लिम लीग 'पाकिस्तान लो या नष्ट हो' हिंदू महासभा 'इनडिपेंडेंस एंड इंटीग्रेटी ऑफ इंडिया' आदि के नारे पर्यावरण में तैर रहे थे। अम्बेडकर ने 4 अक्तूबर को पूना से चुनाव प्रचार शुरू किया था। उन्होंने सभा को संबोधित करते हुए कहा था कि कांग्रेस पूँजीपतियों के हाथ का 'टूल' है। दूसरे, दलित वर्ग कांग्रेस के नेतृत्व में विश्वास नहीं करता है। वह असमानता मिटाने के लिए प्रयत्नशील है। उसका उद्देश्य राजनीतिक शक्ति प्राप्त करना है। उनकी दृष्टि में यह चुनाव जिंदगी और मौत का प्रश्न था।

तभी सत्रहवीं इंडियन लेबर कांफ्रेंस में 27 नवंबर, सन् 1945 को उन्होंने सभापति पद से भाषण दिया था। 20 और 30 नवंबर, सन् 1945 को प्रांतीय सम्मेलन में अम्बेडकर सम्मिलित हुए थे। राय पार्टी के नेता, साम्यवादी और हिंदू महासभा के नेता भी वहाँ एकत्र हुए थे। अम्बेडकर की उन सबसे वार्ता हुई थी। बुद्धनगर में आयोजित सभा को वहाँ संबोधित करते हुए उन्होंने कहा था कि मज़दूरों को जो कुछ मिला है, उसके लिए उन्होंने प्रयत्न किए थे, गांधीजी ने नहीं। औद्योगिक शांति शक्ति द्वारा अधिक समय तक क़ायम नहीं रह सकती। क़ानून के द्वारा भी यह संभव हो सकेगी इसकी भी कोई गारंटी नहीं दी जा सकती। तब मिलें बंद रही थीं।

अम्बेडकर लगातार देश के कोने-कोने में चुनाव-अभियान को गतिशील बनाने हेतु दौरा कर रहे थे। वह दक्षिण में भी गए थे। उन्होंने वहाँ द्वितीय अवासग वकीलों के वार्षिक सम्मेलन में भाषण दिया था। मेमोरियल हॉल मद्रास में आयोजित साउथ इंडियन लिबरल फ़ेडरेशन को संबोधित किया था। 10 मार्च को उन्होंने आगरा में उत्तर प्रदेश शैड्यूल्ड क्लासेज़ फ़ेडरेशन को संबोधित किया था। उन्होंने इन सभी सभाओं में एक बात पर ज़ोर दिया था कि स्वराज्य का आशय है कि बहुमत वाला वर्ग अल्पमत की सहायता से सरकार

बनाए। कांग्रेस ने हिंदू महासभा व अम्बेडकर दोनों को ही इस चुनाव में पराजित किया था। 15 मार्च को ब्रिटिश प्रधानमंत्री ऐटली ने भारत को पूर्ण स्वराज्य देने की बात स्वीकारते हुए यहाँ तक कहा था कि यह भारत की इच्छा पर है कि वह कॉमनवेल्थ में सम्मिलित होता है या नहीं। उसने तीन केबिनेट मंत्रियों का एक दल इस संबंध में जायज़ा व निर्णय लेने के लिए भेजा था। उस वक्त मौलाना आज़ाद ने कांग्रेस पार्टी का, जिन्ना ने मुस्लिम लीग का और नवाब भोपाल ने राजाओं का प्रतिनिधित्व किया था। इस प्रकार समस्त भारत का प्रतिनिधित्व तीनों मुसलमान नेताओं ने किया था।

अल्पसंख्यकों की ओर से मास्टर तारासिंह तथा डॉ.अम्बेडकर मिले थे उन्होंने अपने लिए नए भारत में स्थान चाहा था। 16 मई, सन् 1946 को इस मिशन ने अपना निर्णय घोषित किया था, जिसमें दलित वर्ग की माँगों का कोई ज़िक्र नहीं था। जून, सन् 1946 को ऐसी ही फ़ेडरेशन की वर्किंग कमेटी की एक मीटिंग बुलाई गई थी, जिसमें यह निर्णय लिया गया था कि यदि दलित वर्ग के साथ न्याय नहीं हुआ तो वे उसके लिए सीधी कार्यवाही करने को विवश होंगे। डॉ.अम्बेडकर न्याय और मानवता के नाम पर संघर्षरत रहने के लिए अपनी पार्टी को उद्बोधन दे चुके थे। वह जानते थे कि यह उनके लिए अंतिम अवसर है। अब वे अपने वर्ग के अधिकार व इच्छाओं के लिए ज़बरदस्त संघर्ष कर सकते हैं। बाद में आतंक व भय का वातावरण बन जाएगा, जिसमें कुछ कर पाना संभव नहीं होगा। बाद में उनको नकार दिया जाएगा। उन्हें समाज व लोक-सेवा में भी स्थान नहीं मिलेगा। 21 जून को भारत के स्वतंत्र होने तक उसकी देखभाल के लिए सरकार की घोषणा की गई थी। मिशन लंदन लौट रहा था। विस्तार से वह वहाँ वायसराय से बात करके तय करेगा।

इधर दलित वर्ग ने आंदोलन छेड़ दिया था। बंबई में अखिल भारतीय कांग्रेस कमेटी की बैठक चल रही थी। वहाँ दलित वर्ग के नेताओं तथा कार्यकर्ताओं ने कांग्रेस पंडाल में घुसकर उनके विरुद्ध प्रदर्शन किया था। काले झंडे दिखलाए थे। उनकी यह लड़ाई कांग्रेस के विरुद्ध थी। वे चाहते थे कि वे स्वयं ही अपनी तकलीफों को पेश करेंगे। कांग्रेस उनका प्रतिनिधित्व नहीं कर सकती। उसी समय गांधी हरिजन सेवक संघ ने आंदोलनकारी सत्याग्रहियों को धमकी दी थी कि वह आंदोलन को वापस लें अन्यथा वह उनके ख़िलाफ़ आंदोलन शुरू कर देंगे।

डॉ.अम्बेडकर का नाम बंगाल असेंबली के द्वारा अनुसूचित जाति की ओर से प्रस्तुत किया गया था। मुस्लिम लीग ने भी उसमें सहायता की थी। इस प्रकार वह संविधान सभा के लिए चुन लिए गए। इस चुनाव में अम्बेडकर तथा उनकी पार्टी की पराजय हुई थी। यह स्पष्ट हो चुका था कि मुस्लिम लीग को पाकिस्तान मिल जाएगा और हिंदुओं को हिंदुस्तान, परंतु छह करोड़ दलित वर्ग को कुछ नहीं मिलेगा। उनका क्या होगा? उन्होंने इसीलिए

सत्याग्रह छेड़ा था। सत्याग्रह तेज़ हो रहा था।

कांग्रेस ने यह आवश्यक समझा कि इस संबंध में डॉ.अम्बेडकर से वार्ता की जाए। तत्कालीन बंबई प्रांतीय कांग्रेस कमेटी के प्रधान एस.के. पाटिल अम्बेडकर से सिद्धार्थ कॉलेज में मिले। सरदार पटेल से भी दलित वर्ग के प्रतिनिधित्व के सवाल पर बातचीत हुई थी और पूना सत्याग्रह पर भी, परंतु कुछ तय नहीं हो सका।

24 अगस्त को अंतरिम मंत्रालय के सदस्यों की घोषणा की गई। इसमें नेहरू, पटेल, राजगोपालाचार्य, जगजीवनराम आदि के नाम थे। उसमें जगजीवनराम को बिहार की ओर से दलित वर्ग का नेता माना गया था। तब डॉ.अम्बेडकर शैड्यूल्ड कास्ट्स फ़ेडरेशन की वर्किंग कमेटी में उपस्थित थे। वायसराय की घोषणा से अम्बेडकर तथा उनकी पार्टी को गहरा धक्का लगा। तुरंत ही अम्बेडकर ने अपनी तीखी प्रतिक्रिया व्यक्त करते हुए कहा कि संविधान सभा में उनको अधिक स्थान मिलने चाहिए। उनको जगजीवनराम के नाम पर आश्चर्य हुआ। इसके विरोध में शैड्यूल्ड कास्ट्स फ़ेडरेशन ने नागपुर में आंदोलन छेड़ दिया था। आठ सौ के लगभग कार्यकर्ता पकड़े भी गए थे।

तत्कालीन स्थिति बहुत बिगड़ चुकी थी। परिवेश तनावपूर्ण था। अम्बेडकर कराची होते हुए इंग्लैंड के लिए रवाना हो गए थे। उन्होंने यह माँग रखी कि कार्यकारिणी तथा व्यवस्थापिका में उन्हें उचित प्रतिनिधित्व प्रदान किया जाए। उन्हें वहाँ अपने प्रयास में सफलता नहीं मिली। ब्रिटिश सरकार के अनेक शीर्षस्थ नेताओं से डॉ.अम्बेडकर ने भारत के संबंध में बातचीत की थी। वह चर्चिल तथा टेंपिलवुड से भी मिले। उन्होंने अपने ज्ञापन पत्र पर इटली तथा भारत के लिए मुकर्रर सचिव से भी बात की। 15 नवंबर को कंजरवेटिव इंडिया कमेटी को उन्होंने संबोधित किया था। उसमें अनेक लेबर एम.पी. सम्मिलित हुए थे। पत्रकारों को उसमें बैठने की आज्ञा नहीं दी गई थी। अम्बेडकर ने तत्कालीन स्थिति का विश्लेषण करते हुए विषय की गंभीरता पर सबका ध्यान आकृष्ट किया था। वहाँ उनको केवल ऊपरी सहानुभूति मिली थी। उन्हें परामर्श दिया गया कि वे बदली हुई स्थितियों में अपने को ढालने का प्रयास करें।

डॉ.अम्बेडकर को वहाँ से खाली हाथ लौटना पड़ा था। यह उनके लिए सर्वाधिक तनावसंकुल तथा संकट का समय था। इसका उनके स्वास्थ्य पर भी गहरा असर पड़ा था। इस समय उनकी मानसिकता क्षुब्ध तथा खंडित थी। उनके सामने घना अँधेरा था, परंतु उनकी आवाज़ में पूर्व जैसा बल और जोश था।

भारत को आज़ादी देने की तैयारी लगभग पूरी हो चुकी थी और 15 अगस्त को उसे आज़ाद करने की घोषणा गांधीजी ने प्रार्थना सभा में की थी। परंतु अभी दलित वर्ग का प्रश्न अधूरा व अधरझूल में लटका था।

'स्टेट्स एंड माइनोरिटीज़' नाम से अम्बेडकर ने एक ज्ञापन प्रकाशित कराया था। उसमें

समाज के लिए लोकतंत्र को अपरिहार्य मानते हुए उन्होंने कहा था कि सामाजिक संगठन रूढ़ सामाजिक परंपराओं से मुक्त होना चाहिए।

उनकी दृढ़ मान्यता थी कि समाज को सदैव प्रायोगिक अवस्था में रहना चाहिए। वह स्टेट समाजवाद को आवश्यक मानते थे। तेज़ी से हो रही औद्योगिक प्रगति की दृष्टि से वह यह और भी ज़रूरी मानते थे कि स्टेट सोशलिज़्म होना चाहिए। वह कार्य व्यक्तिगत संपदा प्राप्त व्यक्तियों से, उनकी दृष्टि में, संभव नहीं है।

29 अप्रैल, सन् 1947 को संविधान सभा ने घोषणा की-"छुआछूत को ख़त्म किया जाता है। वह किसी भी क्षेत्र में बर्दाश्त नहीं होगी और तदनुरूप कोई भी भेदभाव की भावना पाई गई तो कानूनन अपराध माना जाएगा।" इस कार्य के लिए गांधीजी की भूरि-भूरि प्रशंसा की गई। कांग्रेस पार्टी ने छुआछूत को ख़त्म करने की घोषणा की थी, परंतु इसके लिए उस समय कहीं भी इस संदर्भ में डॉ.अम्बेडकर का नाम नहीं लिया गया जो इसके लिए जीवन-भर लड़ते रहे थे।

निष्कर्षतः द्वितीय विश्वयुद्ध और उसके ख़त्म होने के बाद तक डॉ.अम्बेडकर को अनेक दुर्घटनाजनक परिस्थितियों से गुज़रना पड़ा था। विश्वयुद्ध की समाप्ति के बाद से उन पर तनाव अधिक छाने लगा था। कहना न होगा कि दलितों में भी ऐसा वर्ग था जो सत्ता से चिपके रहना चाहता था। फिर सन् 1942 के आंदोलन में कांग्रेस ने जो ख्याति प्राप्त की थी, उसके सामने डॉ.अम्बेडकर के प्रयत्न कामयाब नहीं हो सकते थे। चुनाव में सन् 1942 के नेता जीते थे, जैसे आपातकाल के बाद जनता पार्टी के उम्मीदवार जीते थे। उस समय का माहौल उनके पक्ष में नहीं था। यद्यपि उन्होंने उस दरम्यान में मज़दूरों, किसानों और दलितों के लिए बहुत काम किया था तथापि वर्तमान हवा के सामने उसके सहारे कुछ कर पाना संभव नहीं था। यहाँ तक कि स्वयं ब्रिटिश सरकार बेतरह से घबरा उठी थी। क्रिप्स-रिपोर्ट में स्पष्ट कहा गया था कि भारत को आज़ाद करना ही उपयुक्त है। उसने 5 मार्च को ब्रिटिश लोकसभा में वाद-विवाद में हिस्सा लेते हुए कहा था कि अब सरकार के सामने दो ही बुनियादी रास्ते हैं। वह या तो ब्रिटिश नियंत्रण को और मज़बूत करे अथवा उसे स्वतंत्र कर करे अथवा उसे स्वतंत्र कर दे। पहला रास्ता अपनाना असंभव है। इसके बाद वहाँ अछूतों की समस्या में किसी की रुचि नहीं रह गई थी। उसे वह भारत की समस्या मानकर उन्हें ही हल कर लेने के लिए छोड़ना चाहते थे। यह बात डॉ.अम्बेडकर को अपनी लंदन-यात्रा में स्पष्ट महसूस हो गई थी कि ब्रिटिश सरकार उनके लिए कुछ भी करने के लिए अब तैयार नहीं है और कांग्रेस मस्ताने हाथी की तरह से विजयोन्माद में आत्मरत है।

❐

स्वतंत्र भारत और अम्बेडकर

15 जुलाई, सन् 1947 को ब्रिटिश पार्लियामेंट ने भारतीय स्वाधीनता एक्ट पास कर दिया। भारत की स्वतंत्र कैबिनेट में डॉ.अम्बेडकर को लॉ मिनिस्टर का कार्यभार सँभालने की पेशकश पं. जवाहरलाल नेहरू ने अपनी तरफ से की और वायदा किया कि बाद में वह उन्हें प्लानिंग या डवलपमेंट मंत्रालय दे देंगे। डॉ.अम्बेडकर को मानना पड़ा। नेहरू ने मंत्रियों की सूची पर गांधीजी से स्वीकृति ले ली और कैबिनेट मंत्रियों के नामों की घोषणा कर दी। उसमें डॉ.अम्बेडकर का नाम भी था।

15 अगस्त, सन् 1947 की रात को भारत स्वतंत्र हुआ। 29 अगस्त, सन् 1947 को भारतीय संविधान का मसौदा बनाने के लिए एक समिति का गठन किया गया। उनको इस समिति का अध्यक्ष बनाया गया। उन्होंने 8 सूचियों और 315 धाराओं वाला संविधान तैयार किया। वह इसी कारण आधुनिक मनु की संज्ञा से आहूत हुए।

मंदिर प्रवेश का हक़ अछूतों को कानून द्वारा दे दिया गया, जिसके लिए वे पंद्रह वर्ष से संघर्ष कर रहे थे।

यह अत्यंत घटनाओं से भरा समय था। हिंदुस्तान और पाकिस्तान बन गए थे। हिंदू व मुस्लिम एक-दूसरे के ख़ून के प्यासे हो रहे थे। मौत का तांडव नृत्य चारों ओर देखा जा सकता था। गांधीजी पाकिस्तान बनने के पक्ष में नहीं थे। वह इन नृशंस हत्याओं के लिए अपने प्राणों की बाज़ी लगाने के लिए कमर कस चुके थे।

गांधीजी ने पाकिस्तान को पचपन करोड़ रुपया दिलाने के लिए उपवास शुरू किया था। 13 जनवरी, सन् 1948 को भारत सरकार को वैसा करने के लिए विवश होना पड़ा था। 30 जनवरी, सन् 1948 को नाथूराम गोडसे ने गांधीजी की हत्या कर दी। शुक्रवार, 30 जनवरी की शाम 5 बजकर 12 मिनट पर जब गांधीजी प्रार्थना सभा की सीढ़ियाँ चढ़ रहे थे, तब 35 वर्षीय नवयुवक गोडसे ने उनके सामने आकर कहा-"आज आपको देर हो गई।"

गांधीजी मुस्कराए और कहने लगे-"हाँ, मुझे देर हो गई।"

उसी समय गोडसे ने रिवॉल्वर निकालकर कृश तन पर हृदय के नीचे तीन गोलियाँ दाग दीं।

उस समय वह प्रार्थना सभा के लिए हाथ जोड़कर एकत्र भीड़ को नमस्कार कर रहे थे। उनके मुख से निकला-'हे राम!' उनको तत्काल बिड़ला भवन ले जाया गया, जहाँ उन्होंने 5 बजकर 20 मिनट पर प्राण छोड़ दिए।

31 जनवरी को सुबह 11 बजकर 43 मिनट पर शव यात्रा निकाली गई। 10 लाख व्यक्तियों ने उसमें भाग लिया और साढ़े पाँच मील की यह यात्रा पाँच घंटे में पूरी हुई। 4 बजकर 30 मिनट पर शव को चिता पर रखा गया। तब नेहरू ने कहा था कि-"जिस सूर्य ने हमें प्रकाश दिया, ऊष्मा दी, वह अस्त हो गया है और हम अंधकार व शीत में काँप रहे हैं।"

सारा संसार इस त्रासदी से काँप उठा था, परंतु अम्बेडकर तटस्थ बने हुए थे। उन पर उनकी कोई प्रतिक्रिया अभिव्यक्त नहीं हो रही थी। उन्होंने उस पर अपना कोई वक्तव्य नहीं दिया था। वह शव यात्रा में शामिल अवश्य हुए थे और शोकमग्न भी थे।

डॉ.अम्बेडकर ने भारतीय जनता को संविधान प्रस्तुत करते हुए कहा था-"मैं विधान परिषद् में क्यों आया? मात्र अछूत वर्ग के हितों के कारण मैंने वह भार सँभाला। इसके अतिरिक्त मेरी कोई अभिलाषा नहीं थी। मुझे इसकी कल्पना भी नहीं थी कि मुझ पर इतनी बड़ी ज़िम्मेदारी डाली जाएगी। अचरज तो उस वक़्त हुआ, जब संविधान समिति ने मुझे संविधान मसविदा समिति का सदस्य चुना था। परंतु जब समिति ने मुझे उसका अध्यक्ष चुना, तब तो मुझे बड़ी हैरानी हुई। विधान परिषद् तथा मसविदा समिति ने मुझे विश्वास में लेकर इतना कार्य पूर्ण करा लिया। समिति के सदस्यों ने मुझे राष्ट्र की सेवा करने का मौका प्रदान किया, अतः मैं उनके प्रति आभार अभिव्यक्त करता हूँ। विधान कितना ही अच्छा क्यों न हो, यदि उसको व्यवहार में लाने वाले सदस्य अच्छे न हों, तो विधान निस्संदेह बुरा प्रमाणित होगा। यदि हम लोकतंत्र की संस्थापना चाहते हैं तो हमें अपने सामाजिक एवं आर्थिक आदर्शों को अहिंसात्मक वैध उपायों से ही प्रतिष्ठापित ही करना होगा। स्वातंत्र्य, समता व भ्रातृत्व-भावना के आधार पर स्थापित जीवन ही लोकतंत्र कहलाता है। भारत में समता का पूर्ण अभाव है। राजनीति में हमें समानता मिली है, परंतु सामाजिक एवं आर्थिक जीवन में विषमता का प्रभाव है।

...यदि हम अपने आपको कहें कि आज के दिन हम एक राष्ट्र हैं तो शायद यह आत्मवंचना होगी। हज़ारों जातियों, उपजातियों में बँटा हुआ राष्ट्र कैसे एक राष्ट्र हो सकता है? ऐसी समग्र बाधाओं को दूर करके हमें एक शक्तिशाली राष्ट्र का निर्माण करना है।"डॉ. अम्बेडकर के सामने तब भारत का बिखरा हुआ वह स्वरूप था, जिसे वह एक सूत्र में बाँधकर उन्नत, समृद्ध और सुदृढ़ राष्ट्र के रूप में खड़ा करना चाहते थे।

वस्तुतः भारत का संविधान बनाना कोई आसान काम नहीं था। इसे डॉ.अम्बेडकर ने अथक व अनवरत रात-दिन कठोर तपस्या करके पूर्ण किया था। डॉ.राजेंद्रप्रसाद ने इस

मौके पर अम्बेडकर के प्रति आभार व्यक्त करते हुए कहा था-"दूसरों की अपेक्षा मुझे इसकी कल्पना अधिक है कि मसविदा समिति ने और विशेष रूप से डॉ.भीमराव अम्बेडकर ने कितनी निष्ठा, लगन और जोश के साथ इस कार्य को किया। डॉ.अम्बेडकर को मसविदा समिति में सम्मिलित करके और उसके बाद उसका अध्यक्ष चुनकर हमने जो कार्य किया, उससे बढ़कर हम दूसरा अच्छा कार्य नहीं कर सकते।"जब यह संविधान स्वीकृत हो गया, तब अम्बेडकर को ससम्मान इस संविधान की एक प्रति भेंट की गई। उनके इस कार्य की तो उनके आलोचक व विरोधी दोनों ही एक स्वर से प्रशंसा करते हैं। उन्होंने इस कार्य को करते हुए अपने स्वास्थ्य की भी परवाह नहीं की। देश-प्रेम और मानवतावाद की अनुप्रेरणा से उन्होंने इस कार्य को अत्यंत पवित्र मानकर किया था। जीवन के प्रति उनमें अटूट निष्ठा थी। संविधान का निर्माण करते हुए भी उन्होंने भारतीय जीवन के विरोधाभास तथा असंगतियों को ध्यान में रखकर ऐसी व्यवस्था की थी कि जिससे विरोधाभास में समता-सूत्र स्थापित हो सके, भेदभावरहित समाज का नवनिर्माण हो सके और भ्रातृत्व-भाव की दिशा में आगे बढ़ सके।

❐

पुनर्विवाह

संविधान को पूरा करने के बाद डॉ.अम्बेडकर ने महसूस किया कि वह थोड़ा-सा आराम करें। वह बंबई चले गए। वहाँ इलाज भी कराया और आराम भी किया। इस वक़्त उनको ऐसे साथी की ज़रूरत अनुभव हुई, जो उनकी सहायता कर सके। वह अस्पताल में डॉ.मिस सविता कबीर के संपर्क में आए। वह उनके स्वास्थ्य के बारे में सदैव चिंतित रहती थी। उनको 'न्यूरोटिक पेन' प्रायः अर्द्धरात्रि को उठ जाया करता था और बराबर रात भर वह उस दर्द से उद्विग्न रहते थे। वह कई रात इस कारण सो नहीं पाते थे। इधर उनका स्वास्थ्य लगातार गिरता जा रहा था।

उनकी टाँगों में दर्द रहने लगा था। दो विशेषज्ञों ने कहा था कि यदि उनकी टाँगों का दर्द शीघ्र ही कम नहीं होता और उनकी स्थिति में आशाजनक सुधार नहीं होता तो वह क्रोनिक के शिकार हो सकते हैं। उनकी देखभाल के लिए किसी का होना बहुत ज़रूरी है।

इस विषम परिस्थिति में उनके सामने एक ही नाम घूम-फिरकर मँडरा रहा था और वे सोचने लगे थे कि डॉ.मिस कबीर उनकी सहायक हो सकती हैं। उन्होंने उससे शादी करने का निश्चय कर लिया। पहले तो वह ही अपने को समर्पित करने को तैयार थी। उसको यह प्रस्ताव पसंद आया। हालाँकि उनकी अवस्था काफ़ी हो चुकी थी-लगभग पचपन वर्ष। उनके इस विवाह को लेकर कुछ भी प्रतिक्रिया क्यों न हो, परंतु वह अपने निर्णय पर अटल रहे। उन्होंने इस प्रस्ताव से अपने प्रमुख सहायक को अवगत करा दिया। यद्यपि प्रथम पत्नी की मृत्यु के बाद उन्होंने पुनर्विवाह न करने का फ़ैसला किया था तथापि वह इस वक्त पुनर्विवाह के लिए तैयार थे। वह ऐसी पत्नी चाहते थे जो कि रसोईघर व दवा-दारू के बारे में ख़ासी जानकारी रखती हो। ऐसी युवती का अछूत वर्ग में मिलना तो कदापि संभव नहीं था। उन्होंने सारस्वत ब्राह्मण युवती को इसीलिए चुना था। वे बीस वर्ष तक विधुर रहे थे। उनके मन में इस अंतराल में कभी पुनर्विवाह का विचार नहीं आया। तब भी नहीं जब उनके पास अनेक प्रस्ताव आए थे। घर की देखरेख का भी प्रश्न था। लेकिन तब वे अछूतोद्धार, राष्ट्रीय एकता, सामाजिक आधार, धार्मिक चेतना की अंतत्रता और देश के विकास के अलावा कुछ नहीं सोच पाते थे। दरअसल उनके पास अपने बारे में सोचने का समय भी

नहीं था। लेकिन इस वक़्त जब वे दैहिक पीड़ा से चूर-चूर होते जा रहे थे तब एक डॉक्टर को पत्नी के रूप में स्वीकार करना उनकी विवशता थी।

तत्कालीन देश के श्रेष्ठ नेताओं और समाज-सुधारकों ने इसका बहुत उग्र विरोध किया था। उन्होंने किसी की परवाह नहीं की और नई दिल्ली पहुँचकर 15 अप्रैल, सन् 1948 की सुबह डॉ.मिस सविता कबीर से शादी कर ली। तब उन्होंने पचपन को पूरा करके छप्पन के दूसरे दिन में प्रवेश किया था। यह शादी उनके निवास, हार्डिंग एवेन्यू, नई दिल्ली में हुई थी। यह सिविल मैरिज थी, जो कि डिप्टी कमिश्नर, दिल्ली की उपस्थिति में हुई थी।

कुछ लोगों ने उन्हें इस कृत्य के लिए बहुत बदनाम किया। कुछ का कहना था कि वह ब्राह्मण लड़की से शादी करके मानसिक तुष्टि करना चाहते थे। कुछ की मान्यता थी कि वह अंतर्जातीय विवाह का उदाहरण बनना चाहते थे। कुछ इसे सामाजिक सुधार के पुरोधा बनने वाले नेता का पतन मानते थे। हालाँकि इससे उनको अनेक कठिनाइयों का ही सामना करना पड़ा। वह बाहरी तत्त्वों से परेशान थे। पत्नी की तरफ से तो तब परेशानी का कोई कारण नहीं था। वह अत्यंत कर्तव्यपरायणा तथा सौम्य युवती थी। जब डॉ.अम्बेडकर को साज़िश के चक्रव्यूह में दबोचना ही आवश्यक मान लिया गया हो, तब यह घटना उनके विरोधियों के लिए ख़ासा माहौल बना सकती थी। ऐसी बात नहीं थी कि वे इस बात से अनभिज्ञ थे, परंतु उन्हें यह मालूम नहीं था कि इससे विकास की धारा को रोकने जैसा गर्हित कार्य किया जाएगा। शादी जैसे पवित्र संबंध पर ऐसी कलौंच पोती जाएगी। राजनीति करने वाले व्यक्तिगत हिताहित के लिए मानवीय चेतना के सूत्रों का गला दबा देंगे। इसमें उनके मानसिक पतन की संस्थितियों का रेखांकन ढूँढ़ निकालना तत्कालीन राजनीति के ह्रास का ही सूचक सिद्ध होता है।

यह बात और है कि मनुष्य सोचता कुछ है और होता कुछ है। डॉ.कबीर का मन डॉ.अम्बेडकर के मान-सम्मान और धन पर था। उनसे जुड़कर उनकी प्रतिष्ठा में चार चाँद लग गए थे। दरअसल डॉ.अम्बेडकर निश्छल व्यक्ति थे। पाप उनके मन में कोई था नहीं। सत्य के पथ पर निरंतर आगे बढ़ते जा रहे थे। विरोधियों की उन्हें चिंता नहीं थी। सत्य कभी नहीं मरता, यह मूल मंत्र उनके हृदय में आरंभ से ही बैठ गया था। वे अंत तक शिव-शंभु की तरह गरलपान करते हुए सबके हित और मंगल के लिए ही जीते रहे।

❐

हिंदू कोड बिल और इस्तीफ़ा

डॉ.अम्बेडकर का जीवन मानवता के प्रति समग्रतः समर्पित था। वे समूची मानव-जाति के जागरण के पक्ष में थे। वे एक बेहतर समाज की संकल्पना किए थे। संपूर्ण समाज की सक्रियता को लोकचेतना का आधार मानते थे। भेदाभेद की दीवार गिराना उनका लक्ष्य था। समतावादी समाज उनकी कल्पना का अमृत था। उनके लिए मानव जीवन की विसंगतियाँ, विषमताएँ और विरोधाभास के विशेष संदर्भ विवेचित थे। वे समता की तलाश में थे और संपूर्ण मानव-जाति के सामने उसका उदाहरण प्रस्तुत करना करना चाहते थे। वे क़ानून-दा तो थे ही। परंतु क़ानून को मानव के विकास में मदद करते देखना चाहते थे। यही कारण था कि भारतीय संविधान का जनक समझा जाने वाला वह मंत्री पद पर रहते हुए अंदर ही अंदर अपने से लड़ रहा था। इसमें संदेह नहीं है कि वह अकेला ही दुर्द्धर्ष संघर्ष करते हुए मानवाधिकारों का संरक्षक संविधान से जूझता रहा। टी.टी. कृष्णमाचारी के निम्नलिखित शब्द इस संदर्भ में स्मरण हो आते हैं-

"सदन संभवतः इस बात से परिचित है कि आपके द्वारा मनोनीत सात सदस्यों[40] में से एक ने सभा से इस्तीफा दे दिया और उसके स्थान पर दूसरा व्यक्ति नहीं रखा गया। एक की मृत्यु हो गई लेकिन वह रिक्त स्थान नहीं भरा गया। एक कहीं दूर अमेरिका में थे और उनके स्थान को भी नहीं भरा गया और एक अन्य सदस्य राज्य के मामलों में उलझे हुए थे। अतः इस सीमा तक समिति में रिक्तता थी। एक या दो सदस्य दिल्ली से कहीं दूर थे और संभवतः उनके स्वास्थ्य ने उन्हें समिति में भाग लेने की इजाजत प्रदान नहीं की। फलतः संविधान का प्रारूप तैयार करने का सारा उत्तरदायित्व अकेले डॉ.अम्बेडकर पर ही आ गिरा। निश्चित रूप से हम सब उनके प्रति बड़े आभारी हैं कि डॉ.साहब ने इस कार्य को जिस ढंग से संपन्न किया, वह असंदिग्ध रूप से स्तुत्य है।"

वह संवैधानिक नैतिकता के पक्षधर थे। उन्होंने संविधानांतर्गत सामाजिक क्रांति को महत्त्व दिया था। उनका स्पष्ट मत था कि वह सरकार की संसदीय व्यवस्था के कायल थे।

---

40. सात सदस्यों के नाम: एन.जी. आयंगर, ए.के. अय्यर, बी.एल. मित्तर, के.एम. मुंशी, एन.एम. राव, सर बी.एन. राव और सैयद सादुल्ला।

वाल्टर बेजेंट के शब्दों में कहा जाए तो कहेंगे कि मुक्केबाज़ी में नहीं, विचार-विमर्श पर आधृत सरकार में रुचि रखते थे।

डॉ.अम्बेडकर अपनी 'एनिहिलेशन ऑफ कास्ट', 'मि. गांधी एंड द इमेंसीयेशन ऑफ़ द अनटचेबिल्स' और 'ह्वाट कांग्रेस एंड गांधी हैव डन टु द अनटचेबिल्स' में कांग्रेस के अछूतोद्धार के नारे की बखिया उधेड़ चुके थे। परंतु वह स्वयं कांग्रेस में थे। यह अजीब ही इत्तफाक कहा जाएगा कि जो सदैव कांग्रेस से लड़ता रहा, अंत में वही कांग्रेस खेमे में एक पुरोधा बना कंधे से कंधा मिलाकर काम कर रहा था। इससे एक बात तो स्पष्ट होती ही है कि जहाँ पर वे कांग्रेसी थे, वहाँ उनके विरोधी भी उसमें थे, जो उससे परंपरागत शत्रुता रखते थे। वह विरोध तो उन्हें मंत्री होते हुए भी झेलना था। वे मंत्रि-पद के लिए राज़ी इसलिए हुए थे कि वहाँ रहते हुए वह अछूतों के हितों को संरक्षण दे सकेंगे। 25 अप्रैल, सन् 1948 को उन्होंने उत्तर प्रदेश परिगणित जाति सम्मेलन के सामने लखनऊ में जो भाषण दिया था वह तत्कालीन प्रधानमंत्री पं. नेहरू के लिए सिरदर्द हो गया था। नेहरू ने 25 अप्रैल, सन् 1948 के अपने पत्र में सरदार पटेल को इस संबंध में लिखा-मुझे यहाँ बहुत कठिन समस्याओं का सामना करना है। उसमें एक तो बिलकुल नई है। वह डॉ.अम्बेडकर द्वारा लखनऊ में दिया गया सद्यः भाषण है। मैं नहीं जान पाता कि इस भाषण के पश्चात् अम्बेडकर एक मंत्री के रूप में हमारे मंत्रिमंडल में कैसे रह सकते हैं। मैं उनके लिए एक पत्र लिख रहा हूँ, जिसकी प्रतिलिपि इसके साथ है।[41]

उस पत्र के अंश हैं-

'उसमें व्यक्तियों और साथ ही साथ वर्तमान कांग्रेस के ऊपर प्रहार है, और कांग्रेसी शिविर में फूट डालने का यत्न है। और आगे उसमें एक विशुद्ध सांप्रदायिक राजनीतिक संगठन को कार्यशील रखने की गुजारिश है।

आपने भाषण में यह कहा बताते हैं "कि हमारे ही बीच विरोधियों की अधिक संख्या है, और यदि हम उनका भंडाफोड़ करें तथा अपने आपको शक्तिशाली बनाएँ तभी नेहरू और पटेल को कुछ दिनों में बदल सकेंगे।

विरोधियों की ओर आपका संकेत संभवतः जगजीवनराम और साथ ही साथ उन लोगों की ओर है जो उनके विचार से सहमत हैं।

यदि मंत्रीगण इस प्रकार अनुभव करें और कहें तो मंत्री परिषद् का फिर कोई दायित्व शेष नहीं रह जाता। प्रधानमंत्री को तो अपनी दुकान बंद कर देनी चाहिए।'

डॉ.अम्बेडकर ने अपनी कटु आलोचना को सहते हुए पं. नेहरू को लिखा-'एक बात तो उजागर है कि मैं कांग्रेस का विरोधी तथा आलोचक रहा हूँ। साथ ही साथ, मैं विरोध के

---

41. सरदार पटेल से कॉरसपोंडेंस 1945-1950, खंड 6, पृ. 327

लिए विरोध के सिद्धांत में आस्था नहीं रखता। जहाँ हमें सहयोग से लाभ मिलता हो वहाँ सहयोग की भावना अवश्य होनी चाहिए। इसलिए मैंने सहयोग करने का निर्णय किया और उस सहयोग से संविधान में हमें कुछ सुविधाएँ मिलीं, जो शायद हमें नहीं उपलब्ध हो पातीं।

लोकप्रिय लोकतंत्र में कोई सरकार स्थायी नहीं है और वह सरकार भी, जिसकी स्थापना कांग्रेस के दो महान् व्यक्तियों-पंडित जवाहरलाल नेहरू और सरदार वल्लभभाई पटेल ने की, स्थायी नहीं है। यदि तुम अपने को संगठित करो तो तुम भी उस सरकार को बना सकते हो।'

30 अप्रैल, सन् 1948 के पत्र में उन्होंने अपने मंतव्य का और खुलासा करते हुए लिखा-'शायद आप अच्छी तरह से जानते हों कि मेरे वास्ते राजनीति कभी जुआ नहीं रहा है। वह एक मिशन है। परिगणित जातियों के उत्थान के लिए मैंने अपने समग्र जीवन को बिताया है और व्यक्तिगत हितों का उत्सर्ग भी किया है। मैं आपके प्रति अत्यंत कृतज्ञ हूँ कि आपने मुझे मंत्री परिषद् में आमंत्रित किया और मैं जानता हूँ कि आमंत्रण स्वीकार करने के साथ-साथ कुछ लिखित इयत्ताएँ भी हैं। लेकिन जो कुछ भी इयत्ताएँ अंगीकृत करनी पड़ें, मैं अपने लोगों को श्रेष्ठ मार्ग पर चलने की सलाह देने के हक़ को कभी भी समर्पित नहीं कर सकता।'

वे जूझते रहे और झेलते रहे, परंतु विवेक व धैर्य से कभी विचलित नहीं हुए। उन्होंने चाहा कि हिंदू समाज में परिव्याप्त विकृतियों में से कुछ को क़ानून की मदद से कम कर सकें। हालाँकि नेहरू अम्बेडकर की साफ़गोई से शांत हो गए थे और उनके कार्यों के प्रति सकारात्मक दृष्टिकोण बनाए रखा था। यही कारण है कि हिंदू कोड बिल को आ जाने दिया। उसके लिए उन्होंने भी बहुत कुछ झेला। उधर हिंदुओं में उसे लेकर वावैला मच गया। नेहरू उसके पक्ष में थे-डॉ.राजेंद्रप्रसाद उसके विपक्ष में थे। स्थिति इतनी बिगड़ गई कि नेहरू को अपने अस्तित्व को दाँव पर लगाना पड़ गया और उन्होंने कह दिया कि यदि हिंदू कोड बिल पास नहीं हुआ तो वह प्रधानमंत्री पद से त्यागपत्र दे देंगे। हिंदू कोड बिल के ख़िलाफ़ पटेल भी थे। एम.बी. गाडगिल और पी.बी. राजेंद्र गडकर जैसे प्रबुद्ध व्यक्ति उनके साथ थे। सरदार हुक्मसिंह व ठाकुरदास भार्गव जैसे व्यक्ति तो उसके घोर विरोधी थे। परंतु नेहरू का समर्थन उन्हें था अतः मंत्री परिषद् में कानून मंत्री की हैसियत से वह बिल 5 फ़रवरी, सन् 1951 को पेश किया गया। वह चाहते थे कि हिंदू समाज अपने को पुनर्गठित कर ले तथा आधुनिकता के अनुरूप बन सके-जैसी आज के युग को उसकी ज़रूरत है।

कांग्रेसी नेताओं में अधिकतर इस बिल के विपक्ष में थे। संसद में इस बिल पर लगातार तीन दिन तक बहस चलती रही और अंत में सितंबर, सन् 1951 की बैठक के लिए स्थगित कर दिया।

उन्होंने डॉ.अम्बेडकर भवन का नई दिल्ली में शिलान्यास करते हुए केंद्रीय सरकार पर तीखा प्रहार किया था। कहा कि दलित वर्ग के हितों के लिए सरकार कुछ नहीं कर रही है। इस कारण अम्बेडकर पर अनेक प्रश्न उछाले गए। अख़बार वालों ने मंत्रिमंडल में संयुक्त अथवा व्यक्तिगत दायित्व के प्रश्न को उठाया। 17 सितंबर, सन् 1951 को पुनः हिंदू कोड बिल पेश किया गया। मतदान की स्वतंत्रता भी दे दी गई। संसदीय दल ने निश्चय किया कि इस बिल को एक साथ पारित न कर, कई भागों में पास कराया जाए। अतः इसका पहला भाग 19 सितंबर, 1951 को 'मैरिज एंड डायवर्स' पास करवाया।

तभी अम्बेडकर का प्रसिद्ध लेख 'द राइज़ एंड फाल ऑफ द हिंदू वूमैन' (महाबोधि पत्रिका में) छपा। इसकी भी ख़ासी प्रतिक्रिया रही।

उधर पंडित नेहरू, जैसा कि उन्होंने अपने जीवन में हर ऐतिहासिक मोड़ पर किया है, डॉ.अम्बेडकर से कह बैठे कि इस बिल को यहीं समाप्त कर दें। बिल के लिए यह एक त्रासदी थी। अम्बेडकर को मालूम था कि यही होगा, क्योंकि वहाँ वह अकेले थे। उन्होंने कहा कि-"चार धाराएँ पास होने के बाद उसे रोए-गाए बिना मारकर दफना दिया गया।"[42] इससे अम्बेडकर को बहुत दुःख हुआ। उन्होंने तब कहा था कि-" मैंने यह विचार ग्रहण किया कि प्रधानमंत्री में वैसे कर्तव्यनिष्ठा थी, परंतु हिंदू कोड बिल के पास करवाने के लिए उनमें वैसी तत्परता व दृढ़ संकल्प न थे।"क्योंकि उनकी सारी आशा पं. नेहरू पर थी। तभी अम्बेडकर ने यह निर्णय ले लिया था कि कांग्रेस ने राजनीतिक आज़ादी के लिए संघर्ष किया था और उसमें उसे कामयाबी मिल गई, लेकिन अब उसमें ऐशो-आराम और सत्ता पर बने रहने के षड्यंत्र चल रहे हैं। उसमें सामाजिक संघर्ष करने की शक्ति चुकती जा रही है। वह सत्ता पर अपना अधिकार जमाने के लिए दंद-फंदों में संलग्न हो गई है।

वस्तुतः यह सारा प्रकरण हमारी संसदीय कार्य-प्रणाली पर भी प्रकाश डालता है। एक वर्ष तक सरकार ने यह आवश्यक नहीं समझा कि इस बिल को एक चुनी हुई समिति के सामने विचाराधीन प्रस्तुत किया जाए। परंतु एक वर्ष बाद ऐसा उसका ख़याल बना और यह बिल 9 अप्रैल 1948 को एक समिति के पास विचारार्थ भेज दिया गया, जिसने 12 अगस्त, 1948 को अपनी रिपोर्ट पेश की। उस पर पुनः विचार हुआ और यह निर्णय लिया गया कि फरवरी, 1949 के सत्र तक इस पर कुछ भी कार्यवाही नहीं की जाए। 5 फरवरी, 1951 को इस बिल पर विचार हेतु केवल 5, 6 और 7 फ़रवरी का समय दिया गया, जो इसके लिए बहुत कम समय था।

एक के बाद एक ऐसी घटनाएँ होती गईं, जिनसे डॉ.अम्बेडकर को गहरा दुःख हुआ। स्वयं तत्कालीन प्रधानमंत्री नेहरू ने 'मैरिज एंड डायवर्स' वाला भाग पेश करने का सुझाव

---

42. See : Thus Spok Ambedkar, Vol. I, p. 108

दिया। उसके दूसरे या तीसरे दिन ही उन्होंने पुनः एक नया प्रस्ताव उनके सामने रखा कि वे इस वक़्त इस बिल को न रखें। वह भाग भी नहीं, जिसके लिए स्वयं नेहरू ने उन्हें रखने हेतु सुझाव दिया था। उन्हें यह जानकर आश्चर्य हुआ कि तत्कालीन संसदीय कार्य से संबंधित मंत्री उस बिल के विरोध में हैं और पं. नेहरू, जिन्होंने डॉ.अम्बेडकर को बिल प्रस्तुत करने का आश्वासन दिया था, अब वे ही उस मंत्री की बात मानने के लिए विवश हुए हैं। 'चीप विप' का असंवैधानिक व्यवहार न जाने क्योंकर पं. नेहरू पसंद कर रहे हैं! दल के संगठन में अवफादारी को क्यों महत्त्व दिया जा रहा है? इन असामान्य परिस्थितियों में डॉ.अम्बेडकर कैसे काम कर सकेंगे? वह निरंतर यही बात सोच रहे थे। उन्होंने अपने इस्तीफे के रहस्य को खोलते हुए भारतीय लोकतांत्रिक प्रणाली के इस अंधकार पक्ष का विस्तार से हवाला दिया था। यह तब हुआ, जबकि इस बिल के 44 'क्लोजेज़' मात्र साढ़े तीन घंटे में पार्टी में 20 सदस्यों के विरोध की बनिस्बत 120 सदस्यों के पक्ष में होने से स्वीकृत हो चुके थे।

28 नवंबर, 1949 को तत्कालीन प्रधानमंत्री ने डॉ.अम्बेडकर को यह आश्वासन दिया था कि सरकार उसके लिए वचनबद्ध है। वह ज़रूर से ज़रूर पेश होगा।[43] पुनः उन्होंने 19 दिसंबर, 1949 को इस बिल की सामाजिक उपयोगिता पर ज़ोर दिया। आर्थिक तथा सामाजिक क्षेत्र की उन्नति होना वह बहुत ज़रूरी मानते थे। मानते थे कि अभी उन्होंने केवल राजनीतिक आज़ादी प्राप्त की है। इस दृष्टि से भी वे इस बिल को तरजीह दे रहे थे।"[44] इसके बावजूद भी पं. नेहरू लोकतांत्रिक भावना का आदर करने से मुकर जाएँ तो वह क्या करें? यह तो तत्कालीन प्रधानमंत्री की ही कमी मानी जाएगी, डॉ.अम्बेडकर की नहीं। उनकी मान्यता थी कि उनका मंत्रिमंडल में रहना या न रहना, ऐसी स्थिति कोई मायने नहीं रखती। सवाल देशवासियों की समस्याओं को हल करने और उनको उन्नत जीवन मुहैया कराने का है। क्यों सब नहीं चाहते कि जीवन के उज्ज्वल पक्ष के लिए किया जा रहा प्रयास सफल हो? समाज अपने ही पाँव पर कुल्हाड़ी मारने को तत्पर हो जाता है?

डॉ.अम्बेडकर ने 'हिंदू कोड बिल' को मान-सम्मान का प्रश्न नहीं माना था। ऐसा यदि

---

43. . See : "What is more the Government is Committed to this thing (Hindu Code). It is going through with it." -Pt. Nehru

44. See : "I do not wish the House to think in the slightest degree that we consider that this Hindu Code Bill is not of importance, because we do attach the greatest importance to it, as I said, not because of any particular clause or anything, but because of the basic approach to this vast problem in problems, economic and social. We have achieved political freedome in this country, political indipendence. That is a stage in the journey, and there are other stages economic, social and other and if society is to advance, there must be this integrated advance on all fronts." -Pt. Nehru

उन्होंने माना होता तो वह कभी इतने लंबे समय तक उसका इंतज़ार नहीं करते। दरअसल इस प्रकार के प्रकरणों में यह हुआ है कि उनको लेकर उनके चरित्र तथा स्वभाव का विश्लेषण पक्षपातपूर्ण किया गया है। यह मानी हुई बात है कि उनमें जिन जीवन-मूल्यों की स्थापना के लिए प्रयत्न तेज़ हो रहे थे, वे भारतीय समाज के लिए अत्यंत उपयोगी थे। जहाँ तक सवाल उनके इस्तीफा देने का है, वहाँ यह ध्यान रखना होगा कि वे उन परिस्थितियों में मंत्रिमंडल में रहकर क्या करते, जिनमें उन्हें कार्य करने की सुविधाएँ नहीं दी जा रही हैं। वे नाम के मंत्री बने रहना नहीं चाहते थे। वे अपने देश के प्रति वफादार थे। उसके प्रति वे विश्वासघात कैसे करते? उनके सामने पद की राजनीति का कोई अर्थ नहीं था। जिन मनीषियों ने उन पर अराष्ट्रीय होने का आरोप लगाया था, वे यदि निष्पक्ष रूप से उनके कार्यों का मूल्यांकन करें तो पाएँगे कि वे अपने से भी अधिक देश के प्रति वफ़ादार थे।

डॉ.अम्बेडकर उद्भट योद्धा थे। कांग्रेस उन्हें अपना क्रीत प्रवक्ता बनाना चाहती थी। प्रलोभन उन्हें था नहीं। डरते वे थे नहीं। तभी उन्होंने कहा था-"मैं कोई मिट्टी का ढेला नहीं हूँ जो पानी की धार से घुल जाए। मैं एक पहाड़ी के समान हूँ जो पिघलती नहीं, अपितु नदियों के बहाव को बदल देती है-मैंने अपनी संपूर्ण शक्ति के साथ चार वर्ष तक कांग्रेस से सहयोग किया और पूर्ण निष्ठा सहित अपनी मातृभूमि की सेवा में ऐसा किया। लेकिन इन बरसों के बीच, मैंने अपने आपको कांग्रेस में विलीन नहीं होने दिया। मैं उन लोगों के साथ सहयोग और सहायता के लिए सहर्ष तैयार हूँ जो परिगणित जाति के लोगों की उन्नति के लिए अपने शब्दों, कार्यों तथा समर्थन के प्रति निष्ठावान् हैं। मैं उनके साथ कभी सहयोग नहीं करूँगा जिनकी वाणी मीठी है, परंतु जिनके इरादे व कार्य हमारे लोगों के हित के विपक्ष में हैं।"उन्होंने फ़ैसला कर लिया कि वे इस्तीफ़ा दे देंगे। शायद यही देशहित में होगा और इसी से आज़ादी के प्रति निष्ठावान जन सामने आने में नहीं हिचकिचाएँगे।

मंत्री पद पर रहने का अब उनका कोई अर्थ नहीं था। वह कांग्रेस में थे। कांग्रेस ही उनका विरोध कर रही थी। यद्यपि नेहरू ने उनके अथक परिश्रम तथा क्षमताओं की प्रशंसा की थी, परंतु वे उनको समर्थन न दे सके।

अक्तूबर, सन् 1951 का वह दिन था, जब डिप्टी स्पीकर ने डॉ.अम्बेडकर की ओर मुखातिब होकर उन्हें 'माननीय मंत्री' से संबोधित किया, तब डॉ.अम्बेडकर ने टोकते हुए कहा कि वे अब मंत्री नहीं रहे हैं।

उनका त्यागपत्र चर्चा का विषय बन गया। किसी को उनसे यह आशा नहीं थी। उस समय के अधिकांश अख़बारों ने उनकी प्रशंसा की थी। वस्तुतः वे अनासक्त थे। उन्हें पद की नहीं, मानव जाति की सेवा करनी थी। पद की गरिमा उनके लिए थी नहीं, उलटे पद उनसे गौरवान्वित होता था।

18 नवंबर को वह पुनः बंबई स्थायी रूप से आ गए। बंबई पहुँचने पर समाजवादी पार्टी व शैड्यूल्ड कास्ट फ़ेडरेशन ने विक्टोरिया टर्मिनस पर उनका भव्य स्वागत किया। तदुपरांत सिद्धार्थ कॉलेज तक जुलूस गया, जहाँ वे बंबई में अपना निवास बनाए हुए थे।

25 नवंबर को बंबई की एक विशाल सभा को संबोधित करते हुए डॉ.अम्बेडकर ने कहा था कि कांग्रेस पार्टी परिगणित जाति के प्रति उदासीन है। उन्हें आमंत्रित किया गया कि वह समाजवादी पार्टी में आ आएँ और देश का नेतृत्व करें।

उधर सन् 1952 के चुनाव सिर पर आ गए थे। अम्बेडकर की उस चुनाव में पराजय हुई। उन्हें 1,23,576 मत मिले और उनके सामने खड़े कांग्रेसी उम्मीदवार को 1,37,950 मत मिले। सन् 1954 में उपचुनाव में वह खड़े हुए, उसमें भी वे हारे। लगातार मिलते रहे विरोध ने उन्हें तोड़ डाला और तब उन्होंने कहा-"स्पृश्य हिंदुओं के बहुमत के आधार पर गांधीजी और उनकी कांग्रेस ने मेरा और मेरे पक्ष का राजनीतिक जीवन समाप्त कर दिया।"

वह बुद्ध जयंती समारोह, जो कि रंगून में आयोजित किया जा रहा था, में सम्मिलित हुए थे और वहीं के अख़बार से ही उन्हें अपनी पराजय की सूचना मिली थी, वहाँ से वह सीधे दिल्ली लौटे थे।

अब उनका स्वास्थ्य जवाब दे रहा था। बीमार थे। मानसिक पीड़ा अलग थी। वह अपने में लौट रहे थे, अस्त होते सूर्य के समान। उन्हें अपने मिशन में वांछित सफलता नहीं मिली थी। अब भी उनके सामने अथाह समंदर-सा अंधकार हिलोरें ले रहा था। अनेक विकट समस्याएँ मुँह बाए खड़ी थीं, जिनसे वे जिंदगी-भर लड़ते चले आ रहे थे।

❐

बौद्ध धर्मानुयायी और महाप्रयाण

वे कौन-सा रास्ता तलाश करें, यह वे अभी तक तय नहीं कर पा रहे थे। मन की शांति, जिजीविषा के लिए अदम्य उत्साह और साहस, ज्ञान की पिपासा के प्रति अनंत जिज्ञासाओं से संकुल और समानता में आस्था रखने वाला धर्म ही मानव-जाति के लिए उपयुक्त हो सकता है। धर्माधृत समाज में समयानुरूप परिवर्तन तथा संवर्द्धन की गुंजाइश का होना उनकी दृष्टि में आवश्यक है। हिंदू धर्म में वे इस प्रकार की गुंजाइश का अनुभव कर रहे थे।

ईसाई, मुसलमान, सिक्ख धर्म आदि के गहरे अध्ययन के उपरांत भी वह यह निर्णय नहीं कर पाए थे कि कौन-सा धर्म दलित वर्ग की दासता से युक्त मानसिकता की मुक्ति के लिए समीचीन हो सकता है। कहीं ऐसा न हो जाए कि वे दलित वर्ग के लिए जिस धर्म को चुनें, उस धर्म में भी कुछ दिनों में उन्हें वे ही अभिशाप भोगने के लिए विवश होना पड़े, जिनसे उनका वर्ग हिंदू धर्म में पीड़ित था। वस्तुतः यह निर्णय ले लेना सहज नहीं था। यों उन्हें अन्य धर्मों में भी असमानता तथा धर्मांधता के उदाहरण मिल रहे थे। वे चाहते थे कि जो धर्म स्वीकारा जाए, उससे सदियों से चली आ रही दलित वर्ग की मानसिकता उन्मुक्त हो सके और सम्मान से जी सके। धर्म के इस द्वंद्व से परिवृत्त उनका मन उद्विग्न था और वे स्थिर चित्त से निर्णय लेने की स्थिति अपने में तलाश कर रहे थे, क्योंकि उनकी दृष्टि में बिना धर्म की शरण में गए मानव जाति का उद्धार असंभव है। धर्म ही मानव-जाति की समग्र समस्याओं और कठिनाइयों का निराकरण कर सकता है।

बौद्ध धर्म के प्रति उनमें बचपन से आकर्षण था। धर्म में वह अपने को तलाश कर रहे थे। धर्म में उनकी अटूट श्रद्धा थी। हिंदू धर्म उन्हें रास नहीं आया था। उसमें जन्म पाकर वह आजन्म उपेक्षित तथा अपमानित होते रहे थे। वे धार्मिक पुरुष थे। उन्होंने मुस्लिम, सिक्ख और जैन धर्म का अध्ययन किया था। उन्होंने अपने को बौद्ध धर्म के निकट पाया था। उनकी अवधारणा थी कि कोई भी सरकार, संस्था अथवा समाज क्यों न हो, यदि उसमें मनुष्य की इच्छापूर्ति के साधन नहीं हैं तो वह बेकार है। वह दुःख, अभाव व पीड़ा में शांति

देने वाली होनी चाहिए। धर्म इन्हीं अभावों की संपूर्ति का साधन है। वह अंत में, धर्म की प्यास को और नहीं रोक सके और बौद्ध हो गए।

यह निर्णय उन्होंने मई, 1956 में लिया। अपनी एक विशाल रैली में उन्होंने अपने साथियों को भी बौद्ध धर्म की दीक्षा लेने की सलाह दी। वयोवृद्ध भिक्षु महास्थिवर चंद्रमणि द्वारा 14 अक्तूबर, सन् 1956 को उन्होंने दस लाख व्यक्तियों को बौद्ध धर्म की दीक्षा दिलाई। सारा हिंदू समाज अपलक देखता रह गया। वहाँ के पर्यावरण में अधोलिखित समवेत स्वर गूँज उठा। त्रिशरण मंत्र उच्चरित हो उठा-

बुद्धम् शरणम् गच्छामि।
धम्मं शरणम् गच्छामि।
संघं शरणम् गच्छामि।
दुतियम्पि, बुद्धम् शरणम् गच्छामि ॥
दुतियम्पि, धम्मं शरणम् गच्छामि ॥
दुतियम्पि, संघं शरणम् गच्छामि ॥
ततियम्पि, बुद्धम् शरणम् गच्छामि ॥
ततियम्पि, धम्मं शरणम् गच्छामि ॥
ततियम्पि, संघं शरणम् गच्छामि ॥[45]

इसके बाद पंचशील नियम दोहराया गया-

पाणातिपाता वेरमणि-सिक्खापदं समादियामि ॥1॥
अदिन्नादाना वेरमणि सिक्खापदं समादियामि॥2॥
कामेसू मिच्छाचारा वेरमणि सिक्खापदं समादियामि ॥3॥
मुसावादा वेरमणि सिक्खापदं समादियामि ॥4॥
सुरा-मेरेय-मज्ज-पमादट्ठाना वेरमणि सिक्खापदं समादियामि ॥5॥[46]

---

45. **मैं बुद्ध की शरण जाता हूँ।**
मैं उनके धर्म की शरण जाता हूँ।
मैं उनके संघ की शरण जाता हूँ।
मैं दूसरी बार बुद्ध की शरण जाता हूँ।
मैं दूसरी बार उनके धर्म की शरण जाता हूँ।
मैं दूसरी बार उनके संघ की शरण जाता हूँ।
मैं तीसरी बार बुद्ध की शरण जाता हूँ।
मैं तीसरी बार उनके धर्म की शरण जाता हूँ।
मैं तीसरी बार उनके संघ की शरण जाता हूँ।

46. **मैं जीव हत्या न करने की शिक्षा ग्रहण करता हूँ।**
मैं चोरी न करने की शिक्षा ग्रहण करता हूँ।

15 अक्तूबर, 1956 को डॉ.अम्बेडकर ने दस लाख अनुयायियों को बौद्ध धर्म में दीक्षित किया। उन्होंने दीक्षा लेने वालों को बाईस प्रतिज्ञा भी दिलवाईं, त्रिशरण और पंचशील नियमों की आवृति करवाकर। 22 प्रतिज्ञाएँ थीं-

1. मैं ब्रह्मा, विष्णु और महेश को कभी ईश्वर नहीं मानूँगा और न मैं उनकी पूजा करूँगा।
2. मैं राम और कृष्ण को ईश्वर नहीं मानूँगा और उनकी पूजा कभी नहीं करूँगा।
3. मैं गौरी, गणपति आदि हिंदू धर्म के किसी भी देवी-देवता को नहीं मानूँगा और न ही उनकी पूजा करूँगा।
4. ईश्वर ने अवतार लिया इस पर मेरा विश्वास नहीं।
5. मैं ऐसा कभी नहीं मानूँगा कि भगवान् बुद्ध विष्णु के अवतार हैं। ऐसे प्रचार को मैं पागलपन और झूठा प्रचार समझता हूँ।
6. मैं श्राद्ध कभी नहीं करूँगा और न ही कभी पिंडदान करवाऊँगा।
7. मैं बुद्ध धर्म के विरुद्ध कभी कोई बात नहीं करूँगा।
8. मैं कोई भी क्रिया-कर्म ब्राह्मणों के हाथों नहीं करवाऊँगा।
9. मैं इस सिद्धांत को मानूँगा कि सभी मनुष्य एक समान हैं।
10. मैं समानता की स्थापना का यत्न करूँगा।
11. मैं भगवान् के अष्टांग मार्ग की पूरी पालना करूँगा।
12. मैं भगवान् बुद्ध के बताए हुए दस पारमिताओं का पूरा पालन करूँगा।
13. मैं प्राणि-मात्र पर दया रखूँगा और उनका लालन-पालन करूँगा।
14. मैं चोरी नहीं करूँगा।
15. मैं झूठ नहीं बोलूँगा।
16. मैं व्यभिचार नहीं करूँगा।
17. मैं शराब का सेवन नहीं करूँगा।
18. मैं अपने जीवन को बौद्ध धर्म के तीन तत्त्वों पर ढालने का प्रयत्न करूँगा-प्रज्ञा, शील तथा करुणा।
19. मैं मानव विकास के लिए नुकसानदेह तथा मानव मात्र को ऊँच-नीच मानने वाले प्राचीन हिंदू धर्म का समग्रतः त्याग करता हूँ और बौद्ध धर्म अंगीकार करता हूँ।
20. मेरी यह पूर्ण आस्था है कि बौद्ध धर्म ही समीचीन धर्म है।

मैं विषय-विकारों से दूर रहने की शिक्षा ग्रहण करता हूँ।

मैं झूठ न बोलने की शिक्षा ग्रहण करता हूँ।

मैं शराब, अफीम, भाँग और हर प्रकार के मादक द्रव्यों का सेवन न करने की शिक्षा ग्रहण करता हूँ।

21. मैं यह स्वीकारता हूँ कि अब मेरा पुनर्जन्म हो चुका है।

22. मैं यह पुनीत प्रण लेता हूँ कि आज से मैं बौद्ध धर्म के आधार पर आचरण करूँगा।

यह दृश्य नयनाभिराम था। भगवा वस्त्र पहने हज़ारों संन्यासी नगर की परिक्रमा कर रहे थे। देश के अनेक कोनों से दलित वर्ग के बौद्ध धर्म स्वीकार करने के समाचार मिल रहे थे।

काठमांडू में आयोजित चतुर्थ बौद्धिस्ट कांफ्रेंस में वह गए थे और वहाँ उन्होंने घोषणा की थी कि बौद्ध मत सर्वश्रेष्ठ है। वह सामाजिक दृष्टिकोण से भी सर्वोच्च है। वहाँ से लौटने पर वह दिल्ली आए। 2 दिसंबर को अम्बेडकर ने अशोक विहार में आयोजित समारोह में भाग लिया। वह आयोजन दलाई लामा के सम्मान में था, जो 2500वें बुद्ध महापरिनिर्वाण में सम्मिलित होने आए थे। अगले दिन उन्होंने एक ग्रुप फोटो खिंचवाया, जिसे मिसेज़ अम्बेडकर के भाई बाबू कबीर ने लिया था। उस ग्रुप में श्रीमती अम्बेडकर, डॉ.अम्बेडकर, श्रीमती अम्बेडकर के पिता के.वी. कबीर और डॉ.मावलंकर थे।

उन्होंने 'द बुद्धा एंड कार्ल मार्क्स' का अंतिम अध्याय पूरा करके मंगलवार, 4 दिसंबर, सन् 1956 को 'टाइप' में दे दिया। इसी दिन वह 'काउंसिल ऑफ स्टेट्स' गए, जहाँ उन्होंने सबको रोज़मर्रा की सी बहस करते देखा। शाम को उन्होंने दो पत्र लिखवाए। एक आचार्य पी.के. अत्रे को और दूसरा एस.एम. जोशी को। पत्र लिखाने का उद्देश्य था कि वे लोग 'रिपब्लिकन पार्टी' में शामिल हो जाएँ। एक अन्य पत्र में उन्होंने एम.बी. समर्थ, बार-एट-लॉ को लिखा, जिसमें पूछा था कि क्या बंबई में उनके भाई का बँगला उनके लिए संभव हो सकेगा?

5 दिसंबर की रात को जैन नेताओं का एक दल पूर्वानुमति के अनुसार उनसे मिलने आया। कुछ समय तक अम्बेडकर उनसे जैन और बौद्ध धर्म पर बातचीत करते रहे। वे लोग अम्बेडकर से बहुत प्रभावित हुए थे। उन्होंने 'जैन और बुद्ध' पुस्तक भेंट भी की। उन्होंने अगले दिन उन्हें अपने एक समारोह के लिए आमंत्रित किया। अम्बेडकर ने उनके प्रस्ताव को स्वीकार कर लिया, परंतु इस शर्त पर स्वीकार किया कि यदि उनका स्वास्थ्य आज्ञा देगा, तभी वे आ सकेंगे।

रत्तू अम्बेडकर के पाँव दबाए। बाद में सिर में तेल भी लगाया। इससे उन्हें आराम मिला। फिर उन्होंने अपने मनपसंद गीत रेडियोग्राम पर सुने। उनके रसोइया ने भोजन का संकेत दिया। उन्होंने खाने में थोड़े से चावल लिए।

रत्तू के सहारे वे उठे। कुछ किताबें देखीं। फिर उनमें से एक पुस्तक अपने बिस्तर के पास की मेज़ पर रखने के लिए कहा। वातावरण में कबीर का गीत बिखर रहा था-'चल कबीर तेरा भवसागर डेरा।'

उसके बाद उन्होंने अपनी पुस्तक 'द बुद्धा एंड हिज़ धर्म' का 'प्रिफेस' व 'इंट्रोडक्शन', जो 'टाइप्ड' था, मँगवाया और रात में देर तक उसे पढ़ते रहे। फिर उन्होंने अत्रे, जोशी व बर्मा सरकार को लिखाए पत्र पढ़े।

बिस्तर के पास सुदामा थर्मस में कॉफ़ी और मिठाई रख गया था।

सब काम रोज़ की तरह हो रहे थे। कहीं कुछ नया नहीं था। कोई संकेत नहीं था। कोई तकलीफ नहीं थी

6 दिसंबर, सन् 1956 की सुबह शांत थी। वातावरण में ख़ामोशी थी। ठंड बढ़ गई थी, पर अब रात जितनी नहीं थी। लगभग 6.30 पर उनकी पत्नी जब अपने पति के बिस्तर की ओर गई तो पाया कि वह तकिए पर पाँव रखे सो रहे हैं। वह बाग में रोज़ाना की तरह घूम आई। लौटकर उसने पति को जगाया तो वह चीख पड़ी। पता नहीं वे उसे अकेला छोड़कर रात को कब चल दिए थे। या सुबह ही सुबह उन्होंने हमेशा के लिए आँखें बंद की थीं कुछ नहीं कहा जा सकता था। पर अब वे नहीं रहे थे, यह पथराया हुआ सत्य था।

मिसेज़ सविता अम्बेडकर ने सुदामा को भेजकर नानकचंद रत्तू को बुलवाया।

रत्तू ने काँपती हुई आवाज़ में कहा-"यह क्या हुआ बाबा साहेब? "

अब उनकी पत्नी सविता जड़वत् थी। अपने में स्तब्ध रत्तू उस पाषाण-मूर्ति के सामने फूट-फूटकर रो रहा था।

शीघ्र ही यह शोक-समाचार हवा की तरह फैल गया। उनके मित्र और साथी अलीपुर रोड की तरफ़ दौड़ लिए अपने प्रिय नेता के अंतिम दर्शन करने हेतु।

पं. नेहरू, जो उनका परिचय विदेशियों को अपनी कैबिनेट के जौहरी के रूप में दिया करते थे, दुःख से भर उठे। गृहमंत्री गोविंदवल्लभ पंत, जगजीवनराम आदि केंद्रीय मंत्री महान् नेता के प्रति सम्मान व्यक्त करने हेतु उनके निवास पर पहुँचे। जगजीवनराम ने हवाई जहाज़ का इंतज़ाम करवाया। उनके निवास से उनका शव ट्रक द्वारा एयरपोर्ट तक ससम्मान ले जाया गया। उस शव यात्रा में पिघलता हुआ स्वर यही था-'बाबा साहेब अमर रहें।'

शव यात्रा को एयरपोर्ट तक पहुँचने में पाँच घंटे लगे। लाखों व्यक्तियों ने उन्हें भीगे नयनों से श्रद्धांजलि दी। रात के 9 बजकर 30 मिनट पर हवाई जहाज़ से अमर नेता के शव को बंबई ले जाया गया। शव के साथ उनकी पत्नी के अलावा शंकरानंद शास्त्री, डॉ.भदंत आनंद कौसल्यायन, रत्तू, सुदामा, पूरनचंद, संत तुलसीदास, रामकिशन मेंहदी, मुंशीराम भारद्वाज तथा कुछ अन्य व्यक्ति थे। सांताक्रुज हवाई अड्डे पर सुबह 3 बजे जहाज़ पहुँचा। हज़ारों शोक संतप्त व्यक्ति वहाँ उपस्थित थे। उनके शव को दादर तक जुलूस के रूप में ले जाया गया।

लाखों की संख्या में लोगों ने अपने प्रिय नेता के अंतिम दर्शन किए। दस घंटे से भी अधिक दर्शनार्थियों को खड़ा रहना पड़ा।

लग रहा था कि उस दिन सारा बंबई निःस्तब्ध हो गया है। शोक-संदेशों से घिरा वातावरण स्थिर अवसन्न था।

दोपहर को शव यात्रा शुरू हुई। फूलों से सजे हुए ट्रक पर शव रखा गया। उनके सिर के पास छोटी लार्ड बुद्ध की मूर्ति थी। उनकी देह के चारों ओर मोमबत्तियाँ जलाई गई थीं। शव यात्रा के कारण उत्तर बंबई में पाँच घंटे ट्रैफिक जाम रहा।

दो मील लंबी शव यात्रा थी। शहर की पुलिस व अधिकारियों ने उन्हें सम्मान दिया। बौद्ध विधि से उनका अंतिम संस्कार हुआ। उनके इकलौते पुत्र यशवंतराय अम्बेडकर ने शाम सात बजे चिता को अग्नि दी। उनकी हार्दिक इच्छा थी कि वे हिंदू धर्म में नहीं मरें, वह अब पूरी हुई थी। वह पहला अवसर था जब किसी गैर-सरकारी व्यक्ति को बंबई पुलिस ने सलामी दी थी।

सारा देश शोक संतप्त था। देश-विदेश से शोक-समाचार आ रहे थे। उस महान् हुतात्मा के प्रति समूचे देश ने श्रद्धा से सिर झुकाया। दुनिया के समाचार-पत्रों में उनके प्रति भावभीनी श्रद्धांजलि अर्पित की गई थी।

एक अध्याय का अवसान था। एक संघर्षशील तथा उद्भट योद्धा की याद की ख़ामोशी थी।

अनेक भाषाओं[47] का पंडित अब नहीं रहा था-यह विश्वास नहीं होता था। दलितों का हिमायती, शोषितों का मसीहा, ग़रीबों का शुभचिंतक, मनीषियों का आचार्य, आधुनिक मनु और संविधान का पिता आज नहीं है, परंतु उसका खोजा हुआ मार्ग आज भी है। वे आने वाली पीढ़ी के लिए सदैव मार्ग प्रशस्त करते रहेंगे। वह ज्ञान का प्रदीप सदा अजर-अमर रहेगा। वह मानवता का पुत्र सदैव प्रकाशित रहेगा।

❐

47. अंग्रेज़ी, मराठी, फ्रेंच, जर्मन, संस्कृत, फारसी, बंगाली, उर्दू, हिंदी, रशियन, गुजराती आदि।

अम्बेडकर की चिंतनधारा

समाज व्यक्ति के जीने और विकास करने का आधार है। जो समाज धर्म पर टिका हो, उसमें धर्म की भूमिका की समीक्षा करनी जरूरी है। धर्म नियंत्रित समाज में पुरोहित वर्ग के अधिकारों को अपने वश में करता जाता है और वर्गभेद की खाई को बढ़ाता जाता है। उस समाज में असमानता, भेदभाव, विरोधाभास स्पष्ट नज़र आता है। इस दृष्टि से डॉ.भीमराव अम्बेडकर की सामाजिक संचेतना के संदर्भ में महत्त्वपूर्ण भूमिका रही है। उनका समग्र चिंतन-अनुशीलन और कार्य-क्षेत्र सामाजिक अंतश्चेतना से अनुपूरित रहा है। उन्होंने समाज को केंद्र में रखकर मानवीय समस्याओं के तदत्‌ पक्षों को न केवल उद्घाटित किया है अपितु उनके स्वस्थ तथा सर्वग्राह्य समाधान भी प्रस्तुत किए हैं। भारतीय समाज का अध्ययन-मनन करने के बाद वे इस निष्कर्ष पर पहुँचे थे कि वह हिंदू धर्म की रूढांधता से बेतरह ग्रस्त है। शनैः-शनैः हिंदू धर्मांतर्गत वर्ण-व्यवस्था जन्माबद्ध होती चली गई और उससे संबद्ध कर्म-पक्ष का आधार निर्बल पड़ता गया। जन्माधृत वर्ण-व्यवस्था इसलिए ज़ोर पकड़ती गई कि उसके अंतर्गत जिन्हें विशेषाधिकार प्राप्त हो चुके थे, वे उन विशेषाधिकारों को छोड़ने के लिए तैयार नहीं थे। उसका फल यह हुआ कि कर्म की श्रेणियाँ कर दी गईं और उसे उच्च तथा निम्न कर्मों के रूप में परिभाषित किया जाने लगा। जो वर्ग निम्न कर्मांतर्गत घोषित कर दिया गया, वह वर्ग विशेषाधिकार प्राप्त उच्च वर्ग द्वारा निरंतर शोषित होता चला गया। निम्न कर्मांतर्गत आने वाला वर्ग शोषित होने लगा। उसकी अंतश्चेतना शोषण की चक्की में लगातार पिसते हुए स्वाधिकारों के प्रति विवेकाधृत जागृति खो बैठी। कालांतर में वह वर्ग सामाजिक, आर्थिक, राजनीतिक व सांस्कृतिक दृष्टि से जीवन-मूल्य भी खो बैठा और उसे यह भूलने के लिए मजबूर होना पड़ा कि वह दूसरे इंसानों की तरह ही इंसान है। हर प्रकार के अधिकारों से वंचित वह वर्ग केवल शोषकों की उपेक्षा का पात्र रह गया। उसकी स्थिति दयनीय होती चली गई।

डॉ.अम्बेडकर ने ऐतिहासिक तथ्यों को प्रस्तुत करते हुए यह निष्कर्ष निकाला था कि यह वर्ग (दलित वर्ग) वह था जो शत्रुओं से लड़ते-लड़ते पराजित हुआ था और जिसको शक्तिहीन बनाने के लिए विजेता वर्ग ने शहर के बाहर उपेक्षित जीवन व्यतीत करने के

लिए बाध्य किया था। बदले की भावना से किया गया यह दुष्कृत्य कालांतर में उस वर्ग को दलित वर्ग में परिणत कर गया। जिस समय डॉ.अम्बेडकर ने अपने आसपास को अनुभव करना शुरू किया था, उस समय तक इस वर्ग का स्वस्तित्व तिरोहित हो चुका था और वह निष्प्रभ तथा शक्ति-शून्य होकर पशु से भी बदतर स्थिति में जा पहुँचा था। डॉ.अम्बेडकर को प्रारंभ में ही इन सामाजिक विद्रूपों को झेलना पड़ा था। बचपन से ही उन्हें अपने आसपास के वातावरण से उपेक्षामिश्रित अनुभव मिलने लगे थे। उनमें आक्रोश ऐंठने लगा था। उनके सोच के तेवर आँख दिखाने लगे थे। इस कारण सर्वप्रथम उनका विचार सामाजिक संदर्भों के विभिन्न पक्षों के उतार-चढ़ाव से ही शुरू हुआ। आगे चलकर परिपक्वावस्था तक पहुँचते-पहुँचते उनका यह अनुचिंतन राजनीतिक संदर्भों में भी तीव्रतर हो उठा था। उनको ऐसा अनुभव होने लगा था कि राजनीतिक जागृति उनके वर्ग के लिए बहुत ज़रूरी है। बिना राजनीतिक जागृति के उस वर्ग की सामाजिक स्थिति सुधर नहीं सकती है और न उनके जीवन का विकास संभव है।

उस वक़्त राजनीतिक शक्तियाँ आभिजात्य अथवा उच्च वर्ग के हाथ में थीं। दलित वर्ग में राजनीतिक चेतना 'ना' के बराबर थी। राजनीतिक शक्तियों से संकुल उच्च वर्ग की स्थिति सुदृढ़ थी और उसके विरुद्ध कोई क़ानून अथवा तदनुरूप कोई व्यवस्था खड़ी नहीं की जा सकती थी। कौन करता? इस असहाय स्थिति से मुक्त हुए बिना सामाजिक संघर्ष को तेज़ नहीं किया जा सकता था। डॉ.अम्बेडकर ने दलित वर्ग के उत्थान के लिए राजनीतिक शक्तियों की दिशा में प्रयास करना शुरू कर दिया था। इस वर्ग में राजनीतिक इच्छाशक्ति जगाने के लिए उन्होंने संगठनात्मक क्रियाओं को गतिशील बनाए रखना ज़रूरी समझा।

हर चिंतक का अपना दर्शन (विज़न) होता है। उसका जीवन-दर्शन सामाजिक, राजनीतिक, धार्मिक, सांस्कृतिक आदि सभी समस्याओं के समाधान में सशक्त भूमिका का निर्वाह करता है। डॉ.अम्बेडकर उन व्यक्तियों में से एक थे, जो अपने ढंग से समस्याओं के निराकरण में गहनाभिरुचि रखते हैं। उनके समग्र जीवन के अध्ययन से यह निष्कर्ष सहज ही निकाला जा सकता है कि उनके सामने समस्याओं का अंबार लगा हुआ था। उनमें से अधिकांश वे समस्याएँ थीं, जिनका संबंध उनके दलित वर्ग में पैदा होने से था। व्यक्तिगत स्तर पर उन्होंने जिस सामाजिक अभिशाप को सहा और झेला था, उससे उनमें जीवन के प्रति एक नया दृष्टिकोण जन्मा था और वे उस दृष्टिकोण के द्वारा उन हालात का सामना करते हुए हिंदू समाज को विकृतिमूलक और अमानववादी व्यवहार से मुक्त कराना चाहते थे ताकि वे भी इंसानों की तरह जी सकें।

उन्हें आश्चर्य होता था कि एक ही धर्म के लोग परस्पर भिन्न हालात में जीवनयापन कर रहे हैं। परस्पर वे शोषण कर रहे हैं। उनका व्यवहार अपने ही धर्म वालों के प्रति पशु से

भी बदतर है। बीसवीं शताब्दी का सभ्य और सुसंस्कृत समझा जाने वाला मनुष्य व्यवहार में असभ्य तथा असंस्कृत होने के तमाम उदाहरणों को पीछे छोड़े जा रहा है। उन्होंने मनुष्य की प्रवृत्ति का अध्ययन करते हुए यह निष्कर्ष निकाला था कि उसमें शोषण-वृत्ति कहीं गहरे पैठी हुई है। शोषण की भूख शेर के मुँह लगे मनुष्य के रक्त के समान निरंतर तीव्र से तीव्रतर होती जाती है। ताज्जुब की बात तो यह है कि जो जाति अंग्रेज़ों के शोषण के विरुद्ध आवाज़ उठा रही है, आंदोलन छेड़ रही है और संसद में प्रश्न उछाल रही है, वही जाति अपने ही लोगों के शोषण में अनुरत है! मानवता और लोक-धर्म की दुहाई देने वाली जाति स्वयं अमानवता और अ-लोक-धर्म से ग्रस्त है। मानव-व्यवहार में ऐसा विरोधाभाव क्यों है? क्यों आपस में ज़मीन-आसमान का अंतर है?

डॉ.अम्बेडकर के अनुचिंतन का प्रमुख उद्दिष्ट यही था कि मानव-जाति शोषण की जघन्य प्रवृत्ति से अपने आपको मुक्त कर सके और स्वस्थ समाज की संस्थापना हो सके। इस दृष्टि से उन्होंने हिंदू धर्म की अनेक तकलीफ़ों को सहते हुए भी धर्म की उपयोगिता को कभी भी नहीं नकारा। धर्म मनुष्य के जीवन की धुरी है। उसके द्वारा मनुष्य निरंतर उदात्तोन्मुखी होता जाता है और उसकी स्थापनाएँ जीवन के लिए उत्प्रेरक सिद्ध होती हैं। यही कारण है कि दलित वर्ग के लिए महत्त्वपूर्ण भूमिका निभाने पर भी मार्क्सवाद उनको प्रभावित नहीं कर सका और उन्हें उसके लिए स्वयं रास्ता निकालने के लिए सोचना पड़ा।

डॉ.अम्बेडकर के जीवन का अध्ययन करने से यह बात साफ़ हो जाती है कि उनका अनुचिंतन और तदनुरूप उनके प्रयत्न सवर्ण वर्ग के विरुद्ध न होकर दलित वर्ग के अस्तित्व की रक्षार्थ ही थे। उनके विचार राष्ट्रीय थे। उनकी चिंता समग्र मानव-जीवन के अभिशप्त पक्ष पर गहरी थी। उनमें बदले की भावना रत्ती-भर भी नहीं थी। मनुष्य, मनुष्य की तरह रहे, उनमें यह लालसा कहीं गहरी और तर्कपूर्ण थी।

डॉ.अम्बेडकर ने इस सारगर्भित वक्तव्य से पूर्व गोलमेज सम्मेलन की अल्पसंख्यक संबंधी समिति को एक ज्ञापन दिया था, जिसमें उन्होंने अल्पसंख्यक लोगों के कल्याण के लिए नए संविधान में अधोलिखित अधिकार दिए जाने की बात उठाई थी। वे अधिकार थे-

1. समान नागरिकता (Equal Citizenship) से आशय तथा समान मूलाधार अधिकार (Fundamental Rights)। कानून के सामने सब बराबर हैं। प्रत्येक समान अधिकार का आनंद ले सकता है। ध्यातव्य है, सवर्ण वर्ग 'दलित वर्ग को अधिकारों' के खुले प्रयोग से चिढ़ जाएगा और उनको भय व आतंक दिखलाकर समानाधिकार का प्रयोग नहीं करने देगा। उसके लिए क़ानून द्वारा उनको संरक्षण दिया जाए। फलतः उनको शिक्षा के क्षेत्र में, कुओं तथा अन्य पानी के स्थानों (Watering Places), मनोरंजन के सार्वजनिक स्थानों, सड़क से गुज़रने आदि की खुली छूट हो। उनके मार्ग में व्यवधान पैदा करने वालों को पाँच वर्ष की कड़ी सज़ा अथवा दंड या दोनों दिए जाने की व्यवस्था रहे ताकि जंग खाए सोच के

भयातंक से मनुष्य मुक्त हो सके और क़ानून का बल पाकर उसमें जिजीविषा के लिए कुछ कर गुज़रने का हौसला पैदा हो सके।

दलित वर्ग प्रत्येक गाँव में अल्प संख्या में हैं। फलतः परंपरावादी हिंदू उनके मार्ग में व्यवधान बनेंगे। वे हिंसक वारदातें करेंगे। उसके लिए सरकार को तैयार होना होगा कि वह उनको 'भय व आतंक' से बचा सके।

2. आर्थिक रूप से दलित वर्ग बहुत पिछड़ा हुआ है। उसे देश के अधिकांश भागों में आर्थिक स्वतंत्रता प्राप्त नहीं है। कृषि करना भी परंपरावादी वर्ग की इच्छा पर निर्भर है। उनकी इच्छा के बिना वे यह कार्य भी नहीं कर सकते हैं। वे उनका प्रयोग ग्रामीण सेवकों के रूप में करते हैं और उस अथक तथा अनवरत सेवा के प्रतिदान में उन्हें मुट्ठी-भर अनाज देते हैं। ऐसे अनेक उदाहरण हैं जिनसे यह सिद्ध होता है कि परंपरावादी वर्ग आर्थिक शक्ति के अधिकार का प्रयोग दलित वर्ग के विरुद्ध हथियार के रूप में करता है। अगर दलित वर्ग ने परंपरावादी वर्ग के रास्तों का इस्तेमाल करना शुरू कर दिया तो बनिया वर्ग उनकी ज़रूरत का सामान देना बंद कर देगा। सामाजिक बहिष्कार से शक्तिशाली दूसरा मारक हथियार नहीं हो सकता है। डॉ.अम्बेडकर उनकी सुरक्षा की ओर सरकार का ध्यान आकृष्ट करना चाहते थे। वे चाहते थे कि कोई व्यक्ति मकान, ज़मीन आदि के सार्वजनिक प्रयोग से उन्हें नहीं रोक सके। यदि दलित वर्ग के किसी व्यक्ति को कोई उन अधिकारों के प्रयोग करने से रोकता है, जिनका प्रयोग मूलाधिकारों के अंतर्गत है, तो उसके लिए दंड की व्यवस्था रहे। कोई भी ऐसा पेपर, प्रस्ताव, प्रतिवेदन अथवा 'स्यूमर' प्रकाशित नहीं किया जाए, जिससे दलित वर्ग पर प्रभाव पड़ता हो। बहिष्कार करने की धमकी देने वाले व्यक्ति को भी पाँच बरस की सजा और जुर्माना अथवा दोनों दी जाएँ।

3. विधानसभाओं में दलित वर्ग के लिए सुरक्षित स्थान हों ताकि वे सम्यक् ढंग से अपने विकास की योजनाओं को न केवल प्रस्तुत कर सकें अपितु उनकी क्रियान्विति के लिए भी वे प्रयत्न कर सकें। फलतः प्रांत और केंद्र में उनको समुचित प्रतिनिधित्व मिलना चाहिए। उनको अपने प्रतिनिधियों को चुनने का अधिकार दिया जाए। वे 'सेप्रेट इलेक्टोरेट्स' (Separate Electorates) के द्वारा प्रथम दस वर्ष तक अपने प्रतिनिधि चुन सकें और उसके बाद संयुक्त मतदाता सुरक्षित सीट्स के लिए मतदान कर सकें।

4. दलित वर्ग के लोगों के लिए सरकारी सेवा में सुरक्षित स्थान होने चाहिए ताकि वे सवर्ण जाति के सरकारी सेवा के एकाधिकार के चक्रव्यूह को तोड़कर उन सेवाओं में आ सकें। इससे उनमें समानाधिकार तथा सामाजिक स्तर व मूल्यों के प्रति जागरूकता पैदा हो सके।

डॉ.अम्बेडकर ने इस विषय पर 'राउंड टेबल कांफ्रेंस' (गोलमेज सम्मेलन) में भी कहा था कि यह अत्यंत ख़तरे की बात है कि भारतवर्ष में किसी भी प्रकार की सेवाओं में किसी

जाति या वर्ग-विशेष का एकाधिकार रहता है। इससे उस जाति में आभिजात्य या उच्च होने का भाव पैदा होता है और उसकी स्थिति सुदृढ़ बनती है। इससे यह भी होता है कि आभिजात्य वर्ग के लोग, जो व्यवस्था में महत्त्वपूर्ण स्थान बना लेते हैं, दलित वर्ग के प्रति क़तई नहीं सोचते हैं और उन्हें निरंतर पीछे खदेड़ने के लिए दुरभिसंधियाँ रचते रहते हैं।

इस संबंध में डॉ.अम्बेडकर ने सुझाव दिया था कि प्रत्येक प्रांत में दलित वर्ग के लिए स्थान सुरक्षित हों। उनमें भी जिनका चयन संघीय लोक सेवा आयोग अथवा प्रांतीय लोक सेवा आयोग करता है। लोक-सेवा आयोग संबंधित नौकरियों के लिए पात्रता हेतु नियम बना सकता है। परंतु नियमादि बनाते समय उसको यह ध्यान रखना होगा कि सभी कम्युनिटीज़ के व्यक्तियों का समुचित प्रतिनिधित्व हो सके। नौकरियों में दलित वर्ग को प्रमुखता दी जाए। जो भी क़ानून बनाए, उसे यह ख़याल रखना होगा कि उससे दलित वर्ग की शिक्षा, रहन-सहन, सामाजिक स्थिति, आर्थिक स्थिति, राजनीतिक स्थिति आदि में सुदृढ़ता आए-अर्थात् इन क्षेत्रों में इजाफा हो। वह अपने अधिकारों की जानकारी पाकर उसके प्रयोग के लिए आगे आ सके।

5. दलित वर्ग की उन्नति के लिए अलग विभाग हो, जो उनके हितों के लिए तथा उनकी रक्षार्थ कार्य करे।[48] दलित वर्ग की अकिंचनता के मूल में आर्थिक अभाव की अपेक्षा सामाजिक भेदभाव मुख्य कारण है। उसकी वजह से अनेक धंधे उनके लिए बंद हैं। वे लोग इन धंधों में नहीं जा सकते हैं और न स्वतंत्र रूप से उन धंधों को शुरू कर सकते हैं। इस वर्ग के लोग नैतिक साहस, धनराशि, क़ानून का संबोध आदि के अभाव में न्याय के लिए न्यायालय में नहीं जा पाते हैं। दूसरे, सवर्ण जाति का अच्छे पदों पर होने से विशेष प्रभाव है। इन बिंदुओं को ध्यान में रखते हुए यह आवश्यक है कि सरकार दलित वर्ग के हितों एवं उनकी रक्षा के उद्देश्य से मंत्री-स्तर का एक संपृक्त विभाग स्थापित करे। फिर यह कार्य उस मंत्रालय का होगा कि वह उन लोगों के लिए बनाए क़ानून को व्यवहार में पनपता हुआ देखे और उसके लिए यदि वह व्यवधान अथवा रुकावटें आती हुई अनुभव करे तो सशक्त क्रियान्विति के लिए तत्काल कार्यवाही शुरू करवाने का प्रयास करे। उसके लिए गवर्नर जनरल को विशेषाधिकार हो कि वह आवश्यकता पड़ने पर हस्तक्षेप कर सके और प्रत्येक प्रांत में दलित वर्ग के लिए 'बैलफ़ेयर ब्यूरो' सक्षम अधिकारी की देख-रेख में खुलवा दे और उसे संबंधित मंत्रालय के सहयोग से कार्य करने दे।[49]

डॉ.अम्बेडकर की हार्दिक इच्छा यही थी कि वर्तमान भारतीय समाज में बरसों से

---

48. See : Thus Spoke, Ambedkar, Vol. I, p. 37

49. "To appoint depressed classes Welfare Bureau in each province to work under the authority of and in co-operation with the Minister."blue"

Dr. Ambedkar on Poona part. p. 19

अछूतों के साथ जो असंगत तथा पशुतापूर्ण व्यवहार हो रहा है, वह न हो और वे भी ससम्मान दूसरों की तरह जी सकें। उनमें उत्कट लालसा इस बात की थी कि जिजीविषा के लिए होने वाले प्रयत्नों से व्यक्ति की समाज में प्रतिष्ठा हो, न कि जाति या धर्म के कारण।

शोषणोन्मुखी प्रवृत्ति केवल भारत, एशिया में ही नहीं है अपितु इस प्रवृत्ति से तमाम दुनिया पीड़ित है।[50] वे इसके लिए उन रास्तों के पक्ष में भी नहीं थे, जिन रास्तों को अमेरिका में रहने वाले नीग्रो अपना रहे थे। डॉ.अम्बेडकर ने जाति-पाँति तोड़क मंडल, लाहौर में जाति-पक्ष को लेकर जो भाषण दिए थे, उनको जैसे ही पुस्तकाकार रूप में छापा गया वैसे ही उस पुस्तक[51] की धूम मच गई और गुजराती, तमिल, मराठी, पंजाबी, मलयालम आदि भाषाओं में उसके अनुवाद हुए।

इस पुस्तक का प्रथम संस्करण केवल दो माह में ही बिक गया। डॉ.अम्बेडकर ने इस पुस्तक के दूसरे संस्करण की प्रस्तावना (Preface) के अंत में इस बात से संतोष का अनुभव किया कि यदि इस पुस्तक के द्वारा हिंदू यह महसूस करने लगें कि वे भारत के बीमार इंसान हैं और उनकी अस्वस्थ स्थिति दूसरे भारतीयों के स्वास्थ्य तथा प्रसन्नता के लिए ख़तरे का कारण है[52] तो सामाजिक बीमारियों से ग्रस्त हिंदू समाज उभरने की ओर ध्यान दे सकता है।

वे मानव समाज की स्वस्थ संरचना के लिए निरंतर प्रयत्नशील रहे थे। 20 नवंबर, 1956 को 'वर्ल्ड फैलोशिप ऑफ बुद्धिस्ट्स' कांफ्रेंस, जो काठमांडू (नेपाल) में हुई थी और जिसमें प्रोफ़ेसर चिटनिस भी उपस्थित हुए थे और जिसका सभापतित्व नेपाल के राजा महेंद्र ने किया था, उसमें उन्होंने कहा था कि वे अर्थशास्त्र के छात्र रहे हैं। वे राजनीतिशास्त्र के भी छात्र रहे हैं। यथार्थतः सब भी उनकी तरह छात्र होकर जीने का प्रयास करें तो सब सीखने और जीने की सुविधा का आनंद ले सकेंगे। वह अपने को अंत तक छात्र के रूप में प्रतिष्ठित करने के पक्ष में थे। राजनीति को वे जीवन-नीति से संपृक्त नहीं मानते थे।

स्वस्थ समाज के बिना विकास की स्थिति की अनुभूति मानव को नहीं हो सकती है। समाज की संरचना समता की भूमि पर ही संभव है। समता तभी संभव है, जबकि उस समाज के लोगों का दृष्टिकोण भेदभावपूर्ण न हो और वे एक-दूसरे के सहायक सिद्ध हों। उनमें सद्नागरिक के गुणों का संवर्द्धन निरंतर होता रहे। वे जड़ न हो जाएँ। उनमें चिंतनधारा अविराम विकसित होती रहे। वे सब में अपना हित तलाश कर सकें। जहाँ देवत्व की नहीं मानवत्व की अनुभूति मन थामती रहे और आगे बढ़ने की दिशा उद्घाटित करते हुए सत्य से साक्षात्कार करा सके। ❐

50. Introduction : Annihilation of Caste : Bhagwan Das, p. 9

51. Annihilation of Caste.

52. "I shall be satisfied, If I make the Hindus realize that they are the sickness is causing danger to the health and happiness of other Indians."

——Dr. B.R. Ambedkar : Annihilation of Caste, p. 11

अम्बेडकर के विरोधी

डॉ.अम्बेडकर का समय सर्वाधिक योग्यतम और निष्ठावान व्यक्तियों का था-तपस्वियों का था। अनेक सितारे अपने समय के आकाश पर देदीप्यमान हो रहे थे। यह समय अपने में अधिक विविधतापूर्ण और आश्चर्यजनक घटनाओं से भरा था। पूरा संसार करवट बदल रहा था और नए से नए प्रतिमानों को संस्कारित करने में होड़ कर रहा था।

यह तो निर्विवाद सत्य है कि डॉ.अम्बेडकर आजन्म संघर्षरत रहे और संघर्ष भी उन्हें अपने समय के महानतम व्यक्तियों से करना पड़ा। उन्होंने अत्यंत विवादास्पद जीवन जिया। कारण कुछ भी हों, और कारणों को लेकर कुछ भी निष्कर्ष लिए जाएँ, परंतु इससे यह तो स्पष्ट है कि उन्होंने अपनी स्वतंत्र संस्थापनाओं से अपने युग को सर्वाधिक झकझोरा था। माना कि वह हिंदू धर्म व समाज के कटु विरोधी थे, परंतु इससे कोई इनकार नहीं हो सकता है कि वह धर्म-विरोधी नहीं थे। धर्म के वे सशक्त पक्षधर थे। जहाँ वे धर्म और समाज के संबंध में अपनी स्वतंत्र विचारधारा के फलस्वरूप विरोधों से जूझते रहे, वहाँ वे राजनीति के क्षेत्र में कांग्रेस तथा अनुदार मार्क्सवादियों से भी लगातार संघर्ष करते रहे। दरअसल वे विरोधों के झंझावात से उठे थे और उसी में उनका अवसान हुआ था।

इस दृष्टि से डॉ.अम्बेडकर के जीवन और विचारधारा का अध्ययन करना बहुत ज़रूरी है। हम अपने इस अध्ययन को अधोलिखित छह भागों में विभाजित कर स्पष्ट निष्कर्ष लेने की स्थिति तक पहुँच सकते हैं-

1. रूढ़िवादी हिंदू,
2. गांधीवादी हरिजन,
3. परंपरागत भिक्षु
4. राजनीतिक नेता
5. अनुदार मार्क्सवादी
6. हतोत्साही अम्बेडकर।

1. रूढ़िवादी हिंदू

बीसवीं शताब्दी के गण्यमान्य व्यक्तियों में से डॉ.अम्बेडकर एक हैं। वह हिंदू थे, परंतु

मरने से पूर्व उन्होंने बौद्ध धर्म स्वीकार कर लिया था। हिंदू धर्म से बौद्ध धर्म स्वीकार करने तक की कथा-यात्रा अपने समय का जीवंत इतिहास है। देश उस समय अपनी आज़ादी के लिए संघर्ष कर रहा था-भौगोलिक तथा राजनीतिक आज़ादी के लिए। परंतु डॉ.अम्बेडकर क़ैद में छटपटाती हुई करोड़ों-करोड़ उपेक्षित, दलित एवं शोषित आत्माओं की मुक्ति के लिए संघर्ष कर रहे थे। वह बड़ा कठोर समय था। मनीषी अम्बेडकर मानवता के झुलसते प्राणों को अमियदान करना चाहते थे। हिंदू समाज व धर्म तब अंध व रूढ़ परंपराओं से बेतरह आवृत्त था और उसमें विवेक की दीपशिखा जाग्रत करने वाला पागल व धर्मविरोधी समझा जाता था।

अछूत क्या होता है? उसकी क्या तकलीफें हैं? वह क्यों मंदिर में नहीं जा सकता था? क्यों वह कुओं व तालाबों से पानी नहीं भर सकता था? क्यों उसका सामाजिक 'स्टेटस' नहीं माना जाता था? वह हिंदू होते हुए भी क्यों हिंदुओं के शोषण तथा उपेक्षा के चक्रव्यूह में फँसा प्राणों का परित्याग कर देता था? धर्म में इतनी घृणा क्यों? धर्म में इतना भेदभाव क्यों? धर्म में इतना अन्याय और अत्याचार क्यों? आख़िर क्यों, क्यों? धर्म के जीवट जिज्ञासु अम्बेडकर के लिए ये प्रश्न जीवन-मरण के प्रश्न थे। कोई भी मनीषी और मानवता-प्रेमी धार्मिक अन्यायों की घटाटोप उठती आँधी को चुपचाप नहीं देख सकता। संत और साधारण व्यक्ति में यही अंतर है। संत अन्यायों से लड़ता है और समूची मानवता के हित में अनासक्त भाव से काम करता है। वह तटस्थ रहता है परंतु सत्य का अनुसंधान निरंतर करता रहता है। वे पूरे मानव-समाज के शुभ के प्रति सदा तत्पर रहता है।

डॉ.अम्बेडकर चाहते थे कि प्रत्येक स्त्री-पुरुष को शास्त्रों की गुलामी से मुक्ति मिले। शास्त्रानुमोदित हानिप्रद विचारों से उनके मन को मुक्त कराया जाए और निर्भीक होकर परस्पर शादी-विवाह तथा खान-पान कर सकें।[53] वे वर्ग-धर्म का उन्मूलन चाहते थे। वह 'मनुस्मृति' के आधार को अस्वीकार करते थे। वर्णाश्रम व्यवस्था को उससे बल मिलता है। स्वामी दयानंद वर्णधर्म के पक्षधर थे। केवल वह उसमें गुणधर्म सिद्धांत को अपनाने पर ज़ोर देते थे, जो संभव नहीं हो सकता था। डॉ.भगवानदास ने मनु के विधान के द्वारा मानव जीवन की व्यवस्था का सर्वोपरि मार्ग सिद्ध किया था। वह उसमें व्यावहारिक समाजवाद, भ्रातृत्व-भावना, पारस्परिक प्रेम आदि मानवीय गुणों की सुव्यवस्थित व सुनियोजित संस्थापना पाते थे। उनकी दृष्टि में वर्गविहीन समाज की अपेक्षा वर्गाधृत समाज अधिक श्रेष्ठ और मानवोपयोगी है।

स्वामी विवेकानंद भी जाति-व्यवस्था के न केवल प्रशंसक थे अपितु सशक्त पक्षधर

---

53. द्रष्टव्य : बी.आर. अम्बेडकर : एनिहिलेशन ऑफ़ कास्ट, भीम पत्रिका प्रकाशन, जालंधर 68, पृ0 75

भी थे। उन्होंने कहा था-" मैं जाति के लिए पैदा हुआ हूँ, मैं जाति के लिए जीवित हूँ""जाति में पैदा होने के नाते संपूर्ण जीवन जातिगत नियमानुसार जिया जाना चाहिए।"निष्कर्षतः सभी युगपुरुष व महात्मा 'मनुस्मृति' और उसमें वर्णित वर्ण-व्यवस्था के पक्षधर थे। डॉ.अम्बेडकर इसके विरोधी थे। उनका यह निष्कर्ष था कि बिना जाति व वर्ण-व्यवस्था को ख़त्म किए हिंदू धर्म व समाज छुआछूत, भेदभाव आदि दुर्गुणों से मुक्त नहीं हो सकता है। डॉ.अम्बेडकर की 'मनुस्मृति' व वर्ण-व्यवस्था में कोई आस्था नहीं थी जबकि प्रायः सभी युगपुरुषों ने उस व्यवस्था व ग्रंथों के प्रति अपनी अटूट निष्ठा व्यक्त की थी; फलतः डॉ.अम्बेडकर का विरोध होना अवश्यंभावी था। वही हुआ भी। तमाम हिंदू उनके पीछे पड़ गए और उन्हें धर्म-विरोधी व भारतीय संस्कृति का विध्वंसक करार दे दिया गया।

यहाँ एक मज़ेदार तथ्य यह है कि छुआछूत व भेदभाव के वे भी विरोधी थे जो 'मनुस्मृति' तथा तदनुसार वर्ण-व्यवस्था में अटूट आस्था रखते थे, लेकिन हिंदू समाज में उनका विरोध नहीं हुआ। विरोध हुआ तो अकेले डॉ.अम्बेडकर का। पर क्यों? क्या इसलिए कि शेष सभी विद्वान् सवर्ण हिंदू समाज से थे और अम्बेडकर अछूत समाज से थे? या इसलिए कि वह पहले व्यक्ति थे जिन्होंने हिंदू समाज की चक्रव्यूहीय संरचना का पर्दाफाश किया था? दरअसल उन्होंने उस समस्त व्यवस्था का ही विरोध किया था, जिस पर हिंदू समाज खड़ा था। उन्होंने छुआछूत की जड़ पर चोट की थी और वह भी पूरे ज़ोर से, जिससे हिंदू समाज के सुधारवादी भी चौंक पड़े थे। अब वे हिंदू समाज के चक्रव्यूह में अकेले फँसे हुए थे। चारों ओर से उन पर आक्रमण हो रहे थे। वह कह रहे थे कि हिंदू समाज में जाति व वर्ण में कोई अंतर नहीं है। ये दोनों विचार ही नीति-विरुद्ध व मानवता विरोधी हैं।

गांधीजी स्वयं वर्ण-व्यवस्था के पक्षधर थे, क्योंकि उनकी दृष्टि में "वर्णाश्रम धर्म पृथ्वी पर मनुष्य के मिशन को, शरीर और आत्मा की एकता के लक्ष्य को लेकर परिभाषित करता है।"[54] उनकी दृष्टि में वह प्रकृति का एक अकाट्य तथ्य है। वह उसकी तुलना गुरुत्वाकर्षण के नियम से करते हुए कहा करतें थे कि जिस प्रकार वह नियम न्यूटन की खोज से पूर्व भी था उसी प्रकार वर्णाश्रम प्राकृतिक नियम है, जो उसकी खोज से पूर्व भी (गुरुत्वाकर्षण के सिद्धांत की तरह से) क्रियाशील था। उससे हिंदू धर्म की रक्षा हुई है। वह "आनंद तथा वास्तविक धार्मिक अनुसरण के लिए सबसे उत्तम सुरक्षा का मार्ग है।"[55] फलतः उनमें व गांधीजी में विरोध होना स्वाभाविक था। हालाँकि छुआछूत के गांधीजी विरोधी थे, परंतु वे उसे दूर करने के लिए प्रयत्नशील नहीं थे। डॉ.अम्बेडकर छुआछूत को समूल नष्ट करना चाहते थे, फलतः वह हिंदू धर्म की समीक्षा करते हुए उस 'मनुस्मृति' आश्रित व्यवस्था से अपना विरोध अभिव्यक्त करते थे। उनकी दृष्टि में गांधीजी की अछूतों के लिए दी

---

54. सोशलिस्ट थॉट इन मॉडर्न इंडिया, पृ. 46

55. यंग इंडिया 24 नवंबर, 1927

गई 'हरिजन' संज्ञा या व्यवस्था अनुचित तथा अवैज्ञानिक थी जबकि वे अछूत सत्ता के अस्तित्व को हिंदू धर्म में से मिटा देना चाहते थे। 'अछूत' का अस्तित्व 'हरिजन' में भी बना रहेगा, यह उनकी दृढ़ मान्यता थी।

वर्ण-व्यवस्था में भी डॉ.अम्बेडकर ब्राह्मणवाद के कटु आलोचक थे। उन्होंने स्पष्ट कहा था कि समस्त ब्राह्मण अछूतों के शत्रु हैं। उनका ब्राह्मणवाद से व्यापक आशय था। वह मानते थे कि स्वतंत्रता, समानता तथा भ्रातृत्व-भावना का निषेध करने वाली शक्ति का नाम ही ब्राह्मणवाद है। ये ब्राह्मण सभी वर्गों में परिव्याप्त हैं। इस ब्राह्मणवाद का इतना व्यापक प्रभाव है कि न केवल सामाजिक व धार्मिक अधिकारों को ही इसने अपने लिए सुरक्षित बनाया हुआ है, अपितु राजनीतिक अधिकारों को भी अपने में केंद्रीभूत किया हुआ है। वस्तुतः ब्राह्मण धर्म वर्णाश्रम व्यवस्था का मूल कारण है। ये दोनों ही शास्त्रों की देन हैं अतः शास्त्रों से धर्म को मुक्त करना होगा। वर्णवाद ब्राह्मणवाद के द्वारा ही फला-फैला है, अतः उसको भी हटाना होगा।

वह गांधीजी जैसे व्यक्ति को अपना विरोधी पाकर यह कहते थे कि उनकी जगह कोई सामान्य व्यक्ति उनका विरोध करता तो वह कदापि उस ओर ध्यान नहीं देते। गांधीजी का जनता पर गहरा प्रभाव है और उनके विरोध का प्रत्युत्तर नहीं देना स्पष्ट कर देता है कि गांधीजी अपनी जगह पर ठीक हैं। इस ठीक होने का आशय है-अछूत, अछूत बने रहें या सवर्णों की दया की ओर सदा देखते रहें। इसी कारण डॉ.अम्बेडकर को मूर्तिभंजक कहा गया। उन्हें धर्म का शत्रु बताया गया। उनमें अंतर्निहित महत्वाकांक्षा की उत्कट भावना का रहस्योद्घाटन किया गया। उन्हें अराष्ट्रीय घोषित किया गया, क्योंकि वह समाज-सुधार को राजनीतिक स्वतंत्रता की अपेक्षा अधिक महत्त्व देते थे।

यही कारण है कि जब सदियों से आकंठ दासता के चंगुल से नारी समाज की मुक्ति के लिए संसद में वे हिंदू कोड बिल लाए तब डॉ.राजेंद्रप्रसाद, राजगोपालाचार्य जैसे अनेक चोटी के उदारवादियों के मन में तूफ़ान खड़ा हो गया था और उन सबने चारों ओर से अम्बेडकर पर आक्रमण शुरू कर दिया था। वे दासता का अंत क़ानून की सहायता से करना चाहते थे। वे मानते थे कि क़ानून के अलावा सामाजिक शक्ति का जीवन सिद्धांतों के निरूपण और उनकी संस्थापना में गहरा हाथ है। अतः दोनों विधियों का धर्म में परिव्याप्त अस्वस्थता तथा अव्यवस्था को मिटाने के लिए प्रयोग किया जा सकता है। लेकिन उन जैसे अछूत का नाम सवर्ण जाति के मनीषी कैसे स्वीकार कर लेते? फिर एक अछूत का नाम उनसे ऊपर नहीं आ जाता! अंत में उन्हें हिंदू धर्म से निकालकर ही दम लिया। उनका हिंदू धर्म छोड़ना दुर्द्धर्ष संघर्ष की निर्मम कहानी है, जो हिंदू धर्म की अनुदारता, संकीर्णता और क्रूरता की ओर संकेत करती है।

2. गांधीवादी हरिजन

गांधीजी ने अछूतों के लिए एक रास्ता तलाश किया था कि उनको 'हरिजन' संज्ञा दी जाए। हरिजन होंगे अछूत। यानी अछूत ही हरिजन हुए। यह सब जानते हैं। फिर अछूत मिटे कहाँ? उनका अस्तित्व तो बना ही रहा। डॉ.अम्बेडकर इसे राजनीतिक चाल मानते थे। इस तरह से अछूतों को अछूत बनाए रखने का यह एक प्रयत्न था। एक तरह का षड्यंत्र था। अछूत हरिजन हो जाने से सामाजिक प्रतिष्ठा नहीं पा सकता है। अछूत को हरिजन बनाकर अलग बसाने से उनके चेहरे पर खिंची उपेक्षा तथा घृणा की अमिट रेखाएँ मिट नहीं सकती हैं। बाबू जगजीवनराम जैसे प्रसिद्ध विचारक, जो स्वयं भी अछूत हैं, इस मत के पक्षधर हैं कि-हिंदू धर्म आधुनिक धर्म है। उसका वेदों तथा उपनिषदों में वर्णित स्वरूप सर्वमान्य है। वैज्ञानिक तथा सटीक है। उन्होंने घोषणा की थी कि हिंदू धर्म की एक आकर्षक विशेषता यह है कि वह मताग्रही अथवा सर्वसत्तावादी नहीं है। धर्म से अधिक वह जीवन-पद्धति है।[56] वह उसे समानतावादी, स्वतंत्रतावादी और भ्रातृत्ववादी के रूप में मानते थे। गांधीजी का उन पर गहरा प्रभाव था।

यद्यपि बाबू जगजीवनराम की वर्ण-व्यवस्था में कोई आस्था नहीं थी तथापि वह हिंदू धर्म के पक्षधर थे। उन्होंने अपने भाषण में कहा था कि "हिंदू धर्म के मूल तत्त्व जैसे जाति-व्यवस्था का हानिप्रद सिद्धांत या चातुर्यवर्ण का नाश होना चाहिए।

इस रोगग्रस्त व्यवस्था को नष्ट करने के लिए एक बड़े प्रहार की आवश्यकता है।"इस दृष्टि से अम्बेडकर तथा बाबू जगजीवनराम में कहीं कोई अंतर नहीं है। परंतु जैसे वह वर्ण-व्यवस्था के विरोधी थे वैसे ही गांधीजी प्रतिवादित हिंदू धर्म के प्रबल पक्षधर थे। जबकि डॉ.अम्बेडकर गांधीजी के अनुमोदित हिंदू धर्म के कट्टर विरोधी थे। दोनों ही अछूतों में गौरव तथा आत्मसम्मान की बात को बल देकर पुष्टि करना चाहते थे। परंतु बाबू जगजीवनराम हिंदू धर्म में बने रहकर ही उस स्थिति को प्राप्त करना चाहते थे। डॉ.अम्बेडकर की दृष्टि में वह संभव नहीं था। वह दीर्घकालीन संघर्ष से इस नतीजे पर पहुँचे थे कि अछूत वर्ग गरिमा तथा आत्मसम्मान की रक्षा धर्म-परिवर्तन करके ही कर सकता है। इसके अतिरिक्त उनके सामने दूसरा कोई रास्ता नहीं है। वे कोई आदर्शवादी नहीं थे। आदर्श उनकी दृष्टि में यथार्थ का परिणाम था।

बाबू जगजीवनराम ने इस तथ्य को स्पष्ट स्वीकारा है कि जातीयता एक हानिप्रद संस्था है। वह अमानवीय व्यवस्था है। "यह केवल बौद्धिक विश्वास में आस्था ही नहीं है, जिसका कोई मूल्य है, अपितु उसका व्यवहार अधिक महत्त्वपूर्ण है। यहाँ तक कि शिक्षित हिंदू का व्यवहार भी अधिकतर पूर्व-निश्चित आग्रहों से निर्धारित होता है, जिनका हिंदू-विचार-

56. ह्वाई आई एम ए हिंदू इलस्ट्रेटिड वीकली, 24 नवंबर, 175, पृ. 22

संरचना में अत्यंत महत्त्वपूर्ण स्थान है।"[57] निस्संदेह यहाँ तक वे डॉ.अम्बेडकर के साथ हैं। अम्बेडकर स्वाभिमान तथा गरिमा के लिए जब सवाल उठाते थे तब उनके सामने गांधीजी का रास्ता नहीं होता था। वह 'हरिजन' व्यवस्था को क़तई नहीं स्वीकारते थे। वह व्यवस्था उनकी दृष्टि में राजनीतिक षड्यंत्र से अधिक नहीं थी।

बाबू जगजीवनराम की मान्यता है कि "वर्ण-व्यवस्था का हल धर्म-परिवर्तन से संभव नहीं हो सकता है, क्योंकि जब तक दलित वर्गों के लोग हिंदू समाज के लिए अस्पृश्य बने रहेंगे तब तक वे जहाँ कहीं भी जाएँगे, यह कलंक उनके साथ लगा रहेगा।"[58] डॉ.अम्बेडकर का अभिमत था कि जब तक अछूत हिंदू धर्म के जुए के नीचे दास बने रहेंगे, जो राक्षसी व्यवस्था है, तब तक उनमें एक उत्तम जीवन के लिए आशा, प्रेरणा, उत्साह नहीं हो सकता। इस तरह परस्पर दोनों विरोधी थे।

डॉ.अम्बेडकर दलित वर्ग का एक स्वतंत्र अस्तित्व स्थापित करना चाहते थे। उनकी दृष्टि में हरिजन का कोई अस्तित्व नहीं था। बाबू जगजीवनराम की इच्छा थी कि हरिजन हिंदू धर्म तथा गांधीवाद के अधीन बने रहें। उनकी दया पर अवलंबित रहें। सम्मान दया पर नहीं, स्वयं के कर्म पर आश्रित है। डॉ.अम्बेडकर के आंदोलन में सम्मान व प्रतिष्ठा के साथ-साथ सामाजिक संक्रांति का भी ज़ोर था। गांधीवादी हरिजन नेता का रवैया इस दृष्टि से विवादास्पद तथा संदेहयुक्त था, क्योंकि वे ब्राह्मण धर्म की आलोचना करते थे और गांधीमत समस्त हिंदू धर्म की प्रशंसा करता था। डॉ.अम्बेडकर नहीं मानते थे कि समग्र मतविवादों का हल इस प्रकार संभव हो सकता है। वह इसे राजनीतिक षड्यंत्र मानते थे। उनकी दृष्टि में आरक्षणों से संकुल दलित वर्ग की स्थिति राजनीतिक भिखारियों जैसी थी। वे स्वाभिमानी थे और स्वाभिमान से इतर कुछ सोच नहीं सकते थे।

इस दृष्टि से उनका झुकाव बौद्ध धर्म की ओर बढ़ा था और उनको बौद्ध धर्म में इस बात की पर्याप्त गुंजाइश नज़र आई थी कि उस धर्म की स्वीकृति के साथ दलित वर्ग को सामाजिक व राजनीतिक प्रतिष्ठा मिल सकेगी। बौद्ध धर्म के अपनाने के बाद उनकी स्थिति सिक्खों, ईसाइयों, जैनों और मुसलमानों जैसी स्वयमेव हो जाएगी। उनको हिंदू धर्मानुयायियों की कथनी और करनी का ख़ास अनुभव था। इस बात को बाबू जगजीवनराम ने भी स्वीकारा था और महसूस किया था कि किस प्रकार पददलित जातियों को यह आश्वासन दिया जाए कि यदि उनके लिए कोई आरक्षण या सुविधाएँ नहीं हैं, तो उनके हित उच्चवर्गीय सच्चे बुद्धिजीवियों के हाथों में सुरक्षित रहेंगे, जो अपनी शुभ भावनाओं तथा वैदिक विश्वासों के अलावा भी जातिगत पक्षपातों तथा व्यवहारों से ऊपर उठने में असमर्थ

---

57. जगजीवनराम : कास्ट एंड अनटचेबिलिटी, पृ. 12

58. जगजीवनराम : जीवन और व्यक्तित्व, पृ. 100

हैं? [59] डॉ.अम्बेडकर बुद्धिजीवियों को समझ चुके थे कि वे दोहरे चेहरे लगाए हुए हैं। उनकी कथनी-करनी में ज़मीन-आसमान का अंतर है। वे दिखावा करते हैं।

डॉ.अम्बेडकर की दृढ़ मान्यता थी कि गांधीवादी हरिजन के साथ चमार, धोबी, भंगी आदि नाम जुड़े रहेंगे। चूँकि उनकी आर्थिक स्थिति अत्यंत शोचनीय है, फलतः कोई भी दलित वर्ग को प्रलोभन देकर अपने धर्म का अनुयायी बना सकता है। हिंदू समाज के शिक्षित व अछूत नवयुवक चाहेंगे कि वे हिंदू धर्म से जुड़े रहकर भी क्रांति की ओर उन्मुख नहीं हों। हाँ, उस समाज में परिवर्तन के लिए कदम उठाए जाएँ। वे नहीं मानते थे कि हिंदू समाज में तत्कालीन पतनावस्था में क्रांतिकारी संशोधन किए बिना उनका स्थान उसमें सम्माननीय हो सकेगा और वे भी सवर्ण जैसे हो सकेंगे।

वस्तुतः उस समय का परिवेश धर्म को लेकर बहुत तीखा था और डॉ.अम्बेडकर उस परिवेश में और आग उठाना चाहते थे। उनके मन में हिंदू धर्म के प्रति घृणा सी पैदा हो गई थी। वह नहीं मानते थे कि हिंदू धर्म द्वारा उनकी समस्याओं का संतोषप्रद निराकरण कदापि संभव हो। साधारण हरिजन यह नहीं जानता था कि वह किधर जाए और किधर नहीं। वह हिंसात्मक तथा अमानवीय प्रहारों को झेल रहा था। उसके द्वारा चुने हुए नेता भी उसके प्रति उदासीन थे। सरकार भी उसकी तरफ़ कोई ध्यान नहीं देती थी। डॉ.अम्बेडकर इस ओर हरिजनों का ध्यान आकृष्ट कर हिंदू धर्म के सामने प्रश्नचिह्न लगा रहे थे। उनकी दृष्टि में इस उपेक्षित तथा पशुवत् स्थिति से पददलितों को उठाने का एक ही तरीक़ा था और वह था नैतिक आध्यात्मिक तरीक़ा। दूसरे शब्दों में बौद्ध समाज में परिवर्तित होना था। यदि सभी परिगणित जातियाँ एक धर्म की छत्रछाया में आ जाएँ और अपना स्वतंत्र समाज निर्मित कर लें तो उनकी समस्याओं का सहज निराकरण संभव हो सकता है और उनको सम्मान व प्रतिष्ठा भी समाज में मिल सकती है। इस प्रकार वे न केवल अपने खोए हुए सामाजिक तथा आर्थिक अधिकारों को प्राप्त कर सकेंगे, अपितु राजनीतिक अधिकारों का भी वे सहज प्रयोग कर सकेंगे। जब तक उनमें सवर्ण जाति के अन्याय और अत्याचारों से लड़ने की क्षमता पैदा नहीं हो जाएगी तब तक वे यथावत् बने रहेंगे।

वे जानते थे कि अनुदार हिंदू अपने तौर-तरीक़ों में क़तई परिवर्तन व संशोधन करने के लिए तत्पर नहीं हैं। अनुदार हिंदू यह पसंद नहीं करता था कि वे स्वतंत्र रूप से अपने पैरों पर खड़े हो सकें। डॉ.अम्बेडकर इसलिए इस तथ्य से भी पददलितों को परिचित करा देना चाहते थे कि अनुदार हिंदू उनको बौद्ध हो जाने पर भी अच्छी दृष्टि से नहीं देख सकेंगे। उनकी दृष्टि में तब बौद्ध धर्म अछूत धर्म हो जाएगा और वे बौद्ध धर्म से घृणा करने लगेंगे। परंतु यह रास्ता पददलितों ने स्वेच्छा से स्वीकार किया है और एक प्रकार से यह उनके

---

59. जगजीवनराम कास्ट एंड अनटचेबिलिटी, पृ. 12

लिए नवीन जीवन-पद्धति है, अतः उन हताश पददलितों में नए प्राणों का संचार होगा, नया उत्साह पैदा होगा और वे पुनः जीवन-संघर्ष के लिए नए रूप में उपस्थित होंगे। तब उनके प्रति अनुदार हिंदुओं की घृणा वैसी ही होगी जैसी इस्लाम धर्म के प्रति हो सकती है। भविष्य में यह प्रसंग, जो अछूत या हरिजन नाम से जाना जाता है, स्वतः ही गायब हो चुका होगा। इस देश में कितनी जातियाँ आईं और यहीं के रूप में मिल गईं। उसी प्रकार हमेशा के लिए हरिजन शब्द में अंतर्निहित घृणा व उपेक्षा का लोप हो जाएगा और एक नया व पुनर्स्थापित धर्म सामने आएगा। उसका एक नया संगठन व समाज होगा, जो आगे चलकर अपना स्वतंत्र अस्तित्व रखने के कारण बराबरी का हक़ पा सकेगा।

इस दृष्टि से डॉ.अम्बेडकर ने महात्मा गांधी को कई बार पत्र लिखकर यह स्पष्ट कर देना चाहा था कि उन्होंने जो रास्ता अपनाया है, वह हरिजन-कल्याण का है। गांधीजी का रास्ता, उनकी दृष्टि में, अछूत को हरिजन बनाकर सवर्ण हिंदुओं के रहम पर ज़िंदा रखने का है। सम्मान रहम या दया की अपेक्षा कभी नहीं करता है। गांधीजी नहीं चाहते थे कि करोड़ों अछूत हिंदू धर्म से संपृक्त होकर, एक नए धर्म व पुनर्स्थापित धर्म में दीक्षित हों और सवर्ण हिंदुओं के सामने आ खड़े हों। फलतः अम्बेडकर तथा गांधी व गांधीवादी हरिजनों के बीच इस प्रश्न को लेकर ज़बर्दस्त संघर्ष चला। उन पर डटकर प्रहार हुए। सारा सवर्ण हिंदू समाज और गांधीजी के पिछलग्गू हरिजन लगातार उन पर आघात करते रहे। यही कारण है कि लाखों अछूत बौद्ध बनकर भी उस परंपरा को आगे नहीं बढ़ा सके। स्वतंत्र भारत में अछूत के बौद्ध हो जाने पर, उससे प्रदत्त सुविधाएँ छीन ली गईं। यह भी एक प्रकार का भय ही था। दूसरे, डॉ.अम्बेडकर की दृष्टि को हरिजन नहीं समझ पाए। आज भी पददलित उपेक्षित और शोषित हिंसा के शिकार हैं और अभी तक वह अपना सम्माननीय स्तर कायम नहीं कर पाए हैं। पता नहीं समान स्तर पर आने में अभी कितना समय और लगेगा। डॉ.अम्बेडकर सामाजिक संक्रांति लाना चाहते थे। एक नए समाज की संस्थापना करना चाहते थे। वह संभव नहीं हो सका। क्रांति की आँधी थम गई और उनकी प्रगति कछुआ चाल में समाहित होकर रह गई, क्योंकि उनको चारों तरफ़ से ऐसी शक्तियों ने घेर लिया था, जो उनको आगे बढ़ता नहीं देखना चाहती थीं या अछूत को अपने चक्रव्यूह से निकलने नहीं देना चाहती थीं।

3. परंपरागत भिक्षु

हर धर्म में उदार तथा अनुदार दृष्टियों वाले व्यक्ति होते हैं। अनुदार दृष्टि वाले धर्म की आड़ में अपने प्रभाव को, गलत तरीक़ों से क़ायम रखने के लिए सदैव तत्पर रहते हैं। जैसा कि डॉ.अम्बेडकर के व्यक्तित्व व चरित्र से स्पष्ट हो चुका है कि वह बुराइयों के ख़िलाफ़ थे, शोषण के शत्रु थे और अन्याय व अत्याचार के विरुद्ध थे। वे सच्चे मानवतावादी थे। उनकी

दृष्टि में धर्म मानव के लिए था, न कि मानव धर्म के लिए। स्वसम्मान ही उनके लिए जीवन था। भेदभाव व पक्षपात-रहित व्यवस्था में उनका अटूट विश्वास था।

बौद्ध धर्म में भी अनुदार धार्मिक थे। निश्चित ही डॉ.अम्बेडकर अपने स्वाभावानुसार उन पर चोट भी करते थे। उनके सामने सवाल हिंदू, बौद्ध, मुसलमान, सिक्ख आदि धर्मों का नहीं था। उनके सामने सवाल था धर्मांतर्गत जीवन के विश्वासों के फलित होने का और आत्मसम्मान का। प्रकृति के विरुद्ध जाने वाली हर बात उन्हें असहनीय थी। फलतः डॉ.अम्बेडकर भिक्षु संघ के कटु आलोचक सिद्ध हुए। उनकी दृष्टि में बौद्ध धर्म ने उपेक्षितों में क्रांति की थी, उन्हें स्वाभिमानी जीवन की ओर मोड़ा था, उन्हें करुणा व मैत्री, प्रज्ञा व समानता आदि मानवीय गुणों से प्रशिक्षित किया था। भिक्षु वर्ग लगातार जनमानस को अपनी सेवाओं से प्रभावित कर एक प्रकार के मानसिक चिकित्सक का कार्य कर रहा था। उसने एक नई सामाजिक जागृति पैदा की थी। यह बौद्ध धर्म का उदारवाद था, जिसके प्रति हतचेतना आकृष्ट हुई थी और उसमें नवीन प्राण-प्रतिष्ठा का प्रतिफलन दृष्टिगोचर हुआ था।

वे हार्दिक आस्तिकता के साथ बौद्धिक मार्मिकता से संकुल थे। उनका बौद्ध धर्म के प्रति जो लगाव हुआ था, उसके पीछे उनकी मंशा थी-स्वस्थ समाज का निर्माण। बौद्ध धर्म वर्गविहीन समाज की परिकल्पना थी। वर्गविहीन समाज के लिए भिक्षु-संगठन पर ज़ोर दिया गया था। परंतु उसका अर्थ कदापि बौद्ध धर्म में पुरोहितवाद की स्थापना नहीं था। पुरोहितवाद के विरुद्ध ही तो बौद्ध धर्म उठा था। डॉ.अम्बेडकर ने भिक्षु की स्थिति का खुलासा करते हुए यह स्पष्ट कर दिया कि भिक्षु-संगठन सामाजिक संक्रांति को तीव्र करने के लिए संस्थापित किया गया एक आदर्श संगठन है। वह स्वयं आदर्शों का अनुपालन करते हुए सामान्य प्राणियों को आदर्शों की ओर मोड़ता है। इस प्रकार वह चलता-फिरता धर्म का प्रतिरूप है। महात्मा बुद्ध भी चाहते थे कि साधारण मनुष्य के सामने ऐसे आदर्शों को प्रस्तुत किया जाए जो उनके आदर्शों को व्यावहारिक रूप दे सकें और उनके अनुपालन में कोई दुविधा पैदा न कर सकें। भिक्षु संघ विनय और नियमों से आबद्ध व्यवस्था थी। वह अपने उपासकों को सच्चा मार्गदर्शन प्रदान करती थी। सामान्य जनता को चेतना, सम्मान, समानता और न्याय की ओर उन्मुख करती थी। महात्मा बुद्ध, भिक्षु की निजी संपत्ति के विरुद्ध थे। निजी संपत्ति उनकी दृष्टि में, संगठन के लिए नासूर थी। भिक्षु समाज के निःस्वार्थ सेवक थे। वह ब्रह्मचारी व निजी संपत्तिरहित ऐसा वर्ग था जो बौद्ध धर्म के आदर्शों को व्यवहार में परिणत कर सामान्यजन को तदनुरूप जीवनयापन करने की प्रेरणा देता था। परंतु डॉ.अम्बेडकर ने देखा कि तत्कालीन भिक्षु-संगठन तदनुरूप कार्य नहीं कर रहा है। अतः उन्होंने उन्हें संबोधित करते हुए कहा कि आज न तो भिक्षु संघ जनता का निष्पक्ष व निःस्वार्थ मार्ग-प्रदर्शन कर रहा है और न उसकी सेवाएँ ही कर रहा है। भिक्षुओं

की संख्या अधिक है और वे जनता के बीच में आलसी व प्रभावहीन सिद्ध हो रहे हैं। उनमें धर्म के प्रति भी जिज्ञासा नाममात्र की है। बौद्ध धर्म के आचार्यों का चरित्र व आचरण के प्रति ह्रासात्मक रुख देखकर डॉ.अम्बेडकर को गहरी चिंता हुई थी। कारण, इससे धर्म के प्रति आम जनता में नफ़रत पैदा होती है। वे अनुभव कर रहे थे कि उसका प्रभाव जनता पर यह पड़ रहा है कि जनता बौद्ध धर्म के प्रति उदासीन होती जा रही है। उसमें धर्म-चेतना की सचेतन शक्ति स्वतः ही तिरोहित होती जा रही है और वह चरित्र तथा आचरण के प्रति लापरवाह होती जा रही है।

प्राचीन समय में भिक्षु ज्ञान के केंद्र थे, आदर्श के प्रतिरूप थे। नालंदा व तक्षशिला जैसे विश्वविख्यात विश्वविद्यालय भिक्षुओं द्वारा संचालित थे। वे ज्ञानी तथा प्रकांड पंडित हुआ करते थे। वे समाज सेवा में सदा रत रहते थे। परंतु आज उसके विपरीत स्थिति है। दरअसल बौद्ध बुद्धि आधृत धर्म है। उसमें अंधविश्वासों के लिए कतई गुंजाइश नहीं है।

डॉ.अम्बेडकर ने स्पष्ट स्थापनाएँ करते हुए आज के विश्व के लिए बौद्ध धर्म की आवश्यकता पर बहुत ज़ोर दिया था, क्योंकि मार्क्सवादियों की अपेक्षा बौद्ध भिक्षु उपेक्षित व शोषित जन-मन को अधिक सहायता पहुँचा सकते हैं। उनसे दुखी मानवता को बहुत लाभ पहुँच सकता है। लेकिन बौद्ध धर्म के सचेतक भिक्षु तो अपने मार्ग से च्युत हो चुके थे। तभी कहा था कि "भिक्षु अपने मठ में भोजन करते हुए रहता है। निःसंदेह वह भोजन तो एक बार करता है और शांतिमय अपना समय व्यतीत करता है। संभवतः वह अध्ययनरत रहता परंतु अधिकतर मैं उन्हें सोता हुआ पाता हूँ, और संध्या को वे थोड़ी-सी संगीत में रुचि लेते हैं। धर्म के प्रचार का यह कोई तरीका नहीं है।"क्योंकि डॉ.अम्बेडकर धर्म को समाज के पुनर्गठन के लिए नैतिक शक्ति के रूप में देखते थे अतः उन्हें धर्म में परिव्याप्त उदासीनता क़तई पसंद नहीं थी। वह धर्म के प्रचार पर ज़ोर देते हुए नैतिक तथा आदर्श जीवन की स्थापना को अधिक महत्त्व देते थे और जीवन के प्रति सजग चेतना के पक्षधर थे।

डॉ.अम्बेडकर लाखों दलितों को लेकर बौद्ध धर्म के अनुयायी बने थे। पहले वह हिंदू होते हुए चुनौती समझे जाते थे परंतु बहुत शीघ्र वह बौद्ध धर्म के लिए भी एक चुनौती के रूप में उभरकर सामने आए। कारण, उन्होंने भिक्षुओं की आलोचना की और उन्हें नेक सलाह दी। वस्तुतः वह बौद्ध धर्म में नवीन स्फूर्ति लाना चाहते थे। भदंत आनंद कौसल्यायन जैसे ख्यातिप्राप्त भिक्षुओं ने डॉ.अम्बेडकर का हार्दिक स्वागत किया, परंतु रूढ़िवादी भिक्षुओं ने उनकी उपेक्षा भी की और उन्हें शंका की दृष्टि से देखा क्योंकि उससे एकांतवास करने वालों के निष्क्रिय जीवन पर गहरी चोट पहुँचती थी। उनकी मृत्यु के बाद 'भगवान बुद्ध और उनका धम्म' पुस्तक छपकर सामने आई। उसमें अम्बेडकर का गहन चिंतन प्रतिफलित हुआ था और समसामयिक युग में उस धर्म की उपयोगिता पर भी जोर

दिया गया था। परंतु परंपरागत भिक्षुओं ने उनके इस कार्य को नापसंद करते हुए अपनी नाराज़गी व्यक्त की थी। उसे एक ख़तरनाक पुस्तक की संज्ञा दी थी। उनका यह कहना था- "डॉ.अम्बेडकर द्वारा विश्लेषित कर्म-सिद्धांत, अहिंसा-सिद्धांत और उनकी यह मान्यता कि बौद्ध धर्म मात्र एक समाज-व्यवस्था है, बौद्ध धर्म की सही व्याख्या नहीं है, अपितु यह एक दिग्विन्यास अथवा पूर्वाभिमुखीकरण है।"उन्होंने उस ग्रंथ को घृणा तथा उग्रता का पोषक बताया। उन्होंने उसे बौद्ध धर्म के स्थान पर डॉ.अम्बेडकर का ही धर्म बतलाया। धर्म की इस व्याख्या को उन्होंने बुद्ध की करुणा पर आधृत न मानकर, घृणा पर आधारित माना और बौद्ध धर्म के मूल ग्रंथों को गलत ढंग से प्रयोग करने का आरोप भी उन पर लगाया। जबकि डॉ.अम्बेडकर ने नागपुर में 14 अक्टूबर, सन् 1956 को बौद्ध धर्म ग्रहण करते हुए अपने अभिभाषण में स्पष्ट कहा था कि वर्णवाद पर आधृत व्यवस्था को भंग करना तथा समतावादी व्यवस्था की स्थापना करना उनका उद्देश्य है और इस दृष्टि से उनके सामने यह प्रश्न है कि वह कैसे इस व्यवस्था को भंग करें। उन्होंने यह भी कहा था कि "इस प्रश्न के कारण ही मैं आप लोगों को भगवान् बुद्ध के धर्म से पूर्णतया परिचित करना चाहता हूँ। यह मेरा कर्तव्य भी है। इसके लिए मशीनरी का संगठन होना चाहिए और भिक्षु पारंगत होने चाहिए।" उन्हें निष्णात् भिक्षु पसंद थे। वे नेधा की सनुते थे और उसी को जीवन में सर्वाधिक महत्त्व देते थे।

परंपरित भिक्षु इसलिए भी उनसे नाराज़ थे कि बौद्ध धर्म आंदोलन का प्रबंध डॉ.अम्बेडकर में आस्था रखने वाले कर रहे हैं। अतः नाराज़ बौद्ध भिक्षुओं ने यहाँ तक कह डाला कि यह प्रयास आध्यात्मिक उत्थान के लिए नहीं, राजनीतिक उद्देश्य से अनुप्रेरित होकर किया जा रहा है। उन्होंने स्पष्ट शब्दों में कहा कि डॉ.अम्बेडकर को बौद्ध धर्म का ज्ञान नहीं है। उनके अनुयायी धर्म के नाम पर चंदा इकट्ठा करते हैं। उस चंदे का दुरुपयोग हो रहा है। परंतु उनके आलोचक यह भूल गए थे कि डॉ.अम्बेडकर कर्तव्यनिष्ठ व मानवता-प्रेमी इंसान हैं, जिन्होंने अपने उद्गार प्रकट करते हुए इस बात पर जोर दिया था कि व्यक्ति को आत्मकेंद्रित नहीं बनना चाहिए और अपने दृष्टिकोण को संकीर्ण नहीं बनाना चाहिए। स्वतंत्रता तथा आध्यात्मिकता की उपलब्धि का दृढ़ संकल्प ही डॉ.अम्बेडकर को बौद्ध बना सका था। उनका धर्म-परिवर्तन न केवल अपने लिए था, अपितु शोषित तथा उपेक्षित जन के लिए भी था। उनका समाज-दर्शन सकारात्मक दृष्टि से स्वतंत्रता और भ्रातृत्व में निहित था। उनकी दृष्टि में जब तक शरीर के साथ मन विशुद्ध नहीं होगा तब तक मानव को अपनी समस्याओं से त्राण नहीं मिल सकेगा और न उसे शांति मिल सकेगी।

यह बात दूसरी है कि उनकी मृत्यु के उपरांत उनका आंदोलन राजनीतिक स्वार्थियों व व्यक्तिगत स्वार्थियों के हाथों में चला गया और उन्होंने उस आंदोलन से ग़लत लाभ

उठाया; परंतु डॉ.अम्बेडकर के ज़िंदा रहते हुए उन्होंने आंदोलन की गति को जहाँ तीव्र करने का भरसक प्रयत्न किया, वहाँ उसकी पवित्रता को भी कायम रखा। कहना न होगा कि वे उदारवादी विचारधारा के सच्चे आत्मपुरुष व महात्मा थे। जीवन उनके लिए धर्माचरण की प्रयोगशाला था और वे स्वार्थों से ऊपर थे। धर्म उनके लिए प्रगति का कारण था। उन्होंने आत्मधर्म का अनुसरण करते हुए भरसक चेष्टा की थी कि महत्त्वपूर्ण भूमिका निभा सकें और दुखी मानवता का मार्ग प्रशस्त कर सकें।

4. राजनीतिक नेता

डॉ.अम्बेडकर कर्मयोगी थे। उनमें अप्रतिम मेधा थी और वे अपनी मौलिक तथा महत्त्वपूर्ण संस्थापनाओं के कारण हर क्षेत्र में बहुचर्चित व्यक्तित्व के धनी रहे थे। उनकी मान्यताएँ पूर्वग्रह की शृंखला से मुक्त, सदैव स्पष्ट तथा वैज्ञानिक कसौटी पर सही उतरने वाली होती थीं। जहाँ वे धर्म की दृष्टि से वैज्ञानिक विश्लेषक थे, वहाँ वे समाज की दृष्टि में मानवतावादी और राजनीतिक क्षेत्र में नैतिकतावादी थे। उनकी दृष्टि में राजनीतिक बनना किसी गंदे नाले में काम करने के समान था। उनकी यह समीक्षा तत्कालीन राजनीतिक स्थितियों का विश्लेषण करने के आधार पर सामने आई थी।

डॉ.अम्बेडकर के सामने सबसे बड़ा हौवा तत्कालीन कांग्रेस का था, जिसने गांधी के संरक्षण में, कांग्रेस से अलग हो जाने के बाद भी, जनता में गहरी पैठ स्थापित कर ली थी। वह कांग्रेस और गांधीजी दोनों की नीतियों का खुलकर विरोध ही नहीं करते थे अपितु वह गांधीजी को अपनी नीतियों के पक्ष को स्वीकार तक करने के लिए बाध्य कर दिया करते थे, क्योंकि नीतियों का पोषण वह तर्कसंगत करते थे।

डॉ.अम्बेडकर के राजनीतिक विरोधी कांग्रेस व गांधी दोनों ही थे। गांधीजी के पास अपने शिष्यों की लंबी फौज थी। वे स्वयं न कहकर, जो बात कहना चाहते थे, अपने शिष्यों से कहलवा देते थे। वैसे गांधीजी ने डॉ.अम्बेडकर का हर जगह विरोध किया था। कारण, कांग्रेसियों के दबाव पर भी अम्बेडकर गांधीजी के साथ मिलकर काम नहीं कर सके। उनके सिद्धांत गांधीजी से मेल नहीं खाते थे। उनको कोई राजनीतिक स्वार्थ तो था नहीं जो सिद्धांतों को ताक में रखकर गांधीजी के सामने जा बैठते।

उनके विरोधी राजनीतिज्ञों व नेताओं ने उनका मूल्यांकन एक असफल राजनीतिज्ञ के रूप में किया था। उनकी दृष्टि में उनका राजनीतिक जीवन न स्वयं उनके लिए कोई अर्थ दे सका और न समाज से उसका कोई भला हो सका। उनकी दृष्टि में उनका राजनीतिक चिंतन दोषपूर्ण था, फलतः वे जिन अछूतों के मार्गद्रष्टा बनकर उभरे थे, उनका कुछ भी भला नहीं कर सके। वे अराष्ट्रीय थे, क्योंकि उन्होंने तत्कालीन सत्ता (ब्रिटिश सरकार) का साथ दिया था। उन्होंने भारतीय कांग्रेस की नीति, विशेषकर स्वतंत्रता-प्राप्ति की नीति तथा उसकी माँग

का विरोध किया था। वे उन्हें न तो संविधान निर्माता मानने के लिए तैयार थे और न विद्वान् ही। मार्क्सवादियों का इस दृष्टि से उन पर यह आरोप है कि उन्होंने पूँजीवादी संविधान बनाने में सहयोग दिया है। वे न दलितों के साथ थे, न शोषितों कें। उनका दृष्टिकोण अपने गौरव के लिए था। वे स्वयं में ईश्वर बनना चाहते थे। वे अधिकारों के लिए सत्याग्रह के पक्ष में नहीं थे। वे हिंसावादी तथा अशांतिवादी थे। उनकी निष्ठा करुणा तथा धर्म में नहीं थी।

के.पी. राव ने 'पार्लियामेंट्री डेमोक्रेसी इन इंडिया' में डॉ.अम्बेडकर को संविधान का जनक मानने से स्पष्ट इनकार किया है, क्योंकि उनकी दृष्टि में संविधान-निर्माण में दूसरे भी महत्त्वपूर्ण व्यक्ति थे। परंतु इस बात को सभी जानते हैं कि 'भारतीय संविधान समिति' के अधिकांश सदस्य उससे दूर रहते थे और अकेले डॉ.अम्बेडकर ने उस गरिमासंकुल दायित्व का निर्वाह किया था। महात्मा गांधी की दृष्टि में भी वह दलित वर्ग के लिए उतने उपयोगी नहीं थे, जितने वह हो सकते थे।

अब प्रश्न पैदा होता है कि डॉ.अम्बेडकर थे क्या? क्या वह राजनीतिज्ञ नहीं थे? क्या उनमें अहं भावना अधिक थी? क्या वे दलित वर्ग के पैगंबर बनना चाहते थे? क्या वह मात्र एक महत्त्वाकांक्षी व्यक्ति थे? क्या उनके प्रयत्न मात्र हिंदू धर्म और भारतीय राजनीति के उद्देश्यों के विरुद्ध थे? आख़िर उनका राजनीतिक उद्देश्य क्या था? ऐसे बहुत से सवाल उनके संबंध में उठते हैं, जिनमें से अनेक प्रश्न तो ऐसे हैं जो प्रत्युत्तर पाकर शांत हो चुके हैं।

इन प्रश्नों के उत्तर प्राप्त करने से पूर्व यदि हम उनके कतिपय वक्तव्यों पर ध्यान दें तो कदाचित् हम उनके 'मिशन' व लक्ष्य को समझ सकेंगे।

"व्यवहारतः, हमारा उद्देश्य जीवन के हरेक क्षेत्र-राजनीतिक, आर्थिक तथा सामाजिक-में अपने एक मनुष्य, एक मूल्य के आदर्श की अनुभूति है।"

"तुम्हारी मुक्ति राजनीतिक शक्ति में निहित है।"

"मुक्ति का एक ही मार्ग है कि वे एक मज़दूर मोर्चे का संगठन करें, जिसमें जाति या धर्म का कोई भेदभाव न हो और उन्हीं लोगों को विधानसभाओं के लिए चुनें जो इनके वास्तविक प्रतिनिधि हों।"

".. ऐसा कोई कारण नहीं है कि जिससे हम अपने सामाजिक, आर्थिक, राजनीतिक तथा संवैधानिक अधिकारों के लिए आंदोलन क्यों न करें उस सीमा तक, प्रयासों का निर्देशन अनिवार्यतः किया जाना चाहिए।"[60]

वे बराबर कहते रहते थे-"शिक्षित बनो, संगठिन होओ और संघर्ष करो।"

उपर्युक्त कतिपय कथनों से यह स्पष्ट होता है कि डॉ.अम्बेडकर के विचार अहिंसात्मक थे और वे सत्य, न्याय, निष्पक्षता तथा आध्यात्मिक शक्ति से अनुप्रेरित थे। दुखी व गलित-दलितों का उन्हें व्यापक परिचय था। समानता के प्रति सम्मान, जीवन के कर्तव्य में निष्ठा,

60. डॉ.अम्बेडकर : द स्पोक, खंड 2, पृ. 94

वैयक्तिक चरित्र की पवित्रता, मानव अध्यात्मवाद में अटूट विश्वास, कानून व्यवस्था के प्रति निष्ठा, जनतंत्रात्मक विधियों में आस्था, मानव-मानव के मध्य भ्रातृत्व संबंधों में अटूट आस्था आदि उनके मूलभूत विश्वास व उद्देश्य थे। वह भेदभाव के विरुद्ध थे। मानवीय धर्म के पक्षधर थे। भारत में जनतंत्र तथा सरकार के संसदीय स्वरूप में उनकी गहरी निष्ठा थी। पददलितों को राजनीतिक अधिकार मिलें तथा वे सामाजिक अधिकार का भी प्रयोग कर सकें, यह उनके जीवन का सर्वोपरि लक्ष्य था। यह कहना गलत है कि वह राजनीतिक आज़ादी के विरुद्ध थे। वह उसके साथ सामाजिक तथा आर्थिक आज़ादी को और जोड़ते थे। कमज़ोर वर्ग के प्रति उनमें सहानुभूति थी और वे उनके दुःखों को दूर करने के लिए कृतसंकल्प थे।

असंदिग्ध रूप से डॉ.अम्बेडकर राजनीतिक क्रांति में आस्था नहीं रखते थे, परंतु राजनीतिक सुधारों में उनकी पूर्ण निष्ठा थी। उनकी दृढ़ मान्यता थी कि "राजनीतिक क्रांति के पश्चात् राजनीतिक सत्ता किस पार्टी के हाथ में आएगी, इसका कुछ अनुमान नहीं किया जा सकता। हो सकता है कि प्रतिक्रियावादी क्रांति के बाद सत्ता हथिया कर देश को अंधकार में ढकेल दें।"वह जनमत के आधार पर चुनी हुई सरकार को देश व जाति के हित में मानते थे। उनकी यह भी मान्यता थी कि ऐसी सरकार चाहे प्रगति की दिशा में धीमी ही चले परंतु वह दूसरी सरकारों की अपेक्षा सर्वथा जनहित में होगी।

सामुदायिक पुरस्कार से देश के वातावरण में तनाव ऐंठने लगा था, क्योंकि कांग्रेस को वह नापसंद था। गांधीजी तो जान की बाज़ी लगा बैठे थे। अंत में डॉ.अम्बेडकर को ही दबावों के कारण झुकना पड़ा, जबकि गांधीजी ने भी उनके तर्कों को स्वीकार किया था।

इस प्रकार संघर्षों की आँधी में अकेले जूझते हुए उन्होंने हमेशा कोशिश यही की कि नैतिक तथा आध्यात्मिक मूल्यों को हानि नहीं पहुँचे और उपेक्षित पदाक्रांत तथा दलित जनता को समाज में उचित सम्मान मिल सके। दरअसल वह पीड़ित मानवता के प्रवक्ता थे, सच्चे राष्ट्र-प्रेमी थे और समाज-सुधारक थे, यह बात तो उनके विरोधी भी स्वीकार करते थे। आश्चर्य तो इसी बात का है कि जिस बात को विरोधी स्वीकार करते थे, उनकी उसी बात का वे विरोध भी करते थे। आखिर क्यों? क्या यह विरोध के लिए विरोध नहीं था? क्या उनको इस प्रकार से परास्त करने का षड्यंत्र नहीं था? आज भी इस तरह के अनेक प्रश्न अनुत्तरित हैं, क्योंकि उनके प्रति विरोध की परंपरा अभी तक चली आ रही है।

5. अनुदार मार्क्सवादी

डॉ.अम्बेडकर विद्वान् तथा प्रतिभासंपन्न थे। उन्होंने मार्क्स का गहरा अध्ययन किया था। अशिक्षित तथा गरीब देशों के लिए मार्क्स मसीहा बने हुए थे। इसमें कोई संदेह नहीं है कि डॉ.अम्बेडकर मार्क्स से प्रभावित हुए थे। परंतु उनका मार्क्स से कई मायनों में मतभेद भी

था। वह हिंसा में आस्था नहीं रखते थे। उनका रक्तक्रांति में कोई विश्वास नहीं था। वह धर्म को आवश्यक समझते थे, जबकि मार्क्स ने धर्म को अफ़ीम की संज्ञा दी थी।

डॉ.अम्बेडकर दलित, उपेक्षित तथा गरीब जनता के नेता थे। मज़दूर और किसानों के प्रति उनमें अतीव लगाव था। वह उनकी समस्या का समाधान चाहते थे। मार्क्स ने भी उन्हीं लोगों की समस्या का समाधान किया था। इस प्रकार से दोनों का कार्य-क्षेत्र एक ही था और दोनों का उद्देश्य भी एक था। परंतु समाधान वाले पक्ष में दोनों में अंतर था। डॉ.अम्बेडकर साधनों की पवित्रता पर बहुत ज़ोर देते थे, जबकि मार्क्स के लिए रक्त क्रांति कोई नई बात नहीं थी। दूसरे शब्दों में, उसको साधन की पवित्रता या अपवित्रता से कुछ लेना-देना नहीं था। उसका उद्देश्य तो सफलता में विश्वास था। यह बात डॉ.अम्बेडकर को नापसंद थी।

डॉ.अम्बेडकर जहाँ धर्म को अत्यंत महत्त्व देते थे वहाँ धार्मिक ढोंग के प्रति बेहद नाराज़ भी थे और खुलकर उसकी आलोचना करते थे। उन्होंने मार्क्स के गहन अध्ययन के फलस्वरूप पाया था कि मार्क्स धर्माडंबर के कारण धर्म से बेहद नाराज़ हो गया था, क्योंकि धर्म की सत्ता के लिए मनुष्य का शोषण किया जाता था। डॉ.अम्बेडकर ने कहा था कि "वह धर्म, जो अपने अनुयायियों में पारस्परिक भेदभाव का उद्रेक करता है, पक्षपातपूर्ण है और वह, जो करोड़ों अनुयायियों को कुत्ता तथा अपराधियों से बदतर मानकर उन पर असहनीय अयोग्यताएँ आरोपित करता है, वह कोई धर्म नहीं है। धर्म में इस प्रकार की अन्यायपूर्ण व्यवस्था के लिए कोई अभिधान नहीं है। धर्म और दासता परस्पर विरोधात्मक हैं।"उनकी दृष्टि में धर्म सामाजिक उत्थान का सशक्त साधन था। परंतु कौन-सा धर्म सामाजिक उत्थान का साधन था, यह विचारपूर्ण विषय है। कदाचित् मार्क्स अपने समय के धर्म के नाम पर होने वाले अन्याय एवं अत्याचार से ही इस नतीज़े पर पहुँचे थे कि धर्म अफ़ीम जैसा है। इस दृष्टि से डॉ.अम्बेडकर का चिंतन अत्यंत स्वस्थ है। आध्यात्मिक सिद्धांतों का समूह, उनकी दृष्टि से धर्म था। वह धर्म को सिद्धांतों का विषय मानते थे, नियमों का नहीं। क्योंकि जब धर्म नियमों के बंधन में फँस जाता है तब वह धर्म नहीं रहता है। सामाजिक नैतिकता उनकी दृष्टि में सच्चा धर्म था। वस्तुतः मार्क्स ने उस धर्म का विरोध किया था जो नियमबद्ध था और जिसमें आडंबर का बोलबाला था। इस दृष्टि से डॉ.अम्बेडकर महात्मा गांधी के भी बहुत नज़दीक ठहरते हैं। उनकी दृष्टि महात्मा गांधी से भी अधिक गहन व व्यापक थी। उनकी प्रेरणा का स्रोत धर्म था। धर्म के मूल में समानता, स्वतंत्रता और भ्रातृत्व-भावना ही थी। इस दृष्टि से वह मार्क्स से बहुत आगे थे। उनके पास वैज्ञानिक चिंतनधारा थी। साथ ही आध्यात्मिक दृष्टि भी थी।

नैतिक क्षेत्र में भी डॉ.अम्बेडकर की दृष्टि अतीव व्यापक व गहन थी। वह जीवन का आधार नैतिकता मानते थे। मार्क्स इस मत के एकदम विपरीत था। क्योंकि मार्क्सवादियों

की नैतिकता सर्वहारा द्वारा वर्ग संघर्ष के हितों की रक्षा पर आधृत थी। वे पुराने तथा शोषण करने वालों का अंत करना चाहते थे। उनके विचार में मज़दूर को सर्वहारा वर्ग में एकत्र करना था ताकि नूतन साम्यवादी व्यवस्था को जन्म मिल सके। उनकी दृष्टि में मानव का इतिहास वर्ग संघर्ष का इतिहास है। नैतिकता ने सदैव प्रभुत्व वर्ग को उचित ठहराने का काम किया है। नैतिकता वर्ग-नैतिकता होती है। फलतः शोषित वर्ग की नैतिकता तथा शोषक वर्ग की नैतिकता दोनों अलग-अलग इयत्ताएँ हैं। डॉ.अम्बेडकर इस प्रकार नैतिकता को बाँटकर नहीं देखते थे। न उनकी दृष्टि में वर्ग संघर्ष का नाम ही इतिहास था। वह वर्ग नैतिकता को भ्रांति से ग्रस्त मानते थे। उससे भेददृष्टि का जन्म होता है। उनकी दृष्टि में नैतिकता वह धर्म या गुण है जो सब पर समान रूप से लागू होता है।

डॉ.अम्बेडकर ने इस मत को भी अस्वीकार कर दिया था कि इतिहास आर्थिक उत्पादन द्वारा निर्मित होता है। मार्क्स इतिहास को आर्थिक उत्पादन द्वारा निर्मित मानता था। उन्होंने मार्क्स के आर्थिक सिद्धांत व धारणाओं को उसी सीमा तक स्वीकार किया, जिस सीमा तक वह मानव मूल्यों पर आधृत था। उनकी दृष्टि में मार्क्स की तरह मनुष्य आर्थिक शक्तियों का दास नहीं है और न उसकी समस्त प्रेरणाएँ अर्थात हैं। अर्थ ही मानव-शक्ति का आधार नहीं है। उनकी मान्यता थी कि किसी व्यक्ति का सामाजिक स्तर भी प्रायः शक्ति व सत्ता का स्रोत होता है। यह बात इस तथ्य से स्पष्ट है कि भारत में सामान्य आदमी पर महात्माओं का कितना आधिपत्य होता है। भारत के करोड़पति क्यों निर्धन साधुओं एवं फ़क़ीरों के आज्ञापालक हैं? भारत के करोड़ों निर्धन लोग अपनी छोटी-छोटी वस्तुओं को, जो उनका एकमात्र धन होता है, क्यों बेचकर बनारस और मक्का चले जाते हैं?[61] फलतः धर्म भी शक्ति का महत्त्वपूर्ण केंद्र है। वह किसी तरह से अर्थ से कम नहीं है।

डॉ.अम्बेडकर की प्रजातंत्र में अटूट आस्था थी। वह मार्क्सवाद के सर्वहारा वर्ग के सिद्धांत को इसलिए अमान्य करते थे, क्योंकि उसमें अधिनायकत्व सर्वहारा वर्ग स्थित था। उनकी दृष्टि में सब कुछ रोटी ही नहीं थी। वह कहते थे कि मनुष्य केवल रोटी के सहारे जीवित नहीं रह सकता। उसके पास मन भी है, जिसे विचार रूपी खुराक चाहिए। धर्म मनुष्य में आशा का संचार करता है और उसे क्रिया की ओर प्रवृत्त करता है। वह मार्क्सवाद की ऊपरी सफलता की ओर ध्यान देना नहीं चाहते थे। उनका अटूट विश्वास था कि बौद्ध धर्म का सामाजिक संगठन मानव के लिए परम उपयोगी हो सकता है। साम्यवाद की तरह वह नित्य आत्मा, आवागमन, कर्म, सिद्धांत, ईश्वर, देवता, पूजा-पाठ, स्वर्ग-नरक आदि में विश्वास नहीं रखते थे। वह केवल मनुष्य व प्रकृति को मानते थे। वह तो शांतिपूर्ण ढंग से संघर्ष करने की बात में विश्वास रखते थे।

---

61. डॉ.अम्बेडकर : एनिहिलेशन ऑफ़ कास्ट, पृ. 31-32

बुद्ध तथा मार्क्स दोनों का लक्ष्य समान था। मार्क्स ने निजी संपत्ति को दुःख का मूल कारण माना था। बुद्ध प्रत्येक वस्तु को अनित्य मानते थे। अतः संपत्ति के लिए संघर्ष की वहाँ गुंजाइश नहीं थी। और दोनों ही वर्गहीन समाज के पक्षधर थे, परंतु उसके लिए उनके मार्ग अलग-अलग थे। यही कारण है कि वह उन मार्क्सवादियों की दृष्टि में हमेशा चुभते रहे जो संकीर्ण विचारधारा के थे और जिनकी मार्क्स में अंध आस्था थी। वह भारतीय साम्यवादियों के ख़िलाफ़ तो राजनीतिक मंच पर भी खड़े हुए थे।

6. हतोत्साही अम्बेडकर

डॉ.अम्बेडकर ने तथागत की शरण में जाने से पूर्व हिंदू समाज से सशक्त संघर्ष किया था। वह सिद्धांत के व्यक्ति थे। कभी पद या अन्य किसी लोभ में नहीं पड़े। ख़तरों से जूझते रहे। वह न पलायनवादी थे और न अकर्मण्य। वह सत्ता की राजनीति में नहीं, समाज की स्पष्ट राजनीति में भाग लेते थे। उनका पहला ध्येय सामाजिक स्थिति को सुधारना था। वह नहीं चाहते थे कि दलित वर्ग को कोई सत्ता की राजनीति के लिए गुमराह करे। वह एक स्वस्थ संगठन तैयार करना चाहते थे जिसमें सब बराबर हों, परस्पर प्रेमाबद्ध रहें और समानता के स्तर पर खड़े हो सकें। परंतु उनके प्रति भारतीय कांग्रेस उदार नहीं थी। वह उनका विरोध करती थी।

गांधीजी, पटेल, नेहरू, राजेंद्रप्रसाद आदि सभी ने उनकी अवहेलना करनी चाही थी। मंत्री पद से इस्तीफा देने का भी यही कारण था। वह स्वतंत्र विचारक थे, अतः वह कम पसंद किए गए। उनको चारों ओर से विराध ही सहना पड़ा था। कारण, वह अपनी इच्छा के विरुद्ध गांधी कैंप में जाने के लिए तैयार नहीं थे।

अंत में डॉ.अम्बेडकर हताश अवश्य हुए थे और वह भी इसलिए कि जिस तेज़ी से वह वर्ण-व्यवस्था को बदलकर उपेक्षितों को उचित स्थान दिलाना चाहते थे, नहीं दिला सके। फिर भी वह पलायनवादी नहीं थे। बौद्ध धर्म की स्वीकृति से जो व्यक्ति उनको हतोत्साही और पलायनोन्मुखी मानना चाहते थे, वे सही नहीं थे। वह मान-अपमान से बहुत ऊपर थे। परंतु ग़रीब व दुखी जनता के कारण अवश्य उनमें गहरी पीड़ा उत्पन्न हो उठती थी। कारण, उनका मानव-प्रेम निश्छल और अनासक्त भाव का था।

निष्कर्ष

डॉ.अम्बेडकर भारतीय समाज के ही नहीं, अपितु समस्त मानवता के शुभचिंतक थे। वह कर्मयोगी थे। सत्य, अहिंसा और प्रेम में उनकी अटूट आस्था थी। वह ज़बर्दस्त 'स्कॉलर' थे, फलतः उनकी 'अप्रोच' मेधा से होती थी। बौद्ध धर्म धारण करके भी वह निष्क्रिय नहीं हुए थे। उसमें भी क्रांति खड़ी की थी और उन्होंने रूढ़ भिक्षुओं को खूब

खरी-खोटी सुनाई थी।

बोधिसत्व डॉ.अम्बेडकर स्वस्थ भारतीय संचेतना की प्रतिमूर्ति थे। वह मानवाधिकारों के लिए अंत तक संघर्ष करते रहे थे। वह धर्म और राजनीति को संपृक्त रखना चाहते थे। उन्होंने कभी भी धर्म का राजनीति के रूप में प्रयोग नहीं किया था और न राजनीति को धर्म के आधार पर संचालित करने की चेष्टा की थी। यदि ऐसी बात होती तो वह कदापि बौद्ध धर्म अंगीकार नहीं करते, क्योंकि वह घटना उनके राजनीतिक जीवन बनाने में कोई सहयोग देने वाली नहीं थी।

वह करुणा व मैत्री भाव से संकुल थे। वह स्वयं स्वाभिमानी थे और दूसरों के सम्मान के लिए सदैव उत्सुक रहते थे। उनका समग्र संघर्ष मानवीय सम्मान की अन्यतम कहानी था। उसमें तनिक-सा भी लोभ नहीं था। वह संपूर्ण समाज को समर्पित थे। दलित तथा प्रपीड़ित मानव जाति को उन्होंने जो रास्ता दिखलाया, वह पूर्णतया अहिंसात्मक और स्वस्थ जनतंत्रात्मक था।

वह सामाजिक कार्यकर्ता थे और निर्देशक भी। उनकी दृष्टि में व्यक्ति को सामाजिक स्वतंत्रता, समानता आदि मिले बिना राजनीतिक आज़ादी का कोई अर्थ नहीं था। इसमें दो राय नहीं हैं कि यदि डॉ.अम्बेडकर परिगणित जाति के उत्थान के लिए कमर नहीं कसते तो उनके लिए जो हो सका और जो हो रहा है, वह कदापि नहीं हो पाता। वह तेज़ी से उस क्षेत्र में कार्य करने के पक्षपाती थे। काश! वैसा होता तो एक बहुत बड़ी सामाजिक क्रांति हो गई होती, तथापि उनकी वजह से सबका ध्यान अवश्य परिगणित जाति की ओर गया था और उनके लिए चाहे जैसे भी हो, वह प्रश्न चुनौती बनकर खड़ा हो गया था।

डॉ.अम्बेडकर विशुद्ध भारतीय थे। महामानव थे और सबके प्रति विनम्र थे। अहिंसा उनका धर्म था, करुणा उनका दृष्टिकोण था और मैत्री उनका व्यवहार था। माना कि वह विरोधियों से सदा आवृत्त रहे, परंतु उनके प्रति उन्होंने अपने मन में कटुता नहीं आने दी और न प्रतिशोधात्मक रवैया भी कभी उन्होंने अपनाया। वह संत, निर्भीक तथा उद्भट योद्धा थे। वे स्वयं में शमन पाते थे। उनका व्यक्तित्व संपूर्ण मानवता के प्रति श्रद्धावनत था। वह विरोधियों के बीच में सदा गुलाब की तरह मुस्कराते और सुगंध बिखेरते रहे थे। ❐

धर्म-परिवर्तन : एक आयाम

आज डॉ.अम्बेडकर नहीं हैं परंतु आज भी वह समाज है जिसके लिए उन्होंने आवाज़ बुलंद की थी। वह समाज आज भी पददलित और उपेक्षित है। उसका आज भी शोषण हो रहा है। उसका तब भी शोषण हो रहा था जब महात्मा बुद्ध और भगवान् महावीर ने उनको शोषण विमुक्त करने के लिए आवाज़ उठाई थी। पता नहीं, क्यों फिर आज भी वह घोर अपमानित, शोषित तथा मैला-कुचैला समाज है। स्वतंत्रता के इतने वर्ष बाद भी वह समाज घोरतम पीड़ा भोग रहा था। उस समाज को मुहैया की गई सुविधाएँ उनको चक्रव्यूह से बाहर नहीं ला सकीं। महात्मा गांधी ने उन्हें 'हरिजन' कहकर संबोधित किया था। मुझे तब भी लगा था कि उनके साथ अन्याय हो रहा है। उन्हें फिर से एक वर्ग में ढकेला जा रहा है। मेरा प्रश्न था कि गांधीजी ने सवर्णों को हरिजन क्यों नहीं कहा? आज सब जानते हैं कि हरिजन से क्या अभिप्राय है? किसी सवर्ण को हरिजन कहकर देख लीजिए, वास्तविकता सामने आ जाएगी।

डॉ.अम्बेडकर ने यह लड़ाई बहुत ज़ोरों से शुरू की थी। इसमें उन्होंने महात्मा गांधी को भी नहीं बख्शा था। दरअसल सवाल अस्तित्व का था और खोया हुआ सम्मान पाने का था। उन्होंने स्वयं उस पीड़ा, अन्याय और अत्याचार को सहा था, जिसके नीचे उनके वर्ण के लोग हज़ारों वर्षों से गूँगे बने भयावह यातनाएँ सहे जा रहे थे। पर क्यों? इस सवाल ने डॉ.अम्बेडकर को बुरी तरह हिला डाला था। महात्मा बुद्ध और भगवान् महावीर ने जिनकी पीड़ा से व्यथित होकर जीवन के नए अर्थ को अभिव्यक्ति दी थी, फिर भी वे क्यों नहीं उठ सके?

कदाचित् डॉ.अम्बेडकर अंत तक इसी प्रश्न को हल करने में निरंतर अनुरत रहे और अंत में वे हार गए। हारकर ही उन्हें यह सूझा कि "मैं पैदा तो हिंदू धर्म में हो गया हूँ, परंतु मैं इस धर्म में मरूँगा नहीं।"यह उनके ज़बर्दस्त संघर्ष का ही परिणाम था। धर्म-परिवर्तन ही उन्हें पददलित तथा यातनापूर्ण मानसिकता से मुक्ति दिला सकता है। उन्होंने अनुभव किया था कि उनके वर्ण वालों में जो ईसाई मतावलंबी या अन्य मतावलंबी हो गए हैं, उनके प्रति हिंदुओं का व्यवहार अच्छा है और वे उनके साथ उठते-बैठते हैं। डॉ.अम्बेडकर ने लाख चाहा कि वे सवर्ण हिंदुओं का ध्यान इस ओर ले जाएँ और उनसे इसका समाधान चाहें।

ऐसे लोगों को स्वतंत्रता माँगने का क्या हक है जो अपने भाइयों को गुलामी की जंजीर से जकड़े हुए हैं।

परंतु इसका नतीजा कुछ नहीं निकला क्योंकि इसके साथ सियासी साज़िशें गर्मा उठीं। उन्होंने तेवर बदलकर ज़ोर इस बात पर दिया कि पहले सियासी आज़ादी हासिल कर ली जाए, फिर सामाजिक तथा आर्थिक आज़ादी हासिल की जाएगी। डॉ.अम्बेडकर विचारक के बतौर भूत, वर्तमान तथा भविष्य तीनों को देखने वाले व्यक्ति थे। उनका ख़याल था कि गांधीजी सवर्ण हिंदुओं के हितों की रक्षा करते हुए दलित वर्ग को गुमराह कर रहे हैं। वे अछूतों के लिए गांधीजी द्वारा किए गए कार्यों को झूठा नाटक मानते थे। वास्तविकता क्या थी, इसके लिए निम्न प्रकरण प्रस्तुत हैं-

1. कालीकट के गुरुवापुर मंदिर को दलित वर्ग के लिए खोलने का अनेक बार आग्रह किया परंतु मंदिर समिति के सदस्यों ने उनका निवेदन स्वीकार करने से साफ़ इनकार कर दिया। गांधीजी ने ऐसी स्थिति में व्रत रखने की घोषणा की थी जिसे उन्होंने पूरा नहीं किया और 29 दिसंबर, 1942 को उन्होंने एक बयान जारी कर इस व्रत को अनिश्चित काल के लिए बढ़ा दिया। परंतु यह व्रत कभी नहीं रखा गया।

2. सन् 1935 की बात है। अहमदाबाद के कविथा गाँव के अछूतों ने अपने बच्चों को सरकारी विद्यालय में भेजना चाहा परंतु सवर्ण हिंदुओं ने उनकी प्रार्थना न केवल ठुकराई अपितु अछूतों को इसके लिए बहुत परेशान भी किया। उन्होंने इतना परेशान किया कि अनेक अछूत गाँव छोड़कर चले गए। गांधीजी ने इस मसले को लेकर भाषण किया और इस बात पर ज़ोर दिया कि भगवान् उनकी मदद करता है जो अपनी मदद करते हैं। इसका आशय यह था कि वे स्वावलंबी बनें और अपने बच्चों की पढ़ाई का खुद इंतज़ाम करें। मज़ेदार बात तो यह थी कि जिन अछूतों को सवर्ण सता रहे थे और गाँव छोड़ने के लिए विवश कर रहे थे, उनसे गांधीजी ने कुछ न कहा। उन्होंने सियासी चातुर्य का प्रयोग करते हुए कहा, "यदि मनुष्य रोज़गार की तलाश में गाँव छोड़ते हैं तो अछूतों के हितैषी कविथा गाँव छोड़ने में उनकी मदद करेंगे।"गांधीजी ने इस मसले की जाँच कराने की ज़रूरत नहीं समझी। तिलक स्वराज फंड, कस्तूरबा गांधी फंड के लिए गांधीजी ने क्रमशः एक करोड़ तीस लाख और एक करोड़ पंद्रह लाख रुपया इकट्ठा किया। यह राशि अछूतों के कल्याण के लिए इकट्ठी की गई थी परंतु इसका अधिकांश धन अखिल भारतीय कांग्रेस कमेटी के लिए व्यय किया गया। अछूतों पर कुल 43,381.00 रुपए खर्च हुए। तिलक स्वराज फंड में 25 लाख 68 हज़ार रुपए की राशि व्यय मद में तो बताई गई थी, वहाँ यह नहीं बताया गया था कि यह व्यय कहाँ और क्यों हुआ?

जाति प्रथा का विरोध

यथार्थतः डॉ.अम्बेडकर अंत तक हिंदू धर्म में बने रहना चाहते थे और इसलिए उनसे

जितने प्रयत्न संभव हो सके, वे उन्होंने किए। उन्होंने निरंतर चिंतन के बाद यह पाया था कि हिंदू धर्म में जाति-प्रथा सबसे ख़तरनाक सिद्ध हुई है। इससे न केवल धर्म की भावना नष्ट हुई है अपितु विचारधारा संकीर्ण और कुंठित हुई है। वे इस बात को अच्छी तरह जानते थे कि 'यदि शूद्रों को गैर-हिंदू जातियाँ अपने में बदलकर उनका जीवन स्तर संवर्द्धित कर देती हैं तो वे जन हिंदुओं के शत्रु हो जाएँगे। यदि सभी अछूत हिंदू धर्म को ठुकराकर दूसरा धर्म अपना लेते हैं तब क्या होगा? वे बराबर इस प्रश्न को लेकर चिंतित थे क्योंकि अन्य धर्म वाले यह प्रयत्न कर रहे थे कि डॉ.अम्बेडकर अपने वर्ण को लेकर उनका धर्म अपना लें।

डॉ.अम्बेडकर ने गांधीजी से पूछा था-"जाति प्रथा की समाप्ति के लिए यदि मैं हठ करूँ तो आप मेरा विरोध करेंगे या समर्थन? यदि आपका उत्तर विरोध के पक्ष में हुआ तो मैं आपके साथ काम नहीं कर सकूँगा।"

गांधीजी ने उन्हें दो टूक उत्तर दे दिया-"यदि आप ऐसा करेंगे तो मैं आपके कैंप में नहीं रह सकूँगा, क्योंकि मैं वर्णाश्रम में विश्वास रखता हूँ।" गांधीजी मनुस्मृति में वर्णित धर्म के पक्षधर थे, जिसके डॉ.अम्बेडकर सख़्त ख़िलाफ़ थे। डॉ.अम्बेडकर ने गांधीजी से कहा कि छुआछूत एक सज़ा है। जैसे भारत अपनी आज़ादी के प्रयत्न करना अपना हक़ मानता है, वैसे ही अछूत धार्मिक-सामाजिक गुलामी से अपने को मुक्त करने का। वे कांग्रेस द्वारा अछूतों के लिए किए जा रहे कार्यों के प्रति संशय रखते थे क्योंकि कांग्रेस वह कार्य निष्ठा से नहीं कर रही थी, बल्कि सियासी ताक़त को अपने हाथ में बनाए रखने के लिए वह दिखावा कर रही थी। उन्होंने कांग्रेस के अछूतोद्धार कार्यों का विश्लेषण कर यह प्रमाणित भी कर दिखाया कि वह उनके प्रति उतनी निष्ठावान् नहीं है जितनी वह अपने आपको प्रदर्शित करती है।

ध्यान से देखा जाए तो बात यह थी कि कांग्रेस अछूतों का नेता बने रहना चाहती थी। गांधीजी बराबर यह बात दोहरा रहे थे कि स्वयं वे और उनके साथी अछूतों, दलितों का प्रतिनिधित्व सर्वाधिक करते हैं। उनका कहना था कि अछूतों की समस्या सामाजिक समस्या है, उसको राजनीति में नहीं घसीटा जाए। डॉ.अम्बेडकर ने खुले शब्दों में कहा था कि गांधीजी व कांग्रेस अछूतों की भलाई नहीं, अपनी भलाई और अपना हित देखती है। यदि अछूत उनके खेमे से निकल गए तो उनका प्रतिनिधित्व बहुत ही कमज़ोर पड़ जाएगा।

डॉ.अम्बेडकर का कहना था कि जो धर्म अपने करोड़ों-करोड़ मतावलंबियों बुरा मानता है और कुत्ते तथा जानवरों की तुलना में उन पर अनेक प्रकार की अनुचित आपत्तियाँ करता है, उन पर निर्मम अत्याचार करता है, दोष मढ़ता है, वह धर्म नहीं है। छुआछूत उनसे प्रगति के समस्त रास्ते छीन लेता है। उनको कालकोठरी में सड़कर मरने के लिए विवश करता है। यक़ीनन अपना सम्मान खोकर कोई जाति तरक्की नहीं कर सकती है।

हिंदू धर्म और परिवर्तन

वे हिंदू धर्म में परिवर्तन चाहते थे। वे सम्मान से जीने का अधिकार चाहते थे। वे बराबरी का अधिकार चाहते थे। वह उन्हें नहीं मिला। इतना पढ़-लिखकर और अपनी अद्वितीय योग्यता सिद्ध करने पर नहीं मिला तो वे सोचते थे कि उन अछूतों को यह स्वतंत्रता, समानता, भाईचारे और सम्मान का हक़ कभी नहीं मिल सकेगा जिनके लिए न कोई स्कूल है और न कोई मंदिर। वे लोग अपने अधिकार की बात सोच भी नहीं सकते हैं। अभी तक वे गर्दिश में से गुज़र रहे हैं, उसे पूर्व कर्मों का फल मानते हैं, सवर्ण जाति वाले उनके उद्धार की चिकनी-चुपड़ी दो बातें कर देते हैं। उससे ये पगले खुश हो जाते हैं। यथार्थतः वे जीवन का अर्थ ही नहीं जानते। कदाचित् उन्हें यह भी स्मरण नहीं रहा कि वे मानव हैं, जानवर नहीं।

डॉ.अम्बेडकर बहुत चिंतित थे और सोचते थे कि यदि अभी और समय रहते हुए इस समस्या हल नहीं निकाला गया तो वह वर्ण कभी भी बराबरी का हक़ नहीं पा सकेगा। हमेशा-हमेशा के लिए सवर्ण जातियों की गुलामी के चक्रव्यूह में फँसा छटपटाता रहेगा। उनके दिमाग़ में बराबर यह बिजली कौंधती रहती थी कि इसका एक ही इलाज है और वह है धर्म परिवर्तन। धर्म-परिवर्तन तक आकर वह रुक जाते थे और घंटों अपने को सोच के गहरे नीले समंदर में पटक देते थे। वे जिस धर्म में पैदा हुए हैं, क्या उसे इतनी आसानी से छोड़ दें? वे खीज उठते थे। अपने आपसे सवाल करते थे कि सवर्ण हिंदू उनकी बात को गहराई से क्यों नहीं लेते हैं? उन्हें वे बराबरी का हक क्यों नहीं देना चाहते हैं? अन्य जातियों से हाथ मिलाते हैं परंतु अपनों से नहीं, उन्हें उपेक्षा तथा हिकारत की दृष्टि से देखते हैं, यह सब क्यों है?

डॉ अम्बेडकर ने सोचा कि वे धर्म-परिवर्तन की चर्चा शुरू करें तो कदाचित् गांधीजी तथा कांग्रेस के कान खड़े हो जाएँ और वे वास्तव में इस उपेक्षित वर्ण के लिए कुछ करने को आगे आएँ। समझौते की नई बात शुरू हो और स्कूल और मंदिरों में जाने के रास्ते खुलें। अगर हम ध्यान से उनके इस मानसिक दुर्द्धर्ष संघर्ष का अध्ययन करें तो उससे यह स्पष्ट हो जाएगा कि वे धर्म-परिवर्तन नहीं चाहते थे अपितु हिंदू धर्म के संकीर्ण तथा घातक नज़रिए में परिवर्तन चाहते थे। जब उन्होंने देखा कि उनके इन वाक्यों को गांधीजी तथा कांग्रेस दूसरे ढंग से ले रही है और वह अंदर ही अंदर इस वर्ण को विभाजित करके कमज़ोर करना चाहती है तो वे तिलमिला उठे। उनको लगा कि हृदय परिवर्तन के लिए उठाया गया यह क़दम भी सवर्ण हिंदुओं की आँख नहीं खोल सकेगा। अतः उन्होंने दृढ़ता और बुलंदी से कहा-

"मैंने एक दफ़े ही सदैव के लिए निश्चय कर लिया है कि धर्म छोड़ना है। मुझे धर्म-परिवर्तन के लिए किसी भौतिक लाभ ने नहीं लुभाया है। मेरे धर्म-परिवर्तन में आध्यात्मिक भावना के अलावा और कुछ नहीं है। न मेरे आभ्यंतर में हिंदू धर्म समा पाता है और न मेरा स्वाभिमान हिंदू धर्म से मेल खा पाता है। धर्म मनुष्य के वास्ते है, मनुष्य धर्म

के लिए नहीं।"उन्होंने अपने साथियों को ललकारा और कहा कि उनके लिए धर्म-परिवर्तन सांसारिक एवं आध्यात्मिक रूप से आवश्यक है।

सवाल यह था कि वे कौन-सा धर्म अपनाएँ? किस धर्म में उनके स्वाभिमान और स्वतंत्रता के लिए अधिक अनुकूल वातावरण है? किस धर्म में छुआछूत नहीं है? कौन-सा धर्म उन्हें स्वेच्छा और सम्मान से स्वीकार करने के लिए हृदयोल्लास प्रकट करता है? उन्होंने पाया कि बौद्ध धर्म उनके तथा उनके वर्ग के लिए अधिक उपयोगी है। 25 मई, 1950 को कोलंबो में एक बौद्ध सभा में उन्होंने बहुत कुछ स्पष्ट कर दिया था कि वे बौद्ध धर्मावलंबी होने की दिशा में सोच रहे हैं। इसके बाद उन्होंने बराबर बौद्ध धर्म के पुरोधाओं से संपर्क बनाए रखा। वे सोच रहे थे कि बौद्ध धर्म अपनाने पर उनके वर्ग को सामाजिक, धार्मिक तथा राजनीतिक प्रतिष्ठा मिल सकेगी। हालाँकि वे बौद्ध धर्म की कमज़ोरियों से भी अच्छी तरह परिचित थे और उस ओर उन्होंने बौद्ध भिक्षुओं का ध्यान भी आकृष्ट किया था। उन्होंने "भगवान बुद्ध और उनका धर्म" पुस्तक भी लिखी। हालाँकि उनकी इस पुस्तक पर यह प्रश्न उठाया गया था कि जब डॉक्टर साहब का विश्वास देवी-देवताओं और भगवान् में नहीं है तब उन्होंने बुद्ध को भगवान् से क्यों जोड़ा? यहाँ लगता है कि डॉ.अम्बेडकर हिंदू धर्म के आध्यात्मिक संस्कारों से अपने को मुक्त नहीं कर पाए थे। और यही कारण है कि उन्हें बौद्ध धर्म ही रास आया था। क्योंकि वह हिंदू धर्म के पुनरुत्थान और पुनर्व्यवस्था में ही तो उठा एक आंदोलन था, जिसमें उन्होंने सविस्तार बौद्ध धर्म पर चर्चा की थी। इस खुली चर्चा से परंपरावादी बौद्ध भिक्षु नाराज़ हो गए, क्योंकि इसमें उनकी कमियों को भी उजागर किया गया था।

बौद्ध धर्म और अम्बेडकर

डॉ.अम्बेडकर ने बौद्ध धर्म को एक सामाजिक व्यवस्था के रूप में समझा था और वह वर्णवाद आश्रित सामाजिक व्यवस्था जड़ मूल से उखाड़कर समतावादी समाज की नींव रखना चाहते थे। इस उद्देश्य की पूर्ति के लिए ही उन्होंने अपने लोगों को बौद्ध धर्म अपनाने की सलाह दी और 14 अक्टूबर, 1956 को वयोवृद्ध महास्थविर चंद्रमणि ने डॉ.अम्बेडकर सहित उनके दस लाख व्यक्तियों को दीक्षा दिलाई। वे सब बौद्ध हो गए। इस धर्म परिवर्तन ने हिंदू धर्म को चौंका दिया। इसके साथ ही, बौद्ध धर्म के पुरातनवादी भिक्षु भी चौंके, क्योंकि वे भी डॉ.अम्बेडकर के क्रांतिकारी, निष्कपट और स्वाभिमानी रूप से भयभीत थे। निष्कर्षतः यह कहा जा सकता है कि डॉ.अम्बेडकर को अंत में जो मार्ग चुनना पड़ा, उसका कारण हिंदू धर्म की कट्टरता और अपने को न बदलने की ज़िद ही थी। यदि डॉ.अम्बेडकर ने स्वतंत्रता से पूर्व धर्म परिवर्तन का आह्वान किया होता तो अछूत वर्ग की नब्बे प्रतिशत आबादी बौद्ध हो चुकी होती। इतनी बड़ी संख्या में अछूत बौद्ध हुए होते तो उनके नवीन अस्तित्व की अलग पहचान बनती और वे नवीन सामाजिक, आर्थिक तथा राजनीतिक जीवन की इकाई

बनते। बहुसंख्यक लोगों का एक सम्मानीय धर्म होता और उस धर्म में उनका बराबरी का हाथ होता। मुझे लगता है कि धर्म-परिवर्तन का निर्णय लेने में डॉ.अम्बेडकर ने बहुत विलंब कर दिया और इस कारण धर्म-परिवर्तन लाखों की संख्या में सिमटकर रह गया। अछूतों को संविधान में मुहैया की गई सुविधाओं से वंचित होने का भय था। और भय था कि वे प्राप्त सुविधाओं को खोकर अपनी रही-सही पहचान भी खो देंगे। जो अछूत बौद्ध हो जाएँगे, उन्हें संविधान में प्रदत्त सुविधाएँ प्राप्त नहीं होंगी।

मूल्यांकन

स्वतंत्रता से पूर्व ऐसा कोई भय नहीं था। उस समय का वातावरण बहुत अनुकूल था। डॉ.अम्बेडकर जिस सामाजिक, राजनीतिक, आर्थिक तथा धार्मिक सदाचार और समानता के लिए आजन्म जी-तोड़ अथक प्रयास करते रहे, उसकी प्रतिष्ठा नहीं हो सकी। वे हिंदू धर्म से जाति की अजगरी श्रृंखलाओं को नहीं काट सके बल्कि उन्हें ही विवश होकर अत्यंत भारी मन से अपने व्रत को पूरा करने के लिए धर्म-परिवर्तन की राह पकड़नी पड़ी। यथार्थतः वे हिंदू धर्म के विरोधी नहीं थे। वे विरोधी थे हिंदू धर्म में पनपी अमानवीय व्यवस्था और रीति-नीति के! वे विरोधी थे हिंदू धर्म में व्याप्त असमानता और पुरोहितों की धींगामस्ती के! उन्होंने हिंदू धर्म के शास्त्रों का गहन अध्ययन कर यह मालूम किया था कि उनमें जाति-व्यवस्था जन्म से नहीं, कर्म से जन्मी है, जिसे कालांतर में जन्म से जोड़कर सवर्ण हिंदू अपने में से एक वर्ण का शोषण करते रहना चाहता है और उसे जानवर से भी बदतर स्थिति में क़ायम रखना चाहता है। उन्होंने न केवल सामाजिक, धार्मिक, आर्थिक तथा राजनीतिक हकों से महरूम किया है अपितु उनकी मानसिकता के समस्त रस को सोखकर उन्हें खोखला कर दिया है। ऐसी स्थिति में डॉ.अम्बेडकर सोचते थे कि वे न तो मर सकते हैं और न विद्रोह कर सकते हैं। उनका जीवन निरर्थक है। डॉ.अम्बेडकर सवर्ण वर्ग का हृदय परिवर्तन नहीं कर सके। सवर्ण वर्ग ने मौके का लाभ उठाकर अछूत वर्ग में दरारें डाल दीं, उनकी सोच को बेतरह से कील दिया। वे चंद लाभों की दलदल में ऐसे फँसे कि आज तक उससे नहीं हो सके।

आज डॉ.अम्बेडकर हमारे बीच नहीं हैं, परंतु उनका जीवनोन्मुखी चिंतन और मानवमात्र के लिए की गई उनकी सेवाएँ बरबस हमारा ध्यान उनकी ओर खींच लेती हैं। यह महसूस कराती हैं कि वे केवल अछूतों के नहीं, वे केवल बौद्धों के नहीं और केवल उपेक्षितों के नहीं अपितु वे उन सबके थे जिनमें मानवता की खुशबू से जुड़ने की चाह रत्ती भर भी शेष रह गई है और जो मानव-समाज की सेवा के प्रति तनिक-सा भी उल्लास अपने मन में सँजोए हुए हैं।

❒

अब न होगा कोई अछूत

जीसस क्राइस्ट जेरुसलम के एक घर में भोजन करने के बाद आराम कर रहे थे। कुछ देर आराम करने के बाद वे अपने ग्यारह शिष्यों के साथ जेथसेमाने के बगीचे में प्रार्थना करने गए। वहीं उनका बारहवाँ प्रिय शिष्य जुडास इस्कैरियट पुलिस के साथ पहुँचा और उन्हें गिरफ्तार करवा दिया। जुडास इस्कैरियट उन प्रिय शिष्यों से एक था जो 'दि लास्ट सपर' (आखिरी भोजन) में शरीक हुआ था। बाद में उसे अपने इस किए पर इतना गहरा पश्चात्ताप हुआ कि उसने आत्महत्या कर ली।

कॉयफस की धार्मिक अदालत में उन पर मुकदमा चलाया गया। पांटियस पाइलैट ने उन्हें निर्दोष पाया और मुक्त करना चाहा लेकिन तत्कालीन पुजारी, धार्मिक नेता और मुख्य यहूदी अड़ गए कि उन्हें हर सूरत में सूली पर चढ़ाया जाए।

इसी बीच 'पासओवर फीस्ट' अवसर भी आ गया। इस अवसर पर एक कैदी को मुक्त करने का वहाँ रिवाज़ था। जीसस की पत्नी ने प्रार्थना की कि जीसस को मुक्त कर दिया जाए। पांटियस भी उन्हें छोड़ना चाहता था, परंतु वह ऐसा नहीं कर सका। छोड़ा गया बारब्बास डाकू को और जीसस को मिली सूली।

इस घटना चक्र पर जब सोचता हूँ तब मुझे लगता है कि अम्बेडकर को भी सूली के उस ज़हर को ताजीवन बर्दाश्त करना पड़ा, जिसे जीसस ने एक बार में क्रूस पर लटककर, पक्षियों से लहूलुहान होते हुए, सहा था। पता नहीं कौम, धार्मिक नेता, राजनेता आदि क्यों अपने समय के महानतम इंसान को सूली पर चढ़ाना पसंद करते हैं? और क्यों बाद में लोग उसे अपना पथ-प्रदर्शक और मसीहा मानते हैं। इस समय ज्याँ पॉल सार्त्र का 'वर्ड्स' याद आ रहा है जो उनका जीवननामा है लेकिन जो अपने को बेतरह से काटने का ज़िंदा उदाहरण भी है। यदि अम्बेडकर भी अपना जिंदगीनामा लिखते तो क्या वे अपने अंदर-बाहर को काट-काटकर सामने नहीं रखते या यह नहीं कहते होते कि 'ये मैं हूँ और यहाँ मैं हूँ।'

सच्चाई यह है कि अम्बेडकर वह इंसान था जो अब नहीं है जो न होते हुए भी अब है और आगे भी बराबर रहेगा। क्योंकि उसका रहना जीसस की तरह से ज़रूरी हो गया है और

वह हमारे सामाजिक, धार्मिक और राजनीतिक सरोकार का हिस्सा बन गया है। उन्हें नहीं मालूम था कि वे ऐसे युग-पुरुष हैं जिनकी ज़रूरत आगे आने वालों को पड़ेगी। यह बात गांधीजी जानते थे अतः उन्होंने आत्मकथा लिखी, नेहरू समझते थे, उन्होंने भी आत्मकथा लिखी, बच्चन, अमृता प्रीतम (साहित्यिक क्षेत्र में) को लगा कि उनसे भी उम्मीद की जानी चाहिए अतः उन्होंने भी आत्मकथा लिखी। अम्बेडकर ने कभी नहीं समझा कि उनको जीवनी लिखनी चाहिए। वे यदि अपनी जीवनी लिखते तो कदाचित् वह दुनिया की सुविख्यात जीवनियों में से एक होती, क्योंकि वे ऐसे दुर्द्धर्ष और उदात्त चरित्रनायक थे जिन्हें जीवन के प्रारंभ से अंत तक अविराम संघर्ष, उपेक्षाओं और षड्यंत्रों का शिकार होना पड़ा था। इस दृष्टि से वे अपने समय के दूसरे लोहिया थे जिन्होंने सर्वाधिक विषम परिस्थितियों और तीखे विरोधाभास में स्व-सत्य को नहीं छोड़ा। वे बराबर सत्य के प्रयोग (गांधी) ही नहीं करते रहे अपितु सत्य की मीमांसा व विश्लेषण भी उन्होंने किया बिना हिचकिचाहट और पर्दे के। उन्होंने अपना प्रारंभिक जीवन जिन दुत्कार, उपेक्षाओं, अनादर, घृणा, दमन, शाप आदि से गुज़ारा था, उससे यह सिद्ध होता है कि उनके चरित्र में ईश्वर पैगंबर, मसीहा आदि गहरे पैठे हुए थे। वे निडर, हौसले वाले और अस्तित्व-बोध के प्रति पूर्णतः समर्पित इंसान थे। कुएँ से पानी खींचने पर पिटाई, वर्षा से बचने के लिए दीवार का सहारा लेने पर बस्ते सहित बाहर मूसलाधार वर्षा में ढकेला जाना, गाड़ी वाले की कड़ी उपेक्षा का शिकार होना, संस्कृत नहीं पढ़ पाना, ब्लैक बोर्ड पर लिखने के लिए आमंत्रित किए जाने पर सवर्ण विद्यार्थियों द्वारा तिरस्कार झेलना, विद्यालय में पानी पीने के लिए भेदभावपूर्ण दुर्व्यवहार सहना, दूसरों से भोजन प्राप्त करना (पेंडसे) आदि ऐसी हृदयद्रावक घटनाएँ हैं जो उनके चित्त पर आजन्म बनी रही थीं और जिनको वे कभी नहीं भूल सके। उनके बाल मन पर असमानता, दुर्व्यवहार, उपेक्षा, दमन आदि की ऐसी रेखाएँ खिंचती चली गईं जिनसे उनका किशोर मन, प्रौढ़ मन और अधेड़ मन लगातार उद्विग्न बना रहा और रास्ता तलाशता रहा उनसे मुक्त होकर एक सर्वथा नए और उमंग-भरे जीवन को जीने का। वे भी महात्मा बुद्ध की तरह संदर्भ सत्य को पूर्णरूपेण आत्मसात् कर नवीन क्षितिज को नवीन सूर्य से प्रकाशमान करना चाहते थे। उनका रास्ता सत्य का था, उनके कर्म सत्यप्रेरित थे और उनका धर्म सत्यकेंद्रित था। सत्य को अत्यंत व्यापक परिप्रेक्ष्य में भीतर तक आत्मसात् करने के लिए वे संपूर्ण जीवन पूर्ण निष्ठा, जागरूक विवेक और समबुद्धि से अनवरत लगे रहे-थके नहीं, हारे नहीं, डटे रहे।

वे बंद दरवाज़े खोलना चाहते थे। सदियों से जिनके कपाट नहीं खुले थे, उनको प्रकाश में लाना चाहते थे। सार्त्र की तरह ईश्वर पर से आस्था उठाते हुए व्यक्ति की नैतिक इच्छा और नैतिक अंतर्दृष्टि को उसके विश्वास का बल बनाना चाहते थे। महात्मा बुद्ध के समय

ब्राह्मणवाद का अनैष्ठिक यज्ञ चल रहा था, जिससे उन्होंने ज़बर्दस्त संघर्ष किया था। बहुत कुछ वही स्थिति अम्बेडकर के सामने थी। वे मानते थे कि स्वतंत्रता व्यक्ति के साथ जन्मी है और उसके जीने की आवश्यक शर्त है। व्यक्ति का व्यक्तित्व पारदर्शी हो, उसमें छिपाव की गुंजाइश नहीं हो, वह जो है, वही रहे और वैसे ही दीखे। उससे हटकर कृत्रिमता का मुखौटा चढ़ाने का प्रयास नहीं करे। व्यक्ति, व्यक्ति से तभी कटना शुरू होता है जबकि व्यक्ति, व्यक्ति से छिपाने की कोशिश करता है। छिपाना व्यक्ति को अंदर-बाहर दोनों ओर से खंडित और तनावपूर्ण रहने के लिए विवश करता है।

अम्बेडकर का बचपन उनके इरादों की जड़ों को पुख्ता करने लगा था। वे अपने में बेइंतहा साहस और हिम्मत बटोर सके और चट्टान की तरह निर्णय लेने का हौसला पा सके। उन्होंने कर्म से सत्य की पहचान बनाई और दूसरों के प्रति समर्पण, आस्था, सहानुभूति, करुणा, मुदिता आदि गुणों से सुंदरतम् को संस्थापित किया।

वे रुके नहीं। घबराए नहीं। जीवन के अंतिम क्षणों में अकेले ही संघर्ष करते रहे और कर्म-प्रेरित धर्म को मानव के लिए शिवमय सिद्ध करते रहे। उनके प्रसंगों के प्रकाश में से गुज़रते हुए सदा यह अनुभव होता रहा कि वे अकेले ही पूर्ण प्रकाश हैं, जिनसे सारे धुंध-कुहरे और घने अवसाद स्वतः कूच करने लगते हैं। उनमें चेतना अवगुंठन उठाकर सारे दृश्य-परिदृश्य को अपना ही एक अनिवार्य अंग बना लेती थी और वह संपूर्ण को चेतनायुक्त कर जाती थी। वे इसी रेखांकित खूबी के कारण चिरस्थायी बने और साथ में प्रेरणा के स्रोत भी। उनको मेघों की तरह बाँधना असंभव है परंतु तत्संदर्भ में प्रयास करना कठिन नहीं। यहाँ इसी प्रयास का एक नमूना प्रस्तुत है-

जो होता है। होने में है। वही होता रहे।
कुछ बदले नहीं। कोई बदलने वाला ही नहीं हो।
ऐसा कभी होता भी नहीं।
फिर सोचना क्या? किस पर? हुए पर या हो रहे पर।
अथवा होने जा रहे पर। नहीं बता सकते
क्योंकि सोच से आगे के दरवाजे बंद हैं। जकड़े हुए
हैं। वहाँ कुछ भी पारदर्शी नहीं। सब कुछ रहस्यमय
है जड़-धर्म सा। जिससे किसी शाखा के किसी
पत्ते का दूर तक का भी संबंध नहीं। क्यों नहीं? क्या यह
जानना चाहते हो! जो जानना चाहते
हो। उससे उसको संदर्भित नहीं करना चाहते।
तुम खुद ही जिज्ञासा को कील देना

चाहते हो। जड़ कर देना चाहते हो।
ऐसे कैसे चल सकता है। जो होने में न हो और हो जाए।
ज़रूर तुम इसे चमत्कार कहकर पुकारना चाहोगे।
मैं नहीं। क्योंकि मुझे मालूम है, चमत्कारों
के मिथकों में असलियत नहीं होती। उनमें जीवन की तस्वीर
नहीं होती। वे दरअसल ज़िंदा होते ही नहीं हैं।
लेकिन हम अपनी दकियानूसी धारा को छोड़ने के लिए तैयार
नहीं होते। उसी में जीते हैं दफ्न हो जाने के लिए।
या जीने के खुशनुमा ख़्वाब की भ्रूण हत्या करने के लिए।
अथवा हत्याओं के सफ़रनामे को खड़ा करते रहने के लिए।
ऐसा लगता है मुझे,
आपको विश्वास नहीं होगा। क्योंकि आप अभी तक
उस दरिया के पास से नहीं गुज़रे हो। जो
बहते-बहते अंदर ही अंदर सूख गया है।
अब वहाँ केवल रेगिस्तान है।
रेत का दरिया हिमानी दरिये-सा।

अम्बेडकर के मन और सोच की पर्त दर पर्त उलटते जाएँ तो इस सबसे गुज़रना पड़ सकता है। इसलिए कि बीच में से लौटने का मानस न बना लिया जाए, क्योंकि उनके साथ-साथ इतनी दूर तक अकेले निकल पाना असंभव जैसा है। जब वे नौ वर्ष के थे। 16 जनवरी, 1901 को स्कूल की छुट्टी कर दी गई क्योंकि रानाडे का देहांत हो गया था। उस समय वे सतारा हाईस्कूल में फर्स्ट स्टैंडर्ड में अध्ययनरत थे। वे नहीं जानते थे कि रानाडे कौन हैं और छुट्टी क्यों की गई? उन्होंने लिखा है कि 'लाइक अदर वाइज आई वाज़ हैप्पी ओवर द होलीडे एंड आई डिड नॉट केअर टू नो डाइट।' एकदम सत्य और सीधी आत्म-स्वीकृति। अंग्रेज़ों के समय ऐसा था और बहुत कुछ आज भी ऐसा ही है।[62] रानाडे को आज भी स्कूल-कॉलेज नहीं जानते। ऐसे अनेक रानाडे हैं, स्वयं अम्बेडकर भी उनमें से एक हैं, जिन्हें आज जाना गया है और वह भी वोट की राजनीति के लिए। अंदर से आज भी उनके बारे में किसी को कुछ पता नहीं कि वे कौन थे और क्या था उनका दुर्द्धर्ष संघर्ष।

'हू वर शूद्राज' का प्रणयन यों ही नहीं हो गया। उसके पीछे का ज़बर्दस्त इतिहास है। उपेक्षा, दुत्कार, शोषण और अन्याय-अत्याचार का इतिहास। मानव द्वारा मानव के प्रति चक्रव्यूह और वह भी धर्म और वर्ण-व्यवस्था के नाम पर-मनुस्मृति के नाम पर। उसे

---

62. डॉ.अम्बेडकर : रानाडे, गांधी एंड जिन्ना, पृ.सं. 9-11

जलाया गया। उस सारी व्यवस्था के प्रति आक्रोश-आंदोलन छेड़ा गया और संघर्ष किया गया उस व्यवस्था से जिसने उनका सम्मान, जीने की स्वतंत्रता का अधिकार, उनकी झोंपड़ी, खेती-कंगाली आदि सबको अपने पास गिरवी रखा हुआ था। वह व्यवस्था उन्हें खुली हवा और खुले आसमान में अपने साथ साँस लेने देना नहीं चाहती थी।

वह वर्ग जो अपने ही भाइयों को गुलाम बनाए हुए था, स्वतंत्रता के लिए संघर्ष करते हुए यह आत्म-विश्लेषण करने के लिए तैयार नहीं था कि उन्हें उसने क्यों गुलाम बनाया हुआ है और वह उन्हें समग्र आज़ाद क्यों नहीं करना चाहता है? अम्बेडकर के समग्र जीवन का यही संघर्ष था कि मानव की स्वतंत्रता को रौंदने वाले ही मानवता के शत्रु हैं, समाज और राज के शत्रु हैं।

अम्बेडकर आज़ादी के अर्थ को समझ रहे थे और सोच रहे थे कि जब उच्च जाति वाले अंग्रेज़ों के गुलाम हैं, तब वे यदि स्वतंत्र हो गए और देश की बागडोर उनके हाथ में चली गई, तब वे पिछड़े व अछूत वर्ग के साथ और क्या-क्या ज़ुल्म और नाजायज़ व्यवहार करेंगे? पहले से तो वे उन पर घोरतम अन्याय और अत्याचार करते ही आ रहे हैं।

यदि अम्बेडकर को विदेश (अमेरिका, इंग्लैंड आदि) जाकर उच्च तालीम प्राप्त करने का मौक़ा नहीं मिलता तो शायद वह अपनी लड़ाई (मानवाधिकारों की लड़ाई) लड़ते हुए गोलमेज़ कांफ्रेंस तक नहीं जा पाते और गांधी जैसे अपने समय के युगपुरुष को फिर से सोचने और उस दिशा में कदम उठाने के लिए विवश नहीं कर पाते। हालाँकि वे अमेरिका में भी न्यूयॉर्क हार्टले हॉल और क्लब छोड़कर लिविंग्स स्टोन हॉल में रहने पहुँचे थे, अपनी आज़ादी और सम्मान के लिए। वहाँ उन्हें मिला खुला वातावरण, मुक्त समाज और शिक्षा से बदलते मन। जुलाई, 1913 के अंत में वे अमेरिका रवाना हुए थे और जून, 1916 में अमेरिका छोड़कर इंग्लैंड चले आए थे। जहाँ से वे विवश होकर (क्योंकि महाराजा बड़ौदा के दीवान का आदेश हुआ था, लौटने का उनके यहाँ से ही उन्हें विदेश जाकर पढ़ने के लिए छात्रवृत्ति मिली थी। फलतः वे 21 अगस्त, 1917 को बंबई लौट आए।

अम्बेडकर का विदेश जाना कई दृष्टियों से न केवल उनके लिए अपितु समूची मानवता के लिए वरदान सिद्ध हुआ। गांधी, नेहरू, लोहिया, जयप्रकाश नारायण आदि सभी ने विदेश में अध्ययन किया था और वहीं से सामाजिक लोकतंत्रात्मक व्यवस्था के प्रति मन बनाया था कुछ करने का, जिससे पिंजरे में बंद पक्षी फिर से अपने-अपने डैनों में हवा भरकर खुले नीले आसमान में आकांक्षाओं के इंद्रधनुषीय परचम फहरा सके।

अम्बेडकर को लगा कि यात्रा बहुत लंबी है, ख़तरे और जोखिम से भरी है, अकेले ही इस यात्रा पर निकलना है और धुंध गहरा है, रास्ता कीचड़-सना है तथा आशा-आकांक्षाओं की भ्रूण हत्याओं की दुर्गंध से भरा है। इसमें होकर आगे बढ़ने के लिए हिमालयी दृढ़ता

चाहिए और अपनी धरती की गहरी पकड़, जिससे पाँव नहीं डगमगाएँ और विश्वास नहीं छला जा सके।

कहाँ से शुरू करें यह यात्रा? कैसे शुरू करें? आमंत्रण किसे दें? वे स्वयं में क्या हैं? पढ़ना बिलकुल अलग बात है और क्रांति का परचम हाथ में लिए आँधियों के दिल चीरना, तूफानों के रुख बदलना और कहर ढाने वालों को रास्ते पर लाना, उनके मन बदलना तथा उनको साथ में लेकर चलना एकदम अलग बात है।

अम्बेडकर ने राजनीति, अर्थशास्त्र, समाजशास्त्र, मानव विज्ञान, नैतिक दर्शन आदि विषयों का गहन अध्ययन कर उपाधि प्राप्त की, शोध पेपर[63] प्रस्तुत किए और शोध किया।[64,65] कोलंबिया विश्वविद्यालय से सन् 1916 में आपको पी-एच.डी. मिली। फिर उन्होंने इंग्लैंड पहुँचकर 'लंदन स्कूल ऑफ इकॉनोमिक्स एंड पॉलिटिकल साइंस' में डी.एस-सी. के लिए कार्य करने की अनुमति प्राप्त की, लेकिन आगे छात्रवृत्ति जारी नहीं रहने के कारण उन्हें लौटना पड़ा। फिर वह जुलाई, 1920 में लंदन पहुँचे और डी.एससी. के कार्य को पूरा करने में जुट गए। वे लंदन म्यूज़ियम में ग्यारह-ग्यारह घंटे (सुबह 6.00 बजे से शाम 5.00 बजे तक) काम करते और उसके बाद घर पहुँचकर काम में जुट जाते। बहुत कम खरचे में आधा पेट रहकर ही अपना काम चलाते थे, परंतु चेहरे पर कोई शिकवा-शिकायत नहीं, अफसोस नहीं-उनमें एक ही ज़बर्दस्त आरज़ू, तमन्ना और आकांक्षा थी कि ज्ञान के क्षेत्र में वे जो कुछ जानना-करना ज़रूरी है, जानें और करें। हर सूरत में अपने को एजूकेशन के क्षेत्र में बेजोड़ साबित करें।

उन्होंने 'द प्रावेंसियल डिसेंट्रलाइजेशन ऑफ इंपीरियल फ़ाइनेंस इन ब्रिटिश इंडिया' पर मास्टर ऑफ़ साइंस प्राप्त की और 'द प्रॉब्लम ऑफ रूपी' शोध प्रस्तुत किया। इसके साथ ही उन्होंने 'रेस्पोंसिबिलिटीज़ ऑफ औरस्पोंसिबिल गवर्नमेंट इन इंडिया' पेपर पढ़ा जिसे प्रोफ़ेसर हेरल्ड जे. लास्की जैसे आचार्य ने अति क्रांतिकारी और गहन विचारणीय बताया। डी.एससी. की थीसिस बिना निष्कर्ष बदले पुनः लिखने की रिपोर्ट परीक्षकों की उन्हें लंदन में मिली थी, उसे उन्होंने पुनः लिखा और डी.एससी. की उपाधि प्राप्त की। उन्होंने पी-एच.डी., डी.एससी. और बार एट लॉ की उपाधि प्राप्त कर एक ऐसा सशक्त और अप्रतिम उदाहरण प्रस्तुत किया कि जिससे विद्वत्समाज उनका लोहा मानने के लिए विवश हुआ।

यहाँ यह बात अत्यंत विचारणीय है कि अम्बेडकर ने अपनी योग्यता और सामर्थ्य के बल पर ही समाज में अपना स्थान बनाया था। किसी के रहमोकरम से वे आगे नहीं बढ़े।

63. कास्ट्स इन इंडिया : अम्बेडकर

64. एनसिएंट इंडियन कॉमर्स : अम्बेडकर

65. नेशनल डेविडेंट ऑफ इंडिया ॲ हिस्टोरिकल एंड एनालिटिकल स्टडी: अम्बेडकर

दैन्य का उनमें नामोनिशान नहीं था। वे सिद्ध पुरुष बने तो अपने कार्यों से और उन्होंने हर क्षेत्र में उदाहरण प्रस्तुत किए तो अपने असीम ज्ञान और वज्र-शक्ति से, साहस और हौसले से। उनमें कुछ करने की तमन्ना समंदर की लहरों-सी सदा उमड़ती रहती थी। उनके इस सोच को बाँधने का प्रयास हुआ है कुछ इस तरह से :

वो आसमान
जिसके नीचे उड़ते हुए जा रहे हैं पक्षी
धीमे-धीमे, बहुत धीमे, डैने फैलाए
पर आराम से, बिना असहज हुए
गाते जा रहे हैं लोरियाँ
किसी को सुलाने नहीं,
जगाने चाँदनी को
ले जाने दूर तक, क्षितिज के पार तक
चुपचाप उसे
किसी पास बहते पहाड़ी नाले के समान
हौले-हौले अनाहट किए
कि अचानक थिरक उठा कोई नूपुर
स्पंदन भर प्राणों का
मचल गई चाँदनी
महक उठा मौसम।
चुप रहो
अब सन्नाटा सोने की तैयारी में
जगा देना चाहता है सारा संसार
भर देना चाहता है
सारा अग जग
जगमग जगमग छलछलाते पारदर्शी प्रकाश से
तुम से हम से
सब से।

कुछ ऐसा ही बन पड़ा था अम्बेडकर का मन जब वे लौटे थे, न लौटने की जगह से। पर लौटना था। ज़रूरी था। न लौटने का प्रश्न ही नहीं उठता। उन्हें अपने देश, अपनी कौम और अभागों की चिंता खींचे ले जा रही थी किसी अजनबी, अज्ञात और शक्तिशाली गुरुत्वाकर्षण से। वह चाहकर भी उससे अपने को नहीं बचा सकते थे, जबकि बचाना वे

जानते नहीं थे या उनसे बन नहीं सकता था। बिकना-ख़रीदना उनके वश की बात नहीं थी। वह जो बिक सकता था, उसे ख़रीद नहीं सकते थे। ख़रीदने को है भी वैसे क्या? बिके भी क्या? वह नहीं समझ पा रहे थे कि उनके सामने ऐसे प्रस्ताव क्यों लाए जाते रहे जो प्रस्ताव नहीं थे, प्रस्ताव के कफन थे और वे भी लीर-लीर हुए विरूप, बदनाम और निष्प्राण। वे बराबर जनतंत्र को जन-विवेक से जोड़ते रहे और उदाहरण देते रहे। उन्होंने हॉलैंड का उदाहरण देते हुए पुरजोर शब्दों में कहा-

"वहाँ यहूदियों के प्रति जो अन्याय हुआ, ईसाइयों को कभी सहन नहीं करना पड़ा। यहूदियों को अन्याय दूर करने के लिए स्वयं संघर्ष करना पड़ा। अंग्रेज़ ईसाइयों ने उनकी कोई सहायता नहीं की। वास्तव में यही उनकी पसंद का मत था, विचार था और विश्लेषण था। जन-विवेक का आशय है कि व्यक्ति अपने ऊपर कष्ट आए बिना, अन्याय से घिरे व्यक्तियों का साथ दें और उनको कष्टकारा से मुक्त कराने की पहल करें बेहिचक और पूरे मन से।"उन्होंने अफ्रीका का उदाहरण दिया जहाँ भारतीय कष्ट के दौर से गुज़र रहे थे। वे कहते हैं-"गोरे जन, कष्ट नहीं उठा रहे, फिर भी आप देखेंगे कि रेवरेंड स्काट, जो श्वेत हैं, अपने भरसक प्रयास में जुटे हुए हैं कि जिससे वहाँ अन्याय का खात्मा हो सके। मैंने अभी पढ़ा है कि बहुत-से श्वेत लड़के और लड़कियाँ भी भारतीयों के साथ हैं और संघर्ष में दक्षिणी अफ्रीका में हिस्सा ले रहे हैं। इसे जन-विवेक कहते हैं।"[66]

मुझे लगता रहा और आज भी लगता है कि वे यह मानकर आगे बढ़े थे कि जन-विवेक जाति, देश, धर्म, राजनीति आदि से ऊपर होता है, उसमें कोई खाना नहीं होता और न वह किसी का मुँह ताकता है। यह मानव मन का पक्षपातरहित विवेक होता है, जिसे न काटा जा सकता है और न दबाया। यह मान्यता उनमें इंग्लैंड के प्रवास काल में गहराई और अमेरिका-प्रवास में जवान हुई। दरअसल यह विषय मानव-मन की शोध का था और तमाम इंसानियत के लिए चुनौती भरा था। भारतीय स्वाधीनता संग्राम में अनेक श्वेतों ने साथ दिया था, उसके पक्ष में बहस की थी और अपील की थी। यह भी जन-चेतना का दूसरा सशक्त उदाहरण था। स्वाधीनता किसी जाति, धर्म, रंग, राजनीति आदि की बपौती नहीं है। वह जन-जन के मन की निर्मल गंगा है। उसमें तरंग है समर्पण की और उसका आलम है कुर्बानी का। उसके पास दहशत नहीं है। वह दहशत दूर करती है और प्रसन्नता से गद्गद होती हुई मौजों के साथ उनके प्राण-स्पंदन बन बहने लगती है। वे जानते थे कि धर्म या जाति-बंधन, शासन या राजदंड और ईश्वर या अनीश्वर का अस्तित्व तब है जब उनसे डर दूर होता हो और निडरता का साहस चतुर्दिक आकाश चूमता हो-जहाँ भेद नहीं, ऊँच-

---

66. दृष्टव्य : डॉ.अम्बेडकर का 'जनतंत्र के सफल कार्यान्वयन के लिए आवश्यक पूर्वगामी शर्तें' विषय पर दिया गया भाषण।

नीच नहीं, देश-विदेश नहीं, धर्म विशेष नहीं और रंग से पहचान नहीं। सब एक हैं। मानव हैं। सबमें मानव की ही पैठ है, उसकी सुगंध है और उसका ही रंग है।

जून, 1923 में वे देश में अछूतोद्धार का मन बना रहे थे। प्रेक्टिस कर पेट पालन का निश्चय। विदेश से सनद मँगवाकर वे आ डटे थे मैदान में। बंबई विधानसभा में धमाका हुआ। चिनगारी उठी। अछूत बच्चों के लिए स्कूल, पीने के पर्याप्त पानी का प्रबंध, जनता प्याऊ, अछूत बालिकाओं के अलग छात्रावास। धर्मशालाओं और कुओं का सार्वजनिक प्रयोग-अछूतों के लिए भी। बहिष्कृत हितकारिणी सभा ने एक क़दम और आगे उठाया-औद्योगिक एवं कृषि स्कूल खोलकर अछूतों को सुदृढ़ आर्थिक आधार देने की तैयारी, स्टडी सरकिल (अध्ययन वृत्त), पुस्तकालय आदि से दलित वर्ग की चेतना के द्वार खोलना।

लेकिन अम्बेडकर के मन की आग लपटों में बदल उठी थी। दया नहीं! साधिकार सब हो। 'लिप्स सिंपैथी' नहीं! मन से, अंदर से और उस रूप से हो। प्रस्ताव मात्र नहीं! कर गुज़रने की बात। आँसू पोंछना नहीं! सुदृढ़ खड़ा होना।

उस कोलाबा टैंक से पानी लेना, जहाँ अछूतों का आना वर्जित था। पानी ईश्वर की देन है, हवा की तरह, फिर अछूतों को वहाँ से पानी न लेने देने की बात क्यों? मंदिर ईश्वर का है। ईश्वर सबका है। फिर अछूतों को मंदिर में जाने से रोक क्यों?

कोलाबा टैंक से पहली बार अछूतों ने पानी भरा! पुलिस का खास प्रबंध रहा। पंरतु बीदेश्वर मंदिर में अम्बेडकर और उनके आदमियों के प्रवेश की अफ़वाह ने आग में घी का काम किया। सवर्ण हिंदू पागल हो उठे। वे टूट पड़े, वर्षा के रुके पानी से अर्राकर अचानक। अछूत पिटे। घायल हुए। अम्बेडकर जवानी में पहली बार पिटे। घायल भी हुए। उन्होंने जाना यह युद्ध आसान नहीं है और सवर्ण हिंदू खार खाए बैठे हैं। उनमें ताक़त है। वे उनके प्रति पसीज नहीं सकते। उन्होंने अंदर के कपाट बंद कर लिए हैं। न खुद देखते हैं और न किसी अन्य को देखने देते हैं।

बात के धनी अम्बेडकर में इस घटना से ज्वालामुखी उठा। 'बहिष्कृत भारत' (मराठी में) निकाला। जवाब दिया सवर्ण हिंदुओं को और आह्वान किया अछूतों का। तालाब, कुएँ, धर्मशालाएँ अछूत भी सवर्ण हिंदुओं की तरह प्रयोग कर सकें। मंदिर सार्वजनिक हैं। फिर अछूतों को वहाँ जाने से रोक क्यों?

अब आकाश में धुंध का गुबार था। अम्बेडकर ने चाहा, हिंदू समाज का ईसाइयों व मुसलमानों की तरह प्रमाणित ग्रंथ हो-वेद, पुराण मात्र नहीं। पुरोहितवाद समाप्त हो या उस पर सबका समानाधिकार हो। अंतर्जातीय विवाह कर और मनुस्मृति को जलवाकर उन्होंने पाशविक बंधन से मुक्ति का उद्घोष किया।

2 मार्च, सन् 1930–कालाराम मंदिर में प्रवेश का दिन। मंदिर ही नहीं खुला। 30

अप्रैल, सन् 1930 का दिन-राम की रथ यात्रा आ गई। रथ निकलना था। समझौता हुआ कि रथ को दोनों खींचेंगे -सवर्ण हिंदू और असवर्ण हिंदू। पर उनके साथ हुआ धोखा। सवर्ण हिंदुओं ने असवर्ण हिंदुओं को मारा और स्वयं रथ खींच ले गए। यह शीतयुद्ध सन् 1935 तक चला।

धर्म का यह कैसा पागलपन! गांधीजी देख रहे थे। अन्य सवर्ण हिंदू नेता और समाजसेवी संस्थाएँ देख रही थीं। गांधीजी वर्ण-व्यवस्था के पक्षधर थे। वर्ण-व्यवस्था की चोट सहन करते-करते अछूत मानव से पशु बन चुके थे, यह अनुभव अम्बेडकर में क्रांति की फसल उगा रहा था। धर्म में अधर्म सिरमौर क्यों? धर्म, हवा, पानी, प्रकाश आदि जैसा है-नैसर्गिक। निसर्ग में कैसा बाधा-सर्ग। कैसी अड़चन-रुकावट। उनमें सोच पंख लगाकर उठा और खुले आसमान में अन्य मुक्त पक्षियों की तरह अपने डैने फैलाकर जैसे ही उसने उड़ना चाहा वैसे ही बहेलिये ने ताक कर तीर छोड़ दिया। वह घायल होकर, पंख फड़फड़ाता हुआ धरती पर आ गिरा। महात्मा बुद्ध की तरह उसे अम्बेडकर ने उठाया। उसकी सेवा की ओर उद्घोष किया-" शिकार पर अधिकार मारने का प्रयत्न करने वाले का नहीं, बचाने वाले का होता है।"

अनुसूचित जातियाँ विशेष रूप से अत्याचार, दबाव एवं दुर्व्यवहार से पीड़ित हैं। तब राजस्थान में तीस अनुसूचित जाति के व्यक्तियों को गोली से उड़ा दिया गया था क्योंकि राजपूत नहीं चाहते थे कि वे अपने मौलिक अधिकारों का प्रयोग करें, अतः जिंदगी को मौत की दहशत से हिला देना चाहा। सिर उठाने का अर्थ हुआ-बेकफन कब्रगाह या श्मशान में पाँव पसार लेना।

फिर क़ानून? वे क़ानून से लड़े। अनेक फ्रंट खोले। सवर्ण हिंदू चौंके। गांधी का गुरुत्वाकर्षण डगमगाया। वह आदमी नहीं, आँधी था, वह संत नहीं सिर्फ संघर्षी मानव था, वह अकेला धर्माधिकारियों और वर्ण कवचधारियों के लिए सनातन पुरुष सिद्ध हो रहा था।

वे गोलमेज़ कांफ्रेंस में सन् 1930-31 में भाग लेने लंदन गए थे। उन 89 सदस्यों में 16 ब्रिटिश पार्टी के प्रतिनिधि, 20 भारत के शाही और नवाबी राज्यों के प्रतिनिधि, ब्रिटिश के अधीन भारत के 53 प्रतिनिधि थे। उनमें अकेला एक अछूत था, जिसने अपनी ज्ञानाभा मंडल से सबका ध्यान अपनी ओर खींचकर पहली बार जतलाया था कि अछूत भी उन जैसा महान् इंसान है। सारा विश्व चकाचौंध में आ गया। उसने अपनी बात इस प्रकार उठाई कि ब्रिटिश भारत में उसकी अलग पहचान स्वीकार कर ली गई।

गांधी भी थे उनमें। वे यह एहसास कराना चाहते थे कि अकेले वे सबकी ओर से बोल रहे थे। परंतु मुसलमान, सिख, ईसाई और अछूत वर्गों ने उनके पैगंबरनुमा अंदाज़ को धता बता दिया। गांधी तिलमिलाए। चेष्टा थी कि सब उन्हें मानें। उनका प्रतिनिधित्व बिना पूर्व

तैयारी और बिना स्पष्ट नज़रिए के बहुत थका-हारा तथा स्व-केंद्रित था, पर केंद्रित नहीं। उन्होंने मुसलमानों को अपने पक्ष में लेने के लिए अछूतों का विरोध किया। अम्बेडकर ने अपनी संघ-शासन विषयक पुस्तक में गांधी का चित्रण करते हुए निष्कर्ष निकाला है कि "वे वहाँ ऐसे आए जैसे किसी वैष्णव मंदिर में नरसी मेहता का भजन गाने आए हों।"अम्बेडकर की ज़बर्दस्त पैरवी ने पहली बार अछूतों के अलग अस्तित्व को स्वीकार करने के लिए अंग्रेज़ी सरकार को विवश किया था। दुनिया के मानचित्र पर अछूत नक्षत्र पहली बार प्रकाश में आया था। गांधी को यह पसंद नहीं आया। वे अड़ गए और आमरण आंदोलन पर बैठ गए। बहस नहीं। तर्क नहीं। शास्त्रार्थ नहीं। विवेक नहीं। सिर्फ़ (कोरी) ज़िद। गांधी के प्राण बचाओ। समस्या उनके प्राणों की थी, अछूतों की नहीं।

मुसलमानों की तरह अल्पसंख्यकों के समान अछूतों को अपना प्रतिनिधि चुनने का अधिकार मिला था। जीते थे अम्बेडकर। विद्वत्सभा में जीतकर आए थे। सबका प्रतिनिधित्व गांधी को स्वीकार था, केवल अछूतों के प्रतिनिधि की बात को छोड़कर। इतनी सारी भेड़ें निकल गईं तो हिंदुत्व के अस्तित्व को ख़तरा था। फिर वे किस पर राज करेंगे? फिर कौन सहेगा उनके सामाजिक-धार्मिक-प्रशासनिक अत्याचार? अम्बेडकर ने गांधी को बहस के लिए आमंत्रित किया। समझाया। वे तर्क के लिए तैयार हैं। लेकिन बात गांधी के प्राणों को बचाने की थी, तर्क की नहीं। ज़िद के सामने कर्म झुके। एक बार फिर आचार्य ने बिना गुरुत्व कार्य संपादित किए, अपने गुरु होने का अधिकार जताकर गुरु-दक्षिणा में भोले धनुर्धर एकलव्य से सीधे हाथ का अँगूठा माँग लिया और बिना आघात पहुँचाए कुत्ते का भौंकना बंद करने वाला एकलव्य गुरुभक्ति के कारण नतसिर हो गया।

एक प्रश्न जो आज कांग्रेस ने उठाया है, वह तब भी था कि कांग्रेस सामाजिक और धार्मिक प्रश्न को राजनीति से नहीं जोड़ना चाहती थी। यह उत्तर गांधी का था अम्बेडकर को आमने-सामने हुई बातचीत में, जिसमें गांधी अम्बेडकर को संतोष नहीं दिला सके थे और पृथक् निर्वाचन की अपनी बात को अम्बेडकर मनवा सके थे तत्कालीन ब्रिटिश प्रधानमंत्री से। उनके (गांधी के) आमरण आंदोलन का यही कारण था। गांधी ने इनसे चाहा था कि वे उनका जीवन बचाएँ। पूना पेक्ट हुआ। गांधी को अम्बेडकर बचा तो गए लेकिन उनका काम अधूरा रह गया। उन्होंने 'डिस्प्रेस्ड क्लासेज़ मिशन' बनाया। साथ ही 'स्वतंत्र लेबर पार्टी' बनाई। इस पार्टी ने बंबई में अनुसूचित जातियों की पंद्रह सीटों में से तेरह सीटें जीतीं, बंबई विधानसभा में 'स्वतंत्र लेबर पार्टी' विरोधी पार्टी बनी तथा एंटी स्ट्राइक बिल, किराएदारी आदि की भर्त्सना करते हुए उसने जनसमर्थन जुटाने की दिशा में रेखांकित कार्य किया।

अम्बेडकर अछूतों को सामाजिक और धार्मिक प्रतिष्ठा दिलवाने के लिए लगातार

कड़ा संघर्ष करते रहे थे। उनका कहना था कि धर्म, संपत्ति तथा सामाजिक प्रतिष्ठा शक्ति एवं सत्ता का स्रोत रहे हैं। इनके जरिए दूसरों की स्वाधीनता छीनी जाती रही है। इसके लिए वे संघर्ष छेड़े थे। वे धर्म में से ब्राह्मणवाद वाली लहर को मिटाने के लिए हिंदू धर्म के सामने आ डटे। दरअसल वे जीवन के दृष्टिकोण में होने वाले परिवर्तन और जीवन-मूल्यों की पुनर्स्थापना के प्रति निष्ठावान थे। वे चाहते थे कि एक नया समाज उभरकर सामने आए। उनकी दृष्टि में व्यक्ति और समाज दोनों के लिए धर्म ज़रूरी था।

धर्म उनके जीवन का मूलमंत्र था। भारतीय समाज का नेतृत्व धर्म के हाथ में था। धर्म से जुड़ा था जातिवाद। जातिवाद ने ही अछूतों को गुलाम बना रखा था। एकदम पशु! अम्बेडकर के मन में ज्वालामुखी इसी को लेकर सुलग रहा था। वे जातिवाद को उखाड़ फेंकना चाहते थे। इसी कारण वे और गांधी आमने-सामने हुए थे।

गांधीजी जातिवाद के समर्थक थे और अम्बेडकर उसके ज़बर्दस्त विरोधी। उनकी मान्यता थी कि जाति ईंट की दीवार जैसी कोई वस्तु नहीं है, वह एक विचार है, एक मनःस्थिति है। इसकी नींव शास्त्रों की पवित्रता में गहरी गई हुई है। बिना शास्त्रों की पवित्रता और उनके बंधनों से मुक्त हुए जाति प्रथा का अंत असंभव है। जाति का धार्मिक आधार गैर-ज़रूरी बताते हुए वे अंतर्जातीय विवाह को तरजीह दे रहे थे। रक्त के मिश्रण से भाईचारे की भावना का विकास होगा।[67] वे धर्म से जातिवाद को अलग करना चाहते थे। ब्राह्मणवाद को जड़ मूल से उखाड़ना उनकी दृष्टि में निहायत ज़रूरी था।[68] वे मान रहे थे, जिस प्रकार भारत को स्वराज्य ज़रूरी है, उसी प्रकार अछूतों के लिए धर्म-परिवर्तन। दोनों का मकसद स्वतंत्रता की सुरक्षा करना है।"[69]

अम्बेडकर महात्मा बुद्ध के उस उपदेश के पक्षधर थे, जिसमें कहा गया था, "भिक्षुओं! मैं नाव की भाँति धर्म की शिक्षा देता हूँ। वह पार होने के लिए है, पकड़कर बैठने के लिए नहीं। धर्म न खुद सड़ता है और न सड़ाता है, वह तो निरंतर नदी के पानी की तरह बहता रहता है और अग-जग को आनंद से भर देता है। उनका समूचा जीवन धर्म के दर्शन का भाष्य बनकर मुखर होता रहा। वे जड़-धर्म के ख़िलाफ़ थे और कबीर की तरह पाखंड से मुक्त होने का निरंतर आग्रह करते रहे थे। उनके धर्म-परिवर्तन की कहानी एक लंबी पीड़ा के अंत की सूचना देती है। वे विवश थे इसलिए हिंदू धर्म में पैदा तो हो गए थे लेकिन वे इसके लिए कतई विवश नहीं थे कि हिंदू धर्म में ही मरें। यथार्थतः उन्होंने ऐसा ही किया कि हिंदू धर्म को छोड़कर बौद्ध धर्म के अनुयायी बन गए। उनमें हुआ धर्म का यह संस्कार उनके जीवन में तो बहुत महत्त्व रखता ही है, इसका संपूर्ण भारतीय, विशेषकर हिंदू समाज

---

67. दृष्टव्य : 'बाबासाहेब अम्बेडकर : राइटिंग्स एंड स्पीचिज़' : भाग 1, पृ0 67

68. वही, पृ. 77

69. 'अम्बेडकर : लाइफ एंड मिशन', पृ. 274

पर गहरा प्रभाव पड़ा। यह हुई थी एक ऐतिहासिक क्रांति और इसी से खुली थी धार्मिक पुनरावलोकन की व्यवस्था।

धीरे-धीरे भारत की आज़ादी का समय निकट आ गया। उत्तेजना बढ़ी। सरगर्मियाँ तेज़ हुई। सबको अपने-अपने अस्तित्व की चिंता होने लगी। विभाजन के लिए आंदोलन में गरमी आई। अम्बेडकर को विभाजन स्वीकार नहीं था। उनका सोचना था कि "यह सवाल नैतिक-अनैतिक नहीं है।" यह नैतिकता निरपेक्ष है। पाप के लिए इसमें कोई स्थान नहीं।" वे भारत को हिंदुस्तान और पाकिस्तान दो रूप में विभाजित होने देना नहीं चाहते थे, पर वह होकर रहा-महाविनाश!

भारत स्वतंत्र हुआ। अम्बेडकर क़ानून मंत्री बने नेहरू केबिनेट में। 15 अप्रैल को उन्होंने एक ब्राह्मण लड़की से शादी कर ली। 29 अगस्त, 1949 को अम्बेडकर की अध्यक्षता में संविधान सभा ने संविधान बनाने के लिए एक ड्राफ्ट कमेटी बनाई। नेहरू सोचने लगे कि अम्बेडकर को कांग्रेस में लाया जाए। प्रस्ताव हुआ, लेकिन अम्बेडकर ने कांग्रेस को 'एक जलता हुआ घर' बताते हुए यह भविष्यवाणी भी की कि उन्हें कोई ताज्जुब नहीं होगा कि कुछ सालों में वह पूरी तरह से नष्ट हो जाए।

वे संविधान बनाने में सबसे प्रमुख व्यक्ति रहे। यह कहना अत्युक्ति नहीं है कि वे भारतीय संविधान के पर्याय हो गए।

वे अपने भाषणों में कांग्रेस की आलोचना लगातार करते रहे। हिंदू कोड बिल पर उनके और नेहरू के संबंधों में गहरा धक्का लगा। उनका नेहरू पर से विश्वास उठ गया और उन्होंने मंत्री पद छोड़ दिया। 1952 के चुनाव में उनकी हार हुई-उन्हें कुल 1,23,576 मत मिले जबकि उनके प्रतिद्वंद्वी कांग्रेस को 1,37,950 मत। 1954 के उपचुनाव में भी वे हार गए। पराजय का यह दौर उनको हिला गया। किसके लिए जिएँ और किसके लिए मरें?

जब जनता अम्बेडकर जैसे मनीषी के प्रति नकारात्मक दृष्टिकोण अपना सकती है, तब वह संसद और उसकी प्रणाली से क्या चाहती है? उसकी राय का क्या महत्त्व है? क्या महत्त्व है उसके जागरूक नागरिक होने का? क्या अम्बेडकर के लिए सोचना पड़ेगा कि वे एक नेक और समर्पित जनसेवक थे या नहीं? क्या उन जैसा असाधारण प्रतिभा का धनी, भारतीय संविधान के निर्माता, जन-जन के प्रति भक्तिभाव से पूर्ण और उपेक्षित, मज़दूर, अछूत आदि कमज़ोर तबके के प्रति पूर्णतया समर्पित इंसान के लिए भी 'वोटर' सोचता रह जाएगा और उसे हराएगा तो फिर चल लिया लोकतंत्र और हो लिए हम सब सुसंस्कृत समाज के अभिन्न अंग!

उस समय कौन था उन जैसा, जो कमज़ोरों का हिमायती, सहायक और उनकी आवाज़

को धारदार बनाने वाला हो? 'मूकनायक' (पत्र) इसीलिए तो निकाला था कि जो बोल नहीं पाते, ज़ुर्म सहते रहे हैं और खोखले होते रहे हैं उनकी आवाज़ को बुलंद किया जा सके।

वे चारों ओर से टूटते गए। घर से भी, बाहर से भी और नितांत अकेले रह गए। रामाबाई क्या गईं कि उनके मन का चैन चला गया। वह पवित्र और नेक आत्मा थीं। उनके प्रति पूर्णतया समर्पित थीं। क्यों होता है ऐसा कि सर्वप्रिय साथी रास्ते में, अचानक रुककर ऐलान कर देता है कि अब वह उनके साथ नहीं चल सकेगा?

आख़िर जी वे किसके लिए रहे थे? यह प्रश्न उनके दिलोदिमाग़ में बिजली के समान जब-तब कौंधता रहता था। फिर क्या होगा लोकमत की दुरभिसंधि का? लोकमत ही लोकतंत्र का स्वस्थ आधार है। यदि लोकमत कमज़ोर होगा, भ्रष्ट होगा और स्वार्थी होगा तो वह समाज के लिए अभिशाप सिद्ध होगा।

वे बराबर इस पतन को अनुभव कर रहे थे और सावधान कर रहे थे कि जनमत को जागरूक रखने के लिए शिक्षा, निष्ठा, सतर्कता, कर्तव्यपरायणता और लोकतांत्रिक दृष्टिकोण होना बहुत ज़रूरी है, क्योंकि इनके बिना लोक-सत्ता, लोक-विश्वास, लोक-धर्म का आधार ही नहीं रहता। उनको यह जानकर आश्चर्य हो रहा था कि अभी-अभी देश स्वतंत्र हुआ है और अभी-अभी उसने लोकछल का जाल बिछाने में निरंतर कामयाबी पाना शुरू कर दिया है।

यह समय उनके जीवन का बहुत संकटमय था, क्योंकि इस समय वे अपने को बहुत अकेला पा रहे थे। उनका विश्वास डगमगा रहा था। वे धर्म के मानवीय रूप को सामने लाकर पाखंडवाद की जलकुंभी को उखाड़ फेंकना चाहते थे। पर कैसे? आज़ादी के जीवन-मूल्य आज़ादी मिलते ही धराशायी होने लगे थे। उनके स्वप्न भंग हो रहे थे। क्या इस प्रकार फिर से गुलाम बनाए रखने की साज़िश तो नहीं हो रही है? ज़रूर कुछ ऐसा हो रहा है जो जीवन की कल्पना और उसके स्वप्न को लहूलुहान कर डालेगा। फिर? यह प्रश्न उनके दिमाग़ में पुच्छल तारे-सा टूटकर चमकता हुआ बारंबार घने अंधकार में डूब रहा था।

मरना सबसे बनता नहीं है। मरने से सदा डर लगता है। ऐसे भी कुछ होते हैं जो मरने को स्वयं तत्पर रहते हैं लेकिन जिनसे मौत डरती है। मौत जानती है, जिनको वह मारना चाहेगी, वे उससे नहीं मर पाएँगे, वह स्वयं मर जाएगी और वे अमर हो जाएँगे।

क्या मौत को यह कबूल होगा कि वह मरे और वह मौत ताज़िंदगी उसको मुँह चिढ़ाती रहे? वे सोए थे। अकेले थे। मौत को चुपचाप पास बैठाकर लोरियाँ सुनाने लगे थे कि मौत सो गई और वे जग गए। जब सुबह सब रो रहे थे, तब वे सूर्य के प्रकाश और हवा के साथ मुस्करा रहे थे। मौत काँप रही थी। सोते हुए उसे भय यातनाएँ सता रही थीं।

वे कब गए? डॉक्टरी अनुमान था। प्रकृति समझा रही थी वे कहाँ जाएँगे? उन्हें जाना

कहाँ था? वे यहीं हैं, इस वक्त भी, ज़रा उन्हें अनुभव करने की कोशिश करो तो पाओगे कि वे यहीं हैं और उनको समझा रहे हैं, महात्मा बुद्ध की तरह कि नहीं मानने के लिए यहाँ कुछ नहीं है। जो कुछ है, वह मानने के लिए। लेकिन मानना क्या है? यही जानने के लिए यहाँ आए हो, जिज्ञासा लिए और आकांक्षाओं को अपने पंखों में समेटे हुए।

5 दिसंबर, 1956 की दिल्ली की रात ठंड का स्मरण याद करा रही थी। अम्बेडकर जैन नेताओं से मिलकर सोच रहे थे कि उन्होंने 'द बुद्धा एंड काल मार्क्स' का अंतिम अध्याय एक दिन पहले ही पूरा कर टाइप में दिया था। क्या महावीर के साथ भी ऐसा काम किया जाए? इस सबसे मानव समाज नज़दीक आएगा और जीने के नज़रिए में काफी इज़ाफ़ा होगा।

रत्तू उनके पास था। उनकी दूसरी पत्नी सविता से उनका मन उचट रहा था-दोनों के नज़रिए भिन्न थे, दोनों के रास्ते भिन्न थे और दोनों की आकांक्षाएँ भिन्न थीं। उनके सामने उनकी पहली पत्नी रामाबाई आ ठहरीं-एकदम भोली, सहज, समंदर-सा प्यार लिए, पूर्ण समर्पण के साथ। उनकी आँखें नम होने लगीं। रामाबाई मुस्कराईं, उसकी आँखों ने उन्हें प्यार से झिड़कते हुए कहा, "कितनी बार कहा, आँखें गीली नहीं। दुःख चुपचाप पीने के लिए होता है। जो गरल को पीकर अमृत दे सके, वही तो सच्चा इंसान है।"

"रामी...।" डॉ.अम्बेडकर ने नम होती आँखों पर सूरज की किरणें पड़ने का अनुभव करते हुए कहा, "यह तुम कहती हो, रामी!"

"नहीं।"

"क्या मैंने सुना, वह तुमने नहीं कहा था?"

"नहीं।"

"नहीं?"अम्बेडकर ने इस शब्द को दोहराते हुए रामाबाई की ओर देखा, जिसे वे प्यार से कभी रामी, कभी रामो आदि संबोधन देते थे। उन्होंने पूछा, "फिर किसने कहा?"

"यहाँ और कौन है, कौन कह सकता?" इस बार रामाबाई की बड़ी-बड़ी आँखें नम थीं, परंतु प्रसन्नता से भरीं। उसके अधरों पर चंचल मुस्कराहट किसी नटखट बालक-सी मचल उठी थी।

"क्या मतलब?"

"मतलब ये कि आपको अब कुछ याद नहीं रहता-खासकर हमारे सामने तो।" कुछ याद करते हुए वह बोली, "उस दिन वह डेपूटेशन आया था। उनको आप ही समझा रहे थे कि हर महापुरुष ने अपने समय का गरल पीकर सदा अमृत लौटाया है-जैसे दरख़्त कार्बन डाईऑक्साइड लेते हैं और ऑक्सीजन देते हैं।" कहा था ना!"

"रामो ऐसा!" याद करते हुए, "तुम्हें इतना सारा कामकाज करते हुए सब कैसे याद रहता है?"

"आखिर हम पत्नी किसकी हैं? डॉक्टर वकील की ना! फिर याद क्यों न रहे? क्या कोई अमृत को भी भूल सकता है?" रामाबाई का चेहरा मुस्कराहट से लाल हो उठा था। अम्बेडकर ने आँखें खोल दीं और अपने चारों ओर देखा। पास में रखा थर्मस कॉफी से भरा था और उसके पास मिठाई रखी थी। दूसरी ओर हाल ही में पढ़कर ठीक किए गए 'द बुद्धा एंड हिज धर्म' की प्रस्तावना के टाइप्ड हुए पृष्ठ पड़े थे। वे मुस्कराए। उनका जी हुआ कि उठें। पर वे उठे नहीं। सोचते रहे, ये बुद्ध उनमें कैसे पुनर्जन्म पा गया। लगता कि वह स्वयं आकर उनमें बोल उठा है। क्या आज के दुःख-भरे संसार की मुक्ति का वही एकमात्र रास्ता है? आज का संसार अपने से नफ़रत कर उठा है और आईने को क्रोधावेश से भरकर तोड़ता जा रहा है। ज़िंदा रहने के लिए उसके पास कोई कार्यक्रम नहीं है, सिवाय खिसियाकर जिंदगी के पैमाने तोड़ते जाने के। कितना विरूप हो गया है वह और उसका आईना! क्षत-विक्षत होकर बारंबार!

हे बुद्ध, ये और कौन-सा बुद्ध सामने ला खड़ा किया है, जो अपनी शरण में आने का लगातार निमंत्रण देता जा रहा है-

बुद्धम् शरणम् गच्छामि।
धम्मं शरणम् गच्छामि।
संघं शरणम् गच्छामि।

ये तो 14 अक्टूबर, सन् 1956 की बात है। दस लाख लोगों ने जब बौद्ध धर्म अपनाया था उनके साथ। वयोवृद्ध भिक्षु महास्थविर चंद्रमणि ने उन्हें दी थी दीक्षा। सारा शहर भगवा वस्त्रधारियों को नमन कर रहा था तब सश्रद्धा और सभक्ति। एक नया सूरज उदित हो रहा था तब।

" तुम देख रहे थे न, बुद्ध! मैंने भी भगवा वस्त्र धारण किए थे और आपकी गोद में थके-हारे-चपल बालक-सा आ बैठा था, यह दोहराते हुए कि मैं आ गया हूँ, जहाँ से मैं चला था, वहीं। पूरी परिक्रमा कर ली है।" देख रहे हैं न आप! कितना व्यथित रहा हूँ मैं तुम्हारे बिना! आख़िर आज तक मैं अपने में तुम्हें ही तो तलाशता रहा हूँ।"अब तुम मिल गए हो, अब मैं तुमसे कभी विलग नहीं होऊँगा "कदापि नहीं।""बोलो तो""तथास्तु, बोलो, मेरे उद्धारक प्रभु! कुछ तो बोलो।"वे मुस्कराए। आशीर्वाद दिया और कहने लगे, "अब क्या बोलूँ? तू बोल तो रहा है-वह मैं ही तो हूँ। मुझे फिर आना था। आ गया। अब लौटने का समय आ पहुँचा है। मैं जिस बुद्ध की शरण में गया था, तू भी उसकी शरण में आ जा।"वो बुद्ध एक ही

है उसे किसी नाम से पुकारो। वह पुकारने वाले की इच्छा है। पर वह है एक ही। वही सबका शरणराता है और वही सबकी शरण में है।"

"मैं बुद्ध नहीं नहीं।" अम्बेडकर के होंठ काँप गए। वे सहम गए।

"हाँ, वत्स "एक बुद्ध और" "तू बुद्ध ही है।" "हम सब बुद्ध ही हैं। मानने या न मानने का कोई प्रश्न ही नहीं है।"बुद्ध, बुद्ध का आश्रयदाता है। जो है, वह बुद्ध ही है, उसके होने से है। जो यह रहस्य जान जाते हैं वे स्वयं बुद्ध की शरण में होते हैं क्योंकि वे होते ही बुद्ध हैं, उसके अतिरिक्त कुछ और नहीं होते। यही बोधिसत्व है, यही अहिंसा परमधर्म है, यही शरण में आने का मंगलमय रहस्य हैं और यही साथ-साथ विचरण करने का मूलमंत्र है।"तथास्तु, बुद्ध!"

वे चले गए। अम्बेडकर ने आँखें खोलीं। वहाँ कोई नहीं था। वहाँ हलका प्रकाश बिल्ली की आँखों-सा टिमटिमा रहा था। कुछ किताबें एक ओर पड़ी हुई थीं। कुछ पत्र पड़े हुए थे। उन्होंने ध्यान से अपने कमरे का निरीक्षण किया। एक-एक चीज़ को देखा और फिर कुछ देर बाद आँखें बंद किए अपने संकल्प को दोहराने लगे मन ही मन -मैं पददलितों की सेवा और हित में मरूँ, जिनके बीच मेरा जन्म हुआ है, पालन-पोषण हुआ है और रह रहा हूँ। मैं इस कार्य से एक इंच भी टस से मस। नहीं होऊँगा और न निंदकों की उग्र आलोचना से तनिक भी चिंतित होऊँगा। " [70]

कैसा पावन व्रत लिया था? अब तो सब दुखी मेरे अपने हैं, मैं उनका हूँ, उनके लिए हूँ। अब जाति नहीं, धर्म नहीं, रंग नहीं-बस एक अकेली पहचान है पददलित के मन की सेवा, उनको अथाह समंदर-सा प्यार और नानाविध इंद्रधनुषीय मंगल आशीर्वाद! जय बुद्ध बुद्धम् शरणम् गच्छामि प्रणाम् शत-शत बार नमन!

बंद आँखें एक बार खुलीं, फिर बंद हुईं और प्रकाश महाप्रकाश में मिल गया, पवन, पवन के संग गा उठा, आकाश ने बाँहों में भर लिया, धरा ने चुंबन किया और अत्यंत सहज धारा पर एक बुद्ध और चल दिया, निसर्ग को अपलक निहारता और जीवन-मरण के द्वंद्व को अंतिम प्रणाम करता हुआ।

❑

---

70. डॉ.अम्बेडकर : लाइफ एंड मिशन : धनंजय कीर, पृ. 502

भारतीय समाज और अम्बेडकर

बीसवीं शताब्दी के सुप्रसिद्ध समाज-सुधारकों एवं दार्शनिकों में डॉ.अम्बेडकर का नाम इसलिए अविस्मरणीय रहेगा, क्योंकि उन्होंने सामाजिक व्यवस्था को लोकतांत्रिक आधार पर पुनर्गठित किया था। उन्होंने भारतीय समाज (विशेषतया हिंदू समाज) की समस्याओं का गहराई से अध्ययन किया था और उसके उन्नयन के लिए रास्ते ईजाद किए थे। उन्होंने भारतीय समाज को कुरीतियों तथा रूढ़ परंपराओं और अंध मान्यताओं से बेतरह जकड़ा पाया था। हिंदू समाज धर्म के नाम पर जघन्य अपराधों से घिरा हुआ है, ऐसा वे मानते थे।

अपने जीवन के अंतिम दशक में उन्होंने तत्संदर्भ में जो निर्णय लिए हैं, वे निर्णय न केवल हिंदू समाज के लिए एक चुनौती हैं, अपितु जहाँ कहीं भी अमानवीय व्यवस्था मानवीय व्यवस्था के नाम पर कार्य कर रही है, उसके लिए भी वह चुनौती हैं। उन्होंने लंबे संघर्ष और विचार के बाद यह तय किया कि धर्म समाज के उत्थान का जहाँ मूल है, वहा अधर्म समाज के पतन का अकेला ऐसा कारण है जो उसकी जड़ों को खोखला कर देता है। बिना धर्म के समाज और मनुष्य की गति नहीं है। उनके बौद्ध धर्म स्वीकार कर लेने के पीछे यही सामाजिक संचेतना कार्य कर रही थी।

डॉ.अम्बेडकर ने सामाजिक जीवन को यथार्थवादी तथा मानवीय दृष्टिकोण से समझने का प्रयास किया था। यद्यपि 'सर्वोदय' का विचार सामाजिक जीवन को उदात्तोन्मुख करने का है तथापि उसकी गति और नीति से उन्हें आपत्ति थी। 'सर्वोदय' का कार्यक्षेत्र उन्हें सवर्ण जाति के हितों की रक्षा का भी उतना ही संपोषण करता है, जितना पूँजीवादी अर्थ-व्यवस्थामूलक समाज का। उससे दलित तथा उपेक्षित वर्ग में क्रांतिकारी परिवर्तन तेज़ी से आने की संभावना में भी उन्हें संदेह था। चूँकि उनकी प्रगतिशील समाज की संकल्पना दृढनिश्चयी थी। उनकी यह संकल्पना सामाजिक, नैतिक तथा राजनीतिक आधार पर थी। यद्यपि वे आत्मा तथा ईश्वर (और तदनुरूप अन्य आध्यात्मिक शक्तियों) के प्रति अविश्वास प्रकट कर चुके थे तथापि वे धर्माधृत जीवन-शक्तियों को मानव विकास का केंद्र मानते थे। उनकी पुनर्जन्म में आस्था नहीं थी। वह नहीं मानते थे कि स्वर्ग और नरक का भी

कहीं अस्तित्व है। यही कारण है कि उन्होंने इन तत्त्वों पर आधृत हिंदू समाज की संरचना का विरोध किया।

डॉ.अम्बेडकर ऐसे सामाजिक विचारक थे, जो विश्व के तज्जनित समाज के संदर्भ में भारतीय हिंदू समाज की स्थिति को समुन्नत देखना चाहते थे। गहराई से अध्ययन करने पर यह बात स्पष्ट हो जाती है कि उनका सामाजिक चिंतन मानवतावादी मूल्यों को समाज में संस्थापित करने की दिशा में था। वह इस नज़रिए से राजनीति पक्ष को उतना तरज़ीह नहीं देते थे जितना समाज और अर्थ को। वे मानते थे कि उनका सामाजिक चिंतन स्वतंत्रता, समानता और भ्रातृत्व पर पूर्णतया आधृत है। उन्होंने इस बात से साफ़ इनकार किया था कि उनके आधारभूत ये तत्त्व उन्हें फ्रांस की राज्य-क्रांति से मिले थे। कारण कि वे मानते थे कि उनके चिंतन का आधार राजनीति न होकर धर्म है।[71] वह ऐसा मानते थे कि सामाजिक विकृति का कारण धर्म के नाम पर की गई ब्राह्मणों की साज़िश है। अपने मत की पुष्टि में वह कहते थे कि सामान्य हिंदू रिक्शा चालक यदि ब्राह्मण है तो वह अब्राह्मण वाइस चांसलर से भी अधिक सम्माननीय है। उस रिक्शा चालक से हर एक कहेगा-'पाँय लागे पंडितजी।' यह न मानने का कोई कारण नहीं है कि ब्राह्मण धर्म के चक्रव्यूह ने हिंदू समाज को जर्जरित किया है। उसने जाति तथा उपजातियों को जन्माबद्ध करके उनमें परस्पर असमानताएँ पैदा की हैं। एक-दूसरे में नफ़रत के बीज बोए हैं। सोचने का विषय यह है कि लुहार सुनार के बीच क्या अंतर है? यही न कि एक लोहे का काम करता है और दूसरा सोने का। उनके औज़ार व धातु में ही तो अंतर है। परंतु काम तो एक ही है। यही नहीं, अछूत जातियों में भी परस्पर भेदाभेद है। अभेद तो यह है कि वे अछूत समझे जाते हैं। परंतु भेद यह है कि अछूत समझा जाने वाला चमार दूसरे अछूत समझे जाने वाले भंगी से नफ़रत करता है। गोकि एक अछूत दूसरे अछूत के लिए निम्न है। प्रश्न यह है कि उच्च तथा हीन का भेदभाव किसने पैदा किया? इस प्रश्न के उत्तर की गहराई में जाने के बाद एक निष्कर्ष यही सामने आता है कि इस भेदभाव की खाई को खोदने वाला ब्राह्मण वर्ग था। ब्राह्मणवाद का आधारभूत सिद्धांत ही शोषणवाद के लिए नैतिक आधार आरोपित करना था। वर्ण-व्यवस्था को जन्मीय आधार देकर उन्होंने शोषित के लिए उद्धार हेतु हमेशा-हमेशा के लिए रास्ते बंद कर दिए। इस तरह वर्गभेदमूलक इस समाज की संरचना से कुछ को छोड़कर शेष के प्रति उपेक्षा का भाव दृढ़तर कर दिया गया। ब्राह्मण वर्ग ने शासक पक्ष तथा कुछ अन्य जातियों

---

71. See: "Positively, my social philosophy may be said to be enshrined in three words—Liberty, Equality and Fraternity. Let no one, however, say that I have borrowed my philosophy from the French Revolution. I have not my philosophy has roots in Religion and not in Political science."

-by B.R. Ambedkar.

को लेकर जिस वर्ग-व्यवस्था को संस्थापित किया था, उससे समाज के एक-बटा-पाँच भाग का शोषणाधिकार स्वतः उनको मिल गया। उसे ईश्वर की संसृष्टि बतलाकर परिवर्तन की गुंजाइश पर भी ताला जड़ दिया। तदनंतर ऐसी धार्मिक व्यवस्था को जन्म दिया गया, जिससे सवर्ण के हितों को सुरक्षा की गारंटी मिल गई। उसका फल यह हुआ कि हिंदू समाज की संचेतना को लकवा मार गया और वह दिनोंदिन अवसानोन्मुखी होने लगे।

विचारणीय पक्ष यह है कि जिस वर्ग विशेष को शोषित होने के लिए अंध-कुएँ में ढकेल दिया गया था, शनैः शनैः उससे मानव होने के सभी अधिकार छीन लिए गए। उसे पूर्वजन्म के बुरे कर्मों का फल सिद्ध करते हुए यह व्यवस्था की गई कि वह इस जन्म को सज़ा के रूप में व्यतीत करे। जीने के अधिकार छिन जाने के कारण कालांतर में यह वर्ग यह भी भूल गया कि वह पशु नहीं, मनुष्य है। इस प्रकार वह अन्याय तथा अत्याचार सहने का आदी हो गया।

डॉ.अम्बेडकर ने हिंदू समाज की इस अंतर्व्यवस्था का गहराई से अध्ययन कर यह निष्कर्ष निकाला था कि जातीय आधार पर गठित हिंदू समाज के मूल में भाव यह है कि सवर्ण जाति अपने ही धर्म में एक वर्ग को अछूत करार देकर उसका शोषण करती रहे। उस अछूत समझी जाने वाली जाति में कभी विद्रोह के बीज नहीं पड़ सकें, इसके लिए अछूतों को भी आपस में बाँट दिया। इंसान इंसान के बीच नफ़रत की इस फ़ौलादी दीवार को खड़ा करके सवर्ण वर्ग निश्चित हो गया कि अब उसके हितों को आँच नहीं आ सकती। अछूत समझी जाने वाली जातियाँ भी कभी एक नहीं हो सकतीं। वे परस्पर घृणा तथा अविश्वास के कारण आपस में मिल नहीं सकतीं। अज्ञान, भय, पक्षपात आदि से घिरा हिंदू समाज मानवीय विशेषताओं से रिक्त होने लगा। अछूत वर्ग से हर प्रकार के जीवन सुलभ अधिकार छिन जाने से वह अज्ञानांधकार की दलदल में धँसता चला गया। स्वकेंद्रित व एक वर्ग-विशेष के हितों को मज़बूत करने वाली इस व्यवस्था ने अपने ही भाइयों के साथ ऐसा क्रूरतम तथा घृणित व्यवहार किया कि जिसकी मिसाल मात्र से मानव-जाति थरथर काँप उठती है। तदनुरूप ही साहित्य (धार्मिक) सृजन किया गया। उसका परिणाम यह हुआ कि सवर्ण जाति में भी ब्राह्मण जाति का दबदबा बढ़ता चला गया और वह जाति विशेष सामाजिक मान्यता पा गई। उनका यही निष्कर्ष रहा कि इसी से भारतीय समाज में दरार पड़ी और वह निरंतर कमज़ोर होता गया। उसको जब तक समानता की स्थिति में नहीं लाया जाता है, तब तक उसमें जीवन के विकास की पूर्ण सुविधाएँ संभव नहीं हैं और न एक बेहतर समाज की संकल्पना कभी साकार हो सकती है।

❐

अम्बेडकर की दृष्टि में भारतीय नारी का उत्थान और पतन

डॉ.अम्बेडकर भारतीय समाज के प्रमुख चेता थे। उन्होंने भारतीय समाज की असंगतियों तथा असमानताओं का सविस्तार संविश्लेषणात्मक विवेचन किया था। अछूत समस्या के साथ मज़दूर और नारी जाति की स्थिति पर भी गहराई से विचार किया है। उन्होंने 'द राइज़ एंड फाल ऑफ़ द हिंदू वूमैन' नाम से एक लेख कलकत्ता से प्रकाशित होने वाली 'महाबोधि' पत्रिका में छपवाया था। बाद में वह लेख संपादक की आज्ञा मिलने पर उन्होंने लघु पुस्तिका के रूप में प्रकाशित करवाया था। महात्मा बुद्ध की शिक्षाओं के कारण भारतीय समाज में नारी की स्थिति निरंतर गिरती गई, इस प्रकार का आरोप उन पर लगाया गया था। वस्तुस्थिति यह थी कि इससे पूर्व भी महात्मा बुद्ध पर इस प्रकार के आरोप लगाए जाते रहे थे। डॉ.अम्बेडकर का ध्यान भी इधर गया था और उन्होंने एक तटस्थ व्यक्ति की हैसियत से महात्मा बुद्ध पर लगाए गए आरोप का सूक्ष्म अध्ययन-मनन किया था।

आख़िर यह प्रश्न इस तरह से क्यों उठा? डॉ.अम्बेडकर ने पाया कि महात्मा बुद्ध से आनंद के प्रश्न करने पर जो उत्तर आया था, उसी को लेकर महात्मा बुद्ध पर आरोप लगाया गया था। आनंद ने प्रश्न किया था-" हाऊ आर बी टु कंडेक्ट युअर सेल्फ़/विद रिगार्ड टु वूमैन काइंड? एज़ नॉट सीइंग दैम आनंद/ बट इफ़ वी शुड सी दैम/ह्वाट आर वी टुडू? बट इफ़ दे शुड स्पीक टु अस / लॉर्ड ह्वाट आर वी टु डू? कीप वाइड अवेक, आनंद /[72] प्रश्न यह उठता है कि क्या यह प्रसंग प्रमाणित है? डॉ.अम्बेडकर को इसमें संदिग्धता का आभास हुआ, क्योंकि उनकी शिक्षाओं के अध्ययन से यह तथ्य समीचीन प्रतीत होता नज़र नहीं आता है। उनका ख़याल है कि आनंद महात्मा बुद्ध के साथ रह रहा था और उनके जीवन तथा विचारों से भली प्रकार से अवगत था। फिर वह इस प्रकार का प्रश्न उनसे क्यों करता? और न बुद्ध ही वैसा उत्तर दे सकते थे।[73] आनंद के लिए औरतों से मिलना सहज था। वह संघ की जो सदस्याएँ नहीं थीं, उनसे भी मिल सकता था। उनसे बात कर सकता था। उसके

72. The Rise and Fall of Hindu Woman : Dr. Ambedkar, p. 3-4

73. Ibid, p. 6

ऐसा करने पर कोई आपत्ति उठने का प्रश्न ही पैदा नहीं होता था। फलतः तथाकथित प्रकरण डॉ.अम्बेडकर की दृष्टि में मिथ्या था।

डॉ.अम्बेडकर आम्रपाली के प्रसंग को प्रस्तुत करते हुए यह तर्क देते हैं कि वैशाली की नगर-वधू के नाम से प्रसिद्ध, सुंदरी आम्रपाली को क्यों उन्होंने दीक्षा दी? उसकी दावत क्यों क़बूल की? यह कहना समीचीन होगा कि महात्मा बुद्ध को स्त्री जाति से न तो परहेज़ था और न उन्होंने कभी उपेक्षा ही की थी। स्त्रियाँ भी महात्मा बुद्ध से भयभीत नहीं थीं। स्त्री के भी अनेक रूप हैं-बहन का रूप, माता का रूप, पत्नी का रूप, प्रेयसी का रूप आदि-अतः वे स्त्री-जाति से क्योंकर उदासीन हो सकते थे?

महात्मा बुद्ध की दृष्टि में, डॉ.अम्बेडकर की मानना है कि स्त्री उनकी शिक्षाओं को ग्रहण करने व समझने में पूर्णतया सक्षम है। वह अनुशासनप्रिय भी है। फिर उसका अनादर क्यों? महात्मा बुद्ध तो तनिक भी स्त्री को पुरुष से कम नहीं मानते थे-न बुद्धि में और न चरित्र से। स्त्री प्रवज्या धारण कर सकती थी माना कि भिक्षु तथा भिक्षुणी संघ अलग-अलग थे। प्रश्न उठता है कि क्या ये दोनों संघ अपना-अपना संपृक्त अस्तित्व रखते थे अथवा आंतरिक रूप से परस्पर संबद्ध थे। डॉ.अम्बेडकर ने माना है कि स्त्रियों के लिए अलग संघ था। " कैन एनी बडी देअरफोर से दैट क्रिश्चियनिटी ट्रीट्स वूमैन एज़ इनफ़ीरिअर टु मैन?"[74] क्योंकि डॉ.अम्बेडकर कहते हैं कि 'नन्स' पादरी के अधीन (सबॉरडीनेट) रहती हैं।"[75] फिर महात्मा बुद्ध के संघ की संपृक्त व्यवस्था क्योंकर स्त्री के लिए हीनतापूर्ण हो सकती है?

इसके अलावा उन्होंने प्राचीन भारत की उस परंपरा की याद दिलाई, जिसके अनुसार लड़की का जन्म अशुभ माना जाता था। परंतु महात्मा बुद्ध की मान्यता इसके बिलकुल विपरीत थी। वह इसीलिए महान् है कि दुनिया के शासक की भी वही जन्मदात्री है। बुद्ध ने तो स्त्री को संन्यास अथवा प्रवज्या का अधिकार प्रदान किया था, जबकि ब्राह्मण इसका विरोध कर रहे थे। डॉ.अम्बेडकर ने मनु की बात को प्रस्तुत करते हुए यह सिद्ध करने में सफलता प्राप्त की थी कि हिंदू धर्म में स्त्री-जाति के साथ भेदभावपूर्ण व्यवहार किया जाता है। मनु की वाणी है-

"वूमैन हैव नो राइट टु स्टडी द वेदाज़, दैट इज़ ह्वाई देअर संस्कार्स आर परफोरम्ड विदआउट वेद मंत्राज़, वूमैन हैव नो नॉलिज ऑफ रिलीज़न बिकॉज़ दे हेव नो राइट टु नो द वेदाज़, द अटरिंग ऑफ़ द वेद मंत्राज़ इज़ यूज़फुल फॉर रिविंगसिन, एज़ वूमैन कैननॉट अटर द वेद मंत्राज़ दे आर एज़ अनटुथ इज़।"

भारतीय नारी के साथ तो हिंदू धर्म ने अन्याय किया है। बिना किसी वजह के हिंदू स्त्री

---

74. The Rise and Fall of Hindu Woman : Dr. Ambedkar, p. 13

75. See : Article 'Nuns' in the Catholic Encyclopaedia, Vol. 11, p. 164

ज्ञान-प्राप्ति से वंचित रह जाती है। ज्ञान-प्राप्ति का तो प्रत्येक व्यक्ति को जन्मसिद्ध अधिकार है। वस्तुतः यह व्यवहार उसके प्रति अत्यंत क्रूर है, जिसकी कोई समानता नहीं है।[76] जबकि महात्मा बुद्ध ने स्त्री को ज्ञानोपलब्धि का पूरा-पूरा अवसर प्रदान किया है। वह गाती थी कि 'ओ फ्री इनडीड! ओ ग्लोरियस फ्री आई एम।"[77] वह आध्यात्मिक क्षेत्र में पुरुष के समान ही स्वतंत्र थी। फिर वह स्त्री चाहे शादीशुदा हो या विधवा हो अथवा अविवाहित हो, वह दूरदृष्टि से पुरुष के समान उत्तरदायित्वपूर्ण पद की अधिकारिणी थी और साधना के क्षेत्र में वह योग्यता तथा क्षमता के अनुसार ही सम्मान पाती थी। इसमें संदेह नहीं है कि एक समय ऐसा भी इससे पूर्व रहा है जबकि वह मंत्रोच्चार करती थी, ब्रह्मचर्य व्रत लेती थी। वह गुरुकुल (कॉलेज) में पढ़ती थी। पतंजलि ने अपने महाभाष्य में इस ओर स्पष्ट संकेत दिया है कि स्त्रियाँ अध्यापिका होती थीं और छात्राओं को वेद पढ़ाया करती थीं। शंकराचार्य के समय तक उनकी स्थिति अत्यंत सम्माननीय थी।

डॉ.अम्बेडकर का यह निष्कर्ष है कि 'मनुस्मृति' नारी की स्वतंत्रता, समानता और सम्मान की गिरावट का कारण है। इसकी पुष्टि के लिए उन्होंने 'मनुस्मृति' से उद्धरण देते हुए कहा कि मनु ने नारी को पुरुषाश्रित बनाया है और यह आवश्यक बतलाया है कि वह पुरुष के संरक्षण में रहे। बचपन में वह पिता की देख-रेख में पले और बड़ी हो, जवानी में वह पति की सुरक्षा में रहे और बुढ़ापे में वह अपने पुत्रों पर निर्भर हो। परिणामतया वह जन्म से मृत्यु तक पुरुषाधीन रहे। यहाँ तक कि वह चाहे बालिका हो या युवती अथवा अधेड़ औरत हो, परंतु वह अपने घर में स्वतंत्रतापूर्वक कुछ नहीं कर सकती है। उसे तलाक़ लेने का भी अधिकार नहीं है। एक बार वह जिसकी पत्नी हो गई, फिर उसे हमेशा उसके अधीन ही रहना होगा। डॉ.अम्बेडकर की मानना यह रही है कि मनु ने पुरुष को पूर्ण स्वतंत्र और अधिकारों से युक्त किया है। जबकि स्त्री को पराधीन और अधिकारों से वंचित बना दिया है। उनके मन में यहीं से यह विचार उठा था कि नारी को बिना सम्माननीय और स्वतंत्र स्थान दिए भारतीय समाज उठ नहीं सकता क्योंकि मनु के नियम (लॉज़) सत्य से दूर हैं।

उन्हें इस बात से दुःखद आश्चर्य हुआ कि मनु पत्नी को बेचने की भी आज्ञा देता है। वह मनु के कथन को प्रस्तुत करते हैं, जिसमें मनु ने कहा है कि "नाइदर बाई सेल नोर बाई रेवूडिएशन इज द वाइफ रिलीज़ फ्रॉम हर हसबैंड।"डॉ.अम्बेडकर कहते हैं कि इसका मतलब हुआ कि पति अपनी पत्नी को बेच भी सकता है। मनु यहाँ न्याय और अन्याय के लिए तनिक भी चिंतित नहीं हैं। उन्होंने हिंदू क़ानून का निर्माण करते हुए इस बात पर ज़रा-सा भी ध्यान नहीं दिया। इसके साथ मनु स्त्री (पत्नी) को संपत्ति के अधिकार से भी वंचित करता है। पति अपनी पत्नी को मार सकता है, यह भी इजाज़त मनु देता है। वह पत्नी को उन

76. The Rise and Fall of Hindus Woman : Dr. Ambedkar, p. 17

77. Psalms of the Sister, p. 11

सुविधाओं से वंचित करता है जो उसे वेदों द्वारा प्रदत्त हुई थीं। अगर कोई स्त्री वैसा करती है तो उसकी दृष्टि में वह स्त्री नरक में जाएगी।

इस लेख में डॉ.अम्बेडकर ने यह भी निश्चय किया है कि मनु की कोशिश यह रही है कि वह भारतीय समाज को नियमों में बाँधकर ब्राह्मणों को समाज में सर्वोच्च स्थान दिला दे। उसकी दृष्टि में स्त्री के लिए कोई स्थान नहीं है। यह आश्चर्यजनक निष्कर्ष ही है कि भारतीय स्त्रियों के पतन का कारण मूलतः मनु है। उसने सामाजिक सिद्धांतों को नियमाबद्ध किया है। ऐसा करते हुए उसने न्याय और अन्याय के बारे में कतई नहीं सोचा। यही कारण है, जिसने भारतीय समाज में नारी की गरिमा को गिराया और शूद्रों के प्रति अन्याय तथा दमन के चक्रव्यूह की रचना की[78] वह शीर्ष पर स्थान बनाए हुए है। मनु के कारण भारत में ब्राह्मणवाद का जन्म हुआ। वह बौद्ध धर्म के एकदम ख़िलाफ़ था। डॉ.अम्बेडकर का यह निष्कर्ष है कि "भारतीय नारी के पतन के लिए मनु पूरी तरह से ज़िम्मेवार है, महात्मा बुद्ध नहीं।" [79]

डॉ.अम्बेडकर "भारतीय समाज में नारी को पुनः प्रतिष्ठित करने हेतु ही हिंदू कोड बिल प्रस्तुत किया था। उन्होंने बृहस्पतिवार, 27 सितंबर को इसी कारण (अन्य कारण भी थे) मंत्री पद से इस्तीफ़ा दे दिया था।"[80] 11 अप्रैल, 1947 को यह बिल पेश किया गया था। उस पर ठीक से चर्चा नहीं हो पाई। तत्कालीन प्रधानमंत्री पं. जवाहरलाल नेहरू ने डॉ.अम्बेडकर को सलाह दी कि इस बिल के एक भाग को पेश किया जाए, ताकि इसका वह भाग क़ानून की शक्ल ले ले। पं. नेहरू ने उस बिल में से 'मैरिज एंड डायवर्स' वाला भाग प्रस्तुत करना उपयुक्त समझा। डॉ.अम्बेडकर ने उसी से उस समय संतोष कर लेना उपयुक्त समझा। परंतु इसी बीच पं. नेहरू ने उनसे यह प्रस्ताव किया कि इस वक्त वे इस बिल के बारे में ज़िद न करें और उसका 'मैरिज तथा तलाक़ वाला' भाग भी फ़िलहाल रहने दें। यह व्यवहार उनको पसंद नहीं आया और उन्होंने मंत्री पद से इस्तीफ़ा दे दिया।

यह बात सहज गले नहीं उतरती है कि पं. नेहरू की ऐसी दोहरी नीति क्यों रही? उन्होंने आश्वासन देकर उससे क्यों मुकर जाना चाहा? डॉ.अम्बेडकर न केवल अछूत, श्रमिक आदि शोषितों के नेता थे, अपितु उन्हें जहाँ भी अन्याय तथा अत्याचार नज़र आया, वहाँ उन्होंने खुलकर उसका विरोध किया और समाज के उस अंग को स्वस्थ बनाने के लिए वे जो भी कर सकते थे, उन्होंने किया। क़ानून मंत्री की हैसियत से उन्होंने भारतीय समाज में नारी की दयनीय तथा उपेक्षित स्थिति को सुधारने और उसे समाज का स्वस्थ तथा

---

78. The Rise and Fall of Hindus Woman : Dr. Ambedkar, p. 26

79. Ibid, p. 28

80. Thus Spoke, Ambedkar, p. 108

शक्तिशाली अंग बनाने हेतु क़ानून बनाने की सोची। 'हिंदू कोड बिल' उसी का परिणाम था, जिसके लिए उन्हें अथक परिश्रम करना पड़ा। आगे चलकर, जब वे मंत्री नहीं रहे, उस बिल की अनेक धाराओं को स्वीकार किया गया। यह कैसी अनोखी बात है कि वे सामाजिक जीवन के जिस उपेक्षित पक्ष को छूते थे और जिसके लिए कुछ करना चाहते थे, उसी का विरोध किया जाता था। लगता है कि विरोध उनका था, सिद्धांतों का नहीं। आज क़ानून की दृष्टि से नारी को जो सुविधाएँ मिली हैं, उनके पीछे डॉ.अम्बेडकर का गहन चिंतन और मनन कार्य कर रहा है।

निष्कर्षतः यह मानना ही होगा कि मनु के सिद्धांतों में बँधा हुआ भारतीय समाज ही नारी के पतन का कारण रहा है। डॉ.अम्बेडकर नारी को सम्माननीय स्थान दिलाने के लिए संघर्षरत रहे हैं। उनका समग्र चिंतन भारतीय समाज को जर्जरावस्था से निकालकर स्वस्थ समाज के रूप में ढालने का रहा है। उनके प्रयत्नों की लंबी तथा दुर्द्धर्ष संघर्षपूर्ण गाथा से इस तथ्य की पुष्टि होती है कि वे उपेक्षितों के मसीहा थे और नारी की गरिमा को पुनः संस्थापित करना चाहते थे। इस दिशा में किए गए उनके प्रयत्नों का ही यह परिणाम है कि नारी को अनेक क्षेत्रों में पुरुष के बराबर हक़ मिल सका-गर्भावस्था में तीन माह का विशेष अवकाश उसे मिल सका आदि। यथार्थतः वे निचले तथा प्रपीड़ित तबके के उद्धारक थे। फिर नारी की स्थिति के लिए वह क्यों नहीं करते? उन्होंने उसको पुरुष समाज में स्थान दिलाने के लिए जी-तोड़ प्रयास किया।

❐

अम्बेडकर और उनका सामाजिक अनुचिंतन

डॉ.अम्बेडकर ने हिंदू समाज के अभिशाप को अपने जीवन में जिया था। वे उन महान् आत्माओं में से एक थे, जो परंपरावादी व रूढ़ांध हिंदुओं के लिए एक चुनौती बनकर उभरे थे। उन्होंने स्वयं उस विष को पीकर जघन्य उपेक्षाओं को सहा था, जिसकी अपेक्षा मानव से कभी नहीं की जा सकती है। फलतः उनका सामाजिक अनुचिंतन किताबीय की अपेक्षा व्यावहारिकता से अधिक प्रभावित हुआ। इस दृष्टि से उनके अनुचिंतन की यह विशेषता रही कि उन्होंने उन परिस्थितियों की अंतर्पीड़ा को भोगते हुए न केवल उसके कारणों की खोज की अपितु उसका व्यावहारिक तथा यथार्थ समाधान भी तलाश किया और तदनुरूप सामाजिक व्यवस्था में आमूलचूल परिवर्तन के लिए ज़ोरदार संघर्ष शुरू किया। यह न मानने का कोई ठोस कारण नहीं है कि उनको अछूत वर्ग से होने के कारण सवर्ण हिंदू जनता ने स्वीकारात्मक ढंग से कभी नहीं लिया। सदैव उनकी विद्वत्तता, प्रगल्भ बौद्धिकता, गहन अनुचिंतनात्मकता, समाधानात्मक स्वस्थ अंतर्दृष्टि और मानवीय व्यवहार की सशक्त पकड़ को नकारा गया। यहाँ तक कि पं. जवाहरलाल ने हिंदू कोड बिल के लिए आश्वासन देने के उपरांत भी अपने वादे से मुकर जाने में कोई आपत्ति नहीं समझी। कानून मंत्री पद से उनके त्यागपत्र के पीछे एक सशक्त कारण यह भी था। ऐसे अनेक प्रश्न हैं, जिनको हिंदू जाति के सवर्ण नेताओं ने अंगीकृत कर, समय आने पर उससे इनकार जाने में तनिक-सा भी विचार नहीं किया।

मेरा यह कहना कदाचित् आपत्तिजनक प्रतीत हो कि हिंदू जाति के सवर्ण नेता उस समय तक राष्ट्रीय स्तर की मान्यता प्राप्त करके अपने आपको समूचे देश का अनुचिंतक और मसीहा मानने लगे थे। परंतु यदि डॉ.अम्बेडकर और उनके सदस्यों को लेकर निष्पक्ष विचार किया जाए तो यह तथ्य सामने आएगा कि वह वर्ग आभिजात्य नज़रिए से तमाम समाधानात्मक प्रश्नों पर सोचता था और निर्णय लेता था। उस संघर्षात्मक वातावरण में एक होड़ यह भी लगी हुई प्रतीत हो रही थी कि कहीं शोषितों को मुक्ति दिलाने का श्रेय अछूत वर्ग के इस नेता को न मिल जाए।

डॉ.अम्बेडकर शोषितों की राजनीति करने वालों की कलई खोल रहे थे और उनसे नज़रिया बदलने की बराबर माँग कर रहे थे। डॉ.अम्बेडकर को दलित वर्ग के कारण जिस मान-अपमान को अंत तक झेलना और बर्दाश्त करना पड़ा था, वही आत्म-व्यथा उनके सामाजिक अनुचिंतन की पृष्ठभूमि बनी है। प्रारंभ से जिसे शोषित जीवन जीने के लिए बाध्य होना पड़ा हो, वह व्यक्ति सहज ही माक्सय पद्धति में अपनी आत्म-पीड़ा की औषध तलाश सकता है। उस समय माक्सय अनुचिंतन का सम्मोहन तेज़ी से चारों ओर फैलता जा रहा था। उस प्रभाव से डॉ.अम्बेडकर भी नहीं बच सके, परंतु उस पद्धति का गहराई से चिंतन करने के बाद उन्हें नहीं लगा कि अकेला वह रास्ता शोषण-मुक्ति के लिए अख़्तियार किया जा सकता है।

दरअसल डॉ.अम्बेडकर एक सामाजिक अनुचिंतक थे। उन्होंने शोषण के पीछे आर्थिक व राजनीतिक कारणों को विशेष तरजीह न देकर निरंतर इस बात पर ज़ोर दिया कि हमारा सामाजिक संगठन ही एकमात्र उसके लिए उत्तरदायी है। भारतीय हिंदू समाज रूढ़ग्रस्त तथा भेदभावपूर्ण ज़मीन पर खड़ा है। उसकी शक्ति का अकेला स्रोत हिंदू धर्म है।

डॉ.अम्बेडकर को हिंदू धर्म विरासत में मिला था। उनका परिवार धार्मिक परिवेशावृत्त था। उन पर अपने परिवार का गहरा प्रभाव पड़ा था। परंतु हिंदू धर्मावलंबी होने के बावजूद भी उन्हें जो यातनाएँ सहनी पड़ी थीं, उनसे उनके मन में हिंदू धर्म को लेकर अनेक संदिग्धताएँ एवं भ्रम पैदा होने लगे थे। हिंदू धर्म में असमान व्यवहार और जन्माधृत जातिवाद उनके मन को सालने लगा था। हिंदू धर्मावलंबी होकर भी हिंदू धर्म में उनके साथ गैर धर्म के लोगों से भी बदतर व्यवहार क्यों हैं, यह बात वे समझने का निरंतर प्रयत्न कर रहे थे, परंतु ठीक से किसी ठोस निष्कर्ष पर नहीं पहुँच पा रहे थे, विश्व का प्रतिनिधित्व करने वाला और 'वसुधैव कुटुंबकम्' का पाठ संसार को पढ़ाने वाला हिंदू धर्म अपने आपमें कितना टूटा हुआ और कितना भेदभावपूर्ण है, इसकी वह जब कल्पना करने लगते थे तब वह काँप उठते थे।

धर्मांधता से जकड़े हुए हिंदू समाज को अपने ही धर्म वालों पर अन्याय और अत्याचार करता हुआ देखकर उनके मन में उसके प्रति आक्रोश पैदा हुआ और वे सोचने लगे कि धर्म तो मानव-मानव को जोड़ने वाला होता है, परंतु यह धर्म तो आदमी-आदमी के बीच भेदभाव फैला रहा है और अपने ही कुछ लोगों पर, जो संख्या में उस धर्म का पाँचवाँ हिस्सा हैं, शासक बना राज कर रहा है!

धर्म के आधार पर खड़ा हिंदू समाज व्यवहार में कितना अ-धार्मिक हो चुका है, यह बात उनके मन में तेज़ आँधी उठा रही थी। धर्म मानवता का शत्रु भी हो सकता है क्या? धर्म में भी क्या इतनी घृणा मनुष्य मनुष्य के प्रति हो सकती है कि वह अपने ही धर्म वालों की परछाईं भी नापसंद करता हो और उसके स्पर्श मात्र से वह अपवित्र हो जाता हो? इस

कारण उस धर्म के लोगों को, उस धर्म के पाँचवें इंसान को, चाहे वह प्यासा मर जाए, पानी तक नहीं पिला सकते थे, क्योंकि ऐसा करने से उन्हें धर्म रोकता है।

इंसान इंसान के बीच के इस फ़र्क को लेकर उनमें धर्म की तहों में उतरने की गहरी जिज्ञासा पैदा हो गई और वे धार्मिक ग्रंथों को पढ़ने लगे। उन धार्मिक ग्रंथों को, जिनका उस वर्ग के लोगों को देखना भी मुज़िर है, वे शोधार्थी की दृष्टि से उनमें डूबने लगे। उनको जल्दी ही मालूम पड़ गया कि व्यवहार में हिंदू धर्म जो है, वह हिंदू धर्म नहीं है, जिसने संसार को दिव्य दृष्टि प्रदान की थी। वह तो सवर्ण जाति, विशेषतया ब्राह्मण जाति, का चक्रव्यूह है और मानवता के प्रति घोरतम षड्यंत्र मात्र है। फिर क्या था, उनमें कबीर का अनुचिंतन उभर आया और उन्होंने व्यावहारिक या प्रचलित हिंदू धर्म को लेकर तीखे तथा सख़्त प्रश्न उछाल दिए।

पलक झपकते ही वे हिंदू धर्म के कट्टर विरोधी करार कर दिए गए। उनको यह समझने में देर नहीं लगी कि हिंदू धर्म पर सवर्ण का एकाधिकार है और वह वर्ग किसी भी सूरत में दलित वर्ग के प्रति विनम्र होने के लिए तैयार नहीं है। सवर्ण वर्ग की अंतश्चेतना में दलित वर्ग पूर्व कर्मों के दुष्प्रभाव का परिणाम है। फलतः उसे पूर्व कर्मों के परिणाम को भोगना ही होगा। उनका जात्याभिमान यह मानने के लिए तैयार ही नहीं था कि दलित वर्ग भी उन जैसा बनने की दिशा में आगे क़दम बढ़ा सकता है। वह सदैव अभिशाप भोगता रहे, हिंदू धर्म में ब्राह्मणवाद का यही दर्शन था।

डॉ.अम्बेडकर की यह भी मानना थी कि न केवल अछूत अपितु सवर्ण वर्ग में भी आध्यात्मिक भूख और नैतिक दिवालियापन के कारण असंतोष है। सामाजिक व्यवस्था में उनके लिए भी पूरे-पूरे अवसर नहीं हैं। परंतु वह देख रहे थे कि इस पर भी वे शांत हैं और उनमें अभिव्यक्ति के लिए ज्वार-भाटा नहीं है। तब वे अछूतों से क्या अपेक्षा कर सकते हैं?

धर्म को मनुष्य ने जन्म दिया है और वह मानव-जाति के लिए है। मनुष्य से पहले उसकी स्थिति नहीं थी। हमारा समाज धर्ममूलक है और धर्म अधर्ममूलक हो चुका है। फलतः हिंदू समाज की व्यवस्था लचर हो गई है और परस्परता में बँटे व कटे हुए होने के कारण उनमें सामूहिक हित चिंतन की प्रवृत्ति का लोप-सा हो गया है। इस दृष्टि से वे मानने लगे थे कि बौद्ध धर्म, जिसमें जाति नहीं है, ईश्वर नहीं है और अन्य कोई भेदभाव की गुंजाइश नहीं है, मानव जाति की आध्यात्मिक, सामाजिक, मनोवैज्ञानिक आवश्यकताओं को पूरा करने में पूर्णतया सक्षम है। उससे ऐसे समाज की संस्थिति सामने आएगी, जिसमें हिंसा नहीं होगी, भयाशंका नहीं होगी, मिथ्या अपेक्षाएँ एवं आशाएँ नहीं होंगी, असत्य आश्वासन नहीं होंगे और अंतर्विरोध नहीं होंगे।

डॉ.अम्बेडकर को यह नहीं लगता था कि हिंदू समाज में भेद स्थितियों की दीवार को

गिराकर पुनः नए सिरे से समाज का गठन हो सकता है, क्योंकि उसके संगठन में पेचीदगियाँ और भिन्नता की जड़ें इतने गहरे में पहुँच चुकी हैं कि उनसे उसे मुक्त करना असंभव नहीं तो बहुत कठिन अवश्य है। इस संदर्भ में वे साम्यवाद तथा समाजवाद पर भी विचार करते हैं। कहा जाता है कि साम्यवाद को गरीबी लाती है। लेकिन उन्हें लगता था कि साम्यवाद, जिसके पास धर्म की दृष्टि नहीं है, बिखरे हिंदू समाज को पुनर्गठित कर सकेगा। हिंदू समाज ही नहीं अपितु किसी भी समाज को उससे उस आश्वासन तथा संरक्षण की उम्मीद नहीं करनी चाहिए, जिसका तकाज़ा मानवता को है।

दरअसल बात यह थी कि डॉ.अम्बेडकर अवतारवाद जैसे मिथकों एवं अविश्वासों से मुक्त होने के लिए यह आवश्यक समझते थे कि नए समाज का आधार जहाँ सामाजिक समानता हो, धार्मिक असमानता की क़तई गुंजाइश नहीं रह जाए। इसके लिए जात्याधार और असमानता वाली हिंदू समाज की पद्धति को वे अमान्य करते हुए इस बात पर जोर देते थे कि स्वतंत्रता और समानता सामाजिक व्यवस्था का आधार हों। स्वतंत्रता को वे अमर्यादित रूप में स्वीकार नहीं करते थे। क्योंकि उन्हें इस बात की भी बराबर आशंका बनी रहती थी कि अमर्यादित स्वतंत्रता समानता को कुंठित कर सकती है। वस्तुतः वे इन दोनों को अन्योन्याश्रित मानते थे। इसके लिए वे क़ानून की बात भी उठाते थे। निश्चयात्मक रूप से उनकी मानना यह थी कि कानून स्वतंत्रता या समानता अथवा दोनों की गारंटी नहीं ले सकता है। अर्थात् उनकी दृष्टि में क़ानून द्वारा स्वतंत्रता और समानता की सुरक्षा में, जहाँ व्यवधान आए, मदद अवश्य हो सकती है परंतु उस स्वतंत्रता अथवा समानता या दोनों पर कभी आँच न आए, ऐसा संभव नहीं था। वह क़ानून की अपेक्षा भ्रातृत्व-भावना पर बहुत ज़ोर देते थे और मानते थे कि उसके द्वारा स्वतंत्रता व समानता की अवस्थिति समाज में बिना भय तथा शक्ति के बनी रह सकती है। उनकी यह स्पष्ट स्थापना थी कि क़ानून को धर्मनिरपेक्ष होने के कारण कोई तोड़ भी सकता है परंतु भ्रातृत्वता अथवा धर्म या भाईचारे की भावना पवित्र है, जिसके प्रति प्रत्येक के मन में इज़्ज़त होती है।[81] उसे कोई तोड़ने का प्रयास नहीं कर सकता है।

मानवतावादी विचारधारा समाज को सुसंबद्ध तथा परस्पराबद्ध करती है। नैतिक मूल्यों की जीवन और समाज में स्थापना ही सामाजिक संचेतना है। उसकी शक्ति है। कारण, किस प्रकार के सामाजिक संबंधों की मानव को आवश्यकता है, देखना है। लोकतांत्रिक समाज में पारस्परिक संबंधों में घनिष्ठता के साथ दृढ़ता होनी चाहिए। वह समाज जिसमें मनुष्य के सोचने का विषय मनुष्यता हो और जिसमें वह प्रगाढ़ता के लिए समुत्सुक हो, लोकतांत्रिक

81. See : " Law is secular which anyone may break, while Farternity or religion is sacred which everyone must respect."

-B.R. Ambedkar

समाज है। जिस समाज में मनुष्य को विचारों की अभिव्यक्ति करने की पूरी-पूरी स्वतंत्रता है और जिसमें वह अपने को शोषणमुक्त अनुभव करता है, वह समाज मानवीय व्यवस्था के अधिक नज़दीक है। मनुष्य मनुष्य के बीच पारस्परिक संबंध, जिसमें मधुर और प्रगाढ़ हों, वह समाज की अच्छी व्यवस्था का उदाहरण है।

डॉ.अम्बेडकर यह भी कहते हैं कि हरेक मनुष्य को एक जीवन-दर्शन भी बनाना चाहिए। जिसके द्वारा उसका मूल्यांकन हो सके। मूल्यांकन का स्तर हर मनुष्य को स्वयं ही तय करना चाहिए।"[82] उसमें नैतिक स्तर बरकरार रहना चाहिए। जिसके द्वारा स्वतंत्रता, समानता तथा भ्रातृत्वता का विकास होता है, वही नैतिकता है। व्यक्ति ही नहीं अपति राष्ट्र तथा समाज के लिए भी यह उसके मूल्यांकन का मापदंड हो सकता है।

सामाजिक संक्रांति के जनक और आधुनिक मनु के रूप में पहचाने जाने वाले डॉ.अम्बेडकर की यह भी दृढ़ मान्यता थी कि जाति-प्रथा अनैतिक ही नहीं असंगठन का भी कारण है। उसी से हिंदू समाज पतनोन्मुख हुआ है। ब्रुक के शब्दों में एक अच्छा समाज वास्तविक या सत्य धर्म पर आधृत होता है। वह आवश्यक मानते थे कि व्यक्ति को व्यक्ति विरोधी समाज के सामने घुटने नहीं टेक देने चाहिए। हर समाज में आत्मविश्लेषण की गुंजाइश रहनी चाहिए और उसमें नवीन मूल्यों तथा मान्यताओं के प्रति रुझान तथा उत्साह की कमी नज़र नहीं आनी चाहिए।

आज के संदर्भ में भी हम विचार करें तो पाएँगे कि हिंदू समाज एकसूत्रता में आबद्ध नहीं है। उसमें भी युवा वर्ग विद्रोह उठाए हुए है। उसमें आज भी वे बुराइयाँ, रूढ़ परंपराएँ, अंधविश्वास आदि बातें ज्यों की त्यों हैं, जिनके लिए डॉ.अम्बेडकर ने दुर्द्धर्ष छेड़ा था और अंत में इस दीवार को गिराने में सफलता प्राप्त न करने के कारण उन्होंने बौद्ध धर्म स्वीकार कर लिया था। तब उनके साथ मजबूरी नहीं थी, अपितु हिंदू समाज के दलित वर्ग को तत्काल राहत देने की बात थी। सोचने का विषय आज भी यह है कि निरंतर प्रयास करने के बावजूद भी हिंदू समाज अपने पुनरुद्धार के लिए सचेष्ट क्यों नहीं है? भेद-भित्ति जो देश की गुलामी का भी कारण बनी थी, देश के स्वतंत्र हो जाने के बाद भी क्यों बनी हुई है? यह सवाल अछूतों तक सीमित नहीं है अपितु तदंतर्गत सवर्ण हिंदू समाज भी क्षुब्ध और दुखी है। डॉ.अम्बेडकर ने बहुत पहले इस तरफ सबका ध्यानाकृष्ट किया था कि क़ानून बनाने मात्र से सामाजिक संगठन में परिव्याप्त असंगतियों का निराकरण नहीं हो सकता है। उसके लिए नैतिक मूल्यों का रोपण ज़रूरी है। नैतिकता व्यक्ति स्वेच्छा से स्वीकारता है। क़ानून उसे अपने पर थोपा हुआ लगता है। फलतः क़ानून तोड़ने की प्रवृत्ति उसमें तेज़ होती है। भयाधृत समाज की संरचना बालू पर मकान बनाने के समान है।

---

82. See: "Every man should have a philosophy of life for everyone must have a standard by which to mean sure."

-D.R. Ambedkar

डॉ.अम्बेडकर के विचारों में यह विचार तेज़ी से घर करने लगा था कि सामाजिक उन्नति के लिए राजनीतिक शक्ति का होना बहुत ज़रूरी है। उन्होंने 12 जून, '51 को बंबई में दिए गए भाषण में इस बात पर ज़ोर देते हुए कहा भी था कि राजनीतिक शक्ति समग्र सामाजिक समुन्नति की कुंजी है।[83] वह राजनीतिक दल की स्थापना कर चुके थे और चाहते थे कि उपेक्षित वर्ग को संगठित करके उनको सामाजिक, आर्थिक तथा राजनीतिक रूप से संपन्न बना सकें। यद्यपि उनके इस प्रयास के पीछे भी सामाजिक संरचना का वह विचार ही कार्य कर रहा था, जिसके द्वारा वे नए वर्गहीन समाज की स्थापना करना चाहते थे। समाज में ऐसा विचार स्थान ले, जिससे मनुष्य-मनुष्य के बीच मैत्री प्रगाढ़ हो सके और वह परस्पर उत्तरदायित्व के प्रति सावधान रहे।

यह मानने का भी अपना तर्क हो सकता है कि डॉ.अम्बेडकर अनवरत संघर्ष के कारण इस निष्कर्ष पर भी पहुँचे थे कि बिना धर्म परिवर्तित किए उपेक्षित एवं दलित वर्ग का निस्तार संभव नहीं है। ऐसी संघर्षपूर्ण स्थिति में, जिसमें उनको अपने आपसे बेतरह से जूझना पड़ा था, हो सकता है कि उनमें हिंदू समाज के प्रति विद्रूप तेज़ हो गए हों।

समाज के मूल में सहास्तित्व की भावना है। हम परस्पर अच्छे संबंध पैदा कर सकें और एक-दूसरे की ज़रूरत पड़ने पर मदद कर सकें। मानवीय चेतना का यह तक़ाज़ा है कि वह परस्परता के सिद्धांत को लेकर चलती है और सबके विकास के साथ अपना विकास मानती है। जीवन की परस्पर प्रगाढ़ता के सूत्र ही उनकी दृष्टि में सामाजिक संरचना के वे नैतिक मूल्य हैं, जिनसे समग्र समाज अपने में एकात्म रूप अनुभूत करता है। परंतु उनके साथ, यह भी आवश्यक है कि सामाजिक मूल्यों का संबंध आर्थिक व राजनीतिक मूल्यों से भी संबद्ध है। उनका भी उससे कम महत्त्व नहीं है। कारण; आज के परिप्रेक्ष्य में तत्संबंधी क्षेत्र परस्पर जुड़ गए हैं। यहाँ तक कि उनका अलग से अध्ययन करके किसी निष्कर्ष पर पहुँचना भी असंभव सा हो गया है।

जब हम डॉ.अम्बेडकर की सामाजिक मान्यताओं तथा मूल्यों के बारे में व्यवहारतः सोचते हैं तब यह कहना असंगत नहीं होगा कि बौद्ध धर्मानुसार जो सामाजिक संरचना का आधार है, वही मानव-समाज, विशेषतया दलित वर्ग के लिए समीचीन होगा। कारण; सिद्धांत रूप में लगभग प्रत्येक धर्म में अच्छाई सन्निहित हैं। स्वयं डॉ.अम्बेडकर को बौद्ध धर्म में भी अनेक बुराइयों का अहसास हुआ था। सवाल, जहाँ तक मैं समझता हूँ, धर्म से उतना नहीं जुड़ा है, जितना कि धर्म के व्यवहार से। सिद्धांत और व्यवहार में जो अंतर है, वही विचारणीय विषय है। और यह बात, चाहे ईसाई धर्म हो, चाहे इस्लाम धर्म हो और

---

83. "Political power is the key of all social progress."

-Dr. B.R. Ambedkar

चाहे हिंदू धर्म हो; हर धर्म में पाई जाती है। ईसाई धर्म में भी, मध्यकाल में पादरी स्वर्ग के टिकिट बेच चुके हैं और आज भी भारतीय लड़कियों को विभिन्न प्रकार के लालच में फँसाकर विदेशों में ले जाते हैं और ज़बर्दस्ती उन्हें 'नन' बनने के लिए विवश करते हैं। धर्म-परिवर्तन से सामाजिक स्तर का उठना आवश्यक नहीं है कि संभव हो। आज हर धर्म की स्थिति बहुत नाज़ुक हो चुकी है और नैतिक मूल्यों तथा मान्यताओं को चर्चा का विषय बनाया जा चुका है। उन्हें जीवन-दृष्टि के रूप में स्वीकार करने का प्रश्न ही नहीं उठता है।

हमें यह भी याद रखना होगा कि हर युग का अपना प्रभाव है। उसके अनुसार ही मूल्य तथा मान्यताएँ जन्मते तथा चुकते हैं। इस युग में विज्ञान ने परंपरित मूल्यों तथा मान्यताओं के आगे प्रश्नचिह्न लगा ही दिए हैं। दैविक मान्यताओं की स्थापनाएँ नानाविध रूपों में सामने आ रही हैं। एकदम भौतिक नज़रिए ने नैतिक मूल्यों को नमस्कार कर दिया है। हमेशा से एक बात चली आ रही है कि शुरू-शुरू में सामाजिक संदर्भ में जो विवर्तन तथा संशोधन किंवा समूलोच्छेदन का रूप सामने आता है, कालांतर में वह भी उन्हीं बुराइयों का शिकार होकर रह जाता है, जिनके लिए उसके ज़ेहन में कभी विद्रोह की आँधी उठी थी। आखिर ऐसा क्यों होता है? हर बार नए सिरे से तथाकथित सामाजिक असंगतियों से उसे संघर्ष करना पड़ता है। इसको यदि और स्पष्ट करके देखना चाहें तो इस तथ्य से इनकार नहीं किया जा सकेगा कि डॉ.अम्बेडकर के बौद्ध धर्म स्वीकार कर लेने पर भी-जैसा वह सोचते थे, वैसा उसका प्रभाव दृष्टिगोचर नहीं हुआ। मैं समझता हूँ कि आदर्श तथा उदात्तोन्मुखी मूल्यों की स्थापना के लिए किया गया सफल से सफल संघर्ष अंततोगत्वा मानव-चित्त पर से उन सम्मोहनों को हटा नहीं सकता है, जिन सम्मोहनों को तोड़ने के लिए उसने वस्तुतथ्यात्मक संघर्ष किया था। वे सम्मोहन आगे चलकर उसे ही ग्रसने लगते हैं।

विश्व समाज का अथवा उसके विभिन्न समाज का यदि हम संपृक्त या एक साथ अध्ययन करें तो एक निष्कर्ष यह भी सामने आता है कि सामाजिक संरचना के मूल में मानव की अंध मनोवृत्ति कार्य कर रही है। सभ्य से सभ्य देशों में, उनके समाज में और अन्य अनेक स्तरों पर हमें ऐसे भेदभावपूर्ण उदाहरण मिल जाते हैं कि जिनको पढ़कर गर्हित समाज भी दाँतों तले उँगली दबा ले। दरअसल शोषण-मुक्ति के जितने भी उपाय अभी तक ईजाद किए गए हैं, चाहे वे सामाजिक स्तर पर हों या आर्थिक या राजनीतिक, उनमें शोषण करने की आदिप्रवृत्ति कार्य कर रही होती है। रंगभेद की नीति से आज सभ्य से सभ्य देश ग्रस्त हैं। पूँजीवाद, नव-पूँजीवाद, समाजवाद, साम्यवाद आदि न जाने कितने दर्शन सामाजिक समृद्धि के लिए प्रस्तुत हैं, परंतु उनसे हुआ क्या है? कौन-सी समस्याएँ सुलझी हैं? शक्ति किसके पीछे कार्य नहीं कर रही है? कौन-कौन देश ऐसे हैं, जो अपने समाज को स्वतंत्रता, समानता और भ्रातृत्व-भावना के समुचित विकास के समान सुअवसर प्रदान

किए हैं? दरअसल अब यह प्रश्न अकेला नहीं रहा है, इसके पीछे नई राजनीति कार्य कर रही है। अगर यह कहें कि आज के संदर्भ में राजनीति केंद्र में है और उससे शेष क्षेत्रों का विकास संभव है तो यह अतिशयोक्ति नहीं होगी। राजनीति भी राष्ट्र-विशेष की अलग नहीं रह गई है। वह विश्व राजनीति पर अवलंबित है। फलतः आज की समाज की संरचना के पीछे कई ऐसे अदृश्य तत्त्व भी कार्य कर रहे हैं जिनका अपने परिवेश, संस्कृति तथा सभ्यता से कुछ लेना-देना नहीं है। यही बात डॉ.अम्बेडकर के समय में भी कमोबेश रूप में विद्यमान थी। उस समय भी ईसाई मिशनरीज़ भारतीय समाज के पिछड़े, दलित तथा उपेक्षित वर्ग में अपनी राजनीति की धार तेज़ कर रही थी। नागालैंड, अंडमान निकोबार, केरल आदि स्थान-विशेष पर उनकी दूरदर्शिता ने नवीन सामाजिक-राजनीतिक संदर्भों को प्रस्तुत करने में ख़ासी भूमिका का निर्वाह किया है।

फ्रांस की राज्य-क्रांति, सत्रहवें लुई की समाप्ति और नए जनवादी मूल्यों की संस्थापना से नवीन सामाजिक संरचना का सुप्रारंभ हुआ है। डॉ.अम्बेडकर चाहे 'स्वतंत्रता, समानता और भ्रातृत्व-भावना' को उस संदर्भ में न भी लें, लेकिन यह बात इस बात का अवश्यमेव परिणाम है कि सामाजिक तथा राजनीतिक परिप्रेक्ष्य तेज़ी से बदल रहा है। उपनिवेशों की राजनीति के अवसान का भी वह संकेत करता है। फिर चाहे स्वतंत्रता, समानता और भ्रातृत्व-भावना के मूल्यों को आप कितना भी नैतिक पकड़ से कसकर रखने की बात कहें, परंतु वह संभव नहीं होगा। क्योंकि राज्य-क्रांतियों ने जन-शक्तियों को एक ओर सत्ता सौंपी थी और दूसरी ओर अधिनायक प्रवृत्ति जन-शक्तियों में से उभरकर विश्वयुद्ध की विभीषिका तक ले गई थी। विश्वयुद्धोत्तर समाज नव भोगवादी मूल्यों में रत होने लगा। नव भोगवादी जीवन-मूल्यों ने सभ्य से सभ्य देशों के समाज को जो रूप दिया, उसी का परिणाम आज सामने आ रहा है कि वे उन जीवन-मूल्यों के प्रति जेहाद किए हैं। यदि इस व्यापक परिप्रेक्ष्य में भारतीय हिंदू समाज की समीक्षा करें तो यह न मानने का तो कोई कारण नहीं है कि वह समाज ब्राह्मणवाद तथा सवर्ण वर्ग की शोषण नीति के अभिशाप के कारण जीवन-मूल्यों को खो चुका था और उसकी सामाजिक चेतना एक प्रकार से ध्वस्त-सी हो चुकी थी परंतु, यदि उस ध्वस्त परिवर्तित समाज के नव-मूल्यवादी संगठन को और तेज़ किया जाता तो कोई कारण नहीं था कि तथाकथित सामाजिक विघटन और भेदपरकता की बुनियादें हिलकर स्वतः ध्वस्तोन्मुखी न होने लगतीं।

माना कि ब्राह्मणवाद के मूल में तत्कालीन बौद्ध प्रभाव को निष्प्रभ करना था। परंतु इससे भी इनकार नहीं किया जा सकता है कि उसके लिए स्वयं बौद्ध धर्म उत्तरदायी है। उसकी निष्क्रियता तथा अतिशयोन्मुखी प्रवृत्तियों का ही वह परिणाम सामने आया था कि उसे भारत से बोरिया-बिस्तर बाँधने के लिए मजबूर होना पड़ा। डॉ.अम्बेडकर की

संकल्पना का समाज, इसमें दो राय नहीं हैं, मानव-जीवन को अभिशप्त विभीषिकाओं से अवश्यमेव छुटकारा दिलाता, परंतु हिंदूवाद (ब्राह्मणवाद) के अंतर्गत तीव्रतर संघर्ष करने से भी उन जीवन-मूल्यों को संस्थापित किया जा सकता था, इस तर्क की भी अपनी ज़मीन व बुनियाद है। कारण, सवाल मानव-जीवन में जीवनीय स्थितियों को मुहैया करने का था, नामात्मक समाज बहिष्कार अथवा आरोपण का नहीं था। स्वीकारात्मक स्थितियों के विश्लेषण से भी यही निष्कर्ष निकलता है कि समाज की पूर्वापर, जो अनैतिक गठबंधन तथा अभिशप्त मूल्य प्रभावी हैं, उन शोषणोन्मुखी मूल्यों को तिलांजलि दी जाए।

इस परिप्रेक्ष्य में यह तो मानना ही होगा कि डॉ.अम्बेडकर ने हरचंद कोशिश करके यह देख लिया था कि उन्हें सवर्ण वर्ग की साज़िश तथा ब्राह्मणवाद के व्यापक प्रभाव ने जमने नहीं दिया और दूसरे दलित वर्ग भी फिरकेबाज़ी की भूल-भुलैयों में सवर्ण जाति का निरंतर शिकार होता रहा। फिर, शोषण व्यूह चक्र की संरचना की संबंधता को मात्र ब्राह्मणवाद, वणिक अर्थवाद अथवा अन्य किसी से जोड़कर यह समझ लें कि भ्रष्टाचार व अन्याय की जड़ें वहाँ हैं तो भी हमारा अनुचिंतन अधूरा रहेगा। शोषण का जिसे भी अवकाश मिलता है, वह चाहे सवर्ण जाति का हो या दलित वर्ग का (यह बात दूसरी है कि दलित वर्ग शोषित है, शोषण की स्थिति में नहीं है।), कतिपय अपवादों को छोड़ दें तो पाएँगे कि वहाँ जाति, धर्म, वर्ग का प्रश्न नहीं ठहर पाता है और प्रत्येक शोषणानुरत नज़र आता है, शोषणोन्मुख समाज या वर्गहीन समाज की स्थापना के लिए मार्क्स ने कम चिंतन नहीं किया था और उस अनुचिंतन को नवराष्ट्रीय परिप्रेक्ष्य में कई राष्ट्रों ने स्वीकर भी किया है, परंतु वहाँ भी वर्गहीन समाज की स्थापना आज तक नहीं हो पाई है। मेरी मानना यह है कि हमारी प्रवृत्ति शोषणोन्मुखी हो चुकी है। हमारे संस्कारों में शोषण घुल-मिल चुका है। शोषण चाहे सामाजिक हो अथवा राजनीतिक या धार्मिक किंवा आर्थिक हो, वह शोषण ही है। शोषण का अनुचिंतन करने से यह निष्कर्ष निकलता है कि ब्राह्मण, ब्राह्मण का शोषण करने से नहीं चूकता और नाई, नाई का और हरिजन, हरिजन का। शोषण की प्रवृत्ति तमाम वर्ग संघर्ष तथा राजनीतिक अधिकारों को अपने में केंद्रित करती चली जाती है।

अछूत वर्ग धार्मिक जिज्ञासाओं से वंचित, सामाजिक अधिकारों से रिक्त और राजनीतिक चेतना से शून्य रह गया। उनकी इस स्थिति का लाभ मुसलमानों, क्रिश्चियनों, सिक्खों आदि ने उठाया। अछूत जातीय गरल न पीने के कारण इस्लाम या ईसाई अथवा सिक्ख धर्म स्वीकारने लगे। उनको जिस धर्म से यह जानकारी मिलती कि उनके धर्म में जाति-पाँति की दीवार नहीं है और सबको समानाधिकार है, वे उसी धर्म को मान लेते। परंतु इससे उनका उद्धार होना संभव नहीं था। इधर राजनीतिक दल इनके प्रति सहानुभूति ज्ञापित करके अपना उल्लू सीधा करने लगे थे। वे वायदे तो बहुत करते थे, परंतु उनमें बहुत

कम वायदों को पूरा कर पाते थे। थोड़ी-बहुत जागृति के कारण राजनीतिक अधिकार इन लोगों को मिले भी, परंतु इनमें से विधानसभा के लिए चुना हुआ प्रतिनिधि सवर्ण जाति की राजनीति में फँसकर कुछ नहीं कर सका। चंद चाँदी के टुकड़ों के लिए अपने वर्ग के साथ गद्दारी करने में उसने शर्म महसूस नहीं की। अछूत वर्ग में अभी इतना परिबोध कहाँ जगा था कि वह शत्रु और मित्र में अंतर समझ सके! उसके साथ क्या घट रहा है और आगे चलकर क्या घट सकता है, इसके बारे में जान सके और अपने दम पर कुछ करने की ठान सके।

उनकी सुरक्षा का सवाल उलझन भरा था। कारण, संरक्षण के लिए धन चाहिए और संगठन के लिए नेता। इनके अभाव में वे कुछ नहीं कर सकते थे। डॉ.अम्बेडकर ने 28 अक्टूबर, 1951 को अपने लुधियाना भाषण में कहा था कि प्रत्येक दल के लिए ज़रूरी है कि उसके पास पैसा हो और शक्ति। लेकिन उनके समुदाय के पास न धन है और न शक्ति। वे लोग तो सवर्ण जाति के लोगों की दया पर जीवित हैं। बनिया और मारवाड़ी शक्तिशाली हैं, क्योंकि उनके पास धन है। धन के होने से वे जो चाहें, वह चीज़ ख़रीद सकते हैं। उनको भी ख़रीदने की शक्ति रखते हैं जो उनका विरोध कर रहे होते हैं।

अछूत जाति के स्त्री व पुरुषों पर दिनदहाड़े अन्याय और अत्याचार होता है। उनकी लड़कियों तथा बहुओं के साथ बलात्कार किया जाता है। यदि उनमें से कोई बीच में आता है तो सरेआम गोली का निशाना बना दिया जाता है। उनकी कानून मदद नहीं करता। सब देखते हैं कि अन्याय हो रहा है परंतु उनमें से कोई भी उसके ख़िलाफ़ बोलता नहीं है। कारण; वह भयंकर गरीबी और सामाजिक स्थिति से अपदस्थ होने की वजह से गूँगा और बहरा है। उसकी इस लाचारी का लाभ सवर्ण वर्ग उठाता है।

तथाकथित युग राजनीति के नव-मानवतावादी मूल्यों का था। विश्व में अनेक चौंकाने वाले कार्य संपादित हो रहे थे। सामंतवाद, राजतंत्र, उपनिवेशवाद, साम्राज्यवाद आदि को उखाड़ने के प्रयत्न जारी थे। लोक चेतना एक नई शक्ति के रूप में उभरकर सामने आ रही थी। जनवादी विचारधारा ज़ोर पकड़ चुकी थी। भारत में स्वतंत्रता प्राप्ति का युद्ध चल रहा था। शिक्षा का विकास पहले की अपेक्षा तेज़ हुआ था। नई अर्थ-नीति कार्य करने लगी थी। श्रमिक आंदोलनों का सिलसिला शुरू हो चुका था। औद्योगिक क्रांति के चिह्न उभर आए थे। कुल मिलाकर इस समय अंतः संघर्ष की स्थिति थी।

डॉ.अम्बेडकर का सामाजिक संघर्ष शीघ्र ही नव-राजनीति शक्ति को पहचानने लगा था। कांग्रेस की निगाह दलित वर्ग पर पड़ चुकी थी। चुनाव की राजनीति का अपना अलग महत्त्व था। डॉ.अम्बेडकर देख रहे थे कि राजनीतिक शक्तियों को बटोरने की दिशा में मुस्लिम लीग तथा कांग्रेस में प्रतिस्पर्द्धा चल पड़ी है। कांग्रेस दलितों के प्रति सहानुभूति दर्शाकर अपने राजनीतिक उद्दिष्ट को पूरा करना चाहती है। ब्रिटिश सरकार बाँटकर राज करने की नीति का अवलंब लिए है। कई तरह की सौदेबाजी भी चल रही है। उनको यह

अहसास तो हो चुका था कि बिना राजनीतिक शक्ति हासिल किए, दलित वर्ग का उद्धार संभव नहीं है। दलित वर्ग के लिए जिन सम्मोहनों का इस्तेमाल किया जा रहा है, वे उसके जीवन को उठाने में ख़ास सहायक नहीं हो सकते हैं। यदि दलित वर्ग को बहकावे में रखा गया तो उसका अनागत असुरक्षित बना रहेगा।

डॉ.अम्बेडकर पूरी तरह से सामाजिक जागृति लाने के लिए तत्पर हो उठे थे। हिंदू समाज की दयनीय स्थिति से उन्हें कष्ट हो रहा था। व्यक्ति का व्यक्ति के प्रति जानवर से भी बदतर व्यवहार उन्हें अखर रहा था। आख़िर मानव, मानव के प्रति इतना खूँखार क्यों है? इंसान, इंसान की परछाईं से भी घृणा क्यों करता है? इन प्रश्नों का कौन उत्तर दे?

उन्होंने सामाजिक चेतना लाने की दृष्टि से हिंदू धर्म की वास्तविकता को उजागर किया और दलित वर्ग के हित में योजनाबद्ध तरीके से काम करना शुरू कर दिया। बहुत जल्दी उनको यह परिबोध हो गया कि दलित वर्ग अज्ञान, अर्थाभाव सामाजिक प्रतिष्ठाविहीन और उपेक्षित यातनाओं से बेतरह से पीड़ित है। उसके मनोमस्तिष्क पर सवर्ण जाति का भय स्थायी रूप से कुंडली मारकर बैठ चुका है। उसका उद्धार होना सहज नहीं है। फिर दलित वर्ग में भी अनेक वर्ग हैं, जो परस्पर घृणा तथा उपेक्षा की दृष्टि से देखते हैं। चमार हरिजन को छोटा मानता है। उनमें एकता लाना बहुत ज़रूरी है। बाहर से अर्थात् सवर्ण हिंदुओं से तो तब लड़ा जा सकता है जब दलित वर्ग के सभी फिरके एक सूत्र में बँधे हुए हों। उनको एक धागे में पिरोना सहज काम नहीं है। ऐसा वे क्या करें, जिससे दलित वर्ग के विभिन्न तबकों में भावात्मक एकता स्थापित हो सके? इस दृष्टि से यह सोचना ज़रूरी हो जाता है कि मसीहाई मूल्यों की संस्थापना के लिए किया गया पुरज़ोर संघर्ष हर बार जीवन-मूल्यों की संस्थापना में चूक कर जाता है। मैं समझता हूँ कि उसका कारण यह है कि हम 'मसीहाई' संघर्ष के वक़्त जितने तेज़ और सचेत रहते हैं, उतने संघर्षोपरांत जब उन मूल्यों को सफलता मिल चुकी होती है, तब नहीं रह पाते हैं। गड़बड़ी यहीं से शुरू होती है। नहीं तो क्या लोकतांत्रिक मूल्यों के लिए छेड़ा गया संघर्ष, हमें सफलता के बाद राजतांत्रिक एवं अधिनायकवादी यातनाओं का अनुभव होने देता?

मूल्यों का स्थापना मात्र से काम नहीं चल सकता। मूल्यों तथा जीवनीय मान्यताओं के प्रति हर क्षण हर मनुष्य को उतना ही सतर्क और सक्रिय रहना होगा, जितना उन मूल्यों के लिए संघर्ष करते वक्त वह था। कारण, संघर्ष स्वयं जीवन-मूल्य है। उसमें ही मानवीय परिस्थितियों की अनुभूतियाँ सुरक्षित हैं। यह बात दूसरी है कि संघर्ष की राजनीति, जैसी शुरू हो चुकी है, आम जीवन को अपने विषाक्त प्रभाव में लपेटने लगे।

इस प्रकरण को समेटने की दृष्टि से यह मान लेने की संस्थिति तक पहुँचा जा सका है कि डॉ.अम्बेडकर का समग्र अनुचिंतन और व्यवहार शोषण के विरुद्ध और नव-मूल्यवादी नैतिक संस्थापनाओं के लिए था। उनका इस संदर्भ में जो नज़रिया था, वह हर समाज की

बेहतरी और सुसंस्कृतता के लिए हर युग में काम आने वाला है, क्योंकि उन्होंने जीवन मूल्यों की व्याख्या की है। आज भी भारतीय समाज को उस चिंतन से वह लाभ पहुँच सकता है, जिसके लिए डॉ.अम्बेडकर को दुर्द्धर्ष संघर्ष करना पड़ा था। हालाँकि हालात आज उतने बुरे नहीं हैं, जितने उनके समय में थे। फिर भी, हैं तो बुरे ही। आज भारत भोगवादी जीवन-मूल्यों की दौड़ में सम्मिलित हो चुका है। नैतिक मूल्यों की स्पष्ट अवहेलना कर रहा है। फलतः उसके जीवन में शीघ्र ही उसी यथास्थिति और जड़ता का साम्राज्य स्थापित होता जाएगा, जिसके विरुद्ध डॉ.अम्बेडकर ने जेहाद छेड़ा था और धर्म-परिवर्तन की दिशा चुनी थी। फर्क इतना ही है कि सामाजिक संचेतना का निहायत ही अर्थवादी और अतिभोगवादी स्वरूप सदियों से किए जा रहे उन परिणामों का मटियामेट कर जाएगा, जिनके आधार पर नैतिक जीवन-मूल्यों की स्थापना हम समाज में करना चाहते हैं। इस संदर्भ में आज डॉ.अम्बेडकर की सामाजिक संस्थापनाओं का और भी अधिक महत्त्व सिद्ध होता है। समय रहते हुए हमें उनसे लाभ लेना चाहिए। यह मानकर उन्हें छोड़ देना कि उनकी लड़ाई दलित तथा उपेक्षित वर्ग को सामाजिक, आर्थिक तथा राजनीतिक संदर्भ में सम्मानपूर्ण स्थान दिलाती थी और वे इस प्रकार उन लोगों के शुभचिंतक थे, समीचीन नहीं होगा। उसकी वजह है कि समाज की तथाकथित संरचना में हर युग में कोई न कोई दलित वर्ग अवश्य रहेगा, क्योंकि उसकी पृष्ठभूमि में दलित वर्ग का होना ज़रूरी है। नाम और जाति को यदि हम छोड़ दें तो यह न मानने का कोई कारण नहीं है कि दलितों को वे अधिकार मिलने चाहिए थे, जो दूसरों को हैं।

इस दृष्टि से उनकी यह देन है कि वे स्वतंत्रता, समानता और भ्रातृत्वता को नैतिकता से जोड़कर देखते हैं। दूसरे शब्दों में कहें तो कहेंगे कि उनका नज़रिया नैतिकता पर आधृत है। उनकी दृष्टि में नैतिकता बिना जीवन-मूल्य पंगु हैं। यही वह कारण है, जिससे वे समाज में धर्म की आवश्यकता पर ज़ोर देते नज़र आते हैं। धर्म को समाज की धुरी मानते हैं। साम्यवादी समाज की नापसंदगी के पीछे भी यही कारण उनमें कार्य कर रहा है कि वह धर्म की अवहेलना करता है। धर्म की दृष्टि उनकी मान्यताओं का आधार है। उनका धर्म-विश्लेषण मानवतावादी है। फलतः वे मानवतावादी समाज की संरचना के पक्षपाती हैं, जिसमें शोषण चक्रव्यूह की दुर्गंध नहीं मिलती हो। मानव-व्यवहारों की मधुरता और संबद्धता पर खड़ा समाज सच्चे अर्थों में मानव को उन पेचीदी स्थितियों से उभार सकता है, जिनके कारण मनुष्य को पशुवत् जीवन ढोना पड़ा है। यही उनके सामाजिक अनुचिंतन की वह सार्थक संभूमिका है जो उनको संसार के श्रेष्ठ सामाजिक चिंतकों की श्रेणी में सम्मिलित कराती है। ❐

अपरिहार्य दस्तावेज़, भाषण व उद्धरण

डॉ.अम्बेडकर के जीवन को आजन्म संघर्ष करना पड़ा था। वह विद्वान् थे और अस्तित्व तथा मानवाधिकारों के लिए संघर्ष करते रहे थे। उन्हें सिद्धांतों से समझौता करना पसंद नहीं था। उनके संबंध अपने समय के श्रेष्ठ नेताओं से विवादास्पद रहे थे। वे कभी झुके नहीं, डरे नहीं और न कभी रुके ही। फलतः ऐसे बहुत-से प्रसंग, उद्धरण और भाषण हैं, जो पाठकों को उनका साहित्य पढ़ने के लिए प्रेरणा देंगे। इस दृष्टि से यहाँ कतिपय ऐतिहासिक, सांस्कृतिक, राजनीतिक, धार्मिक आदि प्रसंग-संदर्भों को प्रस्तुत किया जा रहा है।

मानपत्र

23 जून, सन् 1930 को 'नवयुवक मंडल', अहमदाबाद की ओर से डॉ.अम्बेडकर को मानपत्र भेंट किया गया था। वह मानपत्र निम्न प्रकार से था-श्रीमान डॉक्टर अम्बेडकर,

एम.ए., पी-एच.डी., डी.एस.सी., बैरिस्टर एट लॉ, एम. एल.सी.

आप हमारे लिए आत्मयोग देकर तथा निरंतर परिश्रम करके जिस युद्ध का संचालन कर रहे हैं, उसके लिए हम आप श्रीमान के ऋणी हैं। आत्मयोग देकर अछूत भाइयों की उन्नति के लिए जिस दृढ़ युद्ध का आप संचालन कर रहे हैं, उसकी हम प्रशंसा करते हैं। भूतकाल में उच्च वर्ग के हिंदुओं का हमारे प्रति जो बर्ताव रहा है, उसकी ओर दृष्टि डालने पर हम यह सहज ही समझ सकते हैं कि यदि भारत में अपना अस्तित्व रखना चाहते हैं, यदि स्वतंत्र भारत में हम स्वतंत्र रहना चाहते हैं, तो हमारे लिए उचित है कि हम दूसरे के आधार पर न रहते हुए स्वयं अपने पैरों पर खड़े होना सीखें। हमें अधिकारों के लिए दृढ़ता से लड़ना चाहिए। हमारे साथ समानता की बातें की जाती हैं। हमसे भाई की भाँति माने जाने की बातें की जाती हैं। किंतु उनमें हमें उच्च वर्ग के स्वार्थ की बू आती है। कहाँ है वह कही जाने वाली समानता? इस सुधरे हुए समय में भी हमारा प्रतिबिंब वर्जित माना जाता है। यदि प्राचीन काल के और प्राचीन रूढ़िवादी हिंदू हमारे साथ ऐसा बर्ताव करते तो हम यह मान लेते कि वे लकीर के फ़क़ीर हैं। किंतु हमें खेद है कि पाश्चात्य शिक्षा से विभूषित बीसवीं सदी के शिक्षित हिंदू भी हमसे घृणा करते हैं।

आज भारत में ब्रिटिश शासन होने पर भी जब हमारे साथ ऐसा बर्ताव किया जाता है

तब हमें शक है कि माँगने के अनुसार स्वतंत्रता मिल जाने पर वे हमारे साथ क्या नहीं करेगे?

इन तमाम परिस्थितियों को देखते हुए हम यह अनुभव करते हैं कि हमें हिंदुओं से पृथक् रहकर ही स्वाधिकारों के लिए युद्ध करना चाहिए। हमें पूर्ण आशा है कि आप ही इस कार्य में वास्तविक सहायता देंगे। प्रथम राउंड टेबल कांफ्रेंस में आपने हमारी ओर से जो सुंदर कार्य किया है उसके लिए आप कोटि-कोटि धन्यवाद के पात्र हैं। हम आशा करते हैं कि आगामी राउंड टेबल कांफ्रेंस में आप हमारी वैसी ही सेवा करेंगे और हमारी आवाज़ को दृढ़ता से बुलंद करेंगे।

हम हैं आपके कृतज्ञ और सच्चे अनुयायी
अहमदाबाद के अछूत

मानपत्र का उत्तर

डॉक्टर अम्बेडकर ने इस अभिनंदन-पत्र के उत्तर में जो कहा, वह सदैव याद रहेगा। उन्होंने साभार कहा-

भाइयो और बहनो,

आपने मुझे जो मानपत्र दिया उसके लिए नवयुवक मंडल, दरियापुर के रहने वालों का मैं आभारी हूँ। आपने मानपत्र में मेरी जो स्तुति की है, मैं उसके योग्य नहीं हूँ। मैं आपको वचन देता हूँ कि जहाँ तक हो सकेगा, मैं जाति का उत्थान करने का प्रयास करूँगा। अहमदाबाद शहर समस्त भारत के राजकीय विषयों का केंद्र-स्थान हो गया है। पहले यहाँ वाणिज्य की ही बातें होती थीं, किंतु गांधीजी के आने के बाद राजकीय बातें शुरू हुईं। मेरी अपेक्षा आप यहाँ की राजनीति के विषय में अधिक जानते होंगे। जो खादी पहने हुए हैं वे गांधीजी, जिस राजतंत्र को मानते हैं, उसके विषय में कुछ भी नहीं जानते।

क्या वे जानते हैं कि सत्य क्या है? यदि सत्य का आग्रह करके बैठें तो अवश्य विजयी होंगे। गांधीजी के आगे बलवान ब्रिटिश सरकार भी झुक गई है। आप सभी खादी पहनने वाले गांधीजी की राजनीति मानते हैं तो मैं आपसे पूछता हूँ कि आपने अपने उद्धार के लिए क्या किया? आपसे सत्याग्रह करवाकर परतंत्रता दूर करने को कहते हैं। किंतु आपके पानी पीने के कुओं के लिए और अस्पृश्यता निवारण करने के लिए उन्होंने क्या किया? बहुत-से अछूत भाई अप्रसन्न भी होंगे, किंतु मैं इससे डरता नहीं। आप कहते हैं कि देश के लिए सब करना चाहिए। किंतु मैं आपसे यह पूछता हूँ कि क्या यह देश आपका है? देखें इसका क्या प्रमाण है? आपको मनुष्य नहीं गिना जाता। आपकी भूमि के लिए भी लोगों को ईर्ष्या होती है। आपके चलने के लिए मार्ग भी नहीं मिलते। ऐसा मनुष्य किस प्रकार यह कह सकता है कि देश मेरा है?

ब्राह्मण, बनिये और पटेल भले ही कहते रहें किंतु जिनका प्रतिबिंब देखना वर्जित है,

वे किस आधार पर यह कहते हैं कि यह देश हमारा है? इसके विपरीत भी यदि आप कहते हैं कि यह देश हमारा ही है तो आपके विचारानुसार मैं आपको साधु या संत ही समझूँगा। गांधीजी तो हिंदू-मुस्लिम या हिंदू-सिख एकता की ही चर्चा कर रहे हैं। गांधीजी पहले कहते थे कि जब तक एकता नहीं हो जाएगी मैं राउंड टेबल कांफ्रेंस में नहीं जाऊँगा, किंतु उनकी कांग्रेस कमेटी उन्हें कांफ्रेंस में भाग लेने के लिए भेज रही है। मैं उनसे पहले राउंड टेबल कांफ्रेंस में गया था किंतु वह स्वजातीय की उन्नति के लिए ही।

मुझे विश्वास है कि इस कांफ्रेंस में जाने से अछूतों का लाभ होगा और यही कारण था कि मेरे पास तमाम मुकदमे होते हुए भी मैं उनको छोड़कर चला गया था। गांधीजी अछूतों के लिए कोई विशेष वक्तव्य क्यों नहीं प्रकाशित करते? जिस मनुष्य या समाज के साथ हों, उससे पहले ही सब बातें तय कर लेनी चाहिए। कराची में गांधीजी का बाईस कॉलम का वक्तव्य प्रकाशित हुआ था। उस वक्तव्य में उन्हें विश्वास है। उनसे मैं यह पूछता हूँ कि उसका कार्यभार किसके हाथों में है? यदि उसका कार्यभार हमारे हाथों में है तो मैं उसे स्वीकार करता हूँ। किंतु जो हमारे साथ छुआछूत का व्यवहार रखते हैं, यदि इस बाईस की जगह बहत्तर कॉलम का वक्तव्य दे दें तो भी वह किस काम का? बाईस कॉलम में जो लिखा है उसे यदि प्रयोग में न लाया गया तो दंड देना किसके हाथों में होगा? स्वराज्य आ जाए और अंग्रेज़ी सरकार यहाँ से चली जाए तो बाईस कॉलम सिर्फ किताब ही बनकर रह जाएँगे। जिन हिंदुओं ने धर्मशास्त्र की अवहेलना की है, उनको बाईस बातों की अवहेलना करने में कितनी देर लग सकती है!

राउंड टेबल कांफ्रेंस में देशहित के लिए मैंने ही सबसे अधिक कार्य किया है। मैं देश के लिए जितना लड़ा-झगड़ा उतना और कोई नहीं झगड़ा। अंग्रेज़ी राज्य के लिए जैसी टीकाएँ मैंने की हैं वैसी शायद ही किसी अन्य हिंदू ने की होंगी। मुझे आप यह कहने की आज्ञा दें कि जितना स्वतंत्रता-प्रेमी मैं हूँ उतना कोई नहीं है। 'मैं शीघ्र अपने देश की स्वतंत्रता का' इच्छुक हूँ। किंतु प्रथम मैं जाति की उन्नति चाहता हूँ। मनुष्य का जीवन बहुत छोटा होता है। उतने समय में दूसरे विषय में अधिक न जाते हुए मैं जाति की उन्नति की सबसे अधिक इच्छा रखता हूँ।

अंबालाल, तारा भाई आदि मिल मालिक कांग्रेस का केवल इसलिए साथ देते हैं कि मैनचेस्टर का माल यहाँ न आने पाए और उन्हीं की मिलों का माल बिके। स्वार्थ मनुष्य को जहाँ का तहाँ घसीट ले जाता है। मुझे भी अपनी जाति का स्वार्थ सर्वप्रथम है।

तैलचित्र के अनावरण पर दिया भाषण

7 दिसंबर, सन् 1972 को दिल्ली नगर निगम सभा भवन में डॉ.भीमराव अम्बेडकर के तैलचित्र का अनावरण तत्कालीन लोकसभा के अध्यक्ष सरदार गुरुदयालसिंह ढिल्लों

ने किया था। उस अवसर पर तत्कालीन सुधी महापौर केदारनाथ साहनी ने दिल्लीवासियों की ओर से कहा था-

"डॉ.अम्बेडकर के समग्र जीवन को यदि हम देखें तो उस बहुमुखी प्रतिभाशाली व्यक्तित्व के अनेक रूप उभरकर हमारे सामने आते हैं। वे एक उच्चकोटि के विद्वान्, लोकप्रिय वकील, सुलझे हुए विचारक, महान् विधिवेत्ता, ओजस्वी लेखक, मँजे हुए पत्रकार, संविधान के महान् पंडित और दलित तथा पीड़ित मानवता के प्रबल समर्थक थे। तनिक गहराई से उनकी चिंतन-प्रणाली तथा कर्ममय जीवन का अध्ययन करें तो प्रतीत होगा कि हरिजनों के प्रति सहानुभूति रखने के कारण वे युवावस्था में ही 'ग़रीबों के वकील' के नाम से मशहूर हो चुके थे। 33 वर्ष की अल्पायु में उन्होंने बहिष्कृत हितकारिणी सभा की स्थापना कर समाज-सेवा के क्षेत्र में पदार्पण कर दिया था। इसके पश्चात् चाहे बंबई विधानसभा हो अथवा राउंड टेबल कांफ्रेंस, मंत्रिपरिषद् हो अथवा संविधान असेंबली, सभी स्थानों पर वे उच्च स्वर से अछूतों और ग़रीबों की ज़ोरदार हिमायत कर रहे थे। संविधान असेंबली की मसौदा समिति के अध्यक्ष के रूप में उन्होंने जो ऐतिहासिक कार्य किया है, वह इस देश में ही नहीं अपितु विश्व भर में सदा आदर की दृष्टि से देखा जाएगा।

इन सबसे बढ़कर, डॉ.अम्बेडकर एक सामाजिक क्रांति के जनक थे। उन्होंने हरिजन तथा दलित वर्ग को नई चेतना और नई प्रेरणा प्रदान की। उनका अपना समस्त जीवन उनके बौद्धिक तथा सामाजिक स्तर को उठाने में समर्पित था। संविधान के द्वारा उन्होंने राजनीतिक, आर्थिक, सामाजिक समता के उच्चतम सिद्धांतों पर आधारित ऐसे ढाँचे की नींव रखी जहाँ ऊँच और नीच, ग़रीब और अमीर सबके लिए बराबर का स्थान हो। एक सच्चे क्रांतिकारी की भाँति उन्होंने जिसे सही माना उसके लिए बड़े से बड़ा त्याग और बलिदान करने में वे कभी पीछे नहीं हटे। उन्होंने मंत्री पद से त्यागपत्र दे दिया, किंतु सिद्धांतों से कभी समझौता नहीं किया।

डॉ.अम्बेडकर सच्चे देशभक्त और लोकतंत्रीय परंपराओं के प्रबल समर्थक थे। बहुमत के फैसले को उन्होंने सदा आदर के साथ स्वीकारा। विरोधी विचार रखते हुए भी संसद में बहस के दौरान वह सदैव दूसरे पक्ष की बात को आदर के साथ सुनते थे।

हमें इस बात का गर्व है कि संविधान की निहित भावना और लोकतंत्र की स्वस्थ परंपराओं का हमारे मानवीय अध्यक्ष श्री ढिल्लों न केवल पालन कर रहे हैं अपितु उन्होंने अपने कार्यकाल में अनेक नई स्वस्थ परंपराएँ स्थापित की हैं। सभा भवन में डॉ.अम्बेडकर का तैलचित्र हमें जहाँ इन परंपराओं के पालन के प्रति सतर्क और सावधान करता रहेगा वहाँ राजधानी के गरीब तथा पिछड़े वर्ग की सुख-सुविधाओं के प्रति प्रेरणा प्रदान करता रहेगा।

सभी संसद के सदस्यों की ओर से लोकसभा अध्यक्ष गुरुदयालसिंह ढिल्लों ने श्रद्धांजलि अर्पित करते हुए कहा था-

हम सभी जानते हैं कि डॉ.अम्बेडकर एक महान् देशभक्त, दार्शनिक, नेता और भारतीय संविधान के प्रमुख रचयिता थे। वे भारत की महान विभूतियों में से एक थे। करोड़ों देशवासियों को उनके मानवाधिकार दिलाने के लिए डॉ.अम्बेडकर ने महान् संघर्ष किया और प्रजातंत्र की रक्षा के लिए उन्होंने अनेक आंदोलन कर राष्ट्रीय एकता के लिए कठोर कार्य किए।

डॉ.अम्बेडकर ने भारतीय संविधान की रचना में अभूतपूर्व कार्य किया। लगातार तीन वर्ष तक उन्होंने जिस तन्मयता से कार्य कर संविधान को रचनात्मक रूप दिया। उसके लिए न सिर्फ भारत में अपितु विश्व में उनको यश प्राप्त हुआ है। भारत के इतिहास में उनका नाम स्वर्णाक्षरों में लिखा जाएगा।

यह उचित ही है कि हम उन्हें श्रद्धांजलि अर्पित कर स्मरण करें।"

महात्मा गांधी

(अपने बारे में कहा) " कहा जाता है कि सरकार मुझे रुपया देती है। मेरे जैसा भिखारी कोई नहीं। तीन साल से मेरी कुछ भी कमाई नहीं। यह काम करते हुए मुझे अपना रुपया खर्च करना पड़ता है और मेरे मुकदमों का काम कम होता है। सार्वजनिक काम के लिए समय भी जाता है और रुपया भी खर्च होता है। थोड़े-थोड़े मुकदमे मिलते हैं, उनसे अपनी गुज़र चलाता हूँ। आज भी सामंतवाड़ी में एक मुक़दमा है। वहाँ जाते हुए रास्ते में उतर गया हूँ।"

(17-10-32)

"इसमें (अम्बेडकर में) त्यागशक्ति है। कुर्बानी करने की शक्ति है। यह दावानल तो सुलगेगा ही। हम हिंदू यदि सच्चे होंगे तो यरवदा समझौते की तो स्वर्णभस्म बना सकेंगे, नहीं तो चार करोड़ अस्पृश्य सारे हिंदुस्तान का भक्षण कर जाएँगे।"

(3-12-32)

गत मई मास (सन् 1936) में लाहौर के 'जाप-पाँत-तोड़क मंडल' का वार्षिक अधिवेशन होने वाला था और डॉ.अम्बेडकर उसके सभापति चुने गए थे। लेकिन डॉ.अम्बेडकर ने उसके लिए जो भाषण तैयार किया वह स्वागत समिति को अस्वीकार्य प्रतीत हुआ, जिसके कारण वे अधिवेशन में नहीं गए। यह बात विचारणीय है कि स्वागत समिति का अपने चुने हुए सभापति को इसलिए अस्वीकार कर देना कहाँ तक उचित है कि उनका भाषण उनको आपत्तिजनक मालूम पड़ा? जाति प्रथा और हिंदू शास्त्रों के विषय में डॉ.अम्बेडकर के जो

विचार हैं उन्हें तो समिति पहले से ही जानती थी। यह भी उसे मालूम था कि वह हिंदू धर्म छोड़ने का बिलकुल स्पष्ट निर्णय कर चुके हैं। डॉ.अम्बेडकर ने जैसा भाषण तैयार किया उससे कम की उनसे उम्मीद ही नहीं की जा सकती थी। लेकिन सगिति ने, ऐसा मालूम पड़ता है, एक ऐसे व्यक्ति के मौलिक विचार सुनने से जनता को वंचित कर दिया, जिसने कि समाज में अपना एक अद्वितीय स्थान बना लिया था। भविष्य में वह कोई भी बाना क्यों न धारण करें, मगर डॉ.अम्बेडकर ऐसे आदमी नहीं हैं जिन्हें भूला जा सके।

डॉ.अम्बेडकर स्वागत समिति से यों हार जाने वाले नहीं थे। उसके इनकार कर देने पर, उसके जवाब में उन्होंने उस भाषण को अपने खर्चे से प्रकाशित करवाया। उन्होंने आठ आने उसकी कीमत रखी थी। उनका वह भाषण हाथों हाथ बिक गया। साथ ही, उस पर चर्चा भी छिड़ी।

यह भाषण ऐसा है कि कोई सुधारक इसकी उपेक्षा नहीं कर सकता। रूढ़िचुस्त लोग भी इसे पढ़कर लाभ उठाएँगे। लेकिन इससे यह नहीं समझना चाहिए कि भाषण में एतराज करने लायक कोई बात नहीं है। इसे तो पढ़ना ही इसीलिए चाहिए, क्योंकि इसमें गहरे एतराज की गुंजाइश है। डॉ.अम्बेडकर तो हिंदू धर्म के लिए मानो एक चुनौती हैं। हिंदू की तरह पलने और एक ज़बर्दस्त हिंदू द्वारा शिक्षित किए जाने पर भी, सवर्ण कहे जाने वाले हिंदुओं द्वारा अपने और अपनी जाति वालों के साथ होने वाले व्यवहार से वे इतने निराश हो गए थे कि वे न केवल उन्हें, बल्कि उस धर्म को भी छोड़ने का विचार कर रहे थे, जो उनकी तथा हिंदुओं की संयुक्त विरासत है। उस धर्म को मानने का वादा करने वाले एक भाग के कारण सारे धर्म से ही वह निराश हो गए थे।

लेकिन इसमें अचरज की कोई बात नहीं थी; क्योंकि किसी प्रथा या संस्था का निर्णय कोई उसके प्रतिनिधियों के व्यवहार से ही तो कर सकता है। इसके अलावा डॉ.अम्बेडकर को मालूम पड़ा है कि सवर्ण हिंदुओं के विशाल बहुमत ने अपने उन सहधर्मियों के साथ, जिन्हें उन्होंने अस्पृश्य शुमार किया है, न केवल निर्दयता या अमानुषिकता का व्यवहार किया है बल्कि अपने व्यवहार का आधार भी अपने शास्त्रों के आदेश को बनाया है और जब उन्होंने शास्त्रों को देखना किया तो उन्हें मालूम पड़ा कि सचमुच उनमें अस्पृश्यता और उसके लगाए जाने वाले तमाम अर्थों की काफी गुंजाइश है। शास्त्रों के अध्याय और श्लोक उद्धृत करके उन्होंने तिहेरा दोषारोपण किया है-

1. उनमें निर्दय व्यवहार करने का आदेश है।
2. ऐसा व्यवहार करने वालों के व्यवहार का धृष्टतापूर्वक समर्थन किया गया है और,
3. परिणामस्वरूप यह अनुसंधान किया गया है कि वह समर्थन शास्त्रविहित है।

ऐसा कोई भी हिंदू, जो अपने धर्म को अपने प्राणों से अधिक प्यारा समझता है, इस

दोषारोपण की गंभीरता की उपेक्षा नहीं कर सकता और फिर इस तरह निराश होने वाले अकेले डॉ.अम्बेडकर ही नहीं हैं। वह तो उनमें से एक ऐसे व्यक्ति मात्र हैं जो इस बात के प्रतिपादन में कोई समझौता नहीं करना चाहते और ऐसे लोगों में वे सबसे योग्य हैं। निश्चय ही इन लोगों में वह अत्यंत ज़िद्दी स्वभाव के हैं। यह ईश्वर की कृपा समझो कि बड़े नेताओं में ऐसे विचार के वही एक अकेले व्यक्ति हैं। और अभी भी वे एक बहुत छोटे अल्पसंख्यक समाज के ही प्रतिनिधि हैं। मगर जो कुछ वे कहते हैं, कम या ज्यादा जोश के साथ वही बात दलित जातियों के और नेता भी कहते हैं, फ़र्क सिर्फ इतना है कि दूसरे-जैसे, रायबहादुर एम.सी. राजा और दीवान बहादुर श्रीनिवासन-हिंदू धर्म छोड़ने की धमकी नहीं देते, पर उनमें इतनी गुंजाइश देखते हैं कि जिससे हरिजनों के विशाल जनसमूह को जो शर्मनाक कष्ट भोगना पड़ रहा है-उसकी क्षतिपूर्ति हो जाएगी।

पर उनके अनेक नेता हिंदू धर्म को नहीं छोड़ते, इसी बात से हम डॉ.अम्बेडकर के कथन की उपेक्षा नहीं कर सकते। सवर्णों को अपने विश्वास और आचरण में सुधार करना पड़ेगा। इसके अलावा, सवर्णों में से जो लोग ज्ञान और अनुभव के आधार पर शास्त्रों की प्रामाणिक व्याख्या कर सकें, उन्हें शास्त्रों के यथार्थ आशय का भी स्पष्टीकरण करना होगा। अम्बेडकर के दोषारोपण से जो प्रश्न उठते हैं, वे ये हैं-

1. शास्त्र क्या है?

2. आज जो कुछ छपा हुआ मिलता है, क्या वह शास्त्रों का अंतिम भाग है, या उनके किसी भाग को, अप्रामाणिक क्षेपक है, मानकर छोड़ देना चाहिए।

3. इस तरह से काट-छाँटकर जिस अंश को हम स्वीकार करें वह अस्पृश्यता, जाति-प्रथा, दर्जे की समानता, सहभोज और अंतर्जातीय विवाहों के संबंध में क्या कहता है? इन सब प्रश्नों की अपने निबंध में डॉ.अम्बेडकर ने योग्यतापूर्ण छानबीन की है।

(11-7-37)

डॉ.अम्बेडकर साहब से तो दूसरी आशा ही नहीं थी। वह मेरा हमेशा विरोधी रहा है। वह मुझे मार भी डाले तो मुझे अफ़सोस न होगा। (20-9-42) श्री बलि सिन्हा को डॉ.अम्बेडकर के 30 अक्टूबर, सन् 1956 को लिखे एक पत्र का अंश-

हमें उन जन-समुदायों को बौद्ध धर्म के ज्ञान की शिक्षा देने के लिए साधनों तथा विधियों पर विचार करना है जिन्होंने तथागत के 'धम्म' को स्वीकार कर लिया है और मेरे कहने पर उसे ग्रहण करेंगे। मैं चिंतित हूँ कि संघ को अपने दृष्टिकोण में संशोधन करना पड़ेगा और एकांतवासी बनने की अपेक्षा भिक्षुओं को ईसाई मिशनरियों, सामाजिक कार्यकताओं और सामाजिक प्रचारकों के समान बनना चाहिए।

स्फुट विचार

धर्म : "नैतिकता के रूप में, धर्म को प्रत्येक समाज का नियमित (शासनिक) सिद्धांत होना चाहिए।"

"धर्म को यदि भली भाँति कार्य करना है तो बुद्धिसंगत कार्य करना चाहिए, और बुद्धि विज्ञान का ही दूसरा नाम है।"

"धर्म को नैतिक संहिता की स्वतंत्रता, समानता एवं भ्रातृत्व-भाव के आदर्शों को पूर्णतया स्वीकार करना चाहिए।"

"धर्म द्वारा निर्धनता का पवित्रीकरण नहीं होना चाहिए।"

"धर्म केवल सिद्धांतों का ही विषय बनाया जाना चाहिए। वह नियमों का विषय कदापि नहीं हो सकता। धर्म जब नियमों के बंधन में फँस जाता है तब वह धर्म नहीं रहता, क्योंकि ऐसा धर्म उत्तरदायित्व का है, जो सच्चे धार्मिक कार्य का सार है, हनन करता है।"

"जैसा कि लोग मानते हैं, धर्म अफीम के समान नहीं है। जो कुछ भी अच्छी बातें मेरे में हैं अथवा समाज को मेरी शिक्षा-दीक्षा के जो कुछ लाभ रहे हों, वे मेरे अंदर धार्मिक भावनाओं के कारण ही संभव हुए हैं। मैं सच्चा धर्म चाहता हूँ, लेकिन धर्म के नाम में किसी प्रकार का ढोंग नहीं चाहता। "

"एक धार्मिक कार्य सही भले न हो, लेकिन वह एक दायित्वपूर्ण कार्य तो होना चाहिए। इस दायित्व की स्वीकृति का अर्थ है कि धर्म प्रधानतः केवल सिद्धांतों (आदर्शों) का विषय होना चाहिए। उसे नियमों का विषय नहीं बनाया जा सकता।"

दासता : " दासता का अर्थ मात्र दमन का कानूनन रूप ही नहीं होगा। इसका अर्थ है-समाज की वह अवस्था जिसमें कुछ लोगों को अन्यों द्वारा निर्धारित उन बातों को ग्रहण करने के लिए बाध्य करना जिनके आचरण तथा कार्यों को नियंत्रित किया जा सके। ऐसी स्थिति उस समाज में पाई जाती है जहाँ कानून की दृष्टि में, कोई दासता विद्यमान न हो।"

अनुसूचितों से: "वर्तमान स्वराज्य उनका स्वराज्य है, हम तो अब भी दास हैं-यदि हम मानव की भाँति जीना चाहते हैं तो हमें अपने पैरों पर खड़ा होना चाहिए।"

जाति प्रथा : "हिंदुओं के मूल तत्त्व जैसे जाति-व्यवस्था का हानिप्रद सिद्धांत या चातुर्य वर्ण का विनाश होना चाहिए। इस रोगग्रस्त व्यवस्था के नष्ट करने के लिए एक बड़े प्रहार की आवश्यकता है।"

बौद्ध धर्म : "यहाँ भारत में कुछ लोग निस्संदेह यह कहेंगे कि बौद्ध धर्म अछूतों का धर्म है। वे निंदा करेंगे और निस्सार बातों को अभिव्यक्त करेंगे।"

कांग्रेसी नेताओं से : "कांग्रेसी नेता तथा पत्रिकाएँ अपने राजनीतिक विरोधियों के लिए अदयालुता तथा असहनशीलता के जनक थे। उन्होंने दलित वर्गों के नेता के प्रति

घृणा के मंत्रों का प्रचार किया। उसे ब्रितानी कठपुतली, घास में सर्प, देशद्रोही कहकर निंदित किया।"

रूढ़िवादी हिंदू : रूढ़िवादी हिंदुओं के प्रति उन्होंने समय-समय पर बहुत कुछ कहा और चाहा कि हिंदू धर्म अपने सनातन रूप को ग्रहण करे। उनकी मान्यता थी-

"वे दुःख, जिनसे अछूत पीड़ित हैं, यद्यपि उनका इतना प्रचार नहीं हुआ है जितना कि यहूदियों का, तो भी किसी तरह कम यथार्थ नहीं है। न ही दमन के वे साधन एवं पद्धतियाँ, जिनका हिंदुओं ने अछूतों के प्रति प्रयोग किया, इसलिए कम प्रभावशाली हैं कि वे उन तरीकों से कम भयंकर हैं जिनका प्रयोग नाज़ियों ने यहूदियों के विरुद्ध किया। यहूदियों के विरुद्ध नाज़ियों का एंटी-सीमेटिज़्म, विचार के प्रभाव में अछूतों के विरुद्ध हिंदुओं के सनातनवाद से किसी तरह भी भिन्न नहीं है।"

चातुर्य वर्ण: "चातुर्य वर्ण से अधिक निकृष्ट और कोई सामाजिक संगठन नहीं हो सकता, यह वह व्यवस्था है जो लोगों को मृत, पंगु तथा अशक्त बनाकर अच्छा कर्म करने से रोकती है।"

"वर्ण और आश्रम ऐसी संस्थाएँ हैं जिनका जातियों से कोई संबंध नहीं है। वर्ण-नियम हमको यह शिक्षा देता है कि हममें से सबको अपनी जीविका अपने पूर्वजों के धंधों का अनुसरण करके कमानी है। वह हमारे अधिकारों को नहीं, अपितु कर्तव्यों को परिभाषित करता है। और वर्ण-नियम में ऐसी कोई बात नहीं है जो छुआछूत में विश्वास की गारंटी देती हो।"

"वैयक्तिक दृष्टि से, वर्ण-व्यवस्था एक मूर्खता है और एक दंड है। उसमें केवल एक ही वर्ग शिक्षा तथा ज्ञान का अधिकारी है। केवल एक ही हथियारों को रखने एवं चलाने का अधिकारी है। केवल एक ही वर्ग सेवा करने का अधिकारी है नब्बे प्रतिशत हिंदू ब्राह्मण, वैश्य एवं शूद्र हिंदू समाज व्यवस्था के अंतर्गत हथियार नहीं रख सकते। किसी देश की रक्षा यदि संकट की घड़ी में उसकी फौज में वृद्धि न की जाए, तो कैसे की जा सकती है।"

ब्राह्मणवाद : "ब्राह्मणवाद से मेरा अर्थ एक समुदाय के रूप में ब्राह्मणों की शक्ति, हितों तथा विशेषाधिकारों से नहीं है। यह मापना नहीं है, जिसको लेकर मैं इस शब्द का प्रयोग कर रहा हूँ। ब्राह्मणवाद से मेरा अभिप्राय स्वतंत्रता, समानता और भ्रातृत्व-भाव की भावना के निषेध से है। इस अर्थ में ब्राह्मणवाद सभी वर्गों में व्याप्त है और मात्र ब्राह्मणों तक ही वह सीमित नहीं है, हालाँकि यही लोग उसके जन्मदाता रहे हैं। ब्राह्मणवाद के प्रभाव सामाजिक अधिकारों जैसे अंतर्जातीय खान-पान और विवाह तक ही सीमित नहीं थे, बल्कि उसने लोगों को नागरिक अधिकारों से भी वंचित रखा!"

विभिन्न अवसरों पर दिए भाषणों के अंश

यह अंश डॉ.अम्बेडकर के उस अभिभाषण से है जो उन्होंने 14 अक्टूबर, सन् 1956 को नागपुर में बौद्ध धर्म स्वीकार करते हुए दिया था।

" इस प्रश्न के कारण ही मैं आप लोगों को भगवान् बुद्ध के धर्म से पूर्णतः परिचित कराना चाहता हूँ। यह मेरा कर्तव्य भी है।

यह धर्म न केवल इस देश की अपितु समग्र संस्कृति की सेवा कर सकता है। वर्तमान अंतर्राष्ट्रीय मामलों के संदर्भों में, बौद्ध धर्म विश्वशांति के लिए परमावश्यक है। तुम्हें आज यह प्रतिज्ञा करनी चाहिए कि तुम भगवान् बुद्ध के अनुयायी न केवल अपनी ही मुक्ति के लिए कार्य करोगे, अपितु अपने देश और सामान्यतः दुनिया की मुक्ति के लिए भी कार्य करोगे।

हमें धर्म के प्रचारार्थ बहुत बड़ी मशीनरी का संगठन करना चाहिए।

भगवान् तथागत के संदेश को लेकर आगे बढ़ो।

जन-समुदाय की मुक्ति के लिए आगे बढ़ो।

ऐसा कहा जाता है कि मैं शांति के विरुद्ध हूँ। यह सही नहीं है। मैं तो शांति में विश्वास करता हूँ। लेकिन उस शांति में जो न्याय पर आधारित हो, न कि कब्रिस्तान की शांति में। जब तक संसार में न्याय के प्रति सम्मान नहीं होता तब तक किसी प्रकार की शांति नहीं हो सकती। केवल बौद्ध धर्म ही दुनिया को बचा सकता है।

पददलितों के लिए हिंदू धर्म में कोई गरिमा नहीं है। हालाँकि ऐसा वातावरण ब्राह्मण एवं अन्य जातियों के लिए तो विद्यमान है। प्रफुल्ल वातावरण की कमी के अतिरिक्त, हिंदू धर्म में ऐसी कोई समानता नहीं जो मानवीय विकास के अनुकूल हो। ब्राह्मण क्षत्रिय से ऊँचा समझा जाता है, क्षत्रिय वैश्य से और वैश्य शूद्र से ऊँचा माना जाता है। हिंदू धर्म मानव-प्राणियों की एकता पर आधारित नहीं है। हम नहीं जानते कब हमें हिंदू धर्म की पतनावस्था से मुक्ति मिलेगी।"

काम्ठी (नागपुर) में दलित वर्ग की एक सभा में बोलते हुए उन्होंने कहा-

"मेरी दृढ़ प्रतिज्ञा है कि मैं उन पददलित लोगों की सेवा एवं हित में मरूँ जिनके बीच मेरा जन्म हुआ, पालन-पोषण हुआ और रह रहा हूँ। मैं अपने इस शुभ कार्य से एक इंच भी इधर-इधर नहीं हटूंगा अथवा अपने निंदकों द्वारा उग्र निरुत्साही आलोचना की तनिक भी परवाह नहीं करूँगा।"

शांति और युद्ध

दोषपूर्ण बातों के समक्ष झुककर शांति की भीख माँगना सच्ची शांति नहीं हो सकती।

ऐसा करना आत्महत्या के समान है। बर्बरता तथा जंगलीपन के सामने उस आदर्श का परित्याग करने के समान है जो न्यायोचित तथा सम्मानपूर्ण जीवन के लिए अपरिहार्य है। जब हमारे पर कोई आक्रमण करे तब युद्ध विमुख होना उसका समाधान नहीं है। युद्ध का अंत करने के लिए युद्ध पर विजय प्राप्त करनी लाज़िमी है। इसी से सच्ची शांति स्थापित को सकती है। मानवता पूर्व की अपेक्षा आज सजग हो चुकी है। उसे अब दोषयुक्त आदर्श तथा शोषण को बर्दाश्त नहीं करना चाहिए। यह निश्शंक कहा जा सकता है कि अंत में शांति तथा न्याय की ही विजय होगी।

हिंदू धर्म और वे

डॉ.अम्बेडकर हिंदू धर्म की संकीर्णताओं से बेतरह परेशान तथा क्षुब्ध हो उठे थे। उन्होंने ऐसा प्रयास किया था कि जिससे अछूतों को हिंदू धर्म में सवर्णों जैसा सम्मान मिल सके। परंतु वहाँ भी अछूतों को सम्मान के स्थान पर एक नया शब्द मिला-'हरिजन'। हरिजन तो सब ही हैं फिर अछूत वर्ग को यह संज्ञा क्यों दी गई? उनकी यह बात समझ में नहीं आई। आने वाली भी नहीं थी, क्योंकि यह भी एक प्रकार से अछूतों के लिए भ्रम जाल था। उन्होंने जितना प्रयत्न ससम्मान हिंदू धर्म में बने रहने का किया, वे उतने ही निराश होते गए। इसी का यह फल है कि उनको यों कहना पड़ा-

"दुर्भाग्य से मैं हिंदू समाज में पैदा हुआ। यह मेरे वश की बात नहीं थी। परंतु हिंदू समाज में बने रहने से इनकार करना मेरे वश की बात है। मैं उन लोगों को यह विश्वास दिलाता हूँ कि मैं हिंदू रहकर नहीं मरूँगा।"

14 अक्टूबर, 1956 को उन्होंने अंत में बौद्ध धर्म स्वीकार कर अपनी प्रतिज्ञा को पूरा किया। इसके अतिरिक्त उनके सामने दूसरा कोई रास्ता नहीं था। वह समझ गए थे कि हिंदू धर्म में बने रहने से उनका भला संभव नहीं है क्योंकि हिंदू धर्म प्रतिक्रियावादी हो चुका है और लगभग रुग्ण भी। उसका हृदय नहीं बदल सकता। वह उनको नहीं अपना सकता। उनके मन में उनके प्रति गहरी घृणा भरी हुई है। वे नहीं भूल सकते कि वे सवर्ण हिंदू हैं। कोरे नाटक से कुछ नहीं होना है। गांधी की दख़ल है ज़रूर, परंतु वे गांधीजी को भी धता बता रहे थे। उनके चित्त में मनुवादी नीतियाँ गहरे में उतर चुकी थीं। फिर भी, डॉ.अम्बेडकर ने धर्म-परिवर्तन करते समय इस बात का पूरा-पूरा ध्यान रखा कि वे उस धर्म में दीक्षा लें जो समतावादी है और हिंदू धर्म के सर्वथा नज़दीक है।

भारत के मंत्रिमंडल से डॉ.अम्बेडकर ने इस्तीफ़ा दिया था। अपना इस्तीफ़ा देने से पूर्व उन्होंने जो वक्तव्य दिया था, उसके प्रमुख अंश-

"निश्चय ही सदन को सरकारी नहीं तो, गैर सरकारी तौर पर विदित है कि मैं अब मंत्रिमंडल का सदस्य नहीं हूँ। मैंने 27 सितंबर गुरुवार को प्रधानमंत्री को अपना इस्तीफ़ा

देकर तुरंत कार्यमुक्त किए जाने के लिए कहा है। प्रधानमंत्री ने उसे अगले दिन ही स्वीकार कर लिया था। शुक्रवार 27 ता. के बाद भी जो मैं मंत्री-पद पर हूँ, इसलिए कि प्रधानमंत्री ने मुझसे संसद के सत्र के अंत तक पद पर कार्य करते रहने का अनुरोध किया है और इसे मैं संवैधानिक परंपरा के कारण मानने के लिए बाध्य हूँ। हमारी कार्य-प्रणाली के अनुसार एक मंत्री, जिसने अपने पद से इस्तीफ़ा दे दिया है, अपने इस्तीफ़ा देने की सफाई में व्यक्तिगत वक्तव्य दे सकता है।

सदन को यह जानने का कोई अवसर नहीं मिलता है कि मंत्रिमंडल अंदर से किस प्रकार कार्य करता है। उसके सदस्यों में आपस में सामंजस्य है या संयुक्त दायित्व होने के कारण एक अल्पसंख्यक समुदाय का सदस्य अपना मतभेद भी नहीं प्रकट कर सकता। फलस्वरूप सदन शायद सोचता होगा कि मंत्रिमंडल के सदस्यों में आपस में कोई मतभेद ही नहीं है, मंत्री पद त्यागने वाले व्यक्ति का यह दायित्व बनता है कि वह सदन को सूचित करे कि वह यह पद क्यों छोड़ना चाहता है और अब संयुक्त दायित्व का भार क्यों नहीं उठाना चाहता है।

इन सब कारणों की वजह से मंत्रिमंडल से बाहर जाने के पहले मैंने वक्तव्य देने का फ़ैसला किया है। अब इस बात को चार वर्ष, एक माह और 26 दिन हो गए। जब प्रधानमंत्री ने अपने मंत्रिमंडल में मुझे क़ानून मंत्री का पद स्वीकार करने को कहा था। इस आमंत्रण से मुझे काफ़ी आश्चर्य हुआ था। मैं विरोधी शिविर में था और जब 1946 में अंतरिम सरकार का गठन हुआ था, मुझे सहयोग के अयोग्य बताकर निंदित किया गया था। मैं प्रधानमंत्री के विचार एवं व्यवहार में परिवर्तन के विषय में अटकलें लगाता रहा। मेरे अपने कुछ संदेह थे। मुझे नहीं मालूम था कि जो मेरे मित्र कभी नहीं रहे मैं उनके साथ मिलकर किस प्रकार कार्य कर सकूँगा। मुझे इस विषय में भी संदेह था कि मुझसे पहले जो भारत सरकार के क़ानून मंत्री रहे हैं, उनकी कुशाग्र बुद्धि और क़ानूनी ज्ञान के स्तर को मैं क़ायम भी रख सकूँगा। किंतु अपने संदेहों को एक ओर रखकर मैंने प्रधानमंत्री का आमंत्रण स्वीकार कर लिया, यह सोचकर कि राष्ट्र के निर्माण में मुझसे जो भी सहयोग माँगा गया है उससे मुझे इनकार नहीं करना चाहिए। मंत्रिमंडल के सदस्य और क़ानून मंत्री के पद पर मेरी कार्यकुशलता का निर्णय मैं दूसरों पर छोड़ता हूँ।

मैं यहाँ यह बताऊँगा कि मैंने अपने सहयोगियों से अलग होने का फ़ैसला क्यों किया।"

त्यागपत्र देने का व्यक्तिगत कारण : "वायसराय की कार्यकारिणी का सदस्य होने के नाते मैं जानता था कि प्रशासन की दृष्टि से क़ानून मंत्रालय का कोई महत्त्व नहीं है। भारत सरकार की नीति के निर्धारण में उसका कोई हाथ नहीं रहता है। हम लोग उसे केवल वकीलों के खेलने के लिए पर्याप्त साबुन की खाली डिब्बी कहा करते थे। जब प्रधानमंत्री

ने मेरे सामने यह प्रस्ताव रखा तो मैंने उन्हें बताया था कि वकील होने के अतिरिक्त मेरी शिक्षा और मेरे अनुभव के आधार पर प्रशासन के किसी भी विभाग को चलाने की क्षमता मुझमें है। पुरानी वायसराय की कार्यकारिणी में मैंने श्रम और सार्वजनिक निर्माण विभाग में कई योजनाओं पर कार्य किया था और मैं किसी प्रशासनिक विभाग का कार्य करना चाहूँगा। प्रधानमंत्री ने इसे स्वीकार कर लिया था और कहा था कि वे एकाध और विभाग बनाने की सोच रहे हैं और मुझे क़ानून मंत्री के साथ-साथ अतिरिक्त कार्यभार भी सौंपा जाएगा। दुर्भाग्य से योजना विभाग बहुत देर से क़ायम हुआ और जब वह बना भी तो मुझे छोड़ दिया गया, मेरे कार्यकाल में मंत्रियों की एक विभाग से दूसरे विभाग में बदली हुई है। मैंने सोचा था कि किसी अन्य विभाग के लिए मेरे लिए भी विचार किया जाएगा। किंतु मेरे लिए कभी भी नहीं सोचा गया। कई मंत्रियों को दो या तीन विभागों का कार्यभार दिया गया जिससे उनका कार्यभार अत्यधिक बढ़ गया, जबकि मेरे जैसे कुछ और मंत्री अधिक काम के इच्छुक थे। जब कुछ मंत्री विदेश गए तो, तब भी उनका अस्थायी कार्यभार मुझे नहीं सौंपा गया। सौंपने पर विचार भी नहीं किया गया। प्रधानमंत्री किस सिद्धांत के आधार पर मंत्रिमंडल में कार्यभार वितरित करते हैं यह समझना कठिन है। क्या वह योग्यता है? क्या वह विश्वास है? क्या वह मित्रता है? क्या वह दया है? मैं मंत्रिमंडल की मुख्य समितियाँ जैसे सुरक्षा समिति, विदेशी मामलों विषयक समिति का सदस्य भी नहीं नियुक्त किया गया। जब आर्थिक मामलों संबंधी समिति बनी तो मुझे आशा थी कि मुख्यतः अर्थशास्त्र और वित्त का विद्यार्थी होने के नाते मुझे उसका सदस्य नियुक्त किया जाएगा। किंतु जब प्रधानमंत्री ने विदेश से लौटकर मंत्रिमंडल का पुनर्गठन किया, तो मुझे फिर छोड़ दिया गया। दूसरी बार पुनर्गठित समिति में मेरा नाम जोड़ा गया, किंतु वह मेरे प्रतिवाद का परिणाम था।

निश्चय ही प्रधानमंत्री इस बात से सहमत होंगे कि इस संबंध में मैंने उनसे कोई शिकायत नहीं की, मंत्रिमंडल में मैंने राजनीतिक सत्ता का खेल कभी नहीं खेला। मैंने किसी मंत्री पद के लिए छीना-झपटी भी नहीं की, जो यहाँ किसी खाली पद के लिए की जाती है। मैं सेवा करने में विश्वास करता हूँ, उस पद पर रहकर सेवा करना जिसे प्रधानमंत्री ने मंत्रिमंडल के प्रधान होने के नाते योग्य समझकर मुझे सौंपा। किंतु मेरा ऐसा महसूस करना है कि कहीं कुछ गलत हो रहा है, मानवी स्वाभाविकता है।"

दूसरा कारण : "यह पिछड़े वर्गों और अनुसूचित जातियों के साथ बर्ताव के विषय में है। मुझे इस बात से बहुत दुःख हुआ कि संविधान में पिछड़े वर्गों की सुरक्षा के विषय में कुछ भी ध्यान नहीं रखा गया। उसको कार्यपालिका सरकार के ऊपर छोड़ दिया गया जो राष्ट्रपति द्वारा नियुक्त होने वाले आयोग के सुझावों के आधार पर कार्य करेगी। संविधान को पारित हुए एक वर्ष से ज़्यादा हो गया है किंतु अभी सरकार ने किसी आयोग को बनाने

पर विचार नहीं किया है। सन् 1946 में जब मैं किसी पद पर कार्य नहीं कर रहा था, मेरे लिए और अनुसूचित जाति संघ के मुख्य कार्यकारी सदस्यों के लिए बहुत चिंता का समय था। अंग्रेज़ उन सब वादों के प्रति ढीले पड़ गए थे जो उन्होंने अनुसूचित वर्गों की वैज्ञानिक सुरक्षा के विषय में किए थे और अछूत वर्गों को इस बात की कोई जानकारी नहीं थी कि संविधान सभा, जो अब अंग्रेज़ों के स्थान पर काम करेगी, इस विषय में उनके लिए क्या करेगी? इस चिंता के काल में मैंने अछूत वर्गों की दशा पर संयुक्त राष्ट्रसंघ में प्रस्तुत करने के लिए एक रपट तैयार की किंतु मैंने यह सोचकर वहाँ उसे प्रस्तुत नहीं किया कि इस बात की प्रतीक्षा कर लूँ कि भावी संसद और विधानमंडल इस विषय में क्या रवैया अपनाती है। संविधान में अनुसूचित वर्गों के लिए जो व्यवस्था की है उससे मैं कतई संतुष्ट नहीं हूँ। फिर भी मैंने उसे इस आशा से स्वीकार कर लिया कि सरकार उसको प्रभावशाली बनाने की दिशा में कुछ दृढ़ता दिखाएगी। आज अनुसूचित जातियों की क्या स्थिति है? मुझे तो उनकी स्थिति में कोई अंतर नहीं दिखाई देता है। वही पुराने अत्याचार, दमन, भेदभाव जो पहले थे शायद उससे बढ़कर आज भी हैं। मैं सैकड़ों ऐसे दुःख भरे प्रकरणों के विषय में बता सकता हूँ जिनमें दिल्ली के आसपास के क्षेत्रों के अछूत वर्ग के लोग जातीय हिंदुओं के ख़िलाफ शिकायत लेकर पुलिस के पास गए और उन्होंने उनको सहायता तो दूर शिकायत तक दर्ज करने से इनकार कर दिया। मेरे मन में कई बार यह बात उठती है कि भारत के अछूत वर्गों की दशा का समानांतर विश्व में कहीं है? मुझे वह कहीं नहीं मिलता है। फिर भी अछूत वर्गों को राहत क्यों नहीं मिलती है? उसकी तुलना के लिए देखिए कि सरकार मुसलानों की सुरक्षा में कितनी तत्परता दिखाती है। प्रधानमंत्री का पूरा ध्यान और समय मुसलमानों की सुरक्षा में लगा है। मेरी इच्छा इस विषय में किसी से कम नहीं है कि मुसलमानों को जहाँ भी और जब भी सुरक्षा की आवश्यकता हो, उन्हें मिलनी चाहिए। किंतु मैं जानना चाहता हूँ कि सुरक्षा क्या केवल मुसलमानों को चाहिए? क्या अनुसूचित जातियों को, जनजाति के लोगों तथा भारतीय ईसाइयों को सुरक्षा की आवश्यकता नहीं है? उन्होंने उन समुदायों की सुरक्षा के लिए क्या चिंता दिखाई है जिन्हें मुसलमानों की अपेक्षा अधिक ध्यान और देख-रेख की आवश्यकता है।

सरकार ने अनुसूचित वर्गों की ओर से जो लापरवाही दिखाई है उससे मैंने इतना अपमानित महसूस किया है कि मैं अपनी भावनाओं को मन के भीतर नहीं रख सका और अनुसूचित जातियों की सार्वजनिक सभा में मैंने खुलकर अपनी बात कही। आदरणीय गृहमंत्री द्वारा यह प्रश्न किया गया था कि क्या यह सच है कि साढ़े बारह प्रतिशत प्रतिनिधित्व के नियम से अनुसूचित जातियों को कोई लाभ नहीं पहुँचा है? इस प्रश्न का उत्तर स्वयं देते हुए गृहमंत्री ने प्रसन्नतापूर्वक कहा कि मेरा आरोप आधारहीन है। मुझे बताया गया है

कि बाद में कुछ कारणों से शायद अपनी अंतरात्मा की शांति के लिए उन्होंने सरकार के विभिन्न विभागों में यह पूछने के लिए कि अनुसूचित जातियों के कितने लोगों को सरकारी नौकरियाँ दी गई हैं, एक परिपत्र (सरकुलर) भेजा। मुझे पता चला कि अधिकतर विभागों का उत्तर था 'शून्य' या 'लगभग शून्य'। यदि मेरी सूचना सही है तो मुझे आदरणीय गृहमंत्री की टिप्पणी के उत्तर में कुछ नहीं कहना है।"

तीसरा कारण : "जिसने भी हमारी विदेश नीति की ओर ध्यान दिया है। और साथ में अन्य देशों का भारत के प्रति रुख पर ध्यान दिया है उन्हें अन्य देशों का भारत के प्रति अचानक रुख़-परिवर्तन अवश्य समझ में आया होगा। 15 अगस्त, सन् 1947 को जब एक स्वतंत्र देश के रूप में हमारा अस्तित्व आरंभ हुआ तो सब देशों की दुआएँ हमारे साथ थीं। सब देश हमारे मित्र थे। आज चार वर्ष बाद हमारे सब मित्रों ने हमारा साथ छोड़ दिया है। हमारा कोई मित्र नहीं बचा है। हमने अपने को सबसे अलग कर लिया है। हमने ऐसा एकाकी पथ अपनाया है कि संयुक्त राष्ट्रसंघ में भी हमारे प्रस्तावों का अनुमोदन करने के लिए कोई नहीं बचा है। जब मैं विदेश नीति के विषय में सोचता हूँ तो मुझे बिस्मार्क और बरनार्ड शॉ के कथन याद आ जाते हैं। बिस्मार्क ने कहा था, 'राजनीति आदर्श की प्राप्ति के लिए नहीं है, राजनीति संभावित की प्राप्ति के लिए है।' बरनार्ड शॉ ने अभी कुछ ही दिन पहले कहा था, 'उत्तम आदर्श अच्छे हैं, परंतु यह नहीं भूलना चाहिए कि बहुत अच्छा होना कई बार ख़तरनाक भी हो सकता है।' हमारी विदेशी नीति विश्व के दो महानतम व्यक्तियों के कथन की बुद्धिमत्ता के ठीक विपरीत है। असंभव को प्राप्त करने और बहुत अच्छा बनने की हमारी नीति हमारे लिए कितनी ख़तरनाक साबित हुई है, यह इस उदाहरण से देखा जा सकता है कि हमारे सैन्य संबंधी खर्चों पर अत्यधिक ख़र्चा करने के कारण हम भुखमरी से पीड़ित करोड़ों लोगों को एक वक़्त की रोटी भी नहीं जुटा पा रहे हैं और देश के औद्योगीकरण के लिए हमें अन्य देशों की सहायता भी नहीं मिल पा रही है।

मुझे इस बात से अत्यंत असंतोष है कि पाकिस्तान के प्रति ठीक नीति न होने के कारण उससे हमारे संबंध अच्छे नहीं हैं। पाकिस्तान से हमारे संबंध दो कारणों से ख़राब हुए हैं। पहला कश्मीर और दूसरा पूर्वी बंगाल में भारतीयों की स्थिति। मेरे विचार से जैसा कि समाचार-पत्रों की रिपोर्टों से विदित होता है कि भारतीयों की स्थिति कश्मीर से भी ज्यादा पूर्वी बंगाल में असहनीय है। यह सब होते हुए भी हम कश्मीर पर ही सारा कुछ दाँव पर लगाकर बैठे हैं। वहाँ भी मैं महसूस करता हूँ कि हम वास्तविक मुद्दे पर नहीं लड़ रहे हैं। ज़्यादातर समय इस बात पर लड़ते हैं कि कौन सही रास्ते पर है, कौन गलत। मेरे विचार से वास्तविक मुद्दा यह नहीं है कि कौन सही रास्ते पर है वरन् यह कि 'कौन सही' है। उसको मुख्य मुद्दा मानकर मेरे विचार से कश्मीर का दो भागों में विभाजन समस्या का

सही समाधान है। जैसा कि हमने भारत के साथ किया था। हिंदू और बौद्धों वाला भाग भारत ले ले और मुसलमानों वाला भाग पाकिस्तान ले ले। यह पाकिस्तान और कश्मीर के मुसलमानों के बीच का मामला है कि वह पाकिस्तान का भाग बनेगा या स्वतंत्र रहेगा, वे जैसे चाहें इसका निपटारा करें। या फिर आप चाहें तो कश्मीर को तीन भागों में विभाजित किया जा सकता है-युद्धविराम क्षेत्र, घाटी क्षेत्र तथा जम्मू और लद्दाख क्षेत्र। जनमत-संग्रह केवल घाटी में हो। पूर्ण जनमत-संग्रह का जो प्रस्ताव रखा जा रहा है उसके विषय में मुझे भय है कि कश्मीर के हिंदू और बौद्धों को अपनी इच्छा के विपरीत मजबूरन पाकिस्तान वाले भाग में जाना पड़ेगा और पूर्वी बंगाल के समान वहाँ भी उनके लिए समस्याएँ उत्पन्न होंगी।"

चौथा कारण : "मैं मंत्रिमंडल में अब केवल विभिन्न समितियों द्वारा लिए गए निर्णयों को रिकॉर्ड करने और उनको पंजीकृत करने का काम भर करता हूँ।

मंत्रिमंडल का सारा काम अब समितियों द्वारा होता है। सुरक्षा समिति सुरक्षा संबंधी मामलों में निर्णय लेती है। एक विदेश समिति है जो विदेश संबंधी सारे मामले निपटाती है। मंत्रिमंडल के कुछ सदस्यों को ही समिति का सदस्य बार-बार बनाया जाता है। मैं किसी भी समिति का सदस्य नहीं हूँ। वे लोग सारी कार्यवाही अत्यंत गुप्त रूप से करते हैं। दूसरे लोग, जो समितियों के सदस्य नहीं हैं, उस नीति के लिए संयुक्त रूप से उत्तरदायी होते हैं जिसके निर्धारण में उनका कोई हाथ नहीं है। यह एक असंभव-सी स्थिति है।"

मेरे त्यागपत्र देने का प्रमुख कारण- "हिंदू कोड बिल के प्रति दुर्व्यवहार मेरे त्यागपत्र देने का मुख्य कारण बना। इस बिल का प्रस्ताव 11 अप्रैल, 1947 को सदन में रखा गया था। चार वर्ष बाद उसको ख़त्म कर दिया गया। उसके चार अनुच्छेदों का पारित करने के बाद बिना किसी शोर-शराबे के उसका समापन कर दिया गया। जब तक वह सदन के सम्मुख था तब भी अचानक कभी-कभी ही उसे विशेष ध्यान मिला। पूरे एक वर्ष तक सरकार ने उसके लिए एक विशेष समिति की आवश्यकता नहीं समझी। 9 अप्रैल, 1948 को उसे एक विशेष समिति को सौंपा गया। 12 अगस्त, 1948 को उस समिति की रिपोर्ट सदन के सम्मुख रखी गई। 31 अगस्त को मैंने रिपोर्ट पर विचार करने का प्रस्ताव रखा। वह प्रस्ताव केवल बिल को सदन की कार्यसूची में सम्मिलित करने का था। 1949 के फ़रवरी सत्र तक उस प्रस्ताव पर विचार-विमर्श करने की अनुमति नहीं दी गई। उसके बाद भी उस पर लगातार विचार-विमर्श की अनुमति नहीं दी गई। वह दस महीनों के काल में इस प्रकार वितरित थी-सन् 1949 की फ़रवरी में 4 दिन, मार्च में एक दिन, अप्रैल में दो दिन, उसके बाद दिसंबर में एक दिन। बिल पर विचार करने के लिए 19 दिसंबर का दिन तय किया गया। उस दिन मेरे प्रस्ताव के बिल पर विचार करने के लिए विशेष समिति का

गठन होना चाहिए, विचार किया गया। सन् 1950 में बिल पर कोई ध्यान नहीं दिया गया। दूसरी बार जब 5 फ़रवरी, 1951 को बिल सदन के सम्मुख आया तो उसमें से विचाराधीन वाला अनुच्छेद काट दिया गया था। केवल तीन दिन 5, 6, 7 फ़रवरी का समय बिल के विचार-विमर्श के लिए दिया गया था। उसके बाद बिल को सड़ने के लिए छोड़ दिया गया।

चूँकि यह उस संसद का अंतिम सत्र था, मंत्रिमंडल को इस बात पर विचार करना पड़ा कि हिंदू कोड बिल को संसद की बैठक में समाप्ति से पहले पारित किया जाए अथवा नई संसद के लिए छोड़ दिया जाए। मंत्रिमंडल ने एकमत से यह निर्णय लिया कि इसी संसद द्वारा इस पर निर्णय ले लिया जाए। इसलिए बिल को 17 दिसंबर, 1951 के कार्यक्रम में इस अनुच्छेद के साथ कि इस पर विचार किया जाए, रख दिया गया। जब इस पर बहस चल रही थी कि प्रधानमंत्री ने एक नया प्रस्ताव रखा। उपलब्ध समय में शायद पूरे बिल पर विचार नहीं किया जा सकेगा। अतः बिल के एक भाग को पारित करके क़ानून का रूप दे दिया जाए जिससे कि पूरे बिल की बरबादी न हो। मैं इस बात से इसलिए सहमत हो गया जैसा कि लोकोक्ति में भी कहा गया है, 'जब पूरे के नष्ट होने की संभावना हो तो जितना भाग बचाया जा सके बचाना बेहतर है।' प्रधानमंत्री ने सुझाव दिया कि हम विवाह और तलाक़ वाले भाग को चुनें। उस कटे-फटे बिल पर वाद-विवाद चलता रहा। दो-तीन दिन के बाद प्रधानमंत्री ने फिर एक प्रस्ताव रखा। इस बार उन्होंने विवाह और तलाक़ सहित पूरे बिल को छोड़ देने का प्रस्ताव रखा। मुझे इससे बहुत धक्का आसमान टूटा हो। मैं तो स्तंभित रह गया और उस समय कुछ भी नहीं कह सका। मैं इस बात को मानने के लिए तैयार नहीं हूँ कि बिल को समय के अभाव के कारण छोड़ दिया गया। इस बिल को छोड़ दिए जाने का कारण मंत्रिमंडल के प्रभावशाली सदस्यों का अपने द्वारा प्रस्तावित बिलों को अधिक महत्त्व देना है। मुझे यह बात नहीं समझ में आती है कि बनारस और अलीगढ़ विश्वविद्यालयों के बिलों तथा प्रेस संबंधी बिलों को हिंदू कोड बिल के आंशिक भाग से भी अधिक महत्त्व क्यों दिया गया। ऐसा तो नहीं है कि क़ानून की पुस्तक में विश्वविद्यालयों के प्रशासित करने के लिए कोई अध्यादेश न हो। यदि बिल इस सत्र में पारित न भी किया जाता तो क्या ये विश्वविद्यालय बंद हो जाते या नष्ट हो जाते। प्रेस संबंधी बिल के लिए भी इतनी शीघ्रता की आवश्यकता नहीं थी। संविधान की पुस्तक में इस पर अधिनियम है और अगले सत्र तक इसके लिए प्रतीक्षा की जा सकती थी। मुझे ऐसा प्रतीत हुआ कि प्रधानमंत्री में बिल के प्रति सच्चाई और ईमानदारी तो थी पर उनमें उसको पारित करने के लिए आवश्यक जोश और दृढ़ता का अभाव था। इस बिल के कारण मैं अत्यधिक मानसिक पीड़ा से गुज़रा हूँ। कांग्रेस पार्टी की सहायता मुझे वर्जित थी। प्रधानमंत्री ने पार्टी को वोट करने की जो स्वतंत्रता दी वह उसके इतिहास में अनोखी बात थी। मुझे उससे कोई एतराज

नहीं था। परंतु मैंने दो बातों की आशा की थी। मैंने आशा की थी कि पार्टी का कोई मुख्य सदस्य भाषणों का समय निर्धारित करने तथा एक निर्धारित समय के बाद बहस को बंद करने का कार्य करेगा। यदि भाषणों के समय की कोई सीमा निर्धारित होती तो बिल पास हो गया होता। जब वोट देने की स्वतंत्रता दी गई थी तो भाषणों का समय भी निर्धारित किया जाना चाहिए था। किंतु ऐसी कोई रोक नहीं लगाई गई। संसदीय मंत्री, जो पार्टी के नेता भी हैं, उनका हिंदू कोड बिल के प्रति व्यवहार बहुत ही आश्चर्यजनक रहा है। वे हिंदू कोड बिल के कट्टर विरोधी हैं और भाषणों तथा वाद-विवाद को बंद करने के मेरे प्रस्तावों का अनुमोदन करने के लिए वह कभी सदन में मौजूद नहीं रहे। एक-एक अनुच्छेद पर कई-कई दिनों, घंटों अड़ंगेबाज़ी चलती रही है किंतु मुख्य सचेतक (व्हिप), जिनका कर्तव्य सरकार का समय व्यर्थ गँवाए जाने से रोकना था, ताकि सरकार का काम सुचारु रूप से चल सके, जब-जब हिंदू कोड बिल पर बहस चली वे सदन से व्यवस्थित रूप से अनुपस्थित रहे। मैंने किसी मुख्य सचेतक को प्रधानमंत्री के प्रति इतना निष्ठाहीन और प्रधानमंत्री की उसके प्रति इतनी निष्ठा कभी नहीं देखी। वे प्रधानमंत्री को इतने प्रिय हैं कि इतना असंवैधानिक व्यवहार होते हुए भी उनकी पदोन्नति की गई है। इन परिस्थितियों में मेरे लिए काम करना बहुत कठिन हो गया। ऐसा कहा गया है कि बिल को विपक्ष के शक्तिशाली होने के कारण छोड़ना पड़ा। विपक्ष कितना शक्तिशाली था? इस बिल पर कई बार चर्चा करने के बाद उसे विभाजन के लिए विपक्ष के पास ले जाया गया। हर बार विपक्ष को चुप करा दिया जाता था। पिछली बार जब पार्टी की मीटिंग में बिल पर विचार हुआ था तो 120 सदस्यों में से केवल 20 उसके विरुद्ध थे। जब पार्टी में उस पर वाद-विवाद हुआ तो साढ़े तीन घंटे में 44 अनुच्छेद पास कर दिए गए। इससे यह पता चलता है कि पार्टी का इसके प्रति क्या रुख़ था। सदन में बिल के 2, 3, और 4 अनुच्छेदों के विषय में विवाद था, फिर भी हर बार बहुमत उनके पक्ष में था। बिल के 4 अनुच्छेद, जोकि उसका मुख्यांश हैं, पर भी यह बात लागू होती है।

इसलिए प्रधानमंत्री के इस निर्णय से कि समय की कमी के कारण बिल को छोड़ दिया गया, मैं सहमत नहीं हूँ। कुछ लोगों ने कहा था, मैं अस्वस्थता के कारण त्यागपत्र दे रहा हूँ। इस बात को साफ़ करने के लिए मुझे अपने त्यागपत्र देने के कारणों का विस्तृत वर्णन देना पड़ा। ऐसी किसी सूचना का मैं खंडन करता हूँ। अस्वस्थता के कारण मैं अपने कर्तव्य से विमुख हो जाऊँ, मेरे लिए यह असंभव है।

दूसरी बात यह थी कि हिंदू कोड बिल के कारण मैंने रुकना आवश्यक समझा। कुछ लोग इस बात से असहमत हो सकते हैं कि हिंदू कोड बिल के कारण मैं क्यों रुका? मेरा दृष्टिकोण भिन्न है। हिंदू कोड बिल इस देश के संविधान द्वारा सामाजिक सुधार की दिशा

में सबसे बड़ा क़दम है। भारत के संविधान में इससे महत्त्वपूर्ण बिल न कभी पास हुआ है, न भविष्य में कभी होगा। जातियों के आधार पर असमानता तथा लिंग के आधार पर असमानता भारतीय समाज का मूल अंग है। बिना उसको स्पर्श किए कोई भी आर्थिक सुधार संबंधी बिल पास करना हमारे संविधान का मज़ाक उड़ाना है।"

सन् 1930-31 में लंदन में हुए राउंड टेबल कांफ्रेंस में डॉ.अम्बेडकर द्वारा दिया गया व्याख्यान निम्न प्रकार था :

"श्रीमान् प्रधानमंत्री जी, किसी समुदाय के राजनीतिक जीवन को व्यवस्थित करने की चेष्टा में गोलमेज सम्मेलन को दो मुख्य समस्याओं का हल खोजना होगा। पहली समस्या उत्तरदायी सरकार की है, दूसरी समस्या प्रतिनिधि सरकार की है।

विभिन्न प्रांतों (राज्यों) की सरकार के विषय में मुझे अधिक कुछ नहीं कहना है। मैं कतिपय विरोधों के साथ समिति की रिपोर्ट से सहमत हूँ और वह मुझे मान्य है। किंतु उत्तरदायी सरकार एवं केंद्रीय सरकार के विषय में मेरा दृष्टिकोण भिन्न है। यह कहना सही नहीं होगा कि संघीय संरचना उपसमिति नौकरशाही सरकार की वर्तमान रूपरेखा में परिवर्तन की संभावना पर विचार नहीं कर रही है। किंतु मेरा अपना मत भी आपसे छिपाना भ्रामक होगा कि वह परिवर्तन ठोस और वास्तविक नहीं है और वह सरकार वास्तव में उत्तरदायी भी नहीं होगी।

लार्ड चांसलर ने हमें बताया कि बीज उन्होंने बो दिया है और अब पौधे की देखभाल करना हमारा काम है। सर, हम लार्ड चांसलर की इस सम्मेलन में अत्यंत महत्त्वपूर्ण भूमिका के लिए, उनके बहुत आभारी हैं। उनके आभारी तो हम हैं, किंतु जिस पौधे को उन्होंने बोया है हमें उसके विकसित होने की कोई आशा नहीं है। मुझे डर है कि जो बीज उन्होंने चुना है वह फलहीन है, जिस धरती पर बोया है वह उसके अनुकूल नहीं है।

मैंने 'भारतसंघ' के भावी संविधान पर अपने विचारों का एक वक्तव्य लार्ड चांसलर के समक्ष प्रस्तुत किया था। मुझे पता नहीं कि उस समिति ने, जिसका सभापतित्व वे कर रहे थे, उस प्रस्ताव पर विचार किया अथवा नहीं, क्योंकि उस समिति की रपट में उसका कहीं ज़िक्र नहीं है। मैंने इसमें जो विचार प्रकट किए थे, मेरा अब भी वही मत है और मैं किसी ऐसे संविधान के लिए सहमत नहीं हो सकता जो उन विचारों की रूपरेखा से बहुत भिन्न हो। वास्तव में यदि मेरे सामने विकल्प हो तो मैं समिति की सुझाई दोगली व्यवस्था के स्थान पर वर्तमान व्यवस्था को चुनूँगा, किंतु श्रीमान्, यदि समिति की रपट में केंद्रीय सरकार के गठन के विषय में, सर टी.बी. सप्रु, जो सम्मेलन के मित्र, मार्गदर्शक तथा दार्शनिक रहे हैं, श्री जयकर, जो भारत के युवावर्ग का प्रतिनिधित्व कर रहे है, सर ए.वी. पात्रों, जो उनके कथनानुसार ब्राह्मणों को छोड़कर शेष वर्गों का प्रतिनिधित्व कर रहे हैं, सहमत हैं तो मैं

उसका विरोध नहीं करूँगा। मैं उससे सहमत न होते हुए भी उसमें बाधा खड़ी नहीं करूँगा। इसको पूरा करने का काम मैं उन्हीं पर छोड़ता हूँ जिन्हें वह मान्य है।

मैं इससे इसलिए भी सहमत हूँ क्योंकि जिनका मैं प्रतिनिधित्व कर रहा हूँ उनका कोई आदेश पत्र मेरे पास नहीं है। किंतु मेरे पास यह अध्यादेश अवश्य है कि मैं उत्तरदायी सरकार का विरोध न करूँ, परंतु यह अवश्य देखूँ कि कोई भी उत्तरदायी सरकार बिना वास्तविक प्रतिनिधित्व के स्थापित न की जाए। तब मैं सम्मेलन की सफलता को प्रतिनिधि सरकार के प्रश्न के हल की दृष्टि से देखता हूँ तो बहुत निराशा होती है। विधानसभा में विभिन्न समुदायों का प्रतिनिधित्व और उनका वोट देने का अधिकार दो स्तंभ हैं जिस पर वास्तव में प्रतिनिधि सरकार क़ायम की जा सकती है। यह सभी को मालूम है कि नेहरू समिति ने वयस्क मताधिकार को अपनाया था और उस समिति द्वारा बनाए गए संविधान के अंश से सभी भारतीय राजनीतिक पार्टियाँ सहमत थीं। इस सम्मेलन में आने के पहले मेरा विचार था कि जहाँ तक मताधिकार का प्रश्न है, उस संघर्ष पर हम विजय प्राप्त कर चुके हैं किंतु मताधिकार समिति से मुझे बहुत निराशा हुई है। मुझे यह देखकर अत्यंत आश्चर्य हुआ कि जिन्होंने नेहरू रपट पर हस्ताक्षर किए थे स्वयं उनके मन में भी अनेक दुविधाएँ थीं। दुविधाएँ इस सीमा तक थीं कि उदार भारतीयों तक को प्रांतीय विधानसभाओं में वोट देने के लिए जनसंख्या के 25 प्रतिशत भाग को भी तैयार नहीं किया जा सका। केंद्रीय विधानसभा में मतदाताओं की संख्या ज्ञात नहीं है, किंतु मुझे इसकी ज़रा भी आशा नहीं है कि प्रांतीय विधानसभा की तुलना में केंद्रीय विधानसभा में जनता का ज़्यादा प्रतिनिधित्व होगा। भारत की ऐसी भावी सरकार, जिसमें वोट देने का अधिकार इतना सीमित हो, जनता की सरकार के नाम पर कुछ वर्गों की सरकार ही होगी। यह सभी जानते हैं कि बहुसंख्यकों और अल्पसंख्यकों के विभिन्न समुदायों में सीटों के वितरण को लेकर भारी मतभेद और अनिश्चितता की भावना है। मेरे विचार से, इस समय जो गतिरोध की स्थिति आ गई है वह पहले की गलत नीति का परिणाम है। यदि पहले ही सत्ताधारी सबके साथ न्याय एवं पक्षपातरहित व्यवहार करते तो समस्या का समाधान इतना जटिल न होता। ब्रिटिश सरकार ने भिन्न-भिन्न समुदायों को उनकी उपयोगितानुसार महत्त्व दिया। कुछ समुदायों को उनके हिस्से से अधिक राजनीतिक सत्ता दी गई, दलित वर्गों का जितना अधिकार बनता था, उतनी भी सत्ता नहीं दी गई। इस विषय में दलित वर्ग सर्वाधिक घाटे में रहे हैं, और मुझे आशा थी कि सम्मेलन इस सिद्धांत को लेकर चलेगा कि जो समस्या ग़लत ढंग से सुलझाई गई है, दरअसल वह समस्या सुलझी नहीं है। और दलित वर्गों को पुराने मूल्यों का फिर से मूल्यांकन करके न्यायसंगत मात्रा में सीटें प्रदान की जाएँगी। किंतु ऐसा कुछ भी नहीं हुआ है। अन्य अल्पसंख्यक समुदायों की माँगों को पहले ही स्वीकार करके एक रूपरेखा दी गई

है। उन्हें अब थोड़े परिवर्तन और सुधार के साथ नई सरकार के व्यापक आकार एवं बढ़े हुए कार्यक्षेत्र के अनुरूप लाया जाना है। जो भी सुधार या परिवर्तन किए जाएँगे, ऊपरी ही होंगे, मूलभूत नींव में गड्ढा खोदने का साहस कौन करेगा? दलित वर्गों का मामला तो एकदम अलग है। उनकी माँगों को अभी पहली बार सुना गया है, उन पर अभी कोई निर्णय नहीं लिया गया है। पता नहीं कितनी माँगों को स्वीकार किया जाएगा। मैं मन से इस संभावना को भी नहीं निकाल पा रहा हूँ कि अन्य समुदाय, जो सुरक्षा से अधिक सत्ता की होड़ में लगे हैं, उनकी संतुष्टि के लिए लाचार दलित वर्गों के प्रतिनिधित्व को काट-छाँटकर कहीं बहुत कम न कर दिया जाए।

इन सब बातों को ध्यान में रखकर मैं अपना पक्ष स्पष्ट रूप से सामने रखना चाहता हूँ। भावी संविधान में दलित वर्गों के अधिकारों की कोई परिभाषा नहीं निर्धारित की गई है। ब्रिटिश सरकार द्वारा केंद्र अथवा प्रांतों में उत्तरदायित्व की किसी घोषणा से पहले विभिन्न समुदायों में स्पष्ट रूप से ऐसा समझौता हो जाना चाहिए जिससे कि दलित वर्गों के अधिकार और हित सुरक्षित रहें? मैं स्थिति की गंभीरता की ओर आपका ध्यान आकर्षित करना चाहता हूँ। जब तक यह बात स्पष्ट नहीं हो जाएगी इस विषय पर कोई घोषणा हमें स्वीकृत नहीं होगी, यदि ऐसा न हुआ तो मैं और मेरे सहयोगी सम्मेलन की कार्यवाही की ज़िम्मेदारी से अपने को पूरी तरह से अलग कर लेंगे। सर, मैं आपसे उससे ज़्यादा कुछ करने को नहीं कह रहा हूँ जिसका वादा आप पहले कर चुके हैं। ब्रिटिश संसद और उसकी ओर से बोलने वाले सदा यह कहते रहे हैं कि वे दलित वर्गों के न्यासी (ट्रस्टीज़) हैं और मुझे विश्वास है कि यह सभ्य समाज में संबंधों को मधुर बनाने के लिए बोला जाने वाला औपचारिक झूठ नहीं है, जो समय-समय पर हम सब बोलते रहते हैं। ब्रिटिश सरकार, विशेषकर लेबर सरकार का यह कर्तव्य है कि वह इस विश्वास को खंडित न होने दे। मैं प्रधानमंत्री को इस बात से अवगत कराना चाहता हूँ कि यदि हमें उनकी दया पर छोड़ दिया जाता है जिनको हमारे कल्याण और हित में कोई रुचि नहीं है और जो हमें पददलित करके ही महान् और संपन्न बने हैं, तो हमारी दृष्टि में उससे बड़ा विश्वासघात दूसरा नहीं होगा।

मुझे इसका भय नहीं है कि अपने को देशभक्त और राष्ट्रभक्त कहने वाले मुझे सांप्रदायिक करार देंगे। भारत एक विचित्र देश है और उसके राष्ट्रभक्त और देशभक्त भी विचित्र हैं। वे देशभक्त और राष्ट्रभक्त अपने ही देशवासियों के साथ अमानवीय व्यवहार एवं उन्हें पददलित होते हुए देखते रहते हैं और उनकी मानवीयता चुपचाप तमाशा देखती रही है। यह जानते हुए भी कि अकारण ही एक पूरे वर्ग के स्त्री और पुरुष अपने मानवीय अधिकारों से वंचित रहते हैं। उनकी नागरिक भावना में ज़रा भी उद्वेलन नहीं होता है। वे मदद के लिए उँगली भी हिलाने को तैयार नहीं हैं। वे देखते रहते हैं कि एक वर्ग आम पेशों

से वंचित है, उनकी सुषुप्त न्याय एवं औचित्य की भावनाओं में कोई जागृति नहीं पैदा होती है। वे सैकड़ों बुराइयों के माध्यम से व्यक्ति और समाज को आहत होते हुए देखकर घृणा एवं तिरस्कार से पीड़ित नहीं होते। देशभक्तों की केवल एक ही पुकार है, वह है सत्ता; उनके तथा उनके वर्ग के लिए अधिक से अधिक सत्ता। मुझे प्रसन्नता है कि मैं उन देशभक्तों में से नहीं हूँ। मैं उस वर्ग का हूँ जो लोकतंत्र में विश्वास करते हैं, और किसी प्रकार के एकाधिकार को समाप्त करने में विश्वास रखते हैं। हमारा उद्देश्य है कि व्यवहार में प्रत्येक व्यक्ति के लिए जीवन के राजनीतिक, सामाजिक, आर्थिक आदि हर क्षेत्र में समान मूल्य हों। दलित वर्ग के प्रतिनिधि सरकार को इसलिए इतना महत्त्व दे रहे हैं क्योंकि उस समानता के लक्ष्य तक पहुँचने का वही एकमात्र साधन है। उसके महत्त्वपूर्ण होने के कारण ही हमारा यह आग्रह है कि आपकी घोषणा में इस लक्ष्य की पूर्ति अवश्य होनी चाहिए। आप हमसे कह सकते हैं कि दलित वर्गों के साथ आपकी पूरी सहानुभूति है, मेरा जवाब है कि शोषित और उत्पीड़ित लोगों के लिए यही काफी नहीं है, कुछ ऐसा चाहिए जो अधिक ठोस और अधिक सुनिश्चित हो सकता है। मुझे अत्यधिक आशंकित होने के कारण तिरस्कार की दृष्टि से देखा जाए, किंतु मैं अत्यधिक आशंका से तिरस्कृत होना बेहतर समझता हूँ।" [84]

डॉ.अम्बेडकर और गांधी के मध्य जो वार्ता हुई थी, उसके मुख्य अंश निम्न प्रकार हैं-

अम्बेडकर : मैं अस्पृश्यता के सवाल पर नहीं, उनकी राजनीतिक समस्याओं पर बात करने आया हूँ।

गांधी : मैं इस बारे में बात नहीं कर सकता। मेरा मस्तिष्क इस दिशा में काम नहीं करता है।

अम्बेडकर : मैं ईमानदारी से कहता हूँ कि मंदिर-प्रवेश और सहभोज जैसे कामों में अब मेरी कोई रुचि नहीं रही है क्योंकि इससे हमें नुकसान होता है। सवर्ण हिंदुओं के पास ताकत होती तो वे अस्पृश्यों को नौकर रखते, किंतु ऐसा किया नहीं, अतः मेरी मंदिर-प्रवेश में कोई रुचि नहीं है। मैं चाहता हूँ कि उनकी सामाजिक और आर्थिक कठिनाइयाँ दूर हों।

इसके बाद डॉ.अम्बेडकर ने उन कठिनाइयों को बताया जिनसे होकर उन्हें गुज़रना पड़ा था।

अम्बेडकर : मुझे बंबई में पोर्ट ट्रस्ट चाल के सिवा कहीं ठहरने की जगह नहीं मिलती। अपने गाँव में मुझे महारों के बीच ही रहना पड़ता है। पूना में सभी अपने दोस्तों के यहाँ रहते हैं, परंतु मुझे नेशनल होटल में ही

---

84. डॉ.अम्बेडकर के विचार : सुहास कुमार व डॉ.जी.पी. काशिव, पृ. 8-10

ठहरना पड़ता है।

गांधी : सर्वेंट्स ऑफ़ इंडिया सोसायटी में क्यों नहीं?

अम्बेडकर : हाँ, शायद वहाँ ठहर सकता हूँ। लेकिन आप वझे से बात करें तो पता चल जाएगा। एक दिन वझे के नौकर ने मुझे उन सबके सामने ही अपमानित किया था। मैं इन सब कठिनाइयों का अंत चाहता हूँ।

गांधी : मैं इस मामले में आपके साथ हूँ। राजनीतिक समझौता मामूली बात है। असली काम अब भी करने के लिए बचा है। मैं इसके लिए अपनी जान दे सकता हूँ। आप जिस तरह के अन्याय की बात करते हैं, वह ख़त्म होना ही चाहिए।

अम्बेडकर : वही मेरा लक्ष्य है।

गांधी : मैं तुम्हारे साथ हूँ।

इसमें कतई संदेह नहीं है कि गांधी सदा उन समस्याओं पर सामाजिक स्तर पर बात करने के लिए तैयार नज़र आए, परंतु कहीं बहुत भीतर उनमें उस वर्ग को अपने में केंद्रित बनाए रखने की बात घर किए थी। यद्यपि गांधी सोच के स्तर पर भी निरंतर अपनी बात दोहराते रहे और कर्म के स्तर पर वे स्वयं उन कार्यों को करते रहे जो कार्य दलित वर्ग करता था, जैसे मल-मूत्र उठाना, मरे पशुओं को उठाना आदि। वे मानते थे कि अस्पृश्यता आर्थिक आधार के कारण है परंतु उसकी नींव धर्म में है।

डॉ.अम्बेडकर दलितों की मुक्ति चाहते थे। गांधीजी भी यही चाहते थे परंतु अपने ढंग से और अपने नेतृत्व में। वह यह नहीं चाहते थे कि सवर्ण हिंदुओं को किसी प्रकार की क्षति हो। साथ ही वे जाति-विभाजन को उचित ठहराते थे। 'मनुस्मृति' उनके लिए आदर्श ग्रंथ था। इस कारण डॉ.अम्बेडकर उनमें अपनी आस्था प्रकट नहीं कर पाए। डॉ.अम्बेडकर अछूत वर्ग के स्वाभिमान को सवर्णों की दया, सहानुभूति और उदारता के भरोसे छोड़ने को कतई तैयार नहीं थे। वे समझ गए थे कि गांधीजी का मार्ग अछूतों को बराबरी का हक दिलवाकर उनकी कुचली हुई प्रतिष्ठा को पुनर्स्थापित नहीं कर सकेगा। उससे जातीय खाई नहीं पट सकेगी। इसी कारण उनको गांधीजी के मार्ग से हटकर अलग रास्ता चुनना पड़ा जो उचित था और जीवन-अस्तित्व के लिए अपरिहार्य भी था।

यथार्थतः गांधी हृदय परिवर्तन के द्वारा समस्या का समाधान तलाशते थे। उनका विश्वास था कि व्यक्ति में आत्ममंथन की प्रक्रिया एक बार क्रियाशील हो जाए तो शनैःशनैः उसमें अंतर्दृष्टि बदलेगी और वह स्वस्थ मन, दृढ़ संकल्प और प्रसन्नता के साथ सत्य को आत्मसात् कर तदनुरूप आचरण कर सकेगा। डॉ.अम्बेडकर उनके इस विचार से सहमत नहीं थे क्योंकि यह प्रक्रिया दीर्घकालीन थी और व्यक्ति विशेष पर आधारित थी। वह

समाज के दृष्टिकोण बदलने के लिए ठोस कदम उठाने में विश्वास रखते थे। उनकी दृष्टि में आज़ादी प्राप्त करने की तरह सामाजिक व आर्थिक धरातल पर उन लोगों की आज़ादी का प्रश्न अहम था जो सदियों से हिंदू धर्म में शोषित होते आ रहे थे।

❑❑❑

www.ingramcontent.com/pod-product-compliance
Lightning Source LLC
LaVergne TN
LVHW060609051026
849519LV00002B/542